GUERRE DE 1870-187.

PARIS

LE QUATRE - SEPTEMBRE

ET

CHATILLON

2 SEPTEMBRE — 19 SEPTEMBRE

avec quatre cartes des opérations militaires

PAR

ALFRED DUQUET

PARIS

G. CHARPENTIER ET Cie, ÉDITEURS

11, RUE DE GRENELLE, 11

1890

GUERRE DE 1870-1871

PARIS

LE QUATRE-SEPTEMBRE

ET

CHATILLON

GUERRE DE 1870-1871

PARIS

LE QUATRE-SEPTEMBRE

ET

CHATILLON

2 SEPTEMBRE — 19 SEPTEMBRE

avec quatre cartes des opérations militaires

PAR

ALFRED DUQUET

PARIS

G. CHARPENTIER ET Cie, ÉDITEURS

11, RUE DE GRENELLE, 11

1890

EN MANIÈRE DE PRÉFACE

Voici la partie du Siège de Paris comprenant les événements qui se sont passés du 1ᵉʳ au 19 septembre, c'est-à-dire : la chute de l'Empire, la retraite du 13ᵉ corps, la marche des Allemands sur Paris, l'installation du Gouvernement de la Défense nationale, les combats de Mesly et de Châtillon, l'entrevue de Ferrières et la mise en état de guerre de la capitale.

J'ai suivi, pour la rédaction de ce volume, la même méthode que celle par moi déjà employée dans *Les Grandes Batailles de Metz* et *Les Derniers Jours de l'Armée du Rhin* : je n'ai rien avancé qui ne fût appuyé par de nombreuses notes, appliquant ainsi, à l'histoire militaire contemporaine, la méthode dont s'est servi Augustin Thierry quand il a écrit la *Conquête de l'Angleterre* et les *Récits des temps mérovingiens*, la méthode qui a donné tant de prix

au beau travail de MM. Aubry et Rau sur le
Droit civil français.

Quelques personnes se sont plaintes de l'abondance de ces notes. Elles n'ont pas remarqué
que le texte est rédigé de telle sorte que l'on n'a
pas besoin de les lire si l'on trouve cette lecture
ou trop longue, ou trop fatigante, si l'on estime,
enfin, qu'elle alourdit ou ralentit trop le récit.
En ce cas, on ne fait pas attention aux notes et
l'on ne s'y arrête que lorsqu'un fait, énoncé par
l'historien, semble douteux ou particulièrement
intéressant : alors, on vérifie les sources, et je
pense que cette faculté de contrôler les dires et
les jugements de l'auteur ne laisse pas de présenter de grands avantages pour les hommes
d'étude, qui ne se contentent pas d'affirmations,
mais qui veulent des preuves, qui ne se paient
pas de mots, mais qui exigent des faits certains.

D'aucuns me trouveront peut-être bien sévère
pour les généraux, pour la Garde nationale, pour
Trochu, pour Paris. Hélas ! C'est là que les notes
auront toute leur utilité : elles seront garantes
de mes appréciations et justifieront mes condam-
nations. Aussi bien, j'ai fait ressortir avec un
soin jaloux toutes les qualités dont les Parisiens
ont fait preuve dans ce siège mémorable et si
mon devoir a été de réduire à leurs véritables
proportions les enthousiasmes exagérés, j'ai tenu
à rendre justice aux souffrances endurées par la
population parisienne, à sa persistance dans la
lutte morale, à sa foi dans le succès final, à son

admirable patriotisme. Je dirai pourquoi toutes ces vertus des grands peuples ont été dépensées en pure perte : à la guerre, les meilleures semences ne peuvent germer et pousser vigoureusement que si elles sont fécondées par la discipline, l'éducation et l'esprit militaires. C'est ce qui a manqué à Paris, c'est ce qui nous a perdus.

Certes, j'aurais préféré de beaucoup ne pas avoir à parler politique. Mais, comment s'en dispenser quand on écrit l'histoire du siège de Paris? La politique! N'est-ce pas elle qui a été cause de l'envahissement du Corps législatif, le 4 septembre, envahissement dont les conséquences ont été si fatales à la défense nationale. La politique! N'est-ce pas elle qui a imposé les élections des officiers de la Garde mobile et de la Garde nationale, annulant ainsi des forces qu'une bonne organisation aurait rendues redoutables. La politique! N'est-ce pas elle qui a créé ces mairies de Paris, sortes de pouvoirs élevés en face de l'autorité militaire, le plus souvent obligée de s'incliner devant eux. La politique! N'est-ce pas elle qui a fait le Trente et un-Octobre, n'est-ce pas elle qui a pesé, comme un cauchemar lugubre, sur l'esprit du général Trochu et paralysé les quelques bonnes idées qu'il a eues? N'est-ce pas elle, enfin, qui a amené Buzenval et rendu possibles certaines clauses de la capitulation?

Encore une fois, comment raconter et expliquer les événements et les batailles qu'elle a créés sans parler d'elle et des hommes qui agissaient en son nom (1)?

Mais, quand on agite les questions politiques, on soulève bien des colères, car il faut louer quelquefois celui-ci, blâmer plus souvent celui-là, mécontenter et irriter nombre de personnes que l'on aurait voulu ménager. C'est pourquoi je m'attends à toutes les excommunications. Penser et écrire que l'irruption du Palais-Bourbon, le 4 septembre, fut une sottise et un attentat, que la Garde nationale a plus péroré qu'agi, quelle hérésie, quel crime !

Eh bien ! je répéterai, ici, une dernière fois, sous une autre forme, ce que j'ai déjà déclaré au commencement de mes précédents ouvrages, à savoir : que je ne me préoccupe jamais, quand j'écris, des conséquences que la franchise, avec laquelle je ne crains pas de crier toutes les vérités, peut avoir pour mes intérêts personnels. Reprenant le passage du chapitre préliminaire des *Notes américaines*, je pourrais presque dire,

(1) « La politique a joué, pendant tout le temps du siège, un rôle malheureusement trop prépondérant. » (Frédéric Canonge, commandant au 52e de ligne, *Histoire militaire contemporaine* (1854-1871); Paris, Charpentier, 1882; t. II, p. 347.) — « Un siège où tout se mêle : la guerre et la politique. » (*La guerre de France*, 1870-1871, par M. Charles de Mazade; Paris, Plon, 1875; t. II, p. 124.) — « La préoccupation politique, avant comme après le Quatre-Septembre, a dominé la situation. » (*La Marine au siège de Paris*, par le vice-amiral de La Roncière-le Noury; Paris, Plon, 1874; p. xv.) — « La politique intérieure fut, sinon la seule, du moins la principale cause de nos incroyables désastres. » (*Les Fautes de la défense de Paris*, par le colonel comte de Meffray; 2e édition, Paris, Lacroix, Verbœckhoven et Cie, 1871; p. 7.)

après Charles Dickens : « *On supposera difficilement que je sois ignorant du danger auquel je m'expose en osant toucher* à Paris (*à l'Amérique*). *Je sais parfaitement bien qu'il existe, dans ce pays, une classe nombreuse de personnes bien intentionnées toute prête à s'indigner si un écrivain se permet de décrire* le siège de Paris *tel qu'il le voit* (*la République telle qu'il l'a vue*) *sans avoir recours à des flatteries excessives ou à des louanges extravagantes. Je sais parfaitement bien qu'il existe* à Paris (*en Amérique*), *comme sur toute la surface du globe, une classe nombreuse de personnes de constitution si tendre et si délicate qu'elle ne peut souffrir la vérité sous aucune forme ; aussi, sans être prophète, je puis prédire qu'il y aura des Messieurs qui, en voyant paraître mon livre, s'écrieront que c'est une œuvre* politique, *partiale* (*méchante, basse*), *envieuse. Je pourrais même citer les noms des journalistes qui crieront le plus fort. Mais à quoi bon* (1)? » Je résisterai à cette nouvelle bourrasque comme j'ai bravé les autres, me plaçant au-dessus des choses et des gens, au-dessus des partis et de leurs combinaisons éphémères, ne redoutant que l'erreur historique, me contentant de l'approbation des hommes impartiaux qui suivent avec intérêt mes longs travaux sur la néfaste guerre de 1870, comptant enfin que je ne serai pas abandonné par la partie

---

(1) *L'inimitable Boz*, étude historique et anecdotique sur la vie et l'œuvre de Charles Dickens, par Robert du Pontavice de Heussoy ; Paris, Quantin, 1889 ; p. 153.

de la presse française, de toutes les opinions, qui m'a, jusqu'à ce jour, apporté un encouragement et un concours sans lequel mes premiers travaux seraient restés ignorés du public.

J'ai pris la résolution inébranlable de ne répondre à aucune critique, à aucune allégation, à aucune attaque. Rien ne pourra me faire sortir du calme que doit s'imposer celui qui écrit sur les événements contemporains où il a, malheureusement, le devoir de flétrir tant de faits, de combattre tant d'idées, de froisser tant de personnages. Sûr du jugement de l'histoire, je charge le temps du soin de confirmer mes appréciations, et je ne me laisserai pas distraire, par des querelles personnelles et stériles, de la grande œuvre à laquelle je me suis voué : l'étude raisonnée de la guerre de 1870-1871.

ALFRED DUQUET.

Paris, le 4 novembre 1889.

PARIS

Le Quatre-Septembre et Châtillon.

CHUTE DE L'EMPIRE

Le cataclysme militaire de Sedan avait terrifié la France et stupéfié l'Europe. La capitulation d'Ulm, celle de Baylen, disparaissaient derrière ce désastre sans exemple dans les temps modernes : une armée entière obligée de mettre bas les armes, par ordre de son empereur prisonnier !

Il fallait remonter aux Romains pour retrouver d'aussi foudroyants résultats, qui devaient, pourtant, être dépassés encore, deux mois plus tard, en grandeur et en criminalité, par la livraison de Metz et de l'armée du Rhin.

Le drapeau blanc de Sedan avait donc été planté au sommet de l'édifice impérial ; la reddition de 100,000 soldats français en avait été le honteux couronnement. A la nouvelle de tant de désastres, à la constatation de tant d'incapacité et de lâcheté, un mouvement de fureur et d'indignation souleva toute la France (1).

Sous le lugubre éclair de Sedan, la politique extérieure de l'Empire apparut aux yeux les plus fermés. Les folies de Crimée, d'Italie, du Mexique; cette diplomatie capricieuse soutenant aujourd'hui celui-ci, demain celui-là, brouillant toutes les questions, compliquant les moindres difficultés, toujours dupe et toujours arrogante; ces guerres, déclarées à tous les peuples, ne rapportant à la France qu'une gloire stérile et lui créant des inimitiés profondes; cette intrigue italienne qui avait pour but de ménager le pape et Victor-Emmanuel et qui n'était arrivée qu'à se les aliéner tous les deux ; l'évocation de ces fautes, de ces incohérences, de ces imprudences mortelles exaspéra, tout d'un coup, les esprits les plus portés à l'indulgence et jusqu'aux soutiens de l'Empire eux-mêmes (2).

Car on ne saurait nier que le mouvement d'aversion fut universel : républicains, légitimistes, orléanistes, bonapartistes, furent d'accord pour réclamer la déchéance, qui aurait été obtenue régulièrement, et proclamée législativement par les Chambres, si la population rouge de la capitale n'était venue compromettre un résultat si précieux et fournir aux partisans de l'Empire un prétexte aux revendications futures.

(1) « Tout le monde fut consterné et indigné en apprenant la catastrophe de Sedan. » (*Histoire générale de la guerre de* 1870-1871, par L. Dussieux, professeur honoraire à l'Ecole militaire de Saint-Cyr; Paris, Victor Lecoffre, 1881 ; 3e édition, t. I, p. 165.) — « Ce fut une explosion de colère contre le régime auteur de tous nos maux. » (*Histoire de la guerre de* 1870, par V. D..., officier d'état-major (général Derrécagaix); Paris, Dumaine, 1871 ; p. 342.)

(2) « Sa politique extérieure déplorable est la cause première; l'ineptie et l'imprévoyance inouïes, avec lesquelles cette guerre a été entreprise et conduite, sont les causes secondes de nos malheurs. » (*Journal du siège de Paris*, par Michel Cormudet; Paris, Douniol, 1872 ; p. 4.)

Les fils de ces mêmes hommes qui, par leurs excès et leur nullité, avaient tué la première république et rendu possible la chute de la deuxième, étaient, à leur tour, retombés dans les mêmes errements et avaient transmis à la troisième un vice constitutionnel, la violence, qui rend nuls les actes les plus légitimes.

C'est ce que nous allons raconter.

BRUITS DE DÉSASTRE

Depuis le départ de l'armée de Châlons pour Verdun, l'anxiété de Paris et de la province avait été inexprimable. La vie de tout un peuple était en quelque sorte suspendue et, sauf les choses et les nouvelles militaires, plus rien n'intéressait les citoyens.

Le général de Palikao, ministre de la Guerre, à l'inverse du général Trochu, parlait peu et agissait beaucoup : les régiments sortaient de terre et, à peine formés, étaient expédiés sur l'armée (1). Mais ce mutisme exaspérait les Parisiens, toujours impatients de savoir ce qui se passe, surtout dans une crise aussi palpitante que celle où le pays se débattait.

Le 2 septembre, on avait appris « qu'une terrible bataille s'était livrée aux environs de Sedan et qu'elle continuait avec des alternatives diverses (2) ». La foule se tenait en permanence sur les boulevards, auprès du Palais-Bourbon, partout où

______

(1) « En quelques jours de ministère, le comte de Palikao a fait le possible et plus qu'il ne semblait possible pour assurer la résistance. Une armée est sortie de terre; il a ravitaillé les autres; il a muni et approvisionné Paris, de façon à soutenir le siège glorieusement et longtemps. » (*Paris pendant les deux sièges*, par Louis Veuillot; Paris, Palmé, 1880; 3ᵉ édition, t. I, p. 112.)

(2) Francisque Sarcey, *Le Siège de Paris, Impressions et Souvenirs*; Paris, Lachaud, 1871; 1ʳᵉ édition, p. 23.

elle croyait pouvoir connaître quelque chose du drame qui se déroulait dans les Ardennes.

Et rien ne venait apaiser son anxiété : le Gouvernement ne parlait pas. L'énervement était arrivé à son paroxysme.

Cependant, depuis la veille, on savait, en haut lieu, qu'un grand malheur nous avait frappés. Le général Vinoy avait télégraphié, de Mézières, au ministre de la Guerre, le 1er septembre, à quatre heures du soir : « Communications complètement interrompues avec Sedan par des forces considérables. Colonel Tissier, revenu du champ de bataille, apporte mauvaises nouvelles : maréchal Mac-Mahon blessé; les fuyards m'inondent; je suis inquiet de l'Empereur. » Et, le même jour, à cinq heures quarante minutes, le ministre lui répondait par la dépêche suivante : « Dans les circonstances actuelles, je vous laisse maître de vos mouvements. Faites évacuer les fuyards sur Laon ; je compte que Mézières saura tenir (1). » Le Gouvernement gardait toujours le silence, espérant un retour de fortune.

Dans la matinée du 3, des dépêches vagues, venues de Bruxelles et de Londres, annoncèrent que le maréchal de Mac-Mahon était tué, que l'armée avait été obligée de se rendre, que l'Empereur était prisonnier : le Gouvernement se taisait encore (2).

(1) Charles de Mazade, *La guerre de France*, t. I, p. 321, en note. — *Enquête parlementaire sur les actes du gouvernement de la Défense nationale;* Versailles, imprimerie Cerf et fils, 1873; déposition du général Vinoy, p. 111. — *Campagne de 1870-1871, siège de Paris, opérations du 13e corps et de la 3e armée, par le général Vinoy;* Paris, Plon, 1874; pp. 55 et 56. — *Revue du cercle militaire des armées de terre et de mer,* n° du 9 décembre 1888, p. 1198.

(2) « Le lendemain, 3, à la première heure, j'étais au ministère. Je ne pus voir M. Chevreau; son chef de cabinet me dit ne rien savoir, mais il était facile de juger, à l'attitude des personnes présentes, que tout était perdu. Le désarroi était complet. » (*Gouvernement de la défense nationale du 30 juin au 31 octo-*

« Bientôt le doute ne fut plus permis (1). »

A quatre heures de l'après-midi, M. de Vougy, directeur des Postes et Télégraphes, remettait à M. Chevreau, ministre de l'Intérieur, la dépêche suivante :

« L'armée est défaite et captive ; moi-même je suis prisonnier.

« Napoléon (2). »

— « M. Chevreau, atterré, monta chez la Régente et lui remit le fatal billet. L'Impératrice parcourut d'un regard le papier et retomba avec un cri déchirant d'angoisse (3). »

Le Gouvernement tint d'abord la nouvelle secrète ; étourdi par ce coup de massue, le Conseil des ministres, qui s'était réuni à six heures du soir, après avoir appelé les présidents du Sénat et du Corps législatif, discuta pendant deux heures les mesures à prendre et se décida : à ne pas convoquer le Corps législatif le soir même, à lancer une proclamation, à rassembler dans Paris toutes les troupes disponibles et à organiser une armée de 300,000 hommes derrière la Loire !

Les trois dernières mesures ne pouvaient compromettre la situation ; mais la première, l'ajournement de la séance du Corps législatif, devait avoir des conséquences déplorables.

En effet, la nouvelle du désastre avait transpiré ; une rumeur immense s'élevait « grossissant à travers la foule. Les détails manquaient à tout le monde, mais que nous eussions subi quelque chose de

bre 1870, par M. Jules Favre, de l'Académie française ; Paris, Plon, 1871 ; p. 54.)

(1) *Enq. parlem. déf. nationale*, rapport de M. Daru, p. 6.

(2) *Ibid.*, déposition de M. Chevreau, p. 266.

(3) *Essai sur la Régence de 1870*, par le duc d'Abrantès ; Paris, Guérard, 1879 ; p. 382.

terrible, cela paraissait certain, cela flamboyait à tous les yeux (1) ».

Aussi, quand M. le président Schneider revint au Palais-Bourbon, y trouvait-il « réunis un grand nombre de députés qui ne s'accommodaient pas de l'ajournement des délibérations de la Chambre et qui jugeaient nécessaire de la convoquer immédiatement (2) ».

Des bandes parcouraient les boulevards, en criant : *La déchéance!* Rien n'arrêtait plus les imprécations que chacun lançait contre le néfaste monarque et sa cour. D'un moment à l'autre, les Tuileries, les ministères, le Corps législatif pouvaient être envahis.

« Les hommes qui poussaient au renversement immédiat de l'Empire n'auraient pas manqué d'essayer de profiter du désastre de Sedan pour soulever les masses. Ce fut à grand'peine, pourtant, qu'ils parvinrent à former une bande de deux à trois cents individus et à la jeter sur le poste de police situé vis-à-vis du théâtre du Gymnase. Les sergents de ville qui l'occupaient firent bonne contenance et, par une sortie hardie, dispersèrent les assaillants et leur firent de nombreux prisonniers (3). »

Une autre échauffourée, causée par les mobiles de la Seine, occasionnait, boulevard Montmartre, un nouveau conflit avec la police. Un mobile était blessé et, selon la bonne tradition insurrectionnelle, son pseudo-cadavre était transporté au Louvre où l'on demandait vengeance au dieu du moment. Le général Trochu en profitait pour faire un discours et se débarrassait tant bien que mal de cette

<hr>

(1) Sarcey, pp. 24 et 25.
(2) *Enq. parlem. déf. nationale*, rapport de M. Daru, p. 8.
(3) *Histoire du Second Empire*, par Taxile Delord ; Paris, Germer-Baillière et Cie, 1876 ; 2e édition, t. VI, pp. 476 et 477.

troupe de braillards et de curieux encombrants (1).

Cependant les sergents de ville étaient parvenus à dissiper les groupes, qui se donnaient alors tous rendez-vous pour le lendemain, place de la Concorde, d'après le mot d'ordre que le journal *le Siècle* avait inséré dans son numéro du matin. (Voir le numéro du 4 septembre 1870.)

En présence de cette agitation, les députés réclamèrent une séance de nuit et les bonapartistes ne furent pas les derniers à presser M. Schneider de déférer à ce désir (2). Le président fit alors convoquer, à domicile, les députés et les ministres pour une séance extraordinaire qui devait se tenir à minuit (3).

Avertis et rassemblés, avant cette séance, dans le cabinet du président du Corps législatif, les ministres persistèrent dans leur funeste idée de temporiser et d'attendre le lendemain pour prendre une résolution définitive (4). Aucune observation ne fit impression sur leur esprit : leur obstination ne put être vaincue (5). Nous allons en voir les bien regrettables conséquences.

(1) Taxile Delord, p. 477. — Nous nous empressons de déclarer que les mobiles, auteurs de ces scandales, faisaient partie des quartiers rouges et que l'on ne vit guère parmi eux des jeunes gens composant les bataillons qui se battirent si bien à Châtillon et ailleurs.

(2) « De Dalmas, Kératry et moi, nous nous rendîmes à la présidence, suivis de plusieurs de nos collègues..... Il y a nécessité, dîmes-nous, en présence des événements, de convoquer immédiatement le Corps législatif. » (Ernest Dréolle, *La Journée du Quatre-Septembre*; Paris, Amyot, 1871 ; pp. 28 et 29.) — « Cette réunion avait été demandée par les membres de la majorité. » (*Enq. parlem. déf. nationale*, déposition de M. Jérôme David, p. 154.) — « M. de Kératry était un peu noyé au milieu des députés de la majorité. » (*Ibid.*, question de M. de la Borderie, p. 162.) — Duc d'Abrantès, p. 390. — Taxile Delord, t. VI, p. 454. — *Gambetta, sa vie, ses idées politiques*, par Émile Neucastel; Paris, Cerf, 1885 ; p. 66.

(3) *Enq. parlem. déf. nationale*, rapport de M. Daru, p. 9.

(4) *Histoire de quatre ans*, 1870-1873, par Théodore Duret; Paris, Charpentier, 1876 ; t. I, p. 338.

(5) *Ibid.*, p. 310.

LA NUIT DU 3 AU 4

A une heure du matin, la séance est ouverte et le général de Palikao prend la parole : « L'armée, dit-il, a été refoulée dans Sedan après d'héroïques efforts ; elle a été environnée par une force tellement supérieure qu'une résistance était impossible. L'armée a capitulé et l'Empereur a été fait prisonnier... (1) » et il finit en demandant le renvoi de la discussion au lendemain (non, à midi). M. Schneider appuie l'ajournement et M. Jules Favre, sans le combattre, dépose la proposition que l'on va lire :

« Nous demandons à la Chambre de vouloir bien prendre en considération la motion suivante :

« Art. 1er. — Louis-Napoléon Bonaparte et sa dynastie sont déclarés déchus des pouvoirs que leur a conférés la Constitution.

« Art. 2. — Il sera nommé, par le Corps législatif, une commission de gouvernement, composée de..... qui sera investie de tous les pouvoirs du gouvernement et qui a, pour mission expresse, de résister à outrance à l'invasion et de chasser l'ennemi du territoire.

« Art. 3. — M. le général Trochu est maintenu dans ses fonctions de Gouverneur général de la ville de Paris.

« Signé : Jules Favre, Crémieux, Barthélemy-Saint-Hilaire, Desseaux, Garnier-Pagès, Larrieu, Gagneur, Steenackers, Magnin, Dorian, Ordinaire, Emmanuel Arago, Jules Simon, Eugène Pelletan, Wilson, Ernest Picard, Gambetta, comte de Kéra-

(1) *Journal officiel*, n° du 4 septembre 1870.

try, Guyot-Montpayroux, Tachard, Le Cesne, Rampont, Girault, Marion, Léopold Javal, Jules Ferry, Paul Bethmont (1). »

Pas un bonapartiste ne proteste (2).

Les députés sentent que le courant est irrésistible et les plus fougueux partisans de l'Empire n'osent le défendre. Seul, M. Pinard (du Nord) se contente de dire : « Nous ne pouvons prendre que des mesures provisoires ; nous ne pouvons pas prononcer la déchéance (3). » Et c'est tout (4)! On ne songe même pas à demander pourquoi le nom du général Trochu vient, si étrangement, se mêler à la proposition et pourquoi la personnalité de ce général fait, à elle seule, l'objet d'un article. Non, tout le monde reste muet et la séance est levée à une heure vingt minutes et renvoyée à midi pour la discussion de la motion de Jules Favre.

C'était une grande faute en l'état de fermentation

(1) *Journal officiel*, n° du 4 septembre 1870. — « Singulière ironie des événements de ce monde! Cette motion de résistance à outrance était présentée par un homme qui, depuis vingt ans, s'évertuait à ruiner nos institutions militaires! « (*Histoire de la Défense de Paris en* 1870-1871, par le major H. de Sarrepont; Paris, Dumaine, 1872 ; p. 16.)

(2) « Après la lecture de cette proposition, faite au milieu du plus profond silence, la séance fut, d'un commun accord, ajournée à midi. » (*Enq. parlem. déf. nationale*, rapport de M. Daru, p. 10.)

(3) *Journal officiel*, n° du 4 septembre 1870.

(4) « La Chambre se sépara de suite sans faire entendre la moindre protestation, car on ne peut donner ce nom aux trois mots prononcés par M. Pinard (du Nord), et que, pour ma part, je n'entendis pas. » (Jules Favre, *Gouvernement de la Défense nationale du 30 juin au 31 octobre* 1870, p. 63.) — « Je m'attendis, à ce moment, à voir bondir de son banc pour sauter à la tribune un des ministres présents. Aucun ne parut vouloir parler: M. Pinard (du Nord) seul protesta brièvement. » (Ernest Dréolle, p. 42.) M. Dréolle lui-même se tint coi. — « La Chambre se tut; un seul député protesta. Les ministres se turent. » (*Histoire de France, depuis* 1789 *jusqu'à nos jours*, par Henri Martin, de l'Académie française; Paris, Furne-Jouvet et Cᵉ, 1885; t. VII, p. 149.) — « Aucun ministre, hélas! ne souffla mot. » (Edouard Boucastel, *l'Impératrice et le Quatre-Septembre*; Paris, Amyot, 1872; p 113.) — Taxile Delord, t. VII, p. 460. — Voir aussi *infra*, pp. 64, 65, 75 et 76.

où se trouvait la capitale. La place de la Concorde, les abords de la Chambre, le palais lui-même, étaient remplis d'une foule hostile qui réclamait la déchéance. Les sergents de ville avaient la plus grande peine à contenir ce flot sans cesse grandissant et l'on devait s'attendre, pour l'après-midi, à une poussée terrible quand le mot d'ordre des violents aurait gagné toutes les couches de la population et jeté contre la représentation nationale ce peuple exaspéré par l'immensité de la catastrophe.

C'est à peine si MM. Thiers et Jules Favre purent rentrer chez eux, poursuivis qu'ils étaient par des hommes en délire qui criaient : *La déchéance! La déchéance !*

A dix heures du soir, déjà, « les groupes, stationnant sur le pont et sur la place, avaient voulu pénétrer dans l'enceinte du palais. M. Gambetta les avait arrêtés. Monté sur une chaise, il les avait conjurés de se retirer : «« Citoyens, je vous en prie, disait-il, laissez les représentants de la nation remplir leur devoir. Dégagez le pont, respectez l'ordre, ayez patience, ayez confiance en nous. »» Après la séance, il renouvelait ces sages recommandations (1). » — « Ne parlez pas de la République, disait-il encore, parlez de la nation (2). »

Il y avait donc grand danger à perdre douze heures dans un pareil moment. « Le Corps législatif aurait dû aviser sans retard aux moyens de conjurer le péril dont la France était menacée (3). » — « Si l'on s'était hâté, si, le matin du 4 septembre,

(1) *Enq. parlem. déf. nationale*, rapport de M. Daru, p. 12. — Ernest Dréolle, p. 23.

(2) *Enq. parlem. déf. nationale*, dépositions de M. Bescherelle, p. 168. — *Ibid.*, déposition de M. Ernest Picard, p. 476. — Colonel Vandevelde, *Commentaires sur la guerre de 1870-1871*; Bruxelles, Muquardt, 1872; p. 159. — Boncastel; p. 112.

(3) *Enq. parlem. déf. nationale*, rapport de M. Daru, pp. 10 et 11.

Paris, en se réveillant, eût trouvé un pouvoir de défense nationale établi, parlant à tous le langage du patriotisme, mettant hardiment la main à l'œuvre, peut-être aurait-on pu tout au moins suspendre la marche précipitée des événements et détourner le coup d'Etat populaire (1). » — « Si la Chambre, à cette heure dernière, eût fait son devoir; si, envisageant d'un regard ferme la situation, elle eût, tout de suite, pris en main les destinées de la France et tiré de son sein un gouvernement où Paris et la province eussent été représentés également, que de malheurs eussent été évités. Mais, c'était écrit, comme disent les Orientaux. Tout le monde manqua de décision et l'on remit au lendemain les mesures à prendre (2). » — « Le Corps législatif, troublé, éperdu, n'osait se décider entre l'impossibilité de maintenir ce qui était et le danger de créer autre chose (3). » De son côté, « la Régence ne prenait

(1) Charles de Mazade. *La guerre de France*, t. I, p. 321. — « Si la Chambre avait voté ce que nous lui demandions, l'*insurrection* du lendemain n'avait plus de raison d'être et nous étions nécessairement exclus du nouveau gouvernement nommé par la majorité. » (Jules Favre. *Gouvernement de la Défense nationale du 30 juin au 31 octobre*, p. 61.) — « La constitution régulière d'un nouveau pouvoir était donc encore possible, mais il n'y avait pas une heure à perdre. Les partis extrêmes s'agitaient pour précipiter la révolution et s'en emparer. » (Henri Martin, t. VII, pp. 147 et 148.)

(2) Sarcey, p. 25. — « La résolution de la déchéance, adoptée sur-le-champ, tout en évitant d'en prononcer le mot, aurait prévenu l'invasion de l'Assemblée. » (*Enq. parlem. déf. nationale;* déposition de M. Thiers, p. 19.) — *Ibid.*, dépositions de MM. Ernest Dréolle, p. 232; Jules Ferry, p. 381; Garnier-Pagès, p. 442; Ernest Picard, p. 475.) — Colonel Vandevelde, *Commentaires*, pp. 160 et 161. — Ed. Hervé, *Journal de Paris*, n° du 6 septembre 1870. — *Histoire critique du siège de Paris*, par un officier de marine ayant pris part au siège; Paris, Denthu, 1871; p. 5. — *Souvenirs du Quatre-Septembre, Origine de la chute du Second Empire*, par Jules Simon; Paris, Calmann Lévy, 1876; 3º édition, p. 421. — *Histoire de la chute de l'Empire*, par Jules Pointu; Paris, Le Chevalier, 1874; p. 166. — Taxile Delord, t. VI, p. 454.

(3) *Enq. parlem. déf. nationale*, déposition de M. Thiers, p. 15. — « La Chambre a hésité, tâtonné et s'est laissé conduire au

aucune mesure bien décidée (1) ». — « Des membres du centre, autrefois très réservés avec moi, a déclaré M. Thiers, m'abordèrent et me dirent : «« Il est évident qu'il faut en finir; nous sommes décidés à rendre le trône vacant. On nous demande le mot de *déchéance*, nous ne pouvons pas le prononcer, c'est une chose impossible. Nous avons soutenu cette dynastie pour éviter une révolution; nous nous sommes trompés en la soutenant, mais il nous est impossible d'en prononcer nous-mêmes la déchéance. Soit, pour la chose, mais qu'on nous épargne le mot. »» Ils me prièrent donc de trouver une rédaction qui conciliât leur dignité avec la nécessité, devenue évidente, de faire vaquer le trône (2). »

Puisse cette leçon ne pas être perdue et, dans une occasion semblable, inspirer les résolutions des hommes les plus éminents et les plus *honnêtes* de tous les partis, réunis dans la *Trêve de Dieu* de la patrie !

Quant à l'acceptation par la population parisienne des mesures qui auraient été prises par la Chambre, cela ne fait pas question. Il est certain que l'immense majorité de cette population ne pensait pas aller aussi loin qu'on la fit aller le 4 septembre (3). A ce moment, ce qu'on voulait, c'était

bord du fossé. » (*Ibid.*, déposition de M. Gambetta, p. 547.) — « La Chambre tout entière a manqué d'énergie et de sens politique. » (Michel Cornudet, p. 5.)

(1) Dussieux, t. I, p. 167.

(2) *Enq. parlem. déf. nationale*, déposition de M. Thiers, p. 17.

(3) « La vérité est que la population de Paris n'a point su ce qui s'opérait. » (Louis Veuillot, t. I, p. 113.) — « La foule, en les voyant passer (les députés de Paris), ne se doutait, ni de l'endroit où ils allaient, ni de ce qu'ils allaient y faire. » (*A Paris pendant le siège*, par un Anglais membre de l'Université d'Oxford; traduction, notes et documents, par Félix Sangnier; Paris, Ollendorff, 1888; *Avant-propos*, p. v.) — « Si la Chambre ne se hâtait pas, le cri de *République* allait bientôt être la voix de la masse entière

la disparition de l'Empereur et de l'Impératrice et
la nomination d'un conseil de défense, tout-puissant, dont on donnait même la composition, dans
lequel on mettait M. Thiers, le général Trochu, et
dont la présidence eût été attribuée au comte de
Palikao, que l'on consentait à conserver (1).

Voilà ce que nous avons constaté nous-même,
non seulement le 3 septembre, mais aussi le 4,
après midi, avant l'envahissement de la Chambre (2).
« Il s'agissait seulement de savoir si le Corps législatif s'emparerait du pouvoir par une sorte de coup
d'État parlementaire, ou si, au contraire, il chercherait à s'entendre avec le Gouvernement pour que la
transmission du pouvoir, des mains de l'Impératrice-Régente dans les mains de l'Assemblée, se fît
régulièrement (3). » — « Au lieu d'une révolution,

et non plus seulement de *quelques groupes exaltés*. » (Henri Martin, t. VII, p. 148.) — Jules Simon, *La chute du Second Empire*,
p. 405.

(1) « Nous pensions que M. de Palikao devait être conservé, à
raison de la connaissance qu'il avait des opérations militaires engagées. Nous mettions à côté de lui M. Schneider. » (Jules Favre.
Gouvernement de la Défense nationale du 30 juin au 31 octobre,
p. 61.) — *Enq. parlem. déf. nationale*, déposition de M. Jules
Ferry, p. 379. — Taxile Delord, t. VI, pp. 458, 460, 461, 480, 481 et
524. — Jean Larocque, 1871, *Souvenirs révolutionnaires;* Paris,
Albert Savine, 1888; pp. 119 et 120.

(2) « Il fallait, selon moi, que le Corps législatif déclarât le
trône vacant, formât une commission de gouvernement, essayât
de signer un armistice avec l'ennemi, puis convoquât une assemblée où se réunirait tout ce que le pays contenait d'hommes capables et dévoués, et du sein de laquelle sortirait le remède à nos
malheurs. » (*Enq. parlem. déf. nationale*, déposition de M. Thiers,
p. 15.) — « Sur ce point, tout le monde était à peu près d'accord
dans la nuit du 3 au 4 septembre. » (*Ibid.*, rapport de M. Daru,
p. 13.) — *Le général Trochu devant l'histoire ;* extrait du *Diario
del sitio de Paris*, par Andrès Borrego; traduit de l'espagnol par
Louis Gerdebat; Paris, Librairie générale; p. 14. — Michel Cornudet, p. 5.

(3) *Enq. parlem. déf. nationale*, rapport de M. Daru, p. 13. —
« J'ai cherché dans la Chambre, et nous avons été sur le point de
réussir, à constituer un gouvernement collectif anonyme. » (*Ibid.*,
déposition de M. Gambetta, p. 547.) — « On prévoit la constitution d'un conseil de gouvernement par la Chambre d'accord avec

on arrivait à l'élimination du gouvernement existant (1) ».

Mais, dira-t-on, en conservant le Corps législatif de l'Empire, on courait à la guerre civile, puisque, déjà, Marseille et Lyon avaient proclamé la République !

Nous sommes sûr que la province se serait soumise aux décisions prises, à Paris, par les hommes éminents de tous les partis, sauf les rouges, avec lesquels on ne peut et ne, doit jamais traiter, étant essentiellement destructeurs. Les faubourgs de Lyon et de Marseille n'auraient pas fait la loi à la France. Enfin, en admettant la valeur de l'objection, on n'arriverait qu'à démontrer combien la populace de ces deux villes ressemble à celle de Paris pour le mépris de la liberté, du droit et du sens commun, mais on ne prouverait pas que la soumission à leurs caprices a profité au pays.

Quoi qu'il en soit, pendant la séance de nuit, la consternation régnait aux Tuileries. L'Impératrice, dont l'influence avait été si néfaste sur les résolu-

la Régence. *Ah! tant mieux!* Et le groupe, visiblement satisfait, se dissipa de lui-même... Pas un cri hostile. Pas un murmure. » (Ernest Dréolle, p. 34.) — Voir aussi, plus loin, p. 30, la déclaration de M. Etienne Arago. — « Que Gambetta désirait-il ? La République ? Point du tout. Il voulait un gouvernement collectif anonyme à faire constituer par le Corps législatif. » (*Gambetta*, par Émile Neucastel ; Paris, Cerf, 1885 ; p. 72.) — « Ce qui était manifestement nécessaire, c'était le gouvernement provisoire que les grands corps de l'Etat, s'inspirant des nécessités de la situation et des *justes griefs de l'opinion publique contre le gouvernement impérial, travaillaient à lui substituer*, en attendant que la nation pût être consultée. » (*Une page de l'histoire du Quatre-Septembre*, par Kolb-Bernard, député du Nord ; Paris, Leclère, 1873 ; p. 4.)

(1) *Enq. parlem. déf. nationale*, déposition de M. Clément Duvernois, p. 223. — « *Il faut s'unir et ne pas faire de révolution*, dit Gambetta. Ainsi la gauche était unanime pour donner la forme légale à ce qui devait se faire. Gambetta annonça à la foule que la Chambre allait se réunir. On cria : *Vive le Corps législatif !* » (Henri Martin. t. VII, p. 147.) — Taxile Delord, t. VI, p. 456.

tions de l'Empereur, faisait preuve, depuis le commencement de nos malheurs, d'une énergie extraordinaire. La Régence était, pour elle, comme un Calvaire qu'elle allait couronner, bientôt, par la fuite lamentable dont Louis XVIII, Charles X et Louis-Philippe avaient déjà donné le spectacle.

Dans la journée du 3, la Régente avait fait offrir le pouvoir à M. Thiers, par l'entremise de M. Mérimée, d'abord, de M. de Metternich, ambassadeur d'Autriche, ensuite. De leur côté, les députés de la gauche avaient supplié M. Thiers de se mettre à leur tête. Aux deux partis, il avait répondu qu'il était trop tard, que le seul conseil qu'il avait à donner était de former une commission qui serait revêtue des attributions du pouvoir exécutif (1).

Le soir, vers six heures, l'Impératrice avait présidé le Conseil des ministres qui avait proposé les mesures que nous avons déjà énumérées. A la suite de ce conseil, elle s'entretint avec M. Henri Chevreau et celui-ci lui conseilla de faire connaître au général Trochu la dépêche de l'Empereur, avant qu'il pût en apprendre indirectement le contenu. A sept heures et demie, le ministre de l'Intérieur, chargé du message de la Régente, arrivait au Louvre et trouvait le Gouverneur en tenue et descendant de cheval. Mais laissons parler M. Henri Chevreau :

« Je m'approchai du général Trochu avec une certaine émotion. «« *Je viens, lui dis-je, vous ap-*

<hr>

(1) *Enq. parlem. déf. nationale*, rapport de M. Daru, p. 13. — « Tout le monde s'adressait à M. Thiers. » (*Notes pour servir à l'histoire de la guerre de* 1870, par Alfred Darimon ; Paris, Ollendorff, 1888 ; p. 272.) — *Enq. parlem. déf. nationale*, déposition de M. Thiers, pp. 14 et 15. — Henri Martin, t. VII, p. 146. — *M. Thiers, Cinquante années d'histoire contemporaine*, par Charles de Mazade, de l'Académie française ; Paris, Plon, 1884 ; p. 310. — Duc d'Abrantès, pp. 388 et 389. — Taxile Delord, t. VI, pp. 447 à 449.

prendre une affreuse nouvelle : l'armée est détruite ; l'Empereur est prisonnier. » « Il me répondit qu'il n'en était pas étonné, qu'il prévoyait cette catastrophe. En effet, dans les jours qui avaient précédé, il ne m'avait pas laissé ignorer qu'il était dans la plus grande inquiétude sur le sort de l'armée.

« Je dis au général que je venais de laisser l'Impératrice dans un état de tristesse et d'abattement qu'il devait comprendre. J'étais très ému et je peignis la situation de la Régente, en ajoutant qu'elle était, à la fois, frappée comme souveraine, comme épouse, comme mère, qu'il n'y avait pas un côté de son cœur qui ne saignât et qu'elle avait besoin d'avoir autour d'elle des dévouements et des amitiés. «« *Allez la voir, dis-je au général, votre présence lui fera du bien.* »» Le Gouverneur me répondit qu'il arrivait du camp de Saint-Maur, de visiter les fortifications, qu'il était très fatigué, qu'il n'avait pas dîné, et qu'il irait, dans la soirée, après son dîner, voir Sa Majesté (1). »

Il n'y alla point (2).

Mais le soleil du 4 septembre 1870 vient de se lever radieux. Commençons le récit de cette journée historique.

L'ENVAHISSEMENT DU PALAIS-BOURBON

La séance, annoncée pour midi, ne s'ouvre qu'à une heure. M. de Kératry fait d'abord perdre un temps précieux en demandant l'éloignement de la troupe et des sergents de ville qui gardent les abords du palais. MM. Jules Favre et Esquiros

(1) *L'Empire et la Défense de Paris devant le jury de la Seine ;* Introduction et conclusion par le général Trochu; Paris. J. Hetzel et Cie, 1872; déposition de M. Henri Chevreau, p. 82.
(2) *Ibid.*, p. 83. — Duc d'Abrantès, p. 387.

appuient M. de Kératry : il semble que ces députés aient hâte de voir violé le siège de la représentation nationale (1).

M. de Palikao leur répond fort à propos : « Comment? je mets autour du Corps législatif un nombre de troupes suffisant pour assurer parfaitement la liberté de la discussion, et vous vous en plaignez! Si je n'en mettais pas, vous vous plaindriez que je vous livre à des pressions extérieures (2). »

Vainement, MM. Raspail et Ernest Picard tentent de répliquer, le ministre est si bien dans son droit que l'incident est vidé. Il n'a que trop duré et l'on arrive à la question palpitante.

Trois propositions sont en présence : celle du Gouvernement, celle de M. Thiers, celle de M. Jules Favre.

Nous connaissons cette dernière, déposée au cours de la séance de nuit; celle du Gouvernement est ainsi conçue :

« Art. 1er. — Un conseil de gouvernement et de défense nationale est institué. Ce conseil est composé de cinq membres; chaque membre est nommé par le Corps législatif.

« Art. 2. — Les ministres sont nommés sous le contre-seing des membres de ce conseil.

« Art. 3. — Le général de Palikao est nommé lieutenant général dudit conseil (3). »

Celle de M. Thiers est ainsi formulée :

« Vu les circonstances (4), la Chambre nomme

---

(1) « M. de Kératry essaya de faire éloigner les troupes qui pouvaient gêner les manifestations projetées par ses amis. » (Duc d'Abrantès, p. 393.)

(2) *Journal officiel*, n° du 5 septembre 1870.

(3) *Ibid.*

(4) Au lieu de : *Vu la vacance du Pouvoir*, qui formait le texte primitif. — Le Pouvoir n'était pas vacant, puisque la Régente était aux Tuileries. — *Journal d'un officier d'ordonnance*, par le comte d'Hérisson; Paris, Ollendorff, 1885; p. 63.

une commission de gouvernement et de défense nationale.

« Une Constituante sera convoquée dès que les circonstances le permettront (1). »

C'est, en réalité, la déchéance, car une Constituante n'a pas de raison d'être s'il s'agit de maintenir les Bonapartes. Malgré cela, l'Impératrice, après avoir lutté quelque temps, se rendant compte de l'impossibilité de résister au soulèvement général de la nation et voulant éviter, à tout prix, une effusion de sang dans un pareil moment, répond à MM Buffet, Daru et autres délégués, qui lui sont envoyés pendant la séance, qui lui soumettent la proposition de M. Thiers et qui lui demandent, par conséquent, l'abdication (2), « qu'elle est prête à tous les sacrifices (3). » En un mot, elle consent à abdiquer (4). « Au lieu de renverser l'Empire par une émeute, M. Buffet et ses amis poussaient à le

(1) *Journal officiel*, n° du 5 septembre 1870.
(2) Duc d'Abrantès, p. 399.
(3) *Enq. parlem. déf. nationale*, rapport de M. Daru, p. 17. — *Ibid.*, déposition de M. Brame, p. 195.
(4) « L'abdication! tel est le mot que M. Daru et ses amis se sont chargés de faire entendre à la Régente..... Il est répondu catégoriquement que les ministres sont au gouvernement pour proposer les mesures utiles à la France, que, s'ils jugent l'abdication nécessaire, l'abdication sera signée. » (Récit d'un familier des Tuileries : *Le Figaro*, n° du 24 novembre 1870.) — « L'Impératrice abdiquait ainsi elle-même tout pouvoir. » (Alfred Darimon, p. 279.) — « Que l'on prononce la déchéance, je ne me plaindrai pas, » dit la Régente. (*Ibid.*, p. 234.) — Voir aussi *Ibid.*, pp. 282 et 284 à 286. — « Le Pouvoir était tombé en vacance par la captivité de l'Empereur et l'abdication consentie de l'Impératrice. » (Marquis de Castellane, *Essais de psychologie politique*, Gambetta, *Nouvelle Revue*, n° du 1er novembre 1878, p. 34.) — « Laissez la dynastie de côté, ne vous inquiétez que du pays, » répond l'Impératrice. (*Enq. parlem. déf. nationale*, déposition de M. Clément Duvernois, p. 223.) — *Ibid.*, déposition de M. Buffet, pp. 143 à 145. — Kolb-Bernard, pp. 19 et 20. — Théodore Duret, t. I, p. 349. — M. de Lesseps poussait la Régente à abdiquer. (*L'Empire et la Défense de Paris*, p. 428.) — Duc d'Abrantès, p. 401. — Boucastel, p. 123.

renverser par un coup d'État parlementaire (1), » et ils avaient raison, en présence de l'effroyable impopularité de la dynastie.

Mais les bureaux sont réunis quand les délégués reviennent au Palais-Bourbon, et huit commissaires sont rapidement élus. Voici leurs noms : MM. Buffet, Martel, Josseau, Daru, Le Hon, Jules Simon, Gaudin, Genton et Dupuy de Lôme.

L'accord se fait alors entre les partis : M. Jules Simon vote, au nom de la gauche, avec tous ses collègues, le projet suivant :

« Vu les circonstances, la Chambre élit une commission composée de cinq membres choisis par le Corps législatif.

« Cette commission nomme les ministres.

« Dès que les circonstances le permettront, la nation sera appelée à élire une Assemblée constituante qui se prononcera sur la forme du gouvernement (2). »

Encore une fois, c'est la déchéance : le mot n'y est pas, mais la chose s'y trouve (3).

« L'Impératrice ne fait pas obstacle à l'adoption de ce projet (4); » la gauche non plus, et le rapporteur, M. Martel, va le lire à son tour à la Chambre qui l'acceptera certainement quand les habitués des réunions publiques et les chefs du parti exalté, voyant la police se retirer sur les ordres du général

---

(1) Taxile Delord, t. VI, p. 455. — Émile Neucastel, p. 68.

(2) *Enq. parlem. déf. nationale*, rapport de M. Daru, p. 18.

(3) « Convoquer une Constituante, c'était déchirer le pacte fondamental. » (Duc d'Abrantès, p. 395.) — Alcide Dusolier, *Ce que j'ai vu*; Paris, Ernest Leroux, 1874 ; p. 59. — Boucastel, p. 75. — *Histoire de la guerre franco-allemande*, 1870-1871, par Amédée Le Faure ; Paris, Garnier frères, 1875 ; t. I, p. 319.

(4) *Enq. parlem. déf. nationale*, rapport de M. Daru, p. 19. — MM. Braine, Busson-Billault et Jérôme David étaient passés des premiers parmi les adversaires du mot *régence*. (Ernest Dréolle, p. 62.)

de Caussade (1), envahissent les couloirs et la salle des séances, suivis d'une masse d'hommes armés qui chantent la *Marseillaise*, réclament la déchéance et la République, cassent les glaces, bousculent les députés et font un vacarme effroyable. « Il est deux heures un quart (2). »

La foule, qui se brise depuis midi contre les grilles du palais, a enfin renversé tous les obstacles et répondu aux appels de MM. de Kératry, Glais-Bizoin, Steenackers, Jules Ferry, Arthur Picard, Charles Ferry, Etienne Arago, Ulbach, Chassin et autres, qui l'excitent à envahir la Chambre (3). Il y

(1) *Enq. parlem. déf. nationale*, dépositions de M. Clément Duvernois, p. 224, et de M. Piétri, p. 256.

(2) *Ibid.*, rapport de M. Daru, p. 19. — « Je vis cette foule de misérables envahir la Chambre, remplir les tribunes, débraillés, criant, hurlant. » (*Ibid.*, déposition du général Le Flô, p. 620.)

(3) *Ibid.*, rapport de M. Daru, p. 31. — « Les hommes qui encombraient les tribunes, anciens députés de 48, proscrits du 2 Décembre, journalistes républicains, perdirent patience, descendirent sur l'escalier extérieur, du côté du quai, et appelèrent la foule en criant : *Vive la République!* Le peuple répondait sur le quai. » (Henri Martin, t. VII, p. 151.) — « L'Opposition, à la Chambre, travaillait de son mieux à la réussite du complot; elle avait exigé et obtenu le départ de toutes les troupes de Paris et l'armement de toute la population virile, c'est-à-dire des bandes révolutionnaires. » (Dussieux, t. I, pp. 166 et 167.) — « Mon ami, M. Pelletan, reprochait aux chefs de corps d'avoir donné l'ordre d'apprêter les armes. » (Jules Favre, *Gouvernement de la Défense nationale du 30 juin au 31 octobre* 1870, pp. 70 et 71.) — « MM. Picard et Pelletan excitaient les envahisseurs à proclamer la République dans la salle des Pas-Perdus. » (*Un ministère de la Guerre de vingt-quatre jours*, par le général Cousin de Montauban, comte de Palikao; Paris, Plon, 1871; p. 133.) — M. Etienne Arago avoue qu'il allait des tribunes au dehors « pour pousser au renversement d'un pouvoir effondré (*sic*) ». (*L'Hôtel-de-Ville de Paris au Quatre-Septembre et pendant le Siège*, par Etienne Arago, ancien maire de Paris; Paris, Hetzel et Cie; p. 19.) — Les députés républicains, « après avoir donné l'heure du rendez-vous et s'être trouvés, les premiers, sur la place de la Concorde, avaient forcé le passage du pont et envahi le Corps législatif en tête de la multitude. » (Théodore Duret, t. II, pp. 2 et 3.) — « MM. de Kératry, Glais-Bizoin, Steenackers, Jules Ferry, parlementaient avec les groupes, invitaient les municipaux à se retirer et la Garde nationale à se rapprocher. MM. Arthur Picard, Charles Ferry et Etienne Arago allaient et venaient du Palais-Bourbon au quai et,

a là des gardes nationaux, des ouvriers, des gardes mobiles, des curieux, des sectaires, d'honnêtes gens et surtout des habitués de club (1). Un millier de républicains de Belleville ont hâte de brusquer le dénouement et d'imposer leur volonté (2).

Le général de Caussade, chargé de la garde de l'Assemblée, « assis dans la salle des conférences, ne donne aucun ordre..... les soldats partent aux cris de : *Vive la République!* en abandonnant leurs fusils (3). » Un drapeau rouge est planté sur le fronton du monument (4). La populace est maîtresse du Palais-Bourbon; nous allons voir le bel ouvrage qu'elle va y faire, en dépit de la résistance acharnée de Gambetta.

chaque fois, faisaient entrer avec eux un petit nombre d'insurgés. » (Duc d'Abrantès, p. 403.) — « Du Corps législatif, envahi par les soins des gouvernants du Quatre-Septembre, ils ne firent qu'un saut à l'Hôtel-de-Ville. » (Jules Delafosse, *Le Procès du Quatre-Septembre;* Paris, Lachaud; pp. 42 et 43.) — « Soudain, sur le perron du Corps législatif, une cinquantaine d'hommes apparaissent; ils agitent leurs bras, leurs chapeaux, des journaux, des mouchoirs; une émotion irrésistible saisit la foule tout entière. «« Les députés nous appellent à leur secours, s'écrie-t-on, en avant! en avant! »» (Juliette Lamber, Mme Edmond Adam, *Le Siège de Paris, Journal d'une Parisienne;* Paris, Michel Lévy frères, 1873; p. 30.) — « Le frère de M. Picard nous a été signalé par différents rapports comme promoteur de l'invasion. » (*Enq. parlem. déf. nationale;* déposition de M. Jérôme David, p. 158.) — « M. Picard voulait faire remplacer la troupe par la Garde nationale. » (*Ibid.*, déposition du général Lebreton, p. 148.) — *Ibid.*, dépositions de MM. Gervais, p. 166; Jacob, p. 186; du colonel Alavoine, p. 163. — Borrego, p. 15. — Boucastel, pp. 153 à 156. — Taxile Delord, t. VI, pp. 496 et 498. — Stéphen Liégeard, *Trois ans à la Chambre;* Paris, Dentu, 1873; p. 343.

(1) « Les gardes mobiles vinrent en foule, le 4 septembre....., prendre part au mouvement populaire qui renversa l'Empire. » (*Les Transformations de l'armée française*, par le général Thoumas; Paris, Berger-Levrault et Cie, 1887; t. I, p. 322.)

(2) Borrego, p. 15.

(3) *Enq. parlem. déf. nationale*, rapport de M. Daru, p. 33. — *Ibid.*, dépositions du général Lebreton, p. 147; de M. Schneider, p. 133; de M. Bescherelle, p. 169; de M. Jacob, p. 187. — Duc d'Abrantès, p. 403.

(4) *Enq. parlem. déf. nationale*, déposition de M. Bescherelle, p. 169.

A deux heures et demie, la séance est reprise, le président est debout, à son fauteuil, mais les envahisseurs remplissent les tribunes et poussent de tels cris qu'une douzaine de députés seulement ont regagné leurs places, les autres refusant de délibérer au milieu d'une pareille agitation (1).

Gambetta a saisi le danger : l'Empire va tomber sous l'émeute, par le coup d'État, au lieu de s'effondrer devant le verdict de la Chambre impériale elle-même ! Il comprend que la Constituante qu'on va élire ne manquera pas de proclamer la République, qui naîtra ainsi, non d'un mouvement populaire, non d'un coup de force, mais d'un acte régulier émanant du seul pouvoir représentant actuellement la nation.

Crémieux, avec sa finesse juive, appuie le jeune tribun et essaie de persuader les agitateurs. Sa faible voix ne peut dominer le tumulte.

Alors Gambetta s'élance à la tribune et, s'adressant au public, il le conjure, avec sa parole retentissante, de ne pas attenter à la liberté de la représentation nationale :

« Citoyens, s'écrie-t-il, dans le cours de l'allocution que je vous ai adressée tout à l'heure, durant la suspension de la séance, nous sommes tombés d'accord qu'une des conditions premières de l'émancipation d'un peuple c'est l'ordre et la régularité. Voulez-vous tenir ce contrat ? (Oui ! oui !) Voulez-vous que nous fassions des choses régulières ? (Oui ! oui !) Puisque ce sont les choses que vous voulez ; puisque ce sont les choses qu'il faut que la France veuille avec nous... (Oui ! oui !) Eh bien ! si vous le voulez, il y a un engagement solennel qu'il faut prendre envers nous et qu'il ne faut pas prendre pour le violer à l'instant même : cet engagement, c'est de

____

(1) *Journal officiel*, n° du 5 septembre 1870.

laisser la délibération qui va avoir lieu se poursuivre en pleine liberté.

« *Dans les tribunes :* Oui ! oui !

« (De nouveaux groupes pénètrent dans les tribunes. Un drapeau tricolore portant l'inscription : 73e *bataillon*, 6e *compagnie*, est arboré par les nouveaux venus.)

« M. GAMBETTA. —Dans les circonstances actuelles, il faut garder le calme.

« *Quelques voix :* Vive la République !

« M. GAMBETTA. — Dans les circonstances actuelles, il faut que chacun de vous maintienne l'ordre ; il faut que, dans chaque tribune, chaque citoyen surveille son voisin.

« Vous pouvez donner un grand spectacle et une grande leçon. Le voulez-vous ? Voulez-vous qu'on puisse attester que vous êtes, à la fois, le peuple le plus pénétrant (!) et le plus libre ? (Oui ! oui !) Eh bien ! si vous le voulez, je vous adjure d'accueillir ma recommandation : que, dans chaque tribune, il y ait un groupe qui assure l'ordre pendant nos délibérations. (Bravos et applaudissements dans presque toutes les tribunes.) (1). »

Le silence se rétablit pendant quelques instants ; un certain nombre de députés rentrent dans la salle ; on croit que la proposition va pouvoir être approuvée. Malheureusement, M. le président Schneider se croit obligé d'ajouter quelques paroles à celles prononcées par M. Gambetta. Cette malencontreuse intervention soulève de vives protestations, le bruit recommence et la plupart des députés, qui étaient rentrés dans la salle, la quitte de nouveau, n'imitant pas, en cela, les sénateurs romains qui savaient attendre l'ennemi sur leurs chaises curules et y mourir.

(1) *Journal officiel,* n° du 5 septembre 1870.

3.

M. Glais-Bizoin, après avoir ouvert les digues au torrent populaire, veut à présent l'arrêter : « Messieurs, on va prononcer la déchéance ; prenez patience ; attendez (1). »

Vains efforts ; le tumulte redouble.

Un autre républicain, M. Girault, s'efforce de faire entendre raison à ces fous : l'agitation s'accroît (2).

C'est que certains démocrates se préoccupent bien plus de la proclamation du gouvernement de leur choix que du groupement de tous les bons citoyens pour faire face à l'étranger. « A un moment, écrit M. Etienne Arago, on vint me dire que l'idée de la régence faisait des progrès. C'était à l'instant même où le général de Palikao venait de soumettre sa proposition d'une régence déguisée. «« Non, non, m'écriai-je, pas de régence! pas d'Eugénie! Le Code est là qui dit que la femme doit suivre son mari (3) ! »»

« Mais cette belle découverte juridique ne transporte pas encore la foule. «« Je criai, continue M. Etienne Arago : La République ! Vive la République ! »» *Ce cri commença à trouver quelques échos.* Je repris mon allocution : «« A l'heure où je vous parle, la déchéance de Napoléon III doit être prononcée par la Chambre et la régence repoussée. La République est leur héritière ; elle sauvera le pays. Vive la République ! »» *Les échos s'éveillèrent plus nombreux* pour répéter ce cri. D'autres citoyens faisaient comme moi, mieux que moi sans doute, de l'action insurrectionnelle (4). »

Ces excitations, ces appels à la révolte contre l'Assemblée commencent, en effet, à porter leurs

(1) *Journal officiel*, n° du 5 septembre 1870.
(2) *Ibid.*
(3) *Etienne Arago*, p. 20.
(4) *Ibid.*

fruits. Ainsi que nous venons de le montrer, les tribunes ne laissent plus aucune liberté aux orateurs.

Gambetta tente un dernier effort :

« Citoyens, il est nécessaire que tous les députés présents dans les couloirs et dans les bureaux, où ils ont délibéré sur la mesure de la déchéance, aient repris place à leurs bancs et soient à leur poste pour pouvoir prendre la mesure. Il faut aussi que vous attendiez, dans la modération et dans la dignité du calme, la venue des représentants à leur place. On est allé les chercher. Je vous prie de garder un silence solennel jusqu'à ce qu'ils rentrent : ce ne sera pas long. (Oui ! oui !) — Applaudissements prolongés. — Pause de quelques instants.)

« Citoyens, vous avez compris que l'ordre est la plus grande des forces. Je vous prie de continuer à rester silencieux. Il y va de la bonne réputation de la cité de Paris. On délibère et on va vous rapporter le résultat de la délibération. Il va sans dire que nous ne sortirons pas d'ici sans avoir obtenu un résultat affirmatif. (Bravos et applaudissements.) (1). »

(1) *Journal officiel*, nº du 5 septembre 1870. — « M. Gambetta développa dix fois cette pensée qu'il n'appartenait pas à la ville de Paris de prononcer sur la forme du gouvernement; que, seule, la France, maîtresse de ses destinées, avait le droit d'en décider. » *Enq. parlem. déf. nationale*, déposition du général Le Flô, p. 621.) — *Ibid.*, déposition de M. Jules Brame, question de M. Callet, p. 204. — « M. le président Schneider et M. Gambetta, mus par un même sentiment : le désir sincère d'arriver à une solution parlementaire, s'épuisent en vains efforts pour obtenir l'évacuation de la salle et la liberté de la délibération. » (Jules Favre, *Gouvernement de la Défense nationale du 30 juin au 31 octobre 1870*, pp. 74 et 75.) — « M. Gambetta, le 4, à la Chambre, suppliait le peuple envahisseur de laisser aux députés la liberté de délibérer. » (*Journal de Fidus, La Révolution du Quatre-Septembre, Paris assiégé*; Paris, Albert Savine, 1889; p. 74.) — « M. Gambetta était sincère. » (Duc d'Abrantès, p. 405.) — *Ibid.*, p. 404. — Kolb-Bernard; p. 22. — *Memorandum du siège de Paris*, 1870-1871, par Jules de Marthold; Paris, Charavay, 1884; p. 29. —

« (A trois heures, la salle est, tout à coup, envahie par la porte du fond, qui fait face à la tribune des orateurs. Les députés présents se lèvent et essaient de s'opposer à cet envahissement. Devant leurs observations, la foule s'arrête et se maintient aux portes de l'Assemblée.) (1). »

Il va donc être possible de voter, puisque les tribunes et les couloirs veulent bien le permettre. Mais M. Schneider commet une seconde faute et, ne profitant pas de l'accalmie, ne fait pas lire le rapport. Il perd la tête et déclare que « une délibération étant impossible dans ces conditions, la séance est levée (2) ».

C'est le laissez-passer de la révolution. « Le président quitte le fauteuil ; la foule couvre le bureau, se presse à la tribune et remplit complètement la salle (3). » Mais si M. Schneider a manqué de présence d'esprit, il fait preuve de courage et l'on ne peut que louer la dignité de son attitude (4).

Le président sort, protégé dans sa retraite par M. Magnin, secrétaire de la Chambre. Il arrive sans encombre jusqu'à la porte du palais et entre dans le jardin de la Présidence..... Des cris violents

Paris et les Allemands, Journal d'un témoin, par A. du Mesnil; Paris, Garnier frères, 1872; pp. 23 et 24. — Gaston Mittchell, *Journal des Deux-Mondes pendant le siège de Paris;* Paris, A. Lacroix, Verbœckhoven et Cie, 1871; p. 7. — *La Politique et le Siège de Paris,* par le général Trochu; Paris, Hetzel; p. 25. — *Une Page d'histoire contemporaine devant l'Assemblée nationale,* par le général Trochu; Paris, Dumaine, 1871; p. 107.

(1) Compte rendu du secrétaire rédacteur du Corps législatif. *Enq. parlem. déf. nationale,* rapport de M. Daru, p. 510.

(2) *Journal officiel,* n° du 5 septembre 1870.

(3) Compte rendu du secrétaire rédacteur du Corps législatif. *Enq. parlem. déf. nationale,* rapport de M. Daru, p. 510.

(4) « M. Schneider eut une attitude vraiment digne du président d'une Chambre française... Il fut un des rares qui montra du courage jusqu'au bout. Il ne quitta son poste qu'épuisé et contraint par la force. » (F.-F. Steenackers; *Les Télégraphes et les Postes pendant la guerre de* 1870-1871; Paris, Charpentier, 1883; pp. 18 et 19.) — Stéphen Liégeard, p. 345.

retentissent : «« A bas Schneider! Voilà l'assassin de nos frères du Creuzot! Brigand! c'est toi qui les a tués! »» On se rue sur le Président, que son grand cordon rouge désigne à la fureur de ces misérables ; on le bouscule ; les uns le prennent au collet, à la cravate ; d'autres le tiennent par les bras ; quelques-uns le frappent par derrière ; les plus indignes traitements lui sont infligés (1). » Enfin, il peut gagner une porte de son hôtel ; elle s'ouvre, il est sauvé?

Le comte de Palikao est, de son côté, injurié et maltraité par les envahisseurs. « Il repousse énergiquement les attaques de M. Pelletan qui, par les agressions les plus violentes, cherche à ameuter contre lui cette foule, inconsciente des malheurs qu'elle prépare à la France (2). » Le ministre de la Guerre est heureusement dégagé par le lieutenant-colonel Barry, le capitaine de Brémont et le colonel de Sercey, et peut enfin se rendre aux Tuileries. L'Impératrice vient de partir (3). Le général rentre alors à son hôtel, qu'il quitte bientôt pour gagner la

(1) *Enq. parlem. déf. nationale*, rapport de M. Daru, pp. 35 et 36. — « Quand je vis le président dans l'embarras et menacé, même dans la tribune présidentielle, je m'empressai de me porter vers lui pour le protéger, s'il était possible. Mon collègue, M. Magnin, mû par le même sentiment, m'avait déjà précédé, et nous l'aidâmes, non sans difficulté, à descendre l'escalier de la tribune et à sortir de la Chambre. » (Steenackers, p. 19.) — *Enq. parlem déf. nationale*, dépositions de M. Magnin, p. 510; de M. Schneider, p. 135. — *Le Quatre-Septembre devant l'enquête*; par Eugène Pelletan; Paris, Pagnerre, 1874; p. 55. — Taxile Delord, t. VI, p. 500. — Kolb-Bernard, p. 23. — Ernest Dréolle, p. 75. — Stéphen Liégeard, pp. 353 et 354. — Théodore Duret, t. I, p. 355. — Seul, M. le général Trochu a le mauvais goût de faire de l'esprit à propos des violences exercées sur M. Schneider : « L'habit déchiré de M. le président Schneider, les froissements de M. Chesnelong et des autres protecteurs de sa retraite, ne suffisent pas, quoi qu'on fasse, à les recommander à la postérité pour le martyre. » (*La Politique et le Siège de Paris*, par le général Trochu, p. 49.)
(2) Comte de Palikao, p. 133.
(3) *Ibid.*

Belgique, ayant été prévenu par M. Crémieux qu'on veut lui faire un mauvais parti (1).

A peine M. Schneider a-t-il quitté le fauteuil présidentiel que deux énergumènes s'y installent en même temps. L'un agite convulsivement la sonnette, pendant que l'autre pousse des cris en guise de discours.

Gambetta s'indigne de cette scène scandaleuse; il voit les chefs de club qui haranguent leurs soldats et se préparent à se substituer aux députés de la gauche, et à proclamer une république qui sera bien autrement effrayante que celle des Jules Favre et des Jules Simon. En raison de la désertion de tous les hauts fonctionnaires de l'Etat, il comprend vite la situation et se résout à faire, lui-même, ce que la Chambre a voulu faire trop tard.

Réoccupant la tribune, dont il a chassé les ridicules fantoches qui la déshonoraient, il s'écrie de sa voix puissante :

« Attendu que la patrie est en danger;

« Attendu que tout le temps nécessaire a été donné à l'Assemblée nationale pour prononcer la déchéance;

« Attendu que nous sommes et que nous constituons le pouvoir régulier, issu du suffrage universel et libre ;

« Nous déclarons que Louis-Napoléon Bonaparte et sa dynastie ont à jamais cessé de régner sur la France.

« Bruyante et longue acclamation. — La République! nous voulons la République! — Le tumulte, écrit le rédacteur du compte rendu, est indescriptible (2). »

Certes, les lenteurs de la Chambre sont impar-

(1) *Enq. parlem. déf. nationale*, rapport de M. Daru, p. 51.
(2) *Ibid.*, p. 36.

donnables, et, à cet instant, il n'y a guère autre chose à faire que ce que fait Gambetta ; mais cela n'en est pas moins profondément regrettable et n'atténue en rien, ni les erreurs commises par le tribun dans sa déclaration de déchéance, ni la déplorable conduite du peuple de Paris (1).

Comment les centaines d'émeutiers qui viennent de chasser les députés et ont pris leur place « constituent-ils le pouvoir régulier issu du suffrage universel et libre (2) »? Où sont « l'ordre et la liberté, conditions premières de l'émancipation d'un peuple (3) »? La délibération « s'est-elle poursuivie en pleine liberté (4) »? A-t-on fait « des choses régulières (5) »? Le peuple a-t-il « donné un grand spectacle et une grande leçon (6) »?

Hélas! à quelques minutes d'intervalle, Gambetta est obligé de s'infliger un cruel démenti et de flatter cette tourbe criminelle pour tâcher de la diriger (7)! Non! l'ordre et la liberté ont été foulés aux pieds ! Non! l'on n'a pas fait des choses régulières ! Non! le peuple n'a pas donné un grand spectacle, mais provoqué un grand scandale, commis un attentat

(1) « Qui avait fait cela? Les clubistes, les meneurs, ceux qui dirigeaient, non pas la foule, mais la petite portion affiliée et enrégimentée de la foule. » (Jules Simon, *La Chute du Second Empire*, p. 405.)

(2) Voir *suprà* : déclaration de déchéance prononcée par Gambetta.

(3) Voir *suprà* : discours de Gambetta.

(4) *Ibid.*

(5) *Ibid.*

(6) *Ibid.*

(7) « Loin de participer au mouvement, les députés de l'Opposition ont cherché, disent-ils, à le contenir. Ils ont lutté, mais ils n'ont pas pu remonter le courant et ont dû subir l'impulsion qu'ils n'avaient pas donnée. Emportés par la foule, ils se sont mis à sa tête et se sont associés à un acte qu'ils n'avaient pas voulu, quand cet acte a été accompli. » (*Enq. parlem. déf. nationale*, rapport de M. Daru, p. 42.) — « J'aurais voulu, dit M. Grévy le soir du Quatre-Septembre, voir arriver la République d'une façon légale et non par la révolution. » (*Ibid.*, déposition de M. Brame, p. 197.)

aussi coupable que celui du Deux-Décembre : la populace parisienne n'a pas, seule, le droit de violer les lois (1)!

Enfin, le mal est fait, et il s'agit d'improviser un gouvernement à la place de celui qui vient de s'écrouler. M. Jules Favre rejoint Gambetta dans la salle des séances. « Voulez-vous, dit-il aux envahisseurs, ou ne voulez-vous pas la guerre civile? (Non! non! pas de guerre civile!) Il faut alors que nous constituions un Gouvernement provisoire. (A l'Hôtel-de-Ville! Vive la République!) (2). » — « Ce gouvernement, ajoute M. Jules Favre, prendra en mains les destinées de la France; il combattra résolument l'étranger, il sera avec vous, et, *d'avance, chacun de ses membres jure de se faire tuer jusqu'au dernier* (3)! »

Mais le tumulte ne s'apaise guère ; un nommé Peyrouton s'écrie : « C'est ici qu'il faut proclamer la République; nous la proclamons. La République est proclamée (4)! »

MM. Gambetta et Jules Favre, qui ne semblent pas très flattés d'entendre cette proclamation sortir de la bouche de M. Peyrouton, et qui ne sont pas de son avis, sortent de la salle en répétant : « A l'Hôtel-de-Ville! » L'enceinte se désemplit peu à peu (5). Le premier acte du drame est terminé : avant de raconter le second, transportons-nous aux Tuileries pour savoir ce qui s'y passe.

(1) « La souveraineté nationale ne réside pas, en effet, dans quelques milliers d'individus réunis sur un point donné, ni même dans telle ou telle partie de la nation, dans les habitants des villes ou dans les habitants des campagnes; la souveraineté nationale réside dans la nation tout entière..... L'établissement de la République, telle qu'elle fut acclamée, le 4 septembre, à Paris, était donc un acte révolutionnaire, pas autre chose. » (*Enq. parlem. déf. nationale*, rapport de M. Daru, p. 63.)

(2) *Ibid.*, p. 37.

(3) *Mémorial du siège de Paris*, par J. d'Arsac; Paris, Curot, 1871; 3° édition, p. 24.

(4) *Enq. parlem. déf. nationale*, rapport de M. Daru, p. 37.

(5) J. d'Arsac, p. 24.

FUITE DE L'IMPÉRATRICE

La Régente s'était levée à six heures du matin, avait visité l'ambulance des Tuileries et entendu la messe dans son oratoire particulier. Elle avait, ensuite, présidé le conseil des ministres auxquels s'étaient joints les membres du Conseil privé (1). Il ne paraît pas que ce conseil ait pris des résolutions pratiques, car son action fut nulle (2).

Au sortir de la séance, M. Henri Chevreau avait prévenu la Régente que le général Trochu s'était enfin décidé à venir aux Tuileries. L'Impératrice reçut le Gouverneur immédiatement et resta avec lui, en tête-à-tête, pendant vingt-cinq minutes. Quand il fut parti, inquiet de l'issue de la conversation, M. Henri Chevreau adressa ces seuls mots à la Régente : «« Eh bien ! Madame? »» Elle leva la tête, le regarda et lui fit un signe qui lui prouva qu'elle n'avait pas confiance dans les protestations que le général avait pu faire (3). »

Vers onze heures et demie, l'Impératrice se mit à table. Vingt-huit convives, parmi lesquels se trouvait M. de Lesseps, déjeunaient avec elle et cachaient tant bien que mal les craintes qui les assiégeaient.

« Mais, bientôt, les indices venus du dehors, présages d'une prochaine tempête, apportent un léger trouble dans les habitudes. L'Impératrice reçoit, de minute en minute, les dépêches de la préfecture de police, du ministère de l'Intérieur, de l'Administration de la Guerre. Le flot de la révolution est déjà gros. De toutes parts, on informe

(1) Taxile Delord, t. VI, pp. 482, 483 et 524.
(2) *Ibid.*, p. 525.
(3) *L'Empire et la Défense de Paris*, déposition de M. Henri Chevreau, p. 83. -- Taxile Delord, t. VI, p. 526.

l'Impératrice qu'on se dispose à organiser la résistance et la répression ; *que l'entreprise est malaisée, car Paris ne renferme que quelques tronçons de régiments,* mais qu'avec de l'activité et de l'habileté on pourra sauver la situation (1). »

Soit que la Régente estime que la résistance est impossible, que l'exaspération du peuple et de l'armée ne permet pas de s'opposer à un mouvement aussi irrésistible que celui qui emporte la France indignée ; soit qu'elle ait horreur de faire verser le sang français, elle n'hésite pas : «« Toutes les calamités, excepté la guerre civile. »» C'est son unique réponse aux dépêches qui demandent des ordres (2). »

Elle apprend que la foule se masse place de la Concorde et autour du Palais-Bourbon. Le cri de *Vive la République!* parvient aux oreilles des habitants des Tuileries, et l'on voit les troupes s'aligner, dans la cour du Carrousel et devant la façade qui regarde le jardin, pour protéger la souveraine contre la houle populaire (3).

« Des compagnies de la Garde nationale passent sur le quai, se rendant au Corps législatif. L'Impératrice se lève de temps en temps, s'approche de la

(1) *Le Figaro,* n° du 24 novembre 1870. — La relation dont nous donnons ici un premier extrait « est attribuée à l'un des chapelains de l'Impératrice qui passa cette dernière journée auprès d'elle ». (Georges d'Heylli, *Journal du siège de Paris;* Paris, Librairie générale; t. 1, p. 31, en note.) Mais une brochure intitulée : *Le Quatre-Septembre aux Tuileries,* par D. Caillé, conseiller général, Niort, 1871, et qui n'est que la reproduction de l'article du *Figaro,* infirmerait la première supposition. Quoi qu'il en soit, nous avons adopté ce récit comme type, étant le plus complet et renfermant le moins d'erreurs. M. Taxile Delord l'a pareillement reproduit.

(2) *Le Figaro,* n° du 24 novembre 1870. — « La troupe était irritée contre l'Empereur qui avait capitulé ; *il était impossible de compter sur elle.* » (Dussieux, t. 1, p. 167, en note.) — « Dans tous les postes, les soldats se sauvaient; ils criaient : *Vive la République!* » (Taxile Delord, t. VI, p. 483.)

(3) *Ibid.,* p. 525.

fenêtre, comme pour mieux lire une dépêche, jette
un regard furtif sur l'agitation du dehors, et se remet
au travail (1). »

Puis elle se raidit contre l'abdication; elle se
répand en reproches contre ceux qui la demandent,
et, pendant que ses familiers et ses serviteurs viennent lui baiser la main, elle ne tarit pas en discours
désolés et en récriminations violentes. Elle « en
arrive à cette exaltation, propre à sa race et à son
caractère, que les intimes désignaient sous ces mots :
Les moments de Chimène..... Une courte dépêche
de M. Piétri, préfet de police, arrête le cours des
réflexions de la Régente : «« On abat les aigles! »»
Ces quatre mots la ramènent aux événements qui
s'accomplissent dans Paris (2). »

Les maréchales Pélissier et Canrobert, les membres du Corps diplomatique arrivent successivement. Le prince de Metternich ne dissimule pas
son émotion; le chevalier Nigra semble tout à l'aise.
La princesse Clotilde se jette dans les bras de l'Impératrice : l'anxiété est à son comble (3).

Tout à coup, vers deux heures, ministres et députés accourent du Corps législatif annonçant que
le Palais-Bourbon est envahi, que les soldats qui le
gardaient fraternisent avec le peuple, que tout est
perdu! M. Chevreau, M. Jérôme David, M. Piétri
enfin, viennent supplier l'Impératrice de fuir (4).
« A peine M. Piétri a-t-il dit quelques mots à la
Régente qu'il disparaît. Il avait fait, dès la veille,
ses préparatifs de départ et, à trois heures, il était
sur la route de Belgique (5). »

(1) *Le Figaro*, n° du 24 novembre 1870.
(2) *Ibid.*
(3) *Ibid.*
(4) « Madame, il faut partir, dit M. Piétri; hâtez-vous, il n'est
que temps. » (*Enq. parlem. déf. nationale*, rapport de M. Daru,
p. 39; déposition de M. Piétri, p. 259.)
(5) Taxile Delord, t. VI, p. 529.

Le vide se fait rapidement autour de la souveraine malheureuse. La remarque désolée d'Ovide se justifie une fois de plus : les *tempora nubila* apportent avec eux la solitude pour celle qui avait vu tant de courtisans se presser à ses pieds. « Nous trouvons l'Impératrice avec quelques personnes, dit M. Busson-Billault. Sa Majesté se demande si elle n'a pas encore quelque devoir à remplir. Nous lui démontrons qu'elle n'en a plus aucun et qu'il y a des malheurs à éviter (1). »

La Régente fait alors appeler le général Mellinet : « Général, pouvez-vous défendre le château sans faire usage des armes? — Madame, je ne crois pas, répond le général. — Dès lors, tout est fini, il ne faut pas ajouter à nos désastres l'horreur de la guerre civile (2). » Elle va « serrer la main, sans mot dire, aux personnes qui n'ont pas encore reçu son adieu et, toute pâle et frémissante, disparaît dans ses appartements particuliers, accompagnée du prince de Metternich, du chevalier Nigra et de Mme Lebreton (3). »

A ce moment, « j'avais sous les yeux le jardin des Tuileries, écrit le témoin dont nous rapportons le récit. Des fantassins, l'arme au pied, étaient rangés devant la façade du palais. Le jardin était morne et désert. Néanmoins, dans le lointain, des ombres se détachaient de temps en temps des troncs d'arbre pour se dissimuler de nouveau. C'étaient les envahisseurs qui s'approchaient discrètement. La vue des troupes leur inspirait une médiocre confiance. Ils s'enhardirent peu à peu. Les ombres

<hr>

(1) *L'Empire et la Défense de Paris*, déposition de M. Busson-Billault, p. 90. — « Une seule dame d'honneur et l'officier de service; à chaque pas on sentait que le vide se faisait. » (Kolb-Bernard, p. 15.)

(2) *Le Figaro*, n° du 24 novembre 1870. — Taxile Delord, t. VI, p. 529.

(3) *Le Figaro*, n° du 24 novembre 1870.

éparses devinrent une fourmilière, la fourmilière se
changea en un océan de têtes, noir, bruyant et
compact. Une clameur confuse, dominée quelquefois par le chant de la *Marseillaise*, s'élevait de cette
masse sombre qui s'accumulait lentement contre
l'enceinte extérieure du jardin réservé.

« *Je me demandais comment il aurait été possible de détourner ou d'endiguer cet océan-immense*
qui avait franchi ses barrières.....

« Arrivé sous le pavillon de l'Horloge, j'ai voulu
savoir ce que ferait la foule qui ébranlait la grille
qui ferme l'accès du jardin, et je me suis arrêté près
de la grande porte des Tuileries qui regarde l'arc
de triomphe de l'Etoile.

« La foule ne se décidait pas à franchir le dernier
obstacle. Elle apercevait trop distinctement les
allées et venues du général Mellinet, qui disposait
ses soldats avec un soin extrême. Tout à coup, deux
voyous, arborant en guise de drapeaux parlementaires deux malpropres mouchoirs blancs et suivis
d'un monsieur en paletot, les deux mains dans ses
poches, débouchent dans l'allée du milieu et viennent droit au général (1). .

« « — Tiens, tiens, que fait donc là cet esco-
griffe? » » C'est ainsi qu'à mes côtés M. Laferrière
qui, en qualité de surintendant des théâtres impériaux, connaissait les siens, saluait l'apparition du
monsieur, qui n'était autre que Victorien Sardou.
Le général s'aboucha avec les parlementaires, puis
alla haranger le peuple..... Une minute après, nous
quittions les Tuileries par le guichet de l'Echelle.....
Je tirai ma montre : il était trois heures moins cinq
minutes (2). »

(1) « Sardou, avec son masque accentué de César étique, me
fit penser à Bonaparte. » (*Journal d'un officier d'ordonnance*, par
le comte d'Hérisson ; Paris, Ollendorff, 1885; p. 80.)
(2) *Le Figaro*, n° du 24 novembre 1870. — G. d'Heylli, *Journal
du siège de Paris*, t. I, p. 40. — J. d'Arsac, p. 42.

Nous venons de rapporter le récit d'un témoin du palais; voici comment M. Victorien Sardou raconte l'occupation des Tuileries par le peuple ou, pour mieux dire, par la Garde mobile.

« Je suivais le courant qui, par la rue Royale, portait les curieux à la Chambre des députés. Il se brisa contre un courant contraire qui, de la place de la Concorde, refluait tout à coup sur les boulevards, propageant les nouvelles. «« La Chambre n'existait plus. La déchéance de l'Empire était proclamée. Le général Trochu constituait un gouvernement provisoire à l'Hôtel-de-Ville! »» Tous ces bruits, jetés à la foule, ne provoquaient ni joie ni colère. Ils étaient accueillis par cette sorte d'hébétement qui, depuis la veille, était sur tous les visages et signifiait clairement: «« Qu'importe? après Sedan, on peut s'attendre à tout. »»

« Sur la place de la Concorde, peu de monde; le gros des curieux s'étant écoulé vers l'Hôtel-de-Ville, par les quais et la rue de Rivoli. Le groupe le plus inquiétant stationnait devant la grille du pont tournant, qu'il s'efforçait d'ouvrir, toutes les sentinelles ayant disparu. Je vis là Armand Gouzien, le nez en l'air, contemplant un individu qui, perché sur l'un des pilastres, frappait à grands coups de maillet l'aigle dorée du couronnement. L'aigle tomba, blessant au front l'un des curieux qui applaudissaient à sa chute. Au même instant, la grille étant forcée, trois cents personnes au plus, dont nous étions, Gouzien et moi, pénétrèrent dans le jardin. Le reste se tint prudemment sur la place. Ceux mêmes qui avaient franchi la grille se groupèrent entre les deux terrasses, sans oser s'aventurer jusqu'au bassin.

« Cette timidité subite avait sa cause. Au moment où la grille était forcée, un détachement de la Garde impériale se massait devant la grande porte du palais, puis, immobile, attendait là, solidement, l'arme au pied (1). »

MM. Sardou et Gouzien eurent alors le pressentiment d'un conflit entre la Garde et les envahisseurs, la crainte du sac des Tuileries, et, s'adressant à leurs étranges compagnons, ils leur proposent d'aller réclamer la retraite des soldats, leur faisant promettre d'attendre tranquillement le retour de l'ambassade.

La proposition est acceptée « et, suivis par les regards curieux de tout ce monde, nous entrons, dit M. Sardou, dans la grande avenue, nous dirigeant vers le palais.

« La chose est si nouvelle et si imprévue, que nous faisons les premiers pas en silence, tout à l'émotion de l'aventure. La grande allée s'ouvre devant nous, déserte, en plein soleil. Et les soldats qui, de loin, dans ce large espace vide et nu, voient ces deux pauvres petites ombres marcher sur le palais, comme deux fourmis à l'assaut d'une borne, se demandent assurément quelle farce nous jouons là. La pensée qu'ils pourraient bien prendre la chose de travers nous frappe tous deux au même instant. Insensiblement, nous avons déserté le milieu de l'allée, inclinant vers la droite, et tout prêts à nous réfugier derrière un tronc d'arbre, au premier symptôme inquiétant. Un mouvement très marqué, qui se produit sur le front de bataille, nous décide à éclairer la garnison sur nos intentions pacifiques... et, tirant mon mouchoir, j'improvise avec ma canne un petit drapeau...

« Enfin, voici l'avenue franchie, puis les parterres, et nous tournons le bassin qui précède le jardin réservé. Là, je regarde tout au loin, vers la

(1) *Comment j'ai pris les Tuileries le 4 septembre*, par M. Victorien Sardou ; *La Lecture*, n° du 10 septembre 1889, pp. 449 et 450.

place de la Concorde, et je vois nos gens groupés autour du grand bassin. Ils ont tenu parole. Nous ne sommes plus qu'à quelques pas de la grille réservée. Elle est fermée. Devant nous, la Garde est immobile. Seuls, des officiers vont et viennent... (1). »

Mais un gardien vient s'enquérir des intentions des arrivants qui remettent leurs cartes en le priant de les faire passer au général Mellinet, qui se présente au même moment, suivi d'un officier et d'un personnage en redingote, M. Ferdinand de Lesseps.

Le général, continue M. Sardou, « semble fort ému et en proie à une sourde colère.

«« Que voulez-vous de moi, messieurs? s'écrie-t-il, après un rapide coup d'œil à nos cartes... J'ai fait un serment et je le tiendrai, *moi!* »»

« La colère a sa raison d'être et le *moi* est significatif. Le brave général est sous le coup de cette nouvelle que le général Trochu, attendu aux Tuileries, est en ce moment à l'Hôtel-de-Ville... (2). »

Les pourparlers s'engagent et, comme l'Impératrice a quitté le palais, il est entendu que le drapeau sera amené et que la Garde impériale sera remplacée par les mobiles. Il était temps : les choses avaient déjà changé d'aspect.

« Tandis que nous montions la grande allée, raconte toujours M. Sardou, bon nombre d'impatients nous ont suivis de loin par une marche de flanc, se faufilant à l'abri de grands arbres. Arrêtés à la lisière des quinconces pour y attendre l'effet de notre démarche, dès qu'ils nous ont vu conférer avec des uniformes, ils ont compris que tout péril de fusillade était écarté ; et, se risquant en plein

(1) *La Lecture*, n° du 10 septembre 1889, p 451.
(2) *Ibid.*, p. 452.

soleil, ils viennent à nous d'un pas rapide. Rassuré
par ce mouvement, le gros des envahisseurs, resté
au pont tournant, s'est mis en marche à son tour.

Dans quelques minutes, la foule nous aura
rejoints. Le général a donné rapidement ses ordres ;
il ne s'agit plus que de savoir qui sera première à la
grille : de la Garde mobile ou de la foule... Au
même instant, le drapeau est amené et le général,
monté sur une chaise, harangue le peuple et amuse
le tapis pour donner aux mobiles le temps d'arriver.
«« Messieurs, dit-il, le palais est vide ; l'Impératrice n'est plus là, mais j'ai pour devoir de faire
respecter les Tuileries et je compte pour cela sur
votre civisme, la sagesse du peuple, etc., etc. »
et autres rengaines que le général débite fort habilement, du reste, et auxquelles il ne croit pas plus
que ceux qui l'écoutent... Les mobiles tardent bien.
Déjà la harangue tire en longueur, quand la Garde
impériale s'ébranle tout à coup et rentre dans le
palais. Son départ est salué par une immense
clameur. C'est la foule qui vient de tourner le
bassin et qui arrive au pas de course, se croyant
déjà maîtresse des Tuileries. Au même instant, les
mobiles débouchent du vestibule, courant, eux
aussi, la baïonnette en avant et s'échelonnant sur
deux rangs, entre le palais et la grille, comme
s'ils n'avaient pour but que d'empêcher l'envahissement des jardins. Le général saute à bas de sa
chaise et s'éloigne avec Gouzien. La grille est
ouverte, le flot des envahisseurs court au palais,
qu'on semble lui ouvrir; s'élance dans le vestibule
avec des cris de joie ; mais là, partout, se continue
sans interruption la double haie des gardes mobiles,
qui ne laisse de libre qu'un large couloir entre deux
rangs de fusils. Emportés par leur élan et forcés
d'aller droit devant eux jusqu'à la sortie, nos braillards se retrouvent sur l'autre face des Tuileries, dans

la cour du Carrousel, tout surpris de s'y voir ; et, déçus, ahuris, comprenant qu'ils sont joués, s'en vont piteusement, les mains dans leurs poches. L'affaire est manquée (1). »

Pendant ce temps, l'Impératrice s'était revêtue d'habits de deuil et s'efforçait de quitter le palais sous la seule conduite du prince de Metternich et du chevalier Nigra, qui semblaient plus en état de la protéger, à cause de leur caractère diplomatique.

Il fut décidé que l'on s'échapperait par la galerie du bord de l'eau. Mais les portes, qui font communiquer les Tuileries à la grande galerie du Louvre où se trouvent les Rubens, étaient fermées. « Il fallut quelque temps pour trouver les clefs. Le passage fut enfin libre, et l'Impératrice et son petit cortège arrivèrent sans encombre sur la place Saint-Germain-l'Auxerrois, par l'un des deux escaliers de la colonnade du Louvre.

« M. de Metternich alla à la recherche de deux fiacres. M. Nigra était resté avec Sa Majesté et Mme Lebreton. Ses vêtements de veuve ne déguisaient pas assez bien l'Impératrice pour qu'un gamin ne pût la reconnaître et crier à tue-tête : «« Voilà l'Impératrice ! »»

« La place était couverte d'une partie des envahisseurs du Corps législatif qui se rendaient à l'Hôtel-de-Ville, après avoir traversé les Tuileries et le Louvre. Le diplomate italien ne perdit pas sa présence d'esprit en une situation aussi critique. Il envoya une vigoureuse taloche au jeune indiscret : il le prit ensuite par l'oreille en ayant soin d'appuyer fortement, afin de ne laisser au petit bonhomme que la faculté de se débattre et de se plaindre : «« Ah! polisson, disait de son côté l'impitoyable

____

(1) *La Lecture*, n° du 10 septembre 1889, pp. 453 et 454.

chevalier, tu cries : *Vive la Prusse !* Je t'apprendrai
à être meilleur patriote. »» Et il l'entraînait, sans
désemparer, du côté opposé à l'endroit où se trouvait la voiture dans laquelle l'Impératrice venait de
prendre place avec Mme Lebreton. M. Nigra ne lâcha
l'enfant et ne cessa ses imprécations que lorsque le
cocher eut enlevé ses chevaux. L'Italien avait si
bien ménagé son jeu que M. de Metternich et lui
étaient déjà loin quand les spectateurs se rendirent
compte de ce qu'ils venaient de voir (1). »

Si ce récit est exact, l'ambassadeur d'Italie venait
d'enlever au nouveau gouvernement le grand en-
nui, et même le grave danger, d'avoir à garder l'ex-
souveraine et à la défendre contre les exaltés. Elle
se réfugiait bientôt chez M. Evans, le dentiste
américain, y passait la nuit et, le lendemain, se
rendait par mer en Angleterre, où elle abordait
après une périlleuse traversée (2).

C'en était fait de la Régence et de l'Empire !

L'HÔTEL-DE-VILLE

M. Jules Favre n'avait donc pas voulu que la
République fût proclamée au Palais-Bourbon. Il
entendait, a-t-il dit depuis, « dégager le Corps législatif et empêcher un égorgement (3) » que les
figures patibulaires dont il était entouré lui faisaient
craindre.

Ayant fait prévaloir ses idées, la foule l'emporte
vers l'Hôtel-de-Ville en compagnie de M. Jules

<hr>

(1) *Le Figaro*, n° du 24 novembre 1870. — G. d'Heylli, *Journal
du siège de Paris*, t. I, pp. 41 et 42. — J. d'Arsac, pp. 44 et 45.
— Théodore Duret, t. I, pp. 358 et 359. — Taxile Delord, t. VI,
pp. 529 à 532. — Boucastel, pp. 184, 185 et 193.
(2) *Enq. parlem. déf. nationale*, rapport de M. Daru, p. 39.
(3) *Ibid.*, déposition de M. Jules Favre, p. 331.

Ferry et de quelques autres députés de Paris, au milieu d'un tumulte indescriptible, de cris, de chants de toutes natures.

Le général Trochu qui, dans la matinée, avait vu l'Impératrice pendant quelques instants (1), ainsi que nous l'avons déjà raconté, était rentré au Louvre. « Il savait, par les rapports que le préfet de police déclare lui avoir remis, les préparatifs de la manifestation projetée (2); il pouvait, des fenêtres de son palais, voir le mouvement de la foule se portant vers l'Assemblée, et il restait dans l'inaction (3). Il ne se décide à sortir du Louvre que sur les vives instances de l'un des questeurs de la Chambre, M. le général Lebreton. Il est trop tard (4). »

Enfin, le Gouverneur monte à cheval, envoie le général Schmitz auprès de l'Impératrice et se dirige vers la Chambre. « Une multitude innombrable d'hommes, de femmes, d'enfants, absolument sans armes, irritée, affolée, bienveillante, menaçante, s'agite autour du général et l'empêche d'avancer. Des hommes à figure sinistre, dix fois, se jettent sur son cheval, le saisissent par la bride en lui disant : «« Crie : Vive la sociale (5) ! »» Au pont de Solférino, le Gouverneur qui venait « *au petit pas* (6), » se heurte aux groupes qui portent les députés de Paris à l'Hôtel-de-Ville. M. Jules Favre lui *tend la main*, lui fait connaître en quelques mots l'événement de la journée, et, sur l'invitation de M. Favre,

(1) *Enq. parlem. déf. nationale*, rapport de M. Daru, p. 47.
(2) *Ibid.*, déposition de M. Piétri, p. 257.
(3) *Histoire critique du siège de Paris*, par un officier de marine, p. 7. — Comte d'Hérisson, p. 63.
(4) *Enq. parlem. déf. nationale*, rapport de M. Daru, pp. 47 et 48. — *Ibid.*, déposition du général Lebreton, p. 149. — *Une Page d'histoire contemporaine*, par le général Trochu, pp. 50, 54 et 55.
(5) *Ibid.*, p. 52.
(6) Jules Favre, *Gouvernement de la Défense nationale du 30 juin au 31 octobre* 1870, p. 78.

le général rétrograde, « *au trot*, sans faire aucune objection (1). » Il rentre au Louvre (2).

Nous le verrons, plus tard, le jour du combat de Châtillon, à l'heure où il se décidait à visiter le plateau et la redoute, se retirer de la même manière, à moitié chemin, sur une simple déclaration du piteux général de Caussade qui lui affirme que la bataille est finie et perdue, et cela sans se donner la peine de vérifier le fait. C'est un homme qu'on persuade facilement.

Quoi qu'il en soit, les envahisseurs du Corps législatif continuent leur chemin et arrivent à l'Hôtel-de-Ville qu'ils trouvent déjà occupé par Millière, Delescluze et Félix Pyat (3).

La situation est grave; les violents crient et se démènent d'une façon inquiétante; Félix Pyat veut faire partie d'un gouvernement révolutionnairement constitué (4). Gambetta le foudroie de son éloquence et reste maître du terrain (5). « Les membres de

(1) J. Favre. *Gouvernement de la défense nationale du* 30 *juin au* 31 *octobre* 1870, p. 78. — Jules Favre, auprès de qui je me tenais, lui *tendit la main;* ils causèrent. » *Enquête parlementaire sur l'insurrection du Dix huit mars* 1871 ; Versailles, Cerf, 1872 ; déposition de M. Floquet, p. 279. — Comte d'Hérisson, p. 65.

(2) *Enq. parlem. déf. nationale,* rapport de M. Daru, p. 48. — Duc d'Abrantès, p. 410.

(3) *Enq. parlem. déf. nationale,* déposition de M. Jules Ferry, pp. 382 et 383. — Jules Simon, *La Chute du Second Empire,* p. 413.

(4) Taxile Delord, t. VI, p. 541.

(5) *Enq. parlem. déf. nationale,* rapport de M. Daru, p. 62. — « Si la gauche ne s'était pas portée à l'Hôtel-de-Ville, le pouvoir, dès ce jour même, eût passé aux mains de la Commune, et Dieu sait ce qui serait arrivé ! » (*Ibid.,* déposition de M. Thiers, p. 18.) — « Quand les députés de l'Opposition arrivèrent à l'Hôtel-de-Ville, ils trouvèrent déjà installés : Delescluze, Félix Pyat, Blanqui, Millière, etc., qui organisaient leur gouvernement, et ils ne purent les évincer que grâce à la grande popularité de M. Jules Favre, et par une manœuvre assez habile qui consista à former le nouveau gouvernement avec les députés de Paris, moyen simple de mettre dehors tous les démagogues, sauf Rochefort. » (Dussieux, t. I, pp. 168 et 169.) — « Des interpellations violentes furent adressées à M. Gambetta qui repoussait énergiquement le nom de M. Félix Pyat. » (Jules Favre, *Gouvernement de la Défense nationale du* 30 *juin au* 31 *octobre,* p. 79) — La gauche a pris le

l'Opposition ramassent le gouvernement qui glisse dans la boue (1). »

Toutes les harangues de Jules Favre et de Gambetta sont accueillies par le cri de : *Vive la République!* Les habitués des clubs, les membres actifs de l'*Internationale*, qui remplissent la salle Saint-Jean et qui lacèrent les tableaux d'Yvon et d'Horace Vernet, représentant M. Haussmann et Napoléon III (2), se soucient fort peu de savoir si la France ratifiera leur décision; reprenant la vieille maxime du despotisme : *Sic volo, sic jubeo*, ils exigent la République à l'instant même : il faut la leur donner.

« Quelques heures auparavant, il s'agissait uniquement de créer un gouvernement de défense; on réservait à la nation le droit de statuer sur la forme du gouvernement qu'elle se donnerait. A trois heures, on n'en était plus là : les envahisseurs en avaient décidé autrement (3). » — « Sans respect pour le suffrage universel et la souveraineté de la nation, les députés de l'Opposition proclamaient la République et composaient un gouvernement provisoire (4). »

La République est donc acclamée par les députés présents et par les meneurs. On rédige, à la hâte, sur du papier à l'en-tête du *sénateur, préfet de la Seine,* la proclamation suivante :

pouvoir pour empêcher que le pays tombât aux mains des démagogues, ces impuissants d'une autre espèce. » (Émile Neneastel, p. 77.) — A. Wachter, *La guerre de* 1870-1871; Paris, Lachaud, 1873, p. 436. — *Enq. parlem. déf. nationale,* déposition du général Trochu, p. 281. — *La Politique et le Siège de Paris,* par le général Trochu, p. 30. — Le Faure, t. I, pp. 320 à 322. — Voir aussi, *infrà,* pp. 52 et 70.

(1) *Histoire diplomatique de la guerre franco-allemande,* par Albert Sorel; Paris, Plon, 1875; t. I, p. 286.

(2) J. d'Arsac, p. 29.

(3) *Enq. parlem. déf. nationale,* rapport de M. Daru, pp. 61 et 62.

(4) Général Derrécagaix, p. 344.

« Le peuple a devancé la Chambre qui hésitait.
pour sauver la patrie en danger, il a demandé la
République. Il a mis ses représentants non au Pouvoir, mais au péril. La République a vaincu l'invasion en 1792 : la République est proclamée. La
révolution est faite au nom du droit, du salut
public. Citoyens, veillez sur la cité qui vous est
confiée; demain, vous serez, avec l'armée, les ven-
geurs de la patrie (1). »

On compose ensuite le nouveau gouvernement,
mais une immense clameur s'élève de la place : c'est
la foule qui amène M. Rochefort « dans une voiture
ornée de drapeaux rouges (2) » et le porte en
triomphe, après l'avoir fait sortir de prison. « Gambetta se met à la fenêtre et crie : *Vive Rochefort* (3)! »
On nomme le pamphlétaire maire de Paris. Mais
apprenant que M. Etienne Arago est déjà investi de
ces fonctions, M. Rochefort « a le bon sens (4) » de
ne pas insister pour les prendre (5). M. Floquet
s'approche de lui et le prie de se joindre aux députés de Paris; « M. Jules Ferry, sortant du cabinet
où siège le Gouvernement, court également à sa
rencontre, l'embrasse et l'entraîne dans la pièce
voisine où MM. Jules Favre et Picard délibè-
rent (6). »

Là, on finit par s'entendre : le Gouvernement
va comprendre tous les députés de Paris, plus
MM. Jules Simon et Picard, nommés tous les deux
par la capitale, mais qui ont opté pour la pro-

(1) *Journal officiel*, n° du 5 septembre 1870.
(2) *Dictature de cinq mois*, par Al. Glais-Bizoin; Paris, Dentu,
1873; p. 9. — Il avait une écharpe rouge. (*Enq. parlem. déf. nationale*, déposition de M. Maguin, p. 510.) — A. du Mesnil, p. 25.—
Taxile Delord, t. VI, p. 539.
(3) J. d'Arsac, p 28.
(4) Henri Martin, t. VII, p. 154.
(5) Taxile Delord, t. VI, p. 539.
(6) *Enq. parlem. déf. nationale*, rapport de M. Daru, p. 66. —
Étienne Arago, p. 25.

vince (1). « On est d'accord pour s'adjoindre le général Trochu dont on a besoin afin de se concilier l'armée (2). »

Vers cinq heures, MM. Glais-Bizoin, Steenackers et Wilson apportent au Louvre la liste des membres du Gouvernement et prient le général Trochu de se rendre à l'Hôtel-de-Ville (3). Celui-ci accepte « librement l'invitation qui lui est faite et, après s'être dépouillé de son uniforme (4) », suit les ambassadeurs et arrive auprès de ses futurs collègues (5). Sa présence paraissait nécessaire à M. Jules Favre pour contrebalancer le mauvais effet qu'allaient produire, dans une partie de la population de Paris, la nomination de M. Rochefort comme membre du gouvernement et la proclamation de la République (6).

Le général Trochu parvient avec beaucoup de

(1) « Il y avait là l'immense avantage d'écarter les sectaires et les anarchistes. » (Henri Martin, t. VII, p. 154.) — « Sans cette heureuse pensée, nous avions peut-être la Commune ce jour-là et les Prussiens dans Paris huit jours après. » (Jules Simon, *La Chute du Second Empire*, p. 414.) — « Il valait mieux que M. Rochefort fût dedans que dehors. » (Parole de M. Jules Favre, *Enq. parlem. déf. nationale*, déposition de M. Jules Ferry, p. 383.) — *Ibid.*, déposition de M. Ernest Picard, p. 476. — Voir aussi, *suprà*, p. 40 et, *infrà*, p. 70.

(2) *Enq. parlem. déf. nationale*, rapport de M. Daru, p. 67. — « M. Rochefort fit acte de sagesse dès le début : il se réunit à la proposition d'appeler près de nous le général Trochu. » (Glais-Bizoin, p. 9.)

(3) Steenackers, p. 22. — *La Politique et le Siège de Paris*, par le général Trochu, p. 72.

(4) *Enq. parlem. déf. nationale*, rapport de M. Daru, p. 49.

(5) « Le général me dit : «« C'est une révolution ! Il faut aller au-devant de cette révolution pour lui imprimer une rotation telle, qu'elle rassure les honnêtes gens. »» A ce moment, le général était assez ému. Il allait continuer, quand on vint l'avertir qu'il était demandé à l'Hôtel-de-Ville. Je lui dis : «« Faites attention, mon général, le drapeau rouge sera sur le pignon de l'Hôtel de-Ville ! »» Il me répondit : «« Adieu ! Je ne sais pas si nous nous reverrons ; adieu ! Je vais aller faire le Lamartine là-bas ! »» *L'Empire et la Défense de Paris*, déposition du général Schmitz, p. 146.) — « Général, dit M. Glais-Bizoin, il n'y a pas de temps à perdre : le drapeau rouge a paru sur la place de l'Hôtel-de-Ville, il ne faut pas lui laisser le temps de s'y implanter. » (Glais-Bizoin, p. 9.)

(6) *Enq. parlem. déf. nation.*, déposition de M. Glais-Bizoin, p. 611.

peine jusqu'aux membres du Gouvernement, et le voici qui commence à discourir : « Je vous demande, dit-il, la permission de vous poser une question préalable ; voulez-vous sauvegarder les trois principes : Dieu, la famille, la propriété, en me promettant qu'il ne sera rien fait contre eux (1)? »

Le moment est singulièrement choisi pour une pareille question, et la forme en est étrange. Les membres présents, après s'être regardés en souriant, s'empressent de lui donner satisfaction et M. Rochefort se tait.

« A cette condition, je suis avec vous, continue le général, *pourvu, toutefois, que vous fassiez de moi le président du Gouvernement*. Il est indispensable que j'occupe ce poste. *Ministre de la Guerre ou Gouverneur de Paris, je ne vous amènerai pas l'armée*, et, si nous voulons défendre Paris, l'armée doit être dans notre main..... Comme chef militaire, mon autorité doit être sans limite. Je ne vous gênerai en rien dans l'exercice du pouvoir civil, mais il faut en coordonner l'action avec celle de la défense (2). »

Personne n'a garde de ne pas s'incliner devant la prétention du général, non plus que de contredire sa naïve déclaration « qu'il faut une armée pour défendre une ville assiégée » et, à l'unanimité, il est reconnu comme président du Conseil (3). « Le général Trochu, qui était, le matin, Gouverneur impé-

(1) Jules Favre, *Gouvernement de la Défense nationale du 30 juin au 31 octobre 1870*, p. 80. — Glais-Bizoin, p. 10. — *Une page d'histoire contemporaine*, par le général Trochu, p. 62.

(2) Jules Favre, *Gouvernement de la Défense nationale du 30 juin au 31 octobre 1870*, p. 80. — *Enq. parlem. déf. nationale*, rapport de M. Daru, pp. 50 et 51. — *Une Page d'histoire contemporaine*, par le général Trochu, p. 58.

(3) « Nous acceptâmes ses conditions. » (Glais-Bizoin, p. 11.) — *Enq. parlem. déf. nationale*, déposition de M. Garnier-Pagès, p. 442. — « Il leur aurait fait reconnaître le *Syllabus !* » (Comte d'Hérisson, p. 85.)

rial de la Ville de Paris, fut, le soir, président du gouvernement insurgé (1). »

Le Gouverneur se rend alors au ministère de la Guerre pour faire une visite au comte de Palikao; M. Crémieux prend possession du ministère de la Justice et M. Gambetta de celui de l'Intérieur, d'où il expédie, sans désemparer, aux préfets, généraux, etc., la dépêche suivante :

« La déchéance a été prononcée au Corps législatif.

« La République a étéproclamée à l'Hôtel-de-Ville.

« Un Gouvernement de défense nationale composé de onze membres, tous députés de Paris, a été constitué et ratifié par l'acclamation populaire.

« Les noms sont : Arago (Emmanuel), Crémieux, Favre (Jules), Ferry, Gambetta, Garnier-Pagès, Glais-Bizoin, Pelletan, Picard, Rochefort, Simon (Jules).

« Le général Trochu, investi des pleins pouvoirs militaires pour la défense nationale, a été appelé à la présidence du Gouvernement.

« Veuillez faire afficher immédiatement et, au besoin, proclamer par le crieur public la présente déclaration.

« Pour le Gouvernement de la Défense nationale, le ministre de l'Intérieur.

« Léon Gambetta.

« Paris, ce 4 septembre 1870, six heures du soir (2). »

Il n'était pas très juste de dire que *la déchéance avait été prononcée au Corps législatif*. On semblait déclarer ainsi que c'était la majorité des députés qui avait prononcé cette déchéance, quand, au contraire, c'était une poignée d'émeutiers qui avait forcé Gambetta lui-même à commettre cette grosse faute,

______

(1) Duc d'Abrantès, pp. 412 et 413.
(2) *Journal officiel*, nº du 5 septembre 1870.

après avoir chassé de leurs sièges les représentants de la nation (1).

De plus, nous ne reconnaissons pas l'*acclamation populaire* comme un mode de constitution et de ratification de gouvernement : cela ressemble trop au *pronunciamento* et permet trop aux meneurs d'imposer leurs volontés. Présent à Paris, le 4 septembre, et mêlé aux groupes de la place de la Concorde et de l'Hôtel-de-Ville, nous affirmons n'avoir appris la formation du Gouvernement que le soir, par les journaux. Nous avons entendu crier, chanter, mais ni nous, ni nos voisins n'avons été consultés sur la forme du gouvernement. Tous les Parisiens restés chez eux ont été consultés encore moins que nous : l'on voit de quoi se compose l'*acclamation populaire* et de quel danger elle est pour la dignité et la liberté d'un peuple (2).

M. Blanqui, lui-même, reconnaît que cette *acclamation* n'a été qu'une *usurpation* (3) peut-être né-

(1) *Enq. parlem. déf. nationale*, rapport de M. Daru, p. 39.

(2) « La foule criait en tous sens, *elle ne savait rien de ce qui se passait;* personne ne put me le dire. Ce fut M. Jules Favre, poussé, pressé lui-même, *nullement acclamé*, nullement nommé, nullement reconnu, autant qu'il me sembla, qui m'annonça que le Corps législatif avait été envahi. » (*La Politique et le Siège de Paris*, par le général Trochu, p. 67.) — « *Quelques milliers d'hommes affolés portèrent, dans un moment de surprise,* les hommes du Quatre-Septembre à l'Hôtel-de-Ville. » (*La troisième défaite du prolétariat français*, par B. Malon, de l'Internationale; Neuchâtel, G. Guillaume fils, 1871; p. 95.) — « C'est un millier d'hommes qui a proclamé la République. » (*Discours, Plaidoyers et Œuvres diverses* de M. Edmond Rousse, ancien bâtonnier de l'Ordre des Avocats, membre de l'Académie française, recueillis par Fernand Worms, avocat à la Cour de Paris; Paris, Larose et Forcel, 1884; p. 188.) — *Mémoire sur la défense de Paris*, par E. Viollet-le-Duc, ex-lieutenant-colonel de la légion auxiliaire du génie; Paris, v^e Morel et Cie, 1871; pp. XXVIII, XLVII et XLVIII.

(3) « Ces messieurs, sans aucun mandat, sans aucun droit... s'emparèrent du Pouvoir et prononcèrent la dissolution du Corps législatif, qu'ils se gardèrent bien de remplacer par aucun autre pouvoir légitime. » (Gustave Flourens, *Paris livré;* Paris, Lacroix, Verbœckhoven et Cie, 1871; 2e édition, p. 61.)

— « Bordeaux. Assemblée nationale. Séance du 6 mars 1871. (*Journal officiel.*)

cessaire, mais facilement acceptée par les bénéfi-
ciaires. Selon l'expression populaire : les députés
de Paris et le général Trochu *s'étaient fait une
douce violence.*

Le soir même, les membres du Gouvernement se
réunirent à l'Hôtel-de-Ville pour distribuer définitivement les portefeuilles. Il paraît qu'une contro-
verse s'éleva à propos du choix du ministre de
l'Intérieur. Deux systèmes politiques auraient été
en présence : M. Gambetta n'aurait voulu gouverner
qu'avec des républicains ; M. Picard aurait désiré
faire appel à tous les dévouements. Cinq voix auraient donné raison à **M.** Gambetta, contre quatre à
M. Picard (1).

« Sont décrétés d'accusation, du chef de haute trahison, les membres du gouvernement, dit de la Défense nationale, acclamés le
4 septembre... (Signé) Delescluze, Cournet, Razoua.

« Sont décrétés d'accusation les membres du Gouvernement de
la Défense nationale... (Signé) Millière.

« Les membres de l'ex-gouvernement de la Défense nationale
rendront compte, le jour que fixera l'Assemblée, de la manière
dont ils ont exercé le pouvoir pendant le siège. (Signé) Victor
Hugo, Peyrat, Quinet, Louis Blanc, Martin Bernard, Greppo,
Tolain, Schœlcher, Jean Brunet, Farcy, Floquet, Joigneaux, Brisson, Lockroy, Gambon.

« Proclamation Blanqui.

« Le 4 septembre, un groupe d'individus, qui, sous l'Empire,
s'étaient créé une popularité facile, s'était emparé du Pouvoir à
la faveur de l'indignation générale... Ceux qui, sous tous les gouvernements, avaient souffert pour leurs croyances, virent avec
douleur cette usurpation des droits de la nation. .

« *Journal officiel de la Commune,* 21 mars 1871. » (Cité par le
général Trochu ; *La Politique et le Siège de Paris,* pp. 31 et 32.)

— « Nul ne les avait demandés au 4 septembre. Depuis ce jour
néfaste, qui a remis nos destinées dans leurs mains, que n'ont-
ils eu conscience de leur impuissance ? » (*Lettre du capitaine de
Beaurepaire aux Parisiens,* du 30 janvier 1871. *La Gazette de
France,* n° du 19 avril 1889.) *La Gazette de France* possède l'affi-
che originale. Du reste, M. Quesnay de Beaurepaire n'a pas nié
avoir écrit cette lettre, et le procès, qu'il a perdu, n'était intenté
par lui qu'à raison de l'article la commentant.

(1) *Enq. parlem. déf. nationale,* rapport de M. Daru, p. 70. —
M. Ernest Picard affirme le fait dans sa déposition devant la
commission de ladite enquête, p. 477. — *Souvenirs du Quatre-
Septembre. Le Gouvernement de la Défense nationale,* par M. Jules
Simon ; Paris, Calmann Lévy, 1876 ; p. 5.

La conduite ultérieure de M. Gambetta, que nous avons vu, à Tours et à Bordeaux, se servir des hommes de bonne volonté de tous les partis, depuis Garibaldi jusqu'à M. de Charette, nous fait douter de l'authenticité de ce conflit, tout au moins, de ses causes.

Quoi qu'il en soit, voici les noms des autres ministres : Picard, aux Finances ; Crémieux, à la Justice ; général Le Flô, à la Guerre ; amiral Fourichon, à la Marine ; Jules Simon, à l'Instruction publique ; Jules Favre, aux Affaires étrangères ; Dorian, aux Travaux publics ; Magnin, au Commerce.

M. de Kératry prit possession de la préfecture de police. M. Steenackers fut nommé directeur des Postes et Télégraphes. MM. Brisson et Floquet furent attachés, comme adjoints, à M. Etienne Arago, maire de Paris (1).

En même temps, le général Trochu faisait distribuer des fusils Chassepot à des francs-tireurs, commandés par un certain Arronsohn, et, le soir même, ces prétoriens d'un nouveau genre montaient la garde devant les ministères (2).

Puis le Gouvernement décréta : la dissolution du Corps législatif ; l'abolition du Sénat ; la mise en liberté de tous les condamnés politiques, etc., etc. (3). Ce fut une orgie d'illégalités, telles qu'on les avait déjà vues au Dix-huit-Brumaire et au Deux-Décembre. Au lieu de laisser prendre les mesures nécessaires par la future Assemblée nationale, les révolutionnaires ordonnaient, et le Gouvernement sans man-

(1) *Journal officiel*, n° du 5 septembre 1870.
(2) Général Thoumas, *Les Transformations de l'armée française*, t. I, p. 351.
(3) Le Gouvernement « commet l'acte détestable de mettre en liberté Mégy et Eudes, condamnés pour avoir assassiné, le premier un sergent de ville, le second un pompier. » (Dussieux, t. I, p. 171.)

dat exécutait, car il est à remarquer que la violation des lois produit toujours les mêmes effets, qu'elle vienne d'en haut ou d'en bas : l'arbitraire, partant l'injustice (1).

LE GÉNÉRAL TROCHU ET LA RÉGENTE

Il nous est impossible, en quittant ce sujet, de ne pas examiner, en quelques mots, la conduite du général Trochu envers l'Impératrice, au cours de cette journée.

Devait-il couvrir, de sa popularité, l'Empire et la Régente et, après avoir donné, à plusieurs reprises, l'assurance de son dévouement, abandonner la femme et la souveraine, et accepter, quelques heures après, la présidence du gouvernement qui remplaçait celui qui l'avait nommé?

Il faut dire tout de suite que l'attitude du général n'a pas été nette. Il avait, évidemment, le droit de critiquer la façon dont les opérations militaires avaient été menées depuis le commencement de la guerre; il avait le droit de préférer la marche de l'armée de Châlons sur Paris plutôt que sur Verdun, mais il avait tort de faire revenir les gardes mobiles de la Seine à Paris, et surtout de leur adresser une proclamation où on lisait : « J'ai demandé votre appel immédiat à Paris, *parce que c'était votre droit, parce que votre devoir est là* (2). »

C'était une invitation à la désobéissance, une flatterie malsaine envers des soldats, dont le seul devoir est d'obéir à leurs chefs et qui n'ont pas *le*

(1) A. du Mesnil, p. 28.
(2) *Le Temps*, n° du 25 août 1870. — *L'Empire et la Défense de Paris*, déposition du général Berthaut, p. 138, et du général de Palikao, p. 71.

droit de combattre dans un lieu plutôt que dans un autre.

Toujours dans le même ordre d'idées, le général Trochu avait encore eu tort d'écrire une lettre, reproduite par le journal *le Temps*, où il annonçait qu'il comptait uniquement sur *la force morale* pour réprimer l'agitation (1). Il y avait également là un appel à la révolte, une **assurance d'impunité** pour les perturbateurs, car **on n'ignore pas** l'influence que peut avoir *la force morale* sur la partie remuante de la population parisienne.

Enfin, il avait, inconsidérément, nous le voulons bien, mais, néanmoins, formellement engagé sa parole envers l'Impératrice, et il le reconnaît lui-même.

«« Madame, dit le général à la Régente, je n'ai qu'une manière de vous prouver mon dévouement, c'est de me faire tuer, s'il le faut, pour le salut de Votre Majesté et de sa dynastie. »» Voilà ce que j'ai entendu. Je pense que M. le général Trochu en a gardé le souvenir. (M. le général Trochu fait un signe d'assentiment (2). » — « Madame, dit le Gouverneur à l'Impératrice, le matin du Quatre-Septembre, je reste à mon poste, et ne vous abandonnerai pas (3). »

« En revoyant Sa Majesté en exil, dit M. Rouher, je lui demandai si elle ne se rappelait pas quelques

(1) *Le Temps*, n° du 20 août 1870. — *L'Empire et la Défense de Paris*, dépositions de MM. Busson-Billault, p. 88, et Henri Chevreau, p. 80.

(2) *Ibid.*, déposition de M. Magne, p. 85. — « M. le général Trochu se tourna alors du côté de l'Impératrice et dit : «« Puisqu'on insiste, puisque, en pareille matière, on paraît avoir besoin de connaître l'opinion d'un général français, je réponds que je me ferai tuer sur les marches des Tuileries pour l'Impératrice-Régente et pour la dynastie. »» (*Ibid.*, déposition de M. Rouher, p. 95.) — *Ibid.*, dépositions de MM. Brame, p. 92; Busson-Billault, p. 88; Clément Duvernois, p. 227.

(3) *Une Page d'histoire contemporaine*, par le général Trochu, p. 49.

détails et je me souviens très bien que, comme
j'insistais sur le rôle de M. le général Trochu,
demandant ce qu'il avait fait dans la journée, Sa
Majesté me répondit : «« Je comptais sur lui, car,
quelques jours auparavant, il s'était présenté aux
Tuileries et, comme je lui demandais quel rôle il se
proposait de tenir si les conjonctures devenaient
graves, il me dit : *Madame, si votre police est bien
faite, vous devez savoir que j'ai des rapports avec
des membres de l'Opposition. Il est de mon devoir de
connaître l'état de l'opinion, de tâter le pouls de
l'opinion (je crois que c'est l'expression dont il
s'est servi); mais Votre Majesté ne doit nullement
douter de mon dévouement, je lui en apporte pour
garant un triple titre : je suis soldat, catholique et
Breton* (1). »

Et, de fait, bien qu'il l'ait nié (2), avant le 4 septembre, le général avait des rapports quotidiens avec
l'Opposition (3), et, dans ces conversations, on

(1) *L'Empire et la Défense de Paris*, déposition de M. Rouher,
p. 96. — « Quant à son caractère, puis-je l'estimer quand je me
rappelle encore de quel air convaincu il disait, pour me rassurer
sur ses sentiments, que je ne voulais pas suspecter : ««Souvenez-
vous que je suis Breton, catholique et soldat? »» (Lettre de l'Impératrice à la princesse Anna Murat, *Ibid.*, plaidoirie Grandperret,
p. 360.) — *Enq. parlem. déf. nationale*, déposition de M. Jérôme
David, p. 156.
(2) C'est une « vieille calomnie ». (*La Politique et le Siège de
Paris*, par le général Trochu, p. 64.) — « Je ne connaissais aucun
d'eux au moment où je déférai à leur vœu de me voir entrer
dans le Gouvernement. » (*Ibid.*, p. 25.) — « Avant les événements
qui nous ont mis en rapport et que vous connaissez, je n'avais
jamais vu M. Jules Ferry. » (*Ibid.*, p. 257.) — « Je ne sais si les
hommes *que j'apercevais là pour la première fois, excepté Jules
Favre que j'avais vu le matin même,* étaient des usurpateurs... »
(*Une Page d'histoire contemporaine*, par le général Trochu, p. 56.)
(3) M. JULES FAVRE. — Je n'ai pas à m'expliquer sur les causes
qui ont pu effacer du souvenir de M. le général Trochu la visite
que j'ai eu l'honneur de lui rendre... ... Je me suis donc entendu
avec deux de mes collègues; à ces personnes ont été adjointes
des personnes honorables de Paris; si je ne me trompe, nous
étions six ou sept..... Nous nous sommes rendus chez le général
Trochu, après l'avoir prévenu de notre visite... Le général nous

attaquait ouvertement l'Empire (1). Certes, les raisons ne manquaient pas pour accuser Napoléon III et ses conseillers, mais il semble qu'avant de faire sa partie dans ce concert de récriminations et de menaces, le général Trochu aurait dû, tout d'abord, résigner les fonctions qu'il tenait de l'Empire et ne

répondit qu'il nous recevrait un matin. Nous vînmes, et la conversation s'engagea d'une façon générale..... J'étais convaincu que l'Empereur perdrait la France et je l'ai dit très haut à nos collègues..... C'est là ce qui me préoccupait. Je voulais connaître la situation de Paris ; je voulais savoir qu'elle était l'opinion du général. C'est sur ce sujet si grave, et de nature à intéresser si vivement les patriotes, que nous nous sommes expliqués ensemble.

« Mᵉ ALLOU. — Le témoin connaissait-il les personnes qui l'ont accompagné ?

« M. JULES FAVRE. — Je les connaissais, mais je n'ai pas retenu leurs noms à tous ; je me rappelle ceux de M. Tirard, du docteur Montanier, de Jules Ferry et de Picard. » (*L'Empire et la Défense de Paris*, déposition de M. Jules Favre, pp. 172 et 173.) — « Dans le long entretien que le général Trochu voulut bien m'accorder le dimanche 21 août, il s'expliqua avec une entière franchise. J'étais accompagné de mes collègues, MM. Picard et Jules Ferry et de quelques électeurs de Paris, au nombre desquels se trouvaient M. Tirard et le docteur Montanié. » (Jules Favre, *Gouvernement de la Défense nationale du 30 juin au 31 octobre* 1870, p. 49.) — « Nous étions allés chez le général Trochu presque tous. » (Jules Simon, *La Chute du Second Empire*, p. 340.) — « Moi-même, je l'avais visité, en compagnie de deux de mes collègues. » (*Ibid.*, p. 423.) — Le général Schmitz avoue que le général Trochu recevait les membres de l'Opposition ; il cite même M. Gambetta. (*L'Empire et la Défense de Paris*, déposition du général Schmitz, pp. 144 et 145.) — Lettre de l'officier commandant au Louvre. *Ibid.*, plaidoirie Grandperret, p. 368. — Duc d'Abrantès, p. 381. — *Actualités et Souvenirs politiques*, par M. le baron Jérôme David ; Paris, Amyot, 1874 ; pp. 53 et 54. — *Enq. parlem. déf. nationale*, déposition de M. de Kératry, p. 650.

(1) « L'armée, disait le général Trochu aux députés républicains, n'est qu'un décor derrière lequel est le néant ; aussi rien ne peut condamner assez énergiquement la coupable résolution des hommes d'Etat et des hommes de guerre qui ont entraîné la France dans l'aventure où elle se débat. » (Jules Favre, *Gouvernement de la Défense nationale du 30 juin au 31 octobre* 1870, p. 49.) — « Les députés de Paris ne se seraient jamais aventurés à accepter la responsabilité d'une révolution......, s'ils n'avaient pas été certains de la coopération du Gouverneur de Paris » (Borrego, p. 16.) — *Enq. parlem. déf. nationale*, déposition de M. Clément Duvernois, p. 221.

pas protester toujours de son dévouement, quand il se trouvait en présence du souverain ou de la souveraine.

Quoi qu'il en soit de ses avances à l'Opposition, il avait donné sa parole à la Régente, et nous prétendons qu'il y a manqué en ne se rendant pas aux Tuileries comme il l'avait promis (1).

Le général Trochu a cru se défendre heureusement en mettant en opposition ce que l'accusation reprochait au maréchal Bazaine, lors du procès de Trianon, et ce dont on accusait le Gouverneur de Paris.

L'accusation, dit-il, faisait un crime au maréchal Bazaine d'avoir continué ses rapports avec l'ancien Gouvernement et d'avoir tenté de renverser, au profit de ce dernier, le Gouvernement de la Défense nationale. On me reproche, à moi, continue-t-il, d'avoir pactisé avec les hommes du Quatre-Septembre, sans m'effaroucher de la révolution qui venait d'avoir lieu (2). Il y a là contradiction, injustice flagrantes.

Pas du tout. Ce que l'on reproche au général Trochu, ce n'est pas d'avoir apporté son concours au Gouvernement de la Défense nationale : jamais pareille accusation n'a été formulée contre les amiraux et généraux de l'Empire qui ont offert leur épée à la République, soit à Paris, soit en province. On a condamné Bazaine parce qu'il ne s'était pas rallié au gouvernement de fait, alors que l'autre n'existait plus, et si l'histoire demande un compte au général Trochu de sa conduite, le 4 septembre, c'est au point de vue de son inertie quand il s'est agi de défendre la représentation nationale, de sa participation à la création du gouvernement de

(1) Duc d'Abrantès, p. 411. — *Journal de Fidus*, p. 68.
(2) *La Politique et le Siège de Paris*, par le général Trochu. p. 15.

fait, alors qu'il avait donné à l'Impératrice, quelques heures auparavant, l'assurance formelle de son dévouement.

Il n'y a là ni contradiction ni injustice.

« Une chose m'a empêché de tenir ma promesse à l'Impératrice, a-t-il dit à M. Cresson, préfet de police, et l'on ne saura jamais ce que ce manquement à ma parole m'a fait souffrir : c'est l'effroyable péril où se trouvait la patrie ; il fallait choisir entre elle et la Régente ; j'ai mis la France au-dessus de tout. »

Voilà un moyen facile de s'acquitter. C'était au moment où le général allait s'engager qu'il aurait dû songer à tout cela. Après, il n'était plus temps, d'autant mieux qu'à l'heure où il avait pris cet engagement, il connaissait à merveille la situation et ne pouvait se méprendre sur la portée de ses paroles. Au reste, il ressort nettement de son attitude le 3 et le 4 septembre que l'Impératrice ne le préoccupait guère et qu'il avait d'autres pensées en tête (1). Aussi ne peut-on s'empêcher de rapprocher sa conduite de celle de Liborio Romano, qui « s'était levé ministre de l'Intérieur pour le roi de Naples et s'était couché président du conseil pour Garibaldi (2) ». En effet, les raisons qu'a données le général Trochu, comme justification de sa conduite, peuvent tout aussi bien être invoquées par Liborio Romano pour expliquer la sienne. Dans les deux cas, la situation était extraordinaire, grave et périlleuse, et si l'on acquitte l'un on est bien près d'absoudre l'autre.

---

(1) « Vous êtes resté six heures au Louvre et, pendant six heures, vous n'avez pas apporté une parole à l'Impératrice, vous n'avez pas veillé à son départ. Vous n'avez pas, vous, Gouverneur de Paris, essayé de la protéger ! » (*L'Empire et la Défense de Paris*, plaidoirie Lachaud, p. 470.)

(2) *Ibid.*, plaidoirie Grandperret, p. 374.

Maintenant, le sacrifice de sa vie aurait-il été utile? Aurait-il conjuré la chute de l'Empire? En aucune manière. Si le général avait risqué sa popularité dans une défense de la dynastie, cette popularité eût sombré immédiatement.

De plus, sur qui se serait-il appuyé pour cette résistance? Atterrés par les désastres qui s'abattaient sur les armées impériales, ministres, sénateurs, députés bonapartistes s'étaient évanouis, et ceux que leur devoir attachait à l'Impératrice ne savaient que se lamenter sans proposer quoi que ce soit de pratique (1). Depuis la veille, Napoléon III ne comptait plus et les ministres, eux-mêmes, le déclaraient à la tribune. Tout le monde, y compris les bonapartistes, reconnaissait que l'Empire n'existait plus (2).

(1) « Le Gouvernement, étourdi par la nouvelle que l'Empereur était prisonnier, les laisse faire. » (*A Paris pendant le siège*, Avant-propos, p. IV.) — « Le Pouvoir était tombé en vacance... par la désertion de la plupart de ceux qui avaient mission de le soutenir. » (Marquis de Castellane, *Essais de psychologie politique, Gambetta, Nouvelle Revue*, n° du 1er novembre 1888, pp. 34 et 35.) — *Histoire du Gouvernement de la Défense nationale en province*, par F.-F. Steenackers et E. Le Goff; Paris, Charpentier, 1884; t. I, p. 10.

(2) « M. JULES FAVRE. — L'Empereur communique-t-il avec ses ministres, leur donne-t-il des ordres?

« M. LE MINISTRE DE LA GUERRE. — *Non*.

« M. JULES FAVRE. — Si la réponse est négative, je n'ai pas besoin de longs développements pour faire comprendre que le Gouvernement de fait a cessé d'exister. » (*Journal officiel*, n° du 4 septembre 1870.) — « *Une Constituante sera convoquée dès que les circonstances le permettront*. (Proposition de M. Thiers)... M. LE MINISTRE DE LA GUERRE. — Le Gouvernement admet parfaitement que *le pays sera consulté, lorsque nous serons sortis des embarras pour lesquels nous devons réunir tous nos efforts*. » (*Ibid.*, n° du 5 septembre 1870.) — « Je ne veux pas, dans le passé, chercher où sont les torts, où ils ne sont pas. Quand les Prussiens seront chassés, nous réglerons nos comptes. *Ce sera à la nation réunie dans ses comices de se prononcer*. » (Discours de M. le sénateur Chabrier, *Ibid.*, n° du 6 septembre 1870.) — « M. Baroche proposait aux sénateurs de se séparer pour porter secours à la Régente. Cet avis ne fut pas goûté. » (Jules Favre, *Gouvernement de la Défense nationale du 30 juin au 31 octobre 1870*, p. 88.) —

Le général avait un autre moyen de tenir sa parole : si, à la première alarme, il s'était porté sur le Corps législatif ; s'il avait laissé voir clairement sa ferme volonté de protéger la représentation nationale, sa seule présence eût raffermi la résolution chancelante des troupes de garde, calmé les citoyens honnêtes qui se pressaient autour du Palais-Bourbon et donné à réfléchir aux démagogues dont l'audace croît toujours en raison de la faiblesse que l'on met à leur résister (1).

Mais, à l'heure où la Chambre est menacée, où la Régente est en danger, le Gouverneur se claquemure dans son palais du Louvre, ne va ni aux Tuileries ni au Corps législatif, et ne se décide à monter à cheval que lorsque la révolution est faite !

Voilà comment le général Trochu a manqué à ses devoirs : il est blâmable d'avoir juré de mourir pour l'Impératrice et de l'avoir abandonnée au moment du péril ; il est coupable de n'avoir rien fait pour arracher les députés des mains des factieux qui les violentaient, et, du même coup, sauver la Régente. En un mot : le Gouverneur de Paris ne

Journal officiel, nº du 6 septembre 1870. — « Deux députés de la majorité, MM. Dréolle et Calvet-Rogniat, vinrent me demander, *au nom de la majorité de la Chambre, d'accepter la dictature... Je répondis à ces deux députés que, pour accepter cette espèce de dictature, il faudrait prononcer la déchéance du Gouvernement...* qu'accepter ce qu'ils me proposaient serait *une trahison.* Ces messieurs insistèrent ; je refusai carrément. » (*Enq. parlem. déf. nationale,* déposition du général de Palikao, p. 165.) — « Des membres du centre me dirent : «« Nous nous sommes décidés à rendre le trône vacant. »» (*Ibid.,* déposition de M. Thiers, p. 17.) — *Ibid.,* déposition de M. Clément Duvernois, p. 222. — Ernest Dréolle, p. 39. — Voir aussi, *suprà,* p. 15 et, *infrà,* pp. 75 et 76. — *Pour la vérité et pour la justice,* par le général Trochu, pp. 28 à 30.

(1) « Il aurait suffi, pour mettre un terme au scandale de cette journée, que le général Trochu, à la tête de quelques bataillons de la Garde nationale, se fût donné la peine de se diriger sur le quai d'Orsay et se fût mis à la disposition des élus du suffrage universel. » (Borrego, p. 15.) — *Enq. parlem. déf. nationale,* déposition de M. Schneider, p. 135. — *Journal de Fidus,* p. 68.

pouvait conjurer la chute de l'Empire, mais il pouvait empêcher l'invasion du Palais-Bourbon, dont on connaît les déplorables conséquences. Jusqu'à plus de deux heures, il a préféré demeurer invisible et silencieux, et n'a retrouvé son activité et sa parole que lorsqu'il s'est agi de réclamer la présidence du nouveau gouvernement : nous le regrettons pour lui (1).

RÉUNION DES DÉPUTÉS

A quatre heures, les députés, chassés de la salle des séances, se réunissaient, au nombre de 170, dans la salle à manger de la Présidence. Les huissiers gardaient les portes; M. Ernest Leroux présidait, et M. Martel, en l'absence des sténographes, prenait des notes pour rédiger le procès-verbal. Les seuls députés républicains présents étaient MM. Grévy, Garnier-Pagès, Girault (du Cher), Barthélemy-Saint-Hilaire, Tachard et Raspail (2).

M. Garnier-Pagès propose d'abord l'adoption des conclusions du rapport de M. Martel, en rétablissant ces expressions : *Vu la vacance du pouvoir* (3). M. Ernest Dréolle, un bonapartiste militant, ami de M. Rouher, « lève les derniers scrupules » des députés impérialistes et leur fait voter « la déchéance de l'Empire (4) ».

(1) « Dans un pareil moment, se rendre à l'Hôtel-de-Ville, où siégeait le pouvoir issu d'une insurrection, quand on était investi d'un commandement militaire, c'était, politiquement, prendre parti, au nom de l'armée, pour la révolution et contre l'Assemblée. » *Enq. parlem. déf. nationale*, rapport de M. Daru, p. 48.) — Il aurait dû suivre l'exemple de M. Thiers et de M. Grévy. — A. du Mesnil, p. 34. — *L'Empire et la Défense de Paris*, pp. 372 à 374. — Stéphen Liégeard, p. 346.

(2) Taxile Delord, t. VI, p. 507.

(3) *Enq. parlem. déf. nationale*, rapport de M. Daru, p. 54.

(4) Ernest Dréolle, pp. 104 et 105. — Alfred Darimon, pp. 288 et 289. — Taxile Delord, t. VI, p. 510.

On décide, ensuite, d'envoyer une députation à l'Hôtel-de-Ville, pour demander aux membres dissidents de revenir au milieu de leurs collègues et de délibérer sur les mesures à prendre.

M. Grévy, qui, plus tard, sombrera si misérablement sous les hontes de l'affaire Wilson, MM. Garnier-Pagès, Lefebvre-Pontalis, Martel, de Guiraud, Cochery, Johnston et Barthélemy-Saint-Hilaire, forment la députation qui arrive à six heures devant l'Hôtel-de-Ville. La foule, qui entoure et remplit le monument, « ne laisse pas aux chefs du nouveau gouvernement la liberté de faire ce que peut-être ils désirent (1). » M. Grévy leur apprend que, « dégagée par la retraite des envahisseurs, l'Assemblée a adopté la proposition qui, le matin, a été renvoyée aux bureaux (2). »

M. Jules Favre répond à M. Grévy qu'il croit devoir en référer à ses collègues et qu'il ira, à huit heures, à la Présidence, porter la décision qui aura été prise. En effet, à cette heure, il se présente, en compagnie de M. Jules Simon, et s'exprime en ces termes :

« Nous venons vous remercier de la démarche que vos délégués ont faite auprès de nous. Nous en avons été vivement touchés. Nous avons compris qu'elle était inspirée par un sentiment patriotique. Si, dans l'Assemblée, nous différons dans la politique, nous sommes certainement tous d'accord lorsqu'il s'agit de la défense du sol et de la liberté menacée.

(1) *Enq. parlem. déf. nationale*, rapport de M. Daru, p. 55. — M. Garnier-Pagès dit même que l'Assemblée avait accepté les mots : « Vu la vacance du trône. » (*Ibid.*, déposition de M. Garnier-Pagès, p. 442.)

(2) Jules Favre, *Gouvernement de la Défense nationale du 30 juin au 31 octobre* 1870, p. 81. — M. Taxile Delord prétend que la formule adoptée fut : « Vu la vacance du trône » et que M. Pinard, seul, protesta contre ce vote (t. VI, p. 510). — Voir, à ce sujet, le *Journal des Débats*, n° du 6 septembre 1870.

« En ce moment, il y a des faits accomplis : un gouvernement issu de circonstances que nous n'avons pas pu prévenir, gouvernement dont nous sommes devenus les serviteurs. Nous y avons été enchaînés par un mouvement supérieur, *qui a, je l'avoue, répondu au sentiment intime de notre âme.* Je n'ai pas, aujourd'hui, à m'expliquer sur les fautes de l'Empire. Notre devoir est de défendre Paris et la France.

« Lorsqu'il s'agit d'un but aussi cher à atteindre, il n'est certes pas indifférent de se rencontrer dans les mêmes sentiments avec le Corps législatif. Du reste, nous ne pouvons rien changer à ce qui vient d'être fait. Si vous voulez bien y donner votre ratification, nous vous en serons reconnaissant ; si, au contraire, vous la refusez, nous respecterons les décisions de votre conscience, mais nous garderons la liberté entière de la nôtre.

« Voilà ce que je suis chargé de vous dire par le Gouvernement provisoire de la République, dont la présidence a été offerte au général Trochu, qui l'a acceptée (1). »

MM. Favre et Simon se retirent et M. Thiers résume la situation d'un mot : « Il ne convient ni de reconnaître un gouvernement né de l'insurrection, ni de le combattre quand il a à lutter contre l'étranger (2). » M. Thiers « pouvait voir dans la Révolution un malheur inévitable, il ne voulait pas couvrir de son nom la violation d'une Assemblée par la multitude. Il avait été un des vaincus du

---

(1) Procès-verbal de MM. Martel et Peyrusse, inséré dans le *Journal des Débats,* n° du 6 septembre 1870. — *Enq. parlem. déf. nationale,* rapport de M. Daru, pp. 55 et 56. — Ernest Dréolle, pp. 111 et 112.

(2) *Enq. parlem. déf. nationale,* rapport de M. Daru, pp. 55 et 56. — « M. Thiers dit qu'il ne peut approuver ce qui se passe. » (Jules Favre, *Gouvernement de la Défense nationale du 30 juin au 31 octobre* 1870, p. 85.) — Ernest Dréolle, p. 114.

Deux-Décembre, il ne voulait pas être un des vainqueurs du Quatre-Septembre (1) ».

Apprenant que le général Trochu s'est rallié à la République, au lieu de venir se mettre à leur disposition, les députés comprennent qu'il n'y a rien à faire et se séparent après avoir protesté (2). M. Girault, lui-même, accentue sa protestation (3).

Le soir, à sept heures et demie, M. Glais-Bizoin se rendait au Palais-Bourbon, en faisait sortir les quelques personnes qui l'occupaient encore et apposait des scellés sur la porte (4) ! Au Sénat, à la même heure, M. Floquet en faisait autant. « Ainsi, l'honneur d'avoir mis, le 4 septembre, la clef du Parlement dans sa poche, appartient à M. Glais-Bizoin, assisté de M. Floquet (5). »

Hélas ! c'est l'éternelle histoire des politiciens ! Ils crient au coup d'État, à l'arbitraire, quand ils sont dans l'Opposition, et, dès qu'ils sont au Pouvoir, nous les voyons reprendre servilement les procédés qu'ils condamnaient avec tant d'indignation (6).

Maintenant, nous le répétons, en raison de l'exaspération générale contre un gouvernement qui avait

(1) Charles de Mazade, *Monsieur Thiers*, p. 312. — *Histoire critique du siège de Paris*, par un officier de marine, p. 9.

(2) « Entre l'autorité régulière, siégeant au Palais-Bourbon, et l'insurrection siégeant à l'Hôtel-de-Ville, le Gouverneur de Paris se prononça pour l'insurrection. » (Duc d'Abrantès, p. 412.)

(3) *Journal des Débats*, n° du 6 septembre 1870.

(4) Taxile Delord, t. VI, p. 500.

(5) *Enq. parlem. déf. nationale*, rapport de M. Daru, p. 60. — « M. Floquet, accompagné de nos amis Valentin, Clémenceau, Engelhard, partit, aux environs de dix heures, pour le Luxembourg. » (Étienne Arago, p. 28.) — Taxile Delord, t. VI, p. 521.

(6) « Les hommes, qui n'avaient pas assez de cris de haine et d'indignation contre le Deux-Décembre, ont fait le Quatre-Septembre ! » (Michel Cornudet, p. 5.) — « Les retentissements du Quatre-Septembre, en fait de violence à la représentation nationale, ont fait oublier le Deux-Décembre. » (*La Politique et le Siège de Paris*, par le général Trochu, p. 39.) — Général Derrécagaix, pp. 346 et 347.

manqué à tous ses devoirs, en raison des hésitations du ministère, des lenteurs du Corps législatif, de l'attitude du général Trochu, des doctrines de la gauche, des violences révolutionnaires, MM. Jules Favre et Gambetta pouvaient-ils ne pas prendre le pouvoir? Nous ne le pensons pas (1). « Si l'Opposition n'avait pas pris le pouvoir à l'Hôtel-de-Ville, écrit un homme qu'on ne soupçonnera pas de partialité en faveur des républicains, il est certain que Blanqui y installait la Commune dès le 4 septembre et la France risquait de périr dans cette crise (2). »

« La révolution du Quatre-Septembre, faite en face de l'étranger, aggravait la situation du pays. Elle acheva de désorganiser l'administration ; elle fit éclater l'anarchie dans tout le Midi et donna une mauvaise situation diplomatique à la France, au milieu de l'Europe conservatrice (3). »

Ceux qui sont responsables de cette terrible situation sont, d'abord, l'Empereur et les hommes

(1) « La révolution du Quatre-Septembre était une inévitable fatalité. » (Charles de Mazade, *La guerre de France*, t. I, p. 324.) — « L'édifice impérial tomba comme un château de cartes, tant il était ruiné dans l'opinion publique. » (*Guerre franco-allemande, Résumé et commentaires de l'ouvrage du grand état-major prussien*, par Félix Bonnet, chef d'escadron d'artillerie; Paris, Dumaine, 1882 ; t. II, p. 13.)

(2) Dussieux, t. I, p. 169. — Que serait-il arrivé si Jules Favre et Gambetta n'avaient pas pris le gouvernail le 4 septembre? « La Commune de Paris se serait installée à l'Hôtel-de-Ville, et, avec elle, la guerre civile, la division de l'armée, la ruine de la défense, la honte de la défaite dans l'anarchie, le déshonneur en face de l'Europe. » (Jules Favre, *Gouvernement de la Défense nationale du 30 juin au 31 octobre 1870*, p. 93.) — A. du Mesnil, p. 27. — Voir aussi, *supra*, pp. 50 et 52.

(3) Dussieux, t. I, p. 170. — « Si le moment semblait commode pour faire une révolution, c'était néanmoins le moment le mieux indiqué pour ne s'en point passer la fantaisie. Dans ce moment, où les minutes ont le prix des siècles, le temps employé à changer le gouvernement, c'est-à-dire à désorganiser les services et à inquiéter les esprits, nous paraît plus que perdu pour la défense nationale. » (Louis Veuillot, t. I, p. 105.)

de l'Empire « qui, sans préparatifs suffisants, avaient déclaré une guerre à jamais néfaste, et qui, perdant tout sang-froid dès les premiers revers, avaient, par des proclamations affolées, jeté dans un désarroi moral absolu le pays qu'ils avaient bercé de vaines espérances (1) ». — « C'est le fatal et cruel résultat de Sedan, d'une irrésistible émotion publique et de la confusion, du déclin des pouvoirs depuis cinq semaines (2). »

Les chefs du parti communiste, les démagogues, endossent ensuite la responsabilité de cette funeste violation des lois. Nous les avons vus poussant les masses contre le Corps législatif, en chassant les députés, imposant la République, qu'un peu de patience aurait fait reconnaître d'une façon légale et définitive ; nous les avons vus pesant sur les membres du Gouvernement et faisant « succéder l'infatuation révolutionnaire à l'infatuation impériale (3) ».

Aussi bien, nombre de personnes, de toutes nuances d'opposition, n'ont pas trop maudit Sedan qui leur avait permis de faire ou de voir le Quatre-Septembre. « L'Empire, a dit M. Vitet, de l'Académie française, est tombé dans les désastres provenant de sa propre faute, de sa faute évidente et notoire, et, de plus, dans la honte et dans la lâcheté : autant de boue que de sang ! C'est donc une libération complète et définitive ; les intrigants auront beau faire, nous sommes quittes de l'Empire... Eh bien ! l'année qui a eu cet honneur de porter à son compte une telle délivrance, si meurtrière et si fatale qu'elle soit d'ailleurs, n'est pas une année stérile : il ne faut la maudire qu'à demi

---

(1) *Enq. parlem. déf. nationale*, rapport de M. de Sugny, p. 17.
(2) Charles de Mazade, *La guerre de France*, t. I, p. 323.
(3) *Ibid.*, p. 325.

et ne lui lancer l'anathème qu'en y mêlant la gratitude (1). » Le fils d'un des membres du Gouvernement nous disait que ce n'était pas avoir acheté trop cher la disparition de l'Empire que de l'avoir payée par Sedan. — Les ennemis de la dynastie « attendaient, espéraient cette défaite (2) ». — « Il était bon, selon eux, de se débarrasser à tout prix du système impérial, et ils n'estimaient pas, en somme, que le prix fût trop cher (3). »

Mais ne nous occupons pas davantage de ces aveugles ou de ces haineux; en résumé, « la situation déplorable faite à la France par le Quatre-Septembre était le résultat inévitable des fautes de l'Empire, de l'opposition des révolutionnaires, de la presse et du pays, qui ont tous à se reprocher une part plus ou moins grande dans cette catastrophe (4). »

ASPECT DE PARIS LE 4 SEPTEMBRE

La physionomie de la capitale, durant cette étrange journée, était particulièrement curieuse.

---

(1) *Dernières lettres* (5e, 6e et 7e) *sur le siège de Paris*, par L. Vitet, de l'Académie française; Paris, Sauton, 1871; pp. 10 et 11. — « La France a eu deux aventures : une heureuse, sa délivrance; une terrible, son démembrement. Dieu l'a traitée, à la fois, par le bonheur et par le malheur. » (Lettre de M. Victor Hugo au congrès de la paix; Hauteville-House, 20 septembre 1872; citée par Ferdinand Lecomte, colonel fédéral suisse, *Relation historique et critique de la guerre franco-allemande en 1870-1871*; Paris, Tanera, 1874; t. III, p. 11, en note.) — Voir, à ce sujet, dans le *Journal de Fidus*, p. 70, le récit d'un banquet où se trouvaient plusieurs hommes politiques connus. — Boncastel, p. 13. — Stéphen Liégeard, p. 321. — *Paris, Journal du siège*, par Mme Edgar Quinet; Paris, Dentu, 1873; pp. 32, 33, 44 et 45. — Etienne Arago, pp. 25 et 26. — Comte d'Hérisson, p. 67.

(2) *Journal de Fidus*, p. 66.

(3) Colonel Lecomte, t. III, p. 11.

(4) Dussieux, t. I, p. 171. — *Histoire de la guerre de 1870-1871*, par le général baron Ambert; Paris, Plon, 1873; p. 259.

Depuis longtemps, le ciel n'avait été aussi beau, le temps plus doux, le soleil plus resplendissant. La ville paraissait enveloppée d'une atmosphère de gaieté et les promeneurs, endimanchés ou habillés en gardes nationaux, inondaient les rues, les quais et les boulevards, ayant leurs femmes au bras et leurs enfants à la main, sans plus se soucier de l'Empire et des Prussiens, que s'ils n'avaient jamais existé. Il semblait que la chute du régime qui nous avait conduits à Sedan dût reparer tous les désastres passés, conjurer les revers futurs et fixer, dans nos rangs, la victoire qui, depuis un mois, ne se souvenait plus de quelles faveurs elle nous avait autrefois comblés (1).

Quand, le soir, tous ces promeneurs inconscients apprirent la proclamation de la République, personne ne songea à protester : on ne l'aurait pas faite de cette manière, on l'acceptait puisque c'était un fait accompli et que la guerre civile serait née d'une opposition au nouveau régime.

(1) « La joie la plus vive était peinte sur tous les visages. On se félicitait, on s'embrassait. » (*Enq. parlem. déf. nationale*, rapport de M. Daru, p. 63.) — « La journée du dimanche 4 septembre se leva tiède et radieuse, comme une journée de fête, semblant inviter la population de Paris à se rendre dans les rues pour y jouir de son soleil splendide et doux. » (Jules Favre, *Gouvernement de la Défense nationale du 30 juin au 31 octobre 1870*, p. 64.) — « Paris paraissait se croire sauvé parce qu'il était redevenu libre. » (*Ibid.*, p. 97.) — « *L'Empire n'est plus, tout va changer*, écrivait M. Ludovic Vitet, qui se fit, à partir du Quatre-Septembre, l'interprète des sentiments de la haute bourgeoisie parisienne. » (Albert Sorel, t. I, p. 286.) — *Première lettre sur le siège de Paris*, par M. L. Vitet, de l'Académie française; 2º édition, Paris, Sauton, 1871; p. 11. — « Ah! le beau dimanche, le beau jour que ce Quatre-Septembre! » (Mme Adam, p. 11.) — « C'était comme la grande fête de l'expiation! » (*L'Empire et la Défense de Paris*, plaidoirie Allou, p. 299.) — *Les Jours d'épreuve, 1870-1871*, par E. Caro, membre de l'Institut; Paris, Hachette; 1872, p. 180. — Steenackers et Le Goff, t. I, p. 43. — Steenackers, p. 23. — *Enq. parlem. déf. nationale*, déposition de M. Jules Ferry, p. 381. — Jules Simon, *La Chute de l'Empire*, pp. 409 et 410. — A. du Mesnil, pp. 25 et 26.

Cependant, pour les gens sérieux, « si *Paris ne
fut jamais plus joyeux*, selon le mot de M. Jules
Favre (1), cette joie, insouciante et légère, gardait
nous ne savons quoi de poignant, car, derrière
l'Empire disparu, il y avait l'invasion s'avançant à
grands pas au cœur de la France; derrière cette
révolution, si facilement victorieuse, il y avait une
guerre plus terrible que jamais, un siège imminent,
et, pour faire face à tant de complications à la fois,
on avait un gouvernement sorti d'une explosion
populaire, à peine reconnu, assurément peu préparé à une si rude tâche, déjà menacé, enfin, par
des passions et des fanatismes qui, en croyant
l'avoir fait, prétendaient le dominer ou le renverser (2). »

Non, ces réflexions pessimistes n'avaient pas de
prise sur la masse : on aurait cru assister à une fête
nationale, un étranger aurait pensé que l'annonce
d'une grande victoire, remportée sur l'ennemi,
venait de transporter ce peuple en délire, si le
désordre qui régnait partout, les aigles qu'on abat-
tait aux magasins des fournisseurs impériaux, les
sergents de ville que l'on traquait, les chants de 93,
que des bandes à figures patibulaires hurlaient
devant le Louvre et l'Hôtel-de-Ville, n'avaient
ramené l'observateur à la terrible réalité (3). Mais,
encore une fois, la population, ce jour-là, était sourde
et aveugle ou, pour mieux dire, ne voulait voir les

(1) Jules Favre, *Gouvernement de la Défense nationale du 30 juin
au 31 octobre* 1870, p. 91.

(2) Charles de Mazade, *La guerre de France*, t. I, p. 324. —
« Pendant toute sa durée, le Gouvernement de la Défense nationale fut dominé par le parti révolutionnaire, que son origine illégale et ses relations ne lui permettaient pas de combattre résolument. » (Dussieux, t. I, p. 174.)

(3) « Des bandes d'hommes avinés, auxquelles se mêlaient des
filles de mauvaise vie et des soldats, saluaient, de leurs vivats, la
République naissante. » (Ernest Dréolle, p. 118.)

choses que sous la couleur de ses illusions et selon
la folie de ses espérances (1)!

Les bonapartistes s'associaient au mouvement
général. Le Sénat se séparait après une protestation
platonique; nous avons vu que le Corps législatif
avait suivi cet exemple. Les ministres, les membres
du Conseil privé, tout ce qui tenait de près et de
loin à l'Empire, n'avaient pas fait un pas, prononcé
une parole pour sauver ce qui s'engloutissait irré-
médiablement (2). « Nul, parmi les défenseurs les
plus bruyants du pouvoir qui tombait, ne s'est levé
pour le soutenir (3). » — « Jamais je n'ai vu une
révolution accomplie plus aisément et à moins de
frais..... Les partisans de l'Empire, eux-mêmes,
assistaient à ce singulier spectacle, sans essayer d'y

(1) « Au sentiment exagéré de ses forces Paris joignait l'aveuglement le plus complet sur celle de la Prusse. » (Jules Favre,
Gouvernement de la Défense nationale du 30 *juin au* 31 *octobre* 1870,
p. 95.) — « Les penseurs, navrés de nos catastrophes, accablés par
la ruine de la France, voyaient avec stupeur la foule, en délire,
déborder en chantant. » (Henri Martin, t. VII, pp. 155 et 156.)

(2) « Avant quatre heures du soir, tout est accompli sans une
apparence de collision, sans qu'un coup de feu soit tiré, sans
qu'il y ait eu une résistance des derniers défenseurs de l'Empire. » (Charles de Mazade, *La guerre de France*, t. I, p. 322.) —
« Ce gouvernement, si peu contesté à sa naissance, même par
ceux qu'il remplaçait..... » (*Ibid.*, p. 326.) — « Il n'y eut aucune
tentative de résistance de la part des ministres. » (Commandant
Bonnet, t. II, p. 13.) — « Le Corps législatif acquiesçait, par son
silence, aux résolutions des chefs du parti républicain. » (*La
Guerre franco-allemande de* 1870-1871, rédigée par la section historique du grand état-major prussien, traduction de M. le commandant E. Costa de Serda; Paris, Dumaine, 1878; 2º partie,
p. 30.) — « L'Empire, ce jour-là, était un suicidé. » (Marquis de
Castellane, *Essais de psychologie politique, Gambetta, Nouvelle
Revue*, nº du 1er novembre 1888, p. 35.) — *Le Siège de Paris, Souvenirs personnels d'un volontaire*, par M. de Senevas; Evreux, Hé-
rissez, 1871; pp. 11 et 12. — Taxile Delord, t. VI, p. 543. —
Général Ambert, *Histoire de la guerre de* 1870-1871, p. 257.

(3) Circulaire du ministre des Affaires étrangères aux agents
diplomatiques de France, *Journal officiel*, nº du 7 septembre 1870.
— « Pas une voix ne s'éleva en faveur du régime qui s'effon-
drait. » (*Paris sous les obus*, par A.-J. Dalsème; Paris, Georges
Chamerot, 1883; p. 5.)

porter remède (1). » L'archevêque de Paris, Mgr Darboy, allait, quelques jours plus tard, le 8 septembre, envoyer un mandement aux curés de son diocèse, où on lirait : « Une seule chose doit nous occuper tous et nous réunir fraternellement dans une commune prière et un commun effort : c'est de sauver la France en sauvant Paris. Que Dieu protège notre pays et vienne en aide, par ses lumières et sa force, à ceux qui travaillent à le défendre (2). »

« Ainsi succomba l'empire de Napoléon III, six mois après le plébiscite qui lui a donné sept millions et demi de suffrages. Rien de plus honteux; rien de plus juste. On parlait de la révolution du mépris. Toutes les révolutions du monde moderne sont un peu les révolutions du mépris. Mais, devant celle-ci, les autres doivent baisser pavillon. La révolution du mépris, la voilà, la voilà bien! Plus l'histoire la considérera, plus elle verra qu'aucune forme du mépris n'y manque, plus elle trouvera que c'est juste (3). »

(1) *Enq. parlem. déf. nationale*, déposition de M. Thiers, p. 18. — « Ainsi tomba le deuxième empire, s'affaissant sous le poids de ses fautes, sans lutte, sans résistance. » (Général Derrécagaix, p. 344.) — « L'Empire ne fut pas renversé par le Quatre-Septembre; il croula de lui-même, comme un fruit pourri tombe de l'arbre.» (E.-C. Grenville-Murray. *Les Hommes de la troisième République*, ouvrage traduit de l'anglais, avec l'autorisation de l'auteur, par Henri Testard; Paris, Sandoz et Fischbacher, 1873; p. 144.) — « L'Empire tomba honteusement. » (*Petite histoire de la guerre entre la France et la Prusse*, par R. Watari, japonais; Paris, typographie Lahure; p. 24.) — « C'était la honte pour l'Empereur. » (Kolb-Bernard, p. 9.) — « L'Empire est mort, accablé sous ses revers et sous sa honte. » (Marquis de Castellane, *Essais de psychologie politique*, M. Thiers, *Nouvelle Revue*, n° du 1er juillet 1888, p. 21.) — « L'Empire n'a pas été trahi; il s'est effondré....., il avait tout compromis. » (*L'Empire et la Défense de Paris*, plaidoirie Allou, p. 296.) — Marie Sébran, *Journal d'une mère pendant le siège de Paris;* Paris, Didier, 1872; p. 9. — Seuls, MM. Janicot, dans *la Gazette de France;* Vitu, dans *le Peuple français;* Dréolle, dans *le Public*, protestèrent contre la révolution. (Voir ces journaux, à la date du 6 septembre.) — Voir aussi, *suprà*, pp. 15, 64 et 65.

(2) *Le Temps*, n° du 12 septembre 1870.

(3) Louis Veuillot, t. I, p. 104.

Cette journée historique s'achève donc sans que le sang ait coulé. Jamais une dynastie ne s'était effondrée, jamais princes n'avaient été chassés d'une façon aussi pacifique, sans qu'un seul de leurs partisans se levât pour les défendre. C'est que la volonté de la France de renverser l'Empereur était si unanime, si irrésistible, qu'il ne vint à l'idée de personne de s'y opposer et que cette révolution eût été surnommée la *Bienfaisante* si elle n'avait pas été souillée par l'envahissement du Corps législatif et ternie par la proclamation illégale de la République.

Nous savons bien que la légalité ne pouvait pas être complètement respectée, cette légalité exigeant le maintien de la Régente aux affaires, alors que la France n'en voulait plus à aucun prix. Mais, puisque les bonapartistes, et l'Impératrice elle-même, s'inclinant devant la brutalité des événements, ne réclamaient plus contre la déchéance, puisqu'ils acceptaient le rapport Martel, qui n'était pas autre chose que cette déchéance, il fallait s'empresser de saisir ce moyen de tourner la Constitution et ne pas la violer avec la maladresse et l'odieux que l'on y a mis. Les meneurs du parti rouge en ont décidé autrement : nous en souffrons encore aujourd'hui et en mourrons peut-être demain (1) !

(1) « L'opportunité de cet acte violent est difficile à constater... A la fois, le bon sens et le patriotisme étaient outragés. » (Colonel Lecomte, t. III, p. 10.) — « En 1870, comme en 1848, le péché originel de la République a été la surprise imposée au pays. Son malheur est d'être née du fait le plus grave qui puisse déconcerter la moralité d'un peuple : la violation d'une Assemblée. C'était la tache indélébile de l'Empire, tache que plusieurs scrutins populaires n'ont pu effacer, une tache que la gloire même, mieux que cela, le bonheur de la France n'aurait pu jamais laver entièrement et qui reparut avec une intensité effrayante dans nos désastres ; mais on ne pourra jamais convaincre le pays que l'immoralité du coup d'Etat ait créé, par contre-coup, la moralité du Quatre-Septembre. » (E. Caro, pp. 164 et 165.) — Emile Neucastel, pp. 75 à 77.

MARCHE DES ALLEMANDS SUR PARIS

Le lendemain de son triomphe, voyant l'armée de Sedan et l'Empereur des Français entre ses mains, M. de Moltke résolut de profiter des aubaines qui pleuvaient sur les armes prussiennes depuis le commencement de la campagne pour se précipiter vers Paris et s'opposer à l'organisation de la défense nationale.

Mais le but immédiat, le but principal à atteindre, pour les Prussiens, à ce moment, était la capture du 13ᵉ corps (général Vinoy), dont une division (général Blanchard), déjà arrivée à Mézières, se trouvait le 2 septembre, à la discrétion des Allemands, qui pouvaient facilement la tourner et la prendre.

Tout à l'ivresse de leur victoire, les généraux ennemis semblent avoir oublié la division fourvoyée, et, le 3 septembre, il n'en est pas question dans les dispositions prises par « le quartier-général de S. M. le Roi (1) », qui ne se préoccupe que de « la marche offensive sur Paris (2) ».

(1) *La Guerre franco-allemande*, 2ᵉ partie, p. 2.
(2) *Ibid.*

« La III⁰ armée, qui avait porté dans la direction de Reims le VI⁰ corps et la V⁰ division de cavalerie, laisserait provisoirement le I⁰ʳ corps bavarois et le XI⁰ corps à Sedan, et réglerait son itinéraire de façon à se trouver, pour le 4 septembre, en avant de la ligne Montigny-Vendresse et, pour le 5, au delà de la ligne Rethel-Attigny. Dans l'armée de la Meuse, les têtes de colonnes feraient en sorte de ne pas dépasser Malmy et Stonne, dans la première de ces deux journées, Poix et le Chesne, dans la seconde. Ces mouvements préliminaires accomplis, la III⁰ armée s'avancerait jusqu'à hauteur de la ligne Dormans-Sézanne. L'armée de la Meuse, rappelant à elle, par Château-Porcien, la VI⁰ division de cavalerie, marcherait, aussi simultanément que possible, jusqu'à Dormans et Laon. Les abords de Poix et d'Attigny devaient être dégagés pour le 8 septembre, de manière à laisser place aux corps qui suivaient sous le commandement du général von der Tann.

« Afin de placer les troupes dans de meilleures conditions pour subsister, la marche offensive devait s'exécuter sur un front très développé et être couverte par de la cavalerie lancée au loin en avant. Cette dernière serait soutenue par de l'artillerie à cheval et, en cas de besoin, par de l'infanterie transportée en voiture. La route passant par Rethel et Reims était indiquée comme formant la ligne séparative des deux armées.

« Le soin de régler les détails des marches était laissé aux commandants des deux armées jusqu'à hauteur de Laon et de Sézanne. S. M. le Roi se réservait de donner les ordres relatifs aux mouvements à exécuter au delà (1). »

On voit que la marche sur Paris est le seul objec-

____

(1) *La Guerre franco-allemande*, 2⁰ partie, p. 2.

tif de M. de Moltke : la capture du 13ᵉ corps n'est ni prévue, ni facilitée par les dispositions du grand-quartier-général.

RETRAITE DU 13ᵉ CORPS

Le général Vinoy, qui tient en main, à Mézières, la meilleure division de son corps d'armée (1), car elle contient « la brigade du général Guilhem, composée de troupes anciennes, bien exercées et aguerries (2) », ne sait pas qu'il a la chance inouïe d'être oublié, et ses angoisses ne pourraient s'exprimer.

Le 31 août, il s'était heurté à l'ennemi et était parvenu « à couper le pont de Flize, sur la Meuse, entre Sedan et Mézières, privant ainsi les Allemands d'un moyen de passage pour la journée du lendemain... Le soir, le capitaine de Sesmaisons, que le général Vinoy avait envoyé à Sedan, revenait avec les nouvelles les plus alarmantes : il avait vu l'Empereur et le maréchal de Mac-Mahon ; il avait vu, de tous côtés, des fuyards, des bandes indisciplinées et en désordre, des canons abandonnés (3) ».

Le lendemain, 1ᵉʳ septembre, le tonnerre de la canonnade de Sedan met tout le monde sur pied. Le général Vinoy se porte immédiatement contre les Wurtembergeois, qui lui tiennent tête, et il apprend, avant midi, par les fuyards, la blessure de Mac-

(1) Voir, pour la composition du 13ᵉ corps, la pièce justificative, nᵒ I.

(2) *Siége de Paris, Opérations du 13ᵉ corps et de la 3ᵉ armée*, par le général Vinoy ; Paris, Plon, 1874 ; 3ᵉ édition, p. 11. — Les deux régiments de la brigade Guilhem, les 35ᵉ et 42ᵉ de ligne, avaient fait partie de la division stationnée dans les Etats romains ; ils arrivaient à Paris avec une organisation régulière et un effectif complet ; en outre, ils étaient dispos et pleins d'ardeur. » (*Ibid.*) — « Le 35ᵉ et le 42ᵉ de ligne sont restés le nerf et l'honneur du siége. » (Charles de Mazade, *La guerre de France*, t. II, p. 76.)

(3) Commandant Bonnet, t. II, pp. 2 et 3.

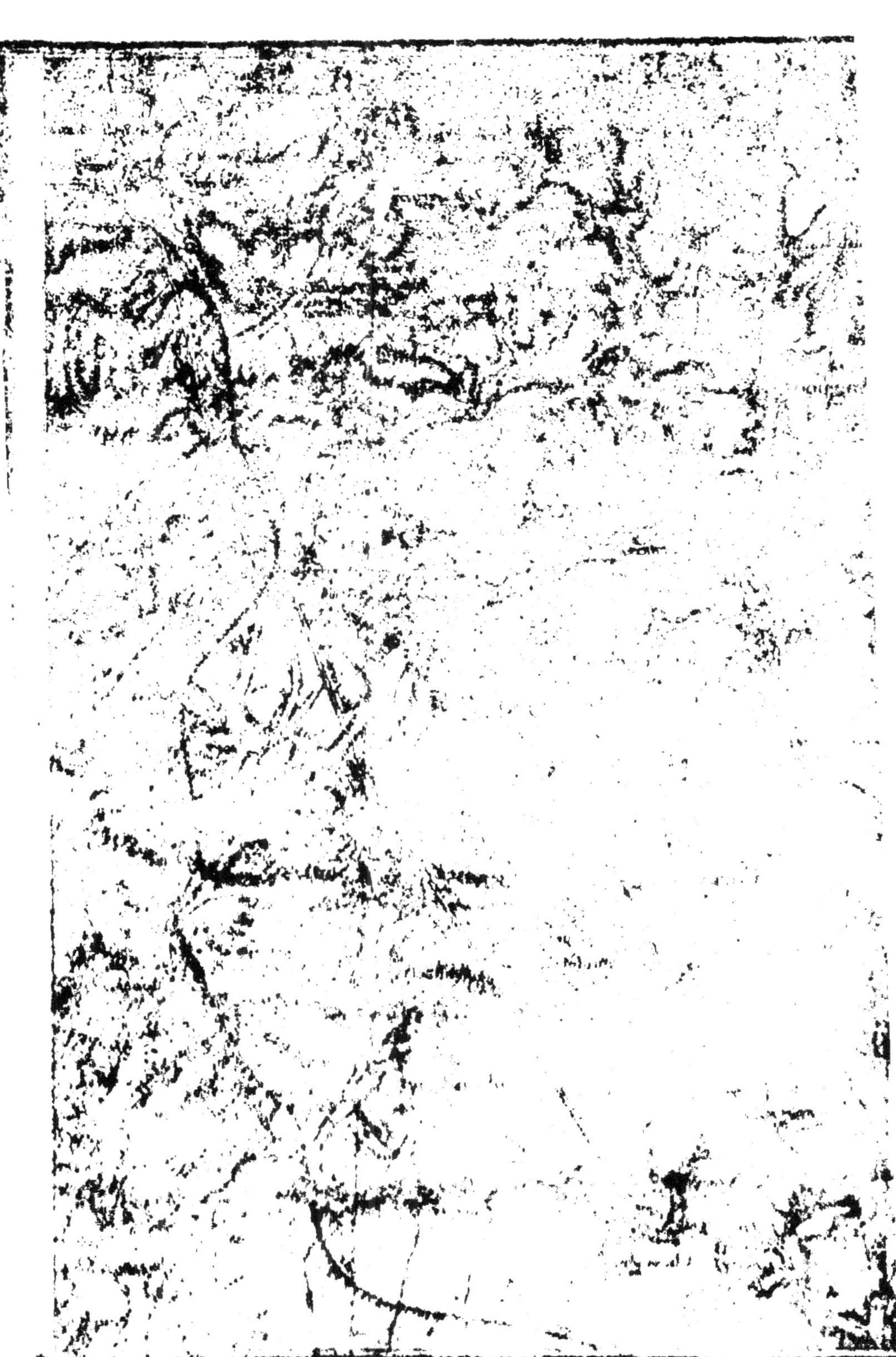

RETRAITE DU GÉNÉRAL VINOY

Mahon et la perte plus que probable de la bataille.

En effet, « le colonel Tissier, de l'état-major du maréchal, était arrivé et avait donné des nouvelles plus précises; il avait annoncé qu'avant la fin de la journée l'armée française serait détruite (1). »

Se sentant sur le point d'être tourné, le général Vinoy « rejette la pensée héroïque, mais folle, de se porter contre l'ennemi (2) » et il télégraphie au ministre de la Guerre qu'il va battre en retraite, lui demandant son approbation. Le ministre lui répond par la dépêche suivante, que nous avons déjà citée : « Dans les circonstances actuelles, je vous laisse maître de vos mouvements en ce qui concerne le 13ᵉ corps d'armée. Faites évacuer les fuyards sur Laon : je compte que Mézières saura tenir (3).. »

Le soir même, l'ordre de départ était donné aux généraux (4). Les 10,000 fuyards qui s'étaient réfugiés, la plupart sans armes, autour de la place, devaient gagner Laon, par Avesnes, protégés, sur leur gauche, par la division Blanchard qui allait suivre la route de Mézières à Reims, par Rethel, plus exposée aux attaques de l'ennemi (5).

Pourquoi le général Vinoy choisit-il cette route qui pouvait le conduire à un désastre? D'autres itinéraires n'existaient-ils donc pas, plus sûrs, presque aussi courts? Nous trouvons dans la *Revue du Cercle militaire* une excellente discussion sur ce sujet et nous nous empressons de la reproduire.

(1) Commandant Bonnet, p. 4.
(2) *La guerre au jour le jour*, 1870-1871, par le baron A. du Casse; Paris, Dumaine, 1875; p. 70.
(3) Général Vinoy, p. 56. — Voir *suprà*, p. 10.
(4) « Le général Vinoy jugea la situation en véritable homme de guerre et prit la résolution de se retirer sur Paris, sans perdre une minute. » (Général Ambert, *Histoire de la guerre de 1870-1871*, p. 275. — « Une prompte retraite était la seule chance de salut. » (Théodore Duret, t. II, p. 14.)
(5) Général Vinoy, p. 60.

« Le général Vinoy pouvait, pour se retirer sur Paris, adopter l'une des routes ci-après :

« *Mézières, Rethel, Neufchâtel ;*

« *Mézières, Château-Porcien, Neufchâtel ;*

« *Mézières, Montcornet, Laon.*

« La première permettait de se mettre en communication immédiate avec la division d'Exéa et de présenter aussitôt à l'ennemi une masse assez forte pour opposer une résistance sérieuse. Mais elle était extrêmement exposée, car les renseignements recueillis prouvaient que les Wurtembergeois occupaient le terrain entre Boutencourt et Poix, que de nombreux partis de cavalerie avaient coupé la voie ferrée entre Rethel et Mézières et entre Rethel et Reims, et que d'autres troupes d'infanterie se trouvaient vers Attigny. Il fallait donc défiler à très courte distance, pendant toute la marche, devant ces divers corps. De plus, on n'avait pas de nouvelles, depuis deux jours, de la division d'Exéa : rien ne prouvait que cette division fût encore à Reims et surtout qu'elle occupât encore Rethel.

« La deuxième route présentait les mêmes dangers, bien qu'à un degré un peu moindre, puisqu'elle s'éloignait davantage des points occupés par l'ennemi ; elle avait, par contre, l'inconvénient d'être moins bonne pendant une partie de son parcours et de ne pas mettre la division Blanchard aussi rapidement en communication avec la division d'Exéa, dans le cas où celle-ci n'aurait pas quitté Reims ou Rethel.

« La troisième route, de beaucoup la plus sûre, permettait au général Vinoy de se mettre rapidement en relation avec la division de Maudhuy. Il était seulement nécessaire, si on la prenait, de faire parvenir à la division d'Exéa l'ordre de se replier sur Soissons, pour éviter que cette division, restant seule à Reims, ne fût compromise.

« Dans la situation où se trouvait la division Blanchard, étant donnés le manque de communications avec la division d'Exéa et l'impossibilité de risquer un combat, faute de munitions, il semble que la prudence indiquait cette troisième route comme devant être préférée. De deux choses l'une : ou la division d'Exéa avait quitté Rethel et Reims, et alors on ne pouvait compter sur son appui, mais elle devait déjà être en sûreté ; ou bien elle se tenait encore dans ses positions, et il était facile de la prévenir du mouvement de la division Blanchard et de lui prescrire la retraite sur Soissons.

« Cependant le général Vinoy se décida pour la route de Rethel, séduit sans doute par l'avantage de rallier, dès le lendemain, la division d'Exéa.

« Il ne connaissait que par à peu près les positions de l'ennemi ; il se rendait compte qu'il lui fallait, au début de la marche, défiler devant le corps vurtembergeois, et s'attendait à être inquiété par des troupes de cavalerie ; il savait, en outre, que d'autres corps allemands occupaient le pays entre Sedan et Reims. Mais il n'était pas fixé sur leurs emplacements exacts et espérait, après avoir atteint Rethel, poursuivre sa retraite sans difficulté. La seule partie du trajet qui lui parut vraiment dangereuse, c'étaient les quinze ou vingt premiers kilomètres. En réalité, le plus grand péril se trouvait au delà, à Rethel même (1). »

— « Il a fallu, de la part du général Vinoy, une véritable habileté, de la part des Allemands des fautes tactiques et un manque d'unité de direction faciles à constater, il a fallu enfin des circonstances purement fortuites, toutes en faveur de la troupe

____

(1) *Revue du Cercle militaire des armées de terre et de mer* (Paris) ; n° du 9 décembre 1888 ; pp. 1199 et 1200. (Ce travail, qui a paru en brochure à la librairie Edmond Dubois, est du commandant de Jacquelot du Boisrouvray.)

française, pour que celle-ci ait pu échapper à un désastre (1). »

Revenons, maintenant, au départ de la division Blanchard. Les échappés et les fuyards de Sedan, les *impedimenta* de toutes sortes, avaient été « mis en marche à neuf heures du soir, dans la direction de Rocroy, avec les voitures d'artillerie, dont le roulement sourd et continu s'était longtemps fait entendre dans le lointain, ce qui avait prouvé que le mouvement entrepris avait continué régulièrement (2) ».

Le 2, avant le lever du soleil, la place de Mézières est donc abandonnée à elle-même, et la division Blanchard, éclairée en avant et sur les flancs par le 6ᵉ hussards, qui forme également son extrême arrière-garde, s'engage sur la vieille route de Rethel, par une « nuit belle et claire, bien que la lune ne se montre pas (3) ».

En raison de la pénurie de cartouches, le général Vinoy, qui sait que son infanterie n'a que quelques coups à tirer, a placé son artillerie, parfaitement approvisionnée, entre chaque bataillon du centre de la colonne, de manière à pouvoir suppléer par le canon au feu des chassepots (4). Le général Guilhem forme l'avant-garde avec le 42ᵉ de ligne; le général Susbielle est à l'arrière-garde avec le 35ᵉ de ligne. « Même en cas d'attaque, les troupes doivent combattre sans que leur marche soit, pour cela, un seul moment suspendue (5). »

---

(1) *Revue du Cercle militaire*, n° du 9 décembre 1888, pp. 1200 et 1201.

(2) Général Vinoy, p. 62.

(3) *Ibid.*, p. 65.

(4) *Ibid.*, pp. 64 et 65. — « Chaque homme n'avait sur lui que sa provision de marche et aucune réserve ne pouvait lui permettre de faire face à l'ennemi. » (*La Retraite de Mézières*, par Charles Yriarte; Paris, Plon, 1871; p. 40.)

(5) Général Vinoy, p. 65.

« Le terrain sur lequel se sont déroulés les événements dont nous avons entrepris l'étude est le triangle dont Mézières, Rethel et Montcornet sont les sommets. Entre la Meuse et l'Aisne, à peu près à égale distance des deux cours d'eau, et dans une direction générale qui leur est sensiblement parallèle, on trouve la ligne de partage des eaux des deux bassins. Une série d'affluents de la Meuse et de l'Aisne y prennent leurs sources, formées par un réseau serré de ruisseaux. La Serre, affluent de l'Oise, et Hurlant, son sous-affluent, y prennent également naissance. Tous ces petits cours d'eau présentent des caractères analogues : ils coulent dans des ravins étroits et sinueux; à leur jonction, ils forment des bas-fonds marécageux, de passage difficile; ils sont profonds et torrentueux. Par suite, tout ce pays est très accidenté : les mouvements de terrain, peu étendus, sont brusques et ont des pentes rapides. Des forêts ou de grands bois couvrent tous les sommets, le fond des vallées est généralement occupé par des prés, souvent fangeux.

« On y trouve de très nombreux villages et hameaux et un réseau très complet de voies de communication bien entretenues, mais dures et à pentes raides. Ces voies traversent sans cesse des défilés, bois, ponts, villages, et peuvent facilement être coupées : à chaque pas se trouvent des positions excellentes pour agir sur le flanc des routes ou les barrer. Outre ces routes, on peut utiliser, en temps ordinaire, les très nombreux chemins de terre; mais, par le mauvais temps, ils deviennent absolument impraticables, et la pluie ne cessa, pour ainsi dire, de tomber les 2 et 3 septembre.

« En somme, pays accidenté, coupé, couvert; essentiellement propre aux surprises, aux opérations de petites unités isolées; permettant à une troupe en retraite de dissimuler sa marche, mais offrant à la poursuite mille occasions d'embuscades (1). »

La mise en marche avait présenté de multiples difficultés. Outre le retard qu'a apporté l'expédition des fuyards sur Rocroy, la sortie de Mézières par une seule porte a prolongé indéfiniment le défilé et forcé les troupes à marquer le pas, une partie de la nuit, avant de voir arriver le moment de s'ébranler.

« Cette lenteur, au début de la retraite, inquiétait le général Vinoy : il comptait, en effet, sur la nuit pour franchir tout au moins la distance de Mézières à Launois et échapper aux Wurtembergeois qui lui semblaient le plus à craindre..... Par un hasard singulier, ce retard fut le salut de la colonne (2). »

« Supposons en effet que, comme le général l'avait prescrit, la colonne se fût régulièrement mise en route à onze heures de la nuit; elle aurait vraisemblablement passé inaperçue devant les avant-postes de la VI° division de cavalerie allemande; elle n'eût rencontré ni la XII° ni la XIII° brigade de la V° division de cavalerie, qui ne furent portées, le 2 septembre, sur Puiseux et Amagne, que parce que la marche des Français leur était signalée par la VI° division. Vers six heures, au petit jour, elle eût été à Saulces et eût atteint Rethel à dix ou onze heures, c'est-à-dire quelques heures après les Allemands, arrivés à minuit. Les habitants qui rendirent au général Vinoy le signalé service de l'informer de l'occupation de Rethel par l'ennemi (ainsi que nous le verrons) n'auraient pu lui donner ce renseignement, ou le lui auraient donné trop tard pour qu'il pût en tirer parti. Arrêtée de front par la XII° division d'infanterie, la colonne eût été bientôt

(1) *Revue du Cercle militaire*, n° du 9 décembre 1888, p. 1201.
(2) *Ibid.*

prise en queue par les Ve et VIe divisions de cavalerie ; la XIe division d'infanterie pouvait, d'Amagne, accourir assez à temps pour prendre part au combat. Entourée de trois côtés, la division Blanchard, entre Rethel et Novy, ne trouvait aucune voie de communication pour se dérober vers l'ouest. Si l'on se rappelle qu'elle manquait de cartouches, on se rend compte qu'elle n'aurait pu échapper à un désastre complet.

« On peut donc dire qu'elle dut son salut à une circonstance qui devait être considérée comme fâcheuse, puisqu'elle ralentissait la retraite (1). »

Enfin, à six heures du matin, nos têtes de colonnes atteignaient Poix, où elles entendaient le premier coup de feu tiré par les cavaliers ennemis. C'étaient des escadrons de la VIe division (2). A Champigneul, les cuirassiers allemands s'approchaient, presque à la même heure, du flanc de la colonne ; mais là, comme à Poix, le nombre de nos bataillons et leur attitude « déterminaient le duc Guillaume de Mecklembourg-Schwerin à ne pas attaquer (3) » et à se replier sur Montigny (4).

On fait halte à Launois, point de jonction des deux routes de Mézières à Rethel et du chemin de fer de Reims, localité facilement défendable en occupant la colline située au sud-ouest. Une longue étape, celle qui paraissait la plus dangereuse, était heureusement franchie ; l'ennemi n'osait s'approcher et le général Vinoy commençait à respirer et à croire qu'il échapperait aux masses allemandes.

____

(1) *Revue du Cercle militaire*, n^o du 16 décembre 1888, pp. 1221 et 1222.

(2) Général Vinoy, p. 66.

(3) *La Guerre franco-allemande*, 2e partie, p. 4.

(4) *Ibid.* — « Le nombre, relativement considérable, des pièces d'artillerie que nous traînions avec nous, devait faire illusion à ces hardis coureurs sur la force réelle de notre effectif. » (Général Vinoy, p. 66.)

L'attaque de flanc, qu'il redoutait de la part des troupes qui couvraient le quadrilatère formé par Donchery, Vrigne-aux-Bois, La Chapelle et Remilly, était conjurée.

Mais le général ne s'endort pas sur son succès; après une heure et demie. de repos, sans répondre aux provocations de la cavalerie prussienne, les Français se dirigent rapidement, à huit heures passées, droit sur Rethel, par Faissault et Saulces-aux-Bois (1), « toujours escortés sur leur flanc gauche par les coureurs allemands (2). » A peine entrait-on dans ce dernier village, que des habitants de Rethel viennent annoncer au général l'abandon de la ville par le général d'Exéa et son occupation par le VIe corps prussien. Notre ligne de retraite est coupée par un corps de 35,000 hommes (3)!

Avec une promptitude de décision et un juste sentiment de la situation, qu'on n'a pas souvent rencontrés chez nos généraux au cours de cette triste guerre, le général Vinoy ne désespère pas de sauver sa division et se jette brusquement au nord-ouest, du côté de Novion-Porcien (4). Le mouvement s'exécutait quand « des obus commencent à tomber dans Saulces et mettent le feu à quelques maisons (5) ».

Les Français déploient leur arrière-garde, appuyée par une batterie et des mitrailleuses, et ils répondent aux pièces de la Ve division de cavalerie,

<hr>

(1) Général Vinoy, p. 68.— *La Guerre franco-allemande,* 2e partie, p. 4.

(2) *Revue du Cercle militaire,* n° du 9 décembre 1888, p. 1202.

(3) Général Vinoy, pp. 68 et 69. — *La Guerre franco-allemande,* 2e partie, p. 4.

(4) « Le général Vinoy prit une prompte résolution. » (Général Ambert, *Histoire de la guerre de* 1870-1871, p. 277.) — *Revue du Cercle militaire,* n° du 9 décembre 1888, p. 1202.

(5) *La Guerre franco-allemande,* 2e partie, p. 5. — Charles Yriarte, p. 43.

qui les canonnent de Puiseux. A la vue de notre démonstration, la XIIe brigade de cavalerie, qui inquiétait ainsi notre arrière-garde, ne juge pas prudent de rester plus longtemps si près de nos troupes et « elle se replie vers Faux et Amagne (1) ».

De son côté, le général Vinoy « se convainquait bien vite que l'attaque n'était pas sérieuse, qu'elle était tout au plus une démonstration offensive faite dans le seul but de ralentir son mouvement et de lui faire perdre, en de vaines escarmouches, le temps, si précieux, qu'il était de son premier devoir d'utiliser pour devancer à tout prix l'ennemi (2) ». En conséquence, « il arrête l'élan du général Susbielle, un très vigoureux soldat qui ne demande pas mieux que de marcher en avant (3), » et lui prescrit de repartir. A une heure de l'après-midi, toutes nos forces étaient groupées autour de Novion-Porcien, dont les habitants, affolés de terreur, jetaient le trouble parmi les jeunes soldats qui voyaient des uhlans partout et tiraient au hasard des coups de fusil qu'il y avait tant d'intérêt à ménager (4).

Pendant cette marche, les coureurs ennemis, « utilisant les couverts et les mouvements de terrain, s'approchaient avec une grande audace et chargeaient subitement les flanqueurs, les isolés : ils faillirent même enlever, à l'entrée de Novion, la réserve d'une batterie. Cette inquiétude constante, causée par la subite apparition des cavaliers ennemis à chaque pas, ébranla fortement le sang-froid

(1) *La Guerre franco-allemande*, 2° partie, p. 5. — Quelques tirailleurs du 14° de marche « forcent promptement l'artillerie ennemie, déjà éprouvée, à se retirer ». (*Revue du Cercle militaire*, n° du 9 décembre 1888, p. 1203.) — Général Vinoy, p. 71.
(2) *Ibid.*, p. 72. — *La Guerre franco-allemande*, 2° partie, p. 5. — Général Ambert, *Histoire de la guerre de* 1870-1871, p. 277. — *Revue du Cercle militaire*, n° du 9 décembre 1882, p. 1202.
(3) Charles Yriarte, pp. 43 et 44.
(4) *Ibid.*, p. 45. — Général Vinoy, p. 72.

des régiments de marche : les hommes voyaient des uhlans partout, et, malgré les efforts de leurs officiers, déchargeaient leurs armes au hasard. Le chef d'état-major du 13ᵉ corps, le général de Valdan, faillit être ainsi tué par un soldat qui, sur la route même, le prenant pour un uhlan, lui tira un coup de fusil à bout portant. Le général, sans sourciller, lui lança ce seul mot : *Maladroit!* et passa (1). »

A l'heure où nous entrions à Novion-Porcien, la XIIIᵉ brigade de cavalerie, suivie d'une batterie, marchait d'Amagne sur Vauzelles et, sans s'avancer davantage, canonnait, de là, nos colonnes qui défilaient près de Macheroménil. Quand, après le départ des Français, les hussards ennemis entraient dans ce village, ils n'y ramassaient que vingt-trois traînards et quelques voitures (2).

Informé, dans l'après-midi, que nous nous dérobions vers l'ouest, le général de Hoffmann, commandant la XIIᵉ division d'infanterie du VIᵉ corps, voulut nous couper la retraite. A quatre heures du soir, il dirige ses bataillons sur Ecly, par une pluie battante, et, dans la soirée, les troupes prussiennes bivouaquaient aux environs de ce village et d'Inaumont, persuadées que les Français ne bougeraient pas de Novion-Porcien, où elles les captureraient le lendemain (3).

A cet effet, un mouvement vers Novion-Porcien était prescrit pour le 3, de grand matin, pendant que la XIᵉ division d'infanterie et l'artillerie de corps, qui venaient d'arriver à Thugny et à Fleury, garderaient Rethel et les derrières de la XIIᵉ division (4).

Un instant d'hésitation, et c'en était fait de la

(1) *Revue du Cercle militaire*, nᵒ du 9 décembre 1888, p. 1203.
(2) *La Guerre franco-allemande*, 2ᵒ partie, p. 6.
(3) *Ibid.*, pp. 8 et 9.
(4) *Ibid.*, p. 9.

division Blanchard qui allait, dès l'aube, se trouver abordée par l'infanterie du général de Hoffmann, du côté de Sery et de la Maladrie, par les V⁰ et VI⁰ divisions de cavalerie, du côté de Macheroménil et de Grandchamp.

Heureusement, le général Vinoy ne tergiverse pas et, aussitôt qu'il est certain que sa ligne de retraite sur Château-Porcien est perdue, comme elle l'a été sur Rethel, « il prend la détermination de faire une marche de nuit (1), » afin de dépister les Prussiens et de regagner l'avance qu'ils ont prise sur lui.

Le 3 septembre, à deux heures du matin, après avoir laissé tous leurs feux allumés pour tromper les cavaliers ennemis, les Français poussent droit sur Chaumont-Porcien, espérant gagner Laon, par Rozoy-sur-Serre (2).

« La nuit était noire et sans lune, le ciel couvert d'épais nuages : il en résulte une légère confusion pour l'organisation du départ et la mise en marche des bataillons au travers des rues obscures du village (3). A deux heures et demie du matin, la pluie se met à tomber avec une grande violence, mais elle nous est favorable : le bruit des roues de nos canons se trouve amorti par l'humidité des chemins que nous traversons, et nous pouvons mieux dissimuler notre marche. La nature même du pays,

____

(1) Général Vinoy, p. 74.

(2) « Il était de toute nécessité de dérober cette marche à la connaissance des Allemands, qui, d'Ecly, auraient pu se porter sur Chaumont-Porcien par une route directe et plus courte que celle que l'on avait à suivre. Aussi l'ordre fut-il donné d'entretenir les feux de bivouac, et de les alimenter de façon qu'ils pussent encore, après le départ, tromper l'ennemi pendant plusieurs heures. » (*Revue du Cercle militaire*, n° du 16 décembre 1888, p. 1223.)

(3) « L'obscurité, une pluie torrentielle et le mauvais état des chemins, déjà presque complètement défoncés, apportent maintes entraves à cette marche de nuit. » (*La Guerre franco-allemande*, 2⁰ partie, p. 9.)

coupé de bois et de profonds ravins, nous favorise également : nous passons au milieu des villages de Mesmont et de Wasigny, véritables défilés où l'ennemi ne peut guère venir nous surprendre, mais qui offrent, d'autre part, de grandes difficultés pour être franchis (1). » — « A sept heures et demie du matin, la division Blanchard atteint Chaumont-Porcien, sans être inquiétée par les Allemands (2). »

Il faut s'arrêter quelques heures, pour faire reposer et manger les hommes exténués de fatigue et mourant de faim : les habitants leur fournissent tout ce dont ils peuvent disposer avec une patriotique générosité. Mais le général Vinoy ne pense qu'au départ, et, comme il apprend que le chemin de Rozoy-sur-Serre est impraticable, il se jette audacieusement dans un petit chemin de vallée qui conduit à Seraincourt, d'où il compte gagner Montcornet, par Fraillicourt (3).

Tout à coup, la fusillade se fait entendre ; le canon gronde à son tour. Ce sont les Allemands qui arrivent ! Par bonheur, il est trop tard : ils s'en prennent à des traînards qui défendent vaillamment Chaumont-Porcien en flammes. L'ennemi croit alors avoir affaire à toute la division française, et, le VIe corps, d'un côté, une division de cavalerie, venue par Signy-l'Abbaye, de l'autre côté, tirent sans relâche contre le village abandonné (4). Ils s'aperçoivent bientôt de leur erreur en voyant les

(1) Général Vinoy, pp. 74 et 75.
(2) *La Guerre franco-allemande*, 2e partie, p. 9.
(3) Général Vinoy, pp. 77 et 78.
(4) *Ibid.*, p. 79. — Les Allemands disent qu'ils n'avaient pas de cavalerie. (*La Guerre franco-allemande*, 2e partie, p. 12.) Ils se trompent, et nous adoptons la version du général Vinoy, car, de l'aveu de nos ennemis, la VIe division de cavalerie nous avait harcelés à Wasigny (*Ibid.*), et ce n'est qu'après la constatation de notre disparition de Chaumont-Porcien que les Ve et VIe divisions de cavalerie piquèrent sur Tagnon et Attigny. (*Ibid.*, p. 10.) — Charles Yriarte, p. 49.

colonnes françaises qui défilent rapidement par le chemin de Logny, mais ils ne songent pas à nous attaquer par notre endroit sensible, le flanc gauche ; découragés, inondés d'une pluie diluvienne, ayant, depuis sept heures du matin, fourni plus de trente kilomètres, les chevaux du 15e dragons étant fourbus, nos ennemis « renoncent à pousser plus loin la poursuite et s'établissent en cantonnements d'alerte autour de Chaumont et de Novion-Porcien (1) ». Cette fois, nous sommes sauvés ; voici ce qui s'était passé.

Croyant avoir toujours devant eux des hommes de guerre de la force de Mac-Mahon et de Bazaine, les généraux prussiens n'avaient pas douté un seul instant que le 3, au matin, ils s'empareraient de la 3e division du 13e corps. Ils n'avaient pas admis que le général Vinoy se comporterait autrement que le duc de Magenta, lors de sa marche sur Sedan, et que Bazaine à Borny et à Rezonville ; les Français, hypnotisés, étaient certainement à Novion-Porcien ; ils ne manœuvreraient ni ne se déroberaient ; c'en était fait des dernières troupes de la vieille armée impériale (2) !

Pleins de cette idée, les généraux de la XIIe division d'infanterie et des Ve et VIe divisions de cavalerie se dirigent de bonne heure sur Novion-Porcien.

(1) *La Guerre franco-allemande*, 2e partie, p. 12. — « Le général Vinoy accomplit en cette occasion un véritable coup de maître. Il feignit d'avoir été surpris et laissa l'ennemi prendre des positions dans une partie de la forêt de Rethel. Quand il jugea que les Allemands étaient bien massés sur un point pour cette nuit-là, il fit lever le camp... si bien que, lorsque, le matin, l'ennemi, s'éveillant, s'apprêta à attaquer, il trouva la place vide. » (J. d'Arsac, pp. 75 et 76.) — *Revue du Cercle militaire*, no du 16 décembre 1888, p. 1225.

(2) « Quant au commandant de la XIIe division, il devait croire, d'après les rapports qui lui étaient fournis, jusque dans la nuit, que la division Blanchard était toujours aux environs de Novion-Porcien. » (*La Guerre franco-allemande*, 2e partie, pp. 10 et 11.)

Toute la nuit, le 15e dragons, qui se tenait en observation aux alentours de ce village, avait signalé la présence des Français ; mais, au petit jour, quand les éclaireurs s'approchèrent des habitations, ils reconnurent qu'elles étaient abandonnées et que les Français s'étaient dérobés par Wasigny. « Le 15e dragons fut aussitôt lancé à leur poursuite, et son chef envoya au général de Hoffmann un cavalier pour l'avertir. Ce cavalier ne sut pas trouver le général qui, ayant pris la tête de sa colonne, arriva vers neuf heures et demie à Novion-Porcien évacué et y apprit le mouvement des Français (1). »

Furieux de sa mésaventure, le général se précipite sur les traces de notre arrière-garde et engage, à Chaumont-Porcien, avec les écloppés de la brigade Susbielle, le duel ridicule que nous avons déjà raconté. Aussi, rien ne saurait peindre la déception et la colère des Prussiens quand la réalité leur apparaît, à savoir : que nous avons mieux manœuvré qu'eux, que nous les avons joués et que nous leur avons enlevé une proie sur laquelle ils comptaient fermement.

L'état-major prussien n'aime pas à convenir de ses fautes ; au lieu de reconnaître qu'il avait été trompé par un adversaire plus habile que lui, il se rappela fort à propos *Le Renard et les Raisins* et déclara *trop verts* ceux qu'il avait tant désiré cueillir, comme si la suppression des dernières forces françaises organisées n'était pas préférable à une avance de un ou deux jours dans l'arrivée d'une division de cavalerie et d'un corps d'armée allemands devant Paris (2). « Vers quatre heures du soir, écrit

____

(1) *Revue du Cercle militaire*, no du 16 décembre 1888, p. 1225. — *La Guerre franco-allemande*, 2e partie, p. 11.

(2) « La seule force sérieuse existant encore, le 13e corps, Vinoy... » (*Opérations des armées allemandes depuis la bataille de Sedan jusqu'à la fin de la guerre*, d'après les documents officiels

M. de Moltke, un officier d'état-major était arrivé à Chaumont-Porcien, envoyé par le commandant du VI⁰ corps. Il renouvelait l'ordre de se replier vers le sud, *en faisant observer qu'aucune considération ne saurait justifier un écart quelconque en dehors de cette direction* (1), puisque, aux termes des instructions du commandant en chef, le corps d'armée devait se trouver réuni, en entier, sous Reims, pour le 5 septembre. Le général de Hoffmann prescrivait donc que les troupes, réparties entre Chaumont-Porcien et Wasigny, fussent rassemblées, au sud de Château-Porcien, le lendemain, à onze heures du matin, pour reprendre ensuite leur marche vers la Suippe (2). »

Le 13⁰ corps était à l'abri des Allemands et, alors, le dilemme suivant se pose, si l'on accepte l'explication du grand état-major prussien. Ou M. de Moltke a eu tort de ne pas prendre des mesures pour tourner la division Blanchard, au moyen de ses innombrables escadrons, et de la laisser échapper aussi naïvement que l'empereur Napoléon III et le maréchal de Mac-Mahon ont laissé échapper la division

du grand quartier-général, par W. Blume, major au grand état-major prussien, traduit de l'allemand par E. Costa de Serda, capitaine d'état-major; Paris, Dumaine, 1872; p. 12.) — Le 13⁰ corps « était le seul corps réellement organisé qui existât à Paris et même en France, puisque l'armée de Metz était bloquée ». (Commandant Canonge, t. II, p. 233.) — « Des 500,000 hommes de l'armée régulière, il ne restait plus disponibles que les 30,000 du corps du général Vinoy. » (*Du caractère belliqueux des Français et des causes de leurs derniers désastres*, par le général Jérôme Ulloa (défenseur de Venise), traduit de l'italien par Ernest Moullé; Paris, Sandoz et Fischbacher, 1872; p. 137.) — « Il y avait, pour l'armée prussienne, un intérêt particulier à anéantir le 13⁰ corps : c'était le dernier vestige de l'armée française. » (Charles Yriarte, p. 64.) — Voir, dans ce sens, *La Guerre franco-allemande*, 2⁰ partie, p. 14 : « Tandis que les derniers débris, etc. »

(1) Comme on sent que cela a été écrit après coup, pour les besoins de la cause.

(2) *La Guerre franco-allemande*, 2⁰ partie, p. 13.

Urban, perdue à Tradate et à Castaniate, après la
bataille de Magenta (1). Ou les généraux de Tümpling, de Hoffmann, de Rheinbaben et le duc de
Mecklembourg-Schwerin furent plus que médiocres
en se laissant berner par le général Vinoy, qui leur
fut bien supérieur en tactique et en stratégie (2).

Et c'est cette dernière version qui est la vraie. Si
le général de Hoffmann avait eu le moindre sens
stratégique, ce n'est pas sur Novion-Porcien que,
le 3, d'Ecly, il eût dirigé sa division, mais sur
Chaumont-Porcien, ou mieux, sur Seraincourt. Du
coup, la division Blanchard était coupée et prise.

De plus, il est consolant de remarquer que les
avis, envoyés par les Allemands, ne parviennent
pas à destination beaucoup mieux que les nôtres.
La nouvelle de l'évacuation de Novion-Porcien,
expédiée par le 15ᵉ dragons au général de Hoffmann,
ne fut pas reçue, et l'ordre du commandant du
VIᵉ corps, adressé au même général, ne lui fut remis

(1) *La Guerre d'Italie*, 1859, par Alfred Duquet; Paris, Charpentier, 1882; pp. 108 à 110.

(2) « Grâce à l'habileté de sa retraite, le général Vinoy avait
sauvé un corps de troupes que les Prussiens avaient un intérêt
majeur à détruire. » (Dussieux, t. I, p. 163.) — « Cette opération militaire s'est accomplie dans des circonstances spéciales;
elle exigeait surtout du sang-froid, de la prudence, de la ruse.
Le manque de munitions en faisait fatalement une marche dissimulée, une lutte de vitesse, et l'extrême jeunesse des soldats, qui
composaient ces régiments de marche, rendait le mouvement
difficile. » (Charles Yriarte, p. 64.) — « La retraite de Mézières
est l'une des plus belles opérations de cette campagne. » (*Gaulois et Germains, Récits militaires*, par le général Ambert; *Après
Sedan*; Paris, Bloud et Barral; p. 399.) — « En tout temps, cette
retraite eût été remarquable, mais, le lendemain de la catastrophe
de Sedan, cette marche avec de jeunes soldats fait le plus grand
honneur au caractère et au talent du général. » (Général Ambert, *Histoire de la guerre de* 1870-1871, p. 281.) — « Le 13ᵉ
corps d'armée, composé de troupes de nouvelle formation, sous
les ordres du général Vinoy, échappa heureusement au VIᵉ corps
prussien ainsi qu'aux Vᵉ et VIᵉ divisions de cavalerie, qui étaient
près de sa ligne de retraite. » (*La Guerre de* 1870-1871, *Résumé
historique*; traduit de l'allemand; Paris, Berger-Levrault et Cⁱᵉ,
1888; p. 67.) — « Le général Vinoy ramenait le 13ᵉ corps, pru-

qu'à « Chaumont-Porcien, alors qu'il n'était plus possible de l'exécuter (1) ».

« La situation de la division Blanchard était telle, qu'on n'avait pour ainsi dire qu'à étendre la main pour la saisir, et la destruction de la seule troupe française qui tînt encore la campagne était un résultat sérieux. Cependant on n'en trouve aucune mention dans les ordres, soit du grand état-major général, soit du commandant de la III° armée ; seul, à un moment, le 2 septembre, le général commandant le VI° corps, sur la demande du général de Hoffmann, l'autorise à tenter la poursuite, mais il est bientôt obligé de le rappeler pour se conformer aux ordres de l'état-major général. Celui-ci n'avait qu'une seule pensée, la marche sur Paris, et n'était pas au courant de la situation de la division Blanchard : de là, son silence au sujet de cette division et son insistance à pousser le VI° corps sur Reims ; le général de Tümpling, mieux informé des chances que l'on pouvait avoir de saisir la colonne française, n'ose

demment, habilement, à travers toutes les difficultés, échappant aux poursuites de l'ennemi qui le pressait. Par sa retraite, accomplie avec autant de décision que de dextérité, le général Vinoy rendait à Paris un noyau de forces régulières. » (Charles de Mazade, *La guerre de France*, t. II, p. 75.) — « Le 13° corps a fait cette belle retraite de Mézières à Paris sans se laisser entamer. » (*L'Empire et la Défense de Paris devant le jury de la Seine* ; déposition du général de Malroy, p. 167.) — « Cette retraite de Vinoy, partant de Mézières à la nouvelle du désastre de Sedan, pour regagner Paris à travers l'Aisne, fut une des rares manœuvres de la campagne qui méritent l'éloge des tacticiens ». *Histoire de la Révolution de 1870-1871*, par Jules Claretie ; Paris, Librairie illustrée ; t. I, p. 262.) — Colonel de Meffray, p. 11. — *Histoire critique du siège de Paris*, par un officier de marine, p. 13. — *Siège de Paris*, par Giraux aîné, officier volontaire ; Dijon, F. Carré, p. 6. — *Les Martyrs du siège de Paris*, par Élie Sorin ; Paris, Lacroix, Verbœckhoven et C¹ᵉ, 1872 ; p. 2. — Francisque Sarcey, p. 49. — Etienne Arago, p. 216. — Baron du Casse, p. 77. — Gaston Mitchell, p. 8. — Comte d'Hérisson, p. 149.

(1) *Revue du Cercle militaire*, n° du 16 décembre 1888, p. 1227. — Aussi bien, nous venons de dire ce que nous pensions de l'authenticité de cet ordre.

pas prendre sur lui de maintenir, en présence d'ordres contraires aussi formels, l'autorisation donnée à la XIIe division de poursuivre l'ennemi. Il y a là un manque d'entente et d'unité dans les ordres ; il y a eu aussi des fautes militaires commises, grâce auxquelles les Allemands ont laissé échapper un ennemi qui devait infailliblement tomber en leur pouvoir. Il leur en coûte de l'avouer, et ils aiment mieux expliquer tout par un faux renseignement signalant la présence de forces considérables à Reims, point qu'ils avaient tant d'intérêt à occuper rapidement. Nous ne croyons qu'à moitié à cette explication. La division d'Exéa avait évacué depuis le 1er septembre la ville de Reims, où il ne se trouvait plus que d'inoffensifs gardes nationaux, et nous nous étonnons que le général de Tümpling, qui avait un service de renseignements bien organisé et disposait de deux divisions de cavalerie, portées dès le 2 au soir en avant de lui, fût si mal informé (1). »

Pendant que les Prussiens demeuraient, inertes, à Chaumont-Porcien, ne revenant pas encore de leur déconvenue, les troupes du 13e corps filaient à tire d'aile vers Seraincourt et, de là, remontaient brusquement à Fraillicourt, où « elles peuvent enfin faire une halte devenue bien nécessaire ; en effet, les hommes, qui marchaient depuis deux heures du matin, étaient épuisés de fatigue, et il était alors trois heures de l'après-midi (2) ». Mais le général Vinoy n'accorde que quelques minutes de repos et, malgré la longueur de l'étape déjà parcourue, ordonne le départ immédiat pour Montcornet, où l'on entre à six

____

(1) *Revue du Cercle militaire*, n° du 16 décembre 1888, p. 1227. — Il suffit de voir, sur la carte, les positions des forces allemandes et celle de la division Blanchard pour saisir l'erreur des Prussiens : *Campagne de France de 1870-1871. Etude d'ensemble*, par Léonce Patry, capitaine adjudant-major au 67e d'infanterie ; Soissons, L. Couturier, 1879 ; 2 septembre 1870.

(2) Général Vinoy, pp. 80 et 81.

heures et demie du soir « par un temps magnifique qui avait succédé subitement aux violentes averses de la matinée (1) ».

En comptant la fausse marche vers Adon, qu'un guide, vendu aux Prussiens, lui avait fait exécuter, au sortir de Chaumont-Porcien (2), la division Blanchard avait parcouru, ce jour-là, près de 48 kilomètres ! Stimulés par l'exemple des soldats des 35e et 42e de ligne, les compagnies de marche des 18e et 19e bataillons de chasseurs à pied « tinrent à honneur de ne pas rester en arrière, et même de ne pas monter dans les voitures : il ne manqua pas un seul homme dans les rangs, à l'arrivée (3) ».

« La conduite de la retraite dans cette journée du 3 septembre nous paraît pouvoir être considérée comme un modèle du genre. Marche de nuit pour gagner une avance, précautions prises afin de tromper l'ennemi, estimation exacte de la somme d'efforts que l'on pouvait exiger des hommes, et mesures

(1) Général Vinoy, p. 81.

(2) « Un guide, requis pour diriger la colonne, essaya de l'induire en erreur en la menant droit sur Château-Porcien, occupé par l'infanterie prussienne ; le général Vinoy, qui faisait marcher cet individu à côté de son cheval, s'en aperçut à temps, rebroussa chemin et se dirigea vers Seraincourt. » (Charles Yriarte, p. 48.) — « Le général Blanchard, trompé ou trahi par son guide, se dirigea sur la route de Château-Porcien, par laquelle, précisément, devaient arriver les Prussiens... On perdit ainsi trois heures, retard qui aurait pu être funeste avec un ennemi entreprenant. » (Les Transformations de l'armée française, par le général Thoumas, t. II, p. 420.)

(3) Général Vinoy, p. 82. — « On doit attribuer cet heureux résultat à l'attitude excellente et à la parfaite discipline des 35e et 42e qui encadraient les autres régiments, à la manière remarquable dont le 6e hussards s'acquitta du service de sûreté, et aux mesures de précautions judicieusement prises par le général Vinoy pour le transport des éclopés pendant la dernière partie de la marche ; les voitures requises pour eux dans les villages arrivèrent encombrées à Montcornet ; mais, en somme, ces éclopés avaient échappé à la captivité ou à la dispersion, et la division pouvait, le lendemain, reprendre la marche avec ses effectifs au complet. » (Revue du Cercle militaire, n° du 16 décembre 1888, p. 1225.)

prévues pour alléger les fatigues, décision rapide et juste lorsqu'un nouveau contre-temps vient, encore une fois, compromettre le salut de l'armée : toutes les qualités enfin qu'un homme de guerre peut avoir à révéler pendant une retraite, le général Vinoy en a donné des preuves remarquables (1). »

En raison des nouvelles alarmantes qui circulaient touchant l'approche de l'ennemi, le général Vinoy prescrivit de lever le camp le 4, au matin, et de marcher sur Marle pour, de cette petite ville, gagner Laon ou La Fère, selon les circonstances. Le chemin se fit à merveille.

C'est à Marle que le général apprit l'évacuation de Reims par la division d'Exéa et son arrivée à Soissons. C'est là, également, que le général de Maud'huy lui confirma, de Laon, le désastre de Sedan : « Proclamation des ministres dit : «« Armée de Mac-Mahon a capitulé à Sedan ; l'Empereur est prisonnier ; on concentre des forces à Paris et sur la Loire (2). »»

Le soir, le 13e corps apprenait que la révolution était faite : « La révolution vient de s'accomplir dans Paris. Revenez, avec votre corps d'armée, vous mettre à la disposition du gouvernement qui s'établit (3). » Telle était la dépêche que le nouveau gouvernement envoyait au commandant du 13e corps.

Comme l'a fort bien dit le général Vinoy : « Le devoir du commandant en chef était tout tracé : il devait se rendre à l'appel qui lui était adressé. Dans un pareil moment, toute préoccupation politique n'aurait pu être qu'une cause de trouble ajoutée, hélas ! à tant d'autres : l'armée, d'ailleurs, doit tou-

(1) *Revue du Cercle militaire*, no du 16 décembre 1888, pp. 1225 et 1226.
(2) Général Vinoy, p. 87.
(3) *Ibid.*, p. 88.

jours y demeurer étrangère. *Le général en chef ne pouvait donc qu'obéir au gouvernement de fait qui venait de s'établir* (1). »

Que le général Vinoy n'a-t-il été, à Metz, à la place de Bazaine : nous n'eussions pas perdu l'Alsace et la Lorraine !

Rassuré sur le sort de la division Blanchard, le commandant du 13ᵉ corps quitta Marle et alla retrouver, à Laon, la division de Maud'huy.

Le 5, au matin, le général Blanchard prenait la route de Laon, par Crécy-sur-Serre. Le soir même, « le 13ᵉ corps était donc concentré : les divisions de Maud'huy et Blanchard se trouvaient à Laon, avec l'artillerie et les services administratifs ; la division d'Exéa était à Soissons. Le 13ᵉ corps avait échappé, non sans courir de graves périls, à la pressante poursuite de l'ennemi ; il pouvait apporter à la défense de Paris, à laquelle l'appelait le nouveau gouvernement, le concours de toutes ses forces, si heureusement demeurées intactes (2). »

« La retraite de la division Blanchard, de Mézières à Laon, fait le plus grand honneur au général Vinoy, qui l'a dirigée. La situation de cette division, avant même son départ, était des plus compromises par suite des emplacements occupés par l'ennemi, et une réunion de circonstances fâcheuses rendait encore plus difficile le succès de l'opération : disproportion entre les éléments de la colonne en infanterie et en artillerie ; manque de munitions ; état de fatigue des troupes au moment du départ ; défaut absolu de cohésion, de discipline, d'instruc-

---

(1) Général Vinoy, p. 88. — « Le général n'hésita pas : il était soldat et devait son épée, non pas à telle ou telle forme de gouvernement, mais à la France. » (Charles Yriarte, p. 55.) — « Homme de devoir par-dessus tout, le général Vinoy comprit qu'un vieux capitaine comme lui se devait au service de la patrie. » (Général Ambert, *Histoire de la guerre de 1870-1871*, p. 281.)

(2) Général Vinoy, pp. 93 et 94.

tion dans l'une des brigades; renseignements incomplets sur l'ennemi; température contraire et pluie constante ajoutant à la fatigue des hommes, et détrempant les routes.

« Malgré ce concours de circonstances adverses, malgré aussi l'erreur primitivement commise dans le choix de la ligne de retraite, cette troupe a échappé à un ennemi incomparablement plus nombreux, admirablement préparé, parfaitement renseigné et exalté par le succès: elle a, en quarante heures, parcouru 72 kilomètres et est arrivée à Montcornet n'ayant perdu qu'une quarantaine d'hommes tués ou blessés et 56 disparus. C'est là un résultat absolument remarquable, dû, pour la plus grande part, au général qui dirigeait l'opération.

« Si la retraite de la division Blanchard nous paraît pouvoir être citée comme un modèle, il n'en est pas de même de la poursuite. Nous avons signalé les fautes qui, selon nous, ont été commises par la cavalerie d'abord, ensuite et surtout par la XIIe division d'infanterie prussienne. Nous avons fait ressortir aussi un manque d'unité dans les ordres donnés, aux divers degrés de la hiérarchie allemande. Chacun avait sa préoccupation ou son objectif particulier. Celui-ci la marche sur Paris, celui-là l'occupation de Reims, cet autre la poursuite de la dernière troupe française qui tînt encore la campagne. Tous les efforts ne convergeaient pas vers un même but.

« Nous croyons qu'il est bon de chercher la moralité, pour ainsi dire, qui se dégage de l'étude un peu approfondie d'un fait historique. Dans le cas présent, cette moralité saute aux yeux. C'est que l'on n'a jamais le droit de s'abandonner. Si compromise que puisse être une situation, un chef d'armée doit trouver dans l'imminence du péril un stimulant de plus pour son activité, espérer contre toute appa-

rence, et se rappeler que d'une circonstance for-
tuite, mais bien utilisée, peut dépendre le salut de
sa troupe (1). »

Il est regrettable, pour le général Trochu, qu'il
ait, par dépit, par animosité contre le général Vinoy,
essayé de rapetisser cette belle marche en arrière.
« M. Jules Favre, a-t-il écrit, en parle comme il
pourrait le faire de la retraite des Dix-mille ou de la
retraite de Prague-Egra, sans tenir compte de cette
différence que Xénophon et le maréchal de Belle-
Isle n'avaient pas de wagons (2) ! » Il est vrai que
le général Vinoy avait des *wagons*, mais le général
Trochu oublie qu'il a fallu conduire la division
Blanchard, de Mézières à la station où les troupes
ont pu monter dans ces *wagons*, et que c'est dans
cette marche périlleuse que le commandant du
13e corps s'est montré habile général. Nous comprenons facilement toutes les erreurs tactiques commises par le Gouverneur de Paris quand nous le
voyons méconnaître le mérite de la retraite de
Mézières. Il n'avait pas les aptitudes nécessaires
pour commander en chef !

Le même jour, 5 septembre, la division de Mau-
d'huy prenait le chemin de fer et débarquait à
Paris. Le 6, la division d'Exéa partait de Soissons et
entrait, le 8, dans la capitale. Le 6, pareillement,
l'infanterie du général Blanchard, sauf l'artillerie
et le 6e hussards, quittait Laon et gagnait Tergnier,
où elle remplissait plusieurs trains : le 7, elle
était à Paris. Quant à l'artillerie et au régiment de
hussards, ils arrivèrent le 5 à La Fère, le 6 à Noyon,
le 7 à Pont-Sainte-Maxence, le 8 à Luzarches, et le 9
ils faisaient leur entrée dans Paris, où nous les
vîmes, avec une patriotique émotion, rejoindre le

(1) *Revue du Cercle militaire*, n° du 16 décembre 1888, p. 1227.
(2) *Pour la vérité et pour la justice*, par le général Trochu,
p. 233, en note.

13ᵉ corps qui bivouaquait sur l'avenue de la Grande-Armée et le long des fortifications (1).

Pour effectuer le transport des trois divisions et des fuyards de Sedan, disséminés à Hirson, Avesnes, Landrecies, Valenciennes, Douai et Albert, la compagnie du chemin de fer du Nord « avait dirigé, sur les points qui lui avaient été désignés, 116 trains de matériel vide. Dans les quatre journées des 5, 6, 7 et 8 septembre, elle avait expédié sur Paris 135 trains spéciaux, c'est-à-dire 34 trains en moyenne par jour. Ces trains avait transporté 43,068 hommes, 13,567 chevaux, 273 voitures ou canons (2) ».

Tous ces mouvements s'étaient exécutés sous la direction de M. l'inspecteur général Muel (3). « En résumé, le sauvetage du 13ᵉ corps fait époque dans les annales militaires des chemins de fer. Aucune opération aussi considérable n'avait encore été accomplie, en des circonstances aussi difficiles, avec autant de précision et de célérité (4), » malgré les fausses manœuvres dont le général de Maud'huy avait été cause, en faisant diriger sur Reims, dès le 2 au soir, tous les trains vides qui stationnaient à Laon et que l'on dut faire revenir le 4 (5).

OCCUPATION DE REIMS

« Tandis que les derniers débris des forces, mises en campagne par la France, échappaient à une perte

(1) Général Vinoy, pp. 95 à 101.
(2) *Les Chemins de fer pendant la guerre de* 1870-1871, leçons faites, en 1872, à l'Ecole des Ponts et Chaussées, par F. Jacqmin, ingénieur en chef des Ponts et Chaussées, directeur de l'exploitation des chemins de fer de l'Est, professeur à l'Ecole des Ponts et Chaussées ; Paris, Hachette, 1872 ; p. 145.
(3) *Histoire des chemins de fer français pendant la guerre franco-prussienne*, par le baron Ernouf; Paris, Librairie générale, 1874 ; pp. 119 et 122.
(4) *Ibid.*, p. 124.
(5) *Ibid.*, pp. 119 et 120.

complète, l'armée allemande quittait les environs de Sedan (1) » et occupait, le 3 septembre, la ligne brisée Carignan-Douzy-Raucourt-Malmy-Flize-Guignicourt-Poix (2). La division de Hoffmann campait à Chaumont-Porcien, la VIᵉ division de cavalerie à Château-Porcien, la Vᵉ à Bergnicourt, la division de Gordon à Juniville, avec une avant-garde de cavalerie à Witry-lès-Reims (3).

Le 4 septembre, le quartier-général du roi était transporté de Vendresse à Rethel (4); la IIIᵉ armée et l'armée de la Meuse dessinaient un triangle dont le sommet était à Reims, avec la division de Gordon, et les deux autres angles à Beaumont et à Mézières (5).

La marche de l'ennemi présentait beaucoup de difficultés par suite de l'attitude hostile des populations rurales. « A hauteur de Lavanne, il avait fallu disperser à coups de canon des rassemblements de paysans armés (6). » A Reims, les premiers dragons qui se hasardent dans les rues sont « enveloppés par une foule furieuse; en dépit des coups de feu, ils parviennent à se faire jour (7) »; en d'autres termes, ils se sauvent précipitamment, et c'est au 11ᵉ régiment de hussards au complet que « le maire remet les clefs (8) ».

Le 5 et le 6, les Allemands n'avancent pas d'un kilomètre; Reims est toujours leur extrême avant-garde et le roi y transporte son quartier-général. Mais, ce jour-là, une partie de la Garde royale, sous le commandement du prince de Hohenlohe, tente

---

(1) *La Guerre franco-allemande*, 2ᵉ partie, p. 14.
(2) *Ibid.*
(3) Capitaine Patry, 3 septembre.
(4) *La Guerre franco-allemande*, 2ᵉ partie, p. 14.
(5) Capitaine Patry, 4 septembre.
(6) *La Guerre franco-allemande*, 2ᵉ partie, p. 16.
(7) *Ibid.*, en note.
(8) *Ibid.*

de s'emparer, par surprise, de Montmédy, « paraissant seulement occupé par des gardes mobiles (1). » L'artillerie de la Ire division et l'artillerie de corps ouvrent le feu à 2,000 pas de la place. Malgré les incendies qui s'allument, le commandant refuse de se rendre et déclare qu'il « fera tirer sur tout parlementaire (2) ». Il n'en faut pas davantage pour que l'ennemi se retire, « persuadé de l'inutilité de sa tentative (3). »

Les Allemands étaient donc obligés de ralentir leur mouvement. En effet, « plus leurs armées s'avançaient sur Paris, plus aussi les communications établies sur leurs derrières devenaient difficiles à protéger (4) » ; c'est pourquoi le XIIIe corps était chargé spécialement de cette tâche.

Le 7, la marche est reprise. Le VIe corps gagne Ville-en-Tardenois. Derrière lui, décrivant un demi-cercle, le IIe corps bavarois bivouaque à Suippe ; la IIe division de cavalerie, à Mourmelon ; le Ve corps, à Sillery ; les Wurtembergeois à Reims ; la Ve division de cavalerie à Neufchâtel, et la VIe à Château-Porcien, avec une avant-garde à Eppes, menaçant Laon. Plus en arrière, le XIIe corps et la XIIe division de cavalerie sont entre Semuy et Novy, de l'autre côté de l'Aisne ; la Garde royale, infanterie et cavalerie, se groupe autour de Poix ; le IVe corps est à Signy-l'Abbaye ; plus loin encore, le Ier corps bavarois, le XIe prussien et la IVe division de cavalerie escortent les 100,000 prisonniers de Sedan (5).

Le 8 septembre, le VIe corps a gagné Dormans, sur la Marne, la IIe division de cavalerie Vertus, le

<hr>

(1) *La Guerre franco-allemande*, 2º partie, p. 21.
(2) *Ibid.*, p. 22, en note.
(3) *Ibid.*, p. 22. — « L'ennemi avait lancé 3,812 obus et détruit près de la moitié de la ville. » (Commandant Bonnet, t. II, p. 8.)
(4) Major Blume, p. 42.
(5) Capitaine Patry, 7 septembre.

II⁰ corps bavarois Châlons-sur-Marne, le V⁰ prussien Epernay ; les autres corps et divisions, moins ceux qui sont à Sedan, suivent, à distance, le mouvement de l'avant-garde de la III⁰ armée (1).

Le 9, la ligne prussienne d'avant-garde passe par Vertus, Champaubert, de glorieuse mémoire, Orbain, Dormans, Beaurieux et Laon, dont s'empare la VI⁰ division de cavalerie (2).

EXPLOSION DE LA CITADELLE DE LAON

« Laon est une position défensive admirable. La ville s'élève sur un mamelon absolument isolé et qui domine d'environ 90 mètres, et par des pentes fort raides, la plaine environnante. Au sud, les approches en sont encore défendues par des marais, et de tous les côtés la position est des plus fortes. Une enceinte de vieilles murailles fait le tour de la crête, dont elle suit les sinuosités, et s'appuie d'un côté sur la citadelle, qui est petite, mais bien située, et de l'autre sur un grand ouvrage de campagne, encore inachevé, qui garnit l'extrémité de l'éperon sud-est (3). »

Mais l'administration de la Guerre n'ayant garni Laon ni de vivres, ni de munitions, le 13⁰ corps avait dû l'abandonner et, après le départ de la division Blanchard, la garde de la ville était laissée à 2,000 mobiles et à une demi-compagnie du 55⁰ de ligne, sous le commandement du général Théremin.

Les habitants avaient une attitude déplorable. Le général Vinoy « avait cherché, pendant les quelques heures qui précédèrent son départ, à exciter leur courage et à leur inspirer la volonté de se

(1) Capitaine Patry, 8 septembre.
(2) *Ibid.*, 9 septembre.
(3) Général Vinoy, p. 90.

défendre ; mais ses efforts échouèrent non moins que ceux du préfet (1), devant la terreur et l'inertie générales ; c'est à peine si cette population effrayée consentit à ne pas ouvrir ses portes au premier uhlan qui se présenterait devant elles (2) ».

Elle avait été démoralisée par les fuyards de Sedan : « Des cavaliers de toutes armes, des cuirassiers et des dragons, au milieu desquels apparaissaient des turcos et des zouaves rudement secoués sur des chevaux volés ; puis des pontonniers avec leurs équipages, des artilleurs sans leurs canons : les traits, coupés à coups de sabre, pendaient sur le flanc des chevaux. On s'empressait autour de la pitoyable cohue, mais beaucoup de ces hommes ne voulaient pas s'arrêter. «« On n'est pas fier, disait, en passant, un artilleur, portant la médaille de Crimée et d'Italie, quand on a été battu comme cela. — Mais, qu'est-il arrivé ? — C'est bon, vous le saurez assez vite, ce n'est pas à moi de le dire ? — A combien sommes-nous de Sedan ? demandait un autre qui montrait, sur son visage effaré, la terreur de la défaite. — A vingt-cinq lieues, lui criait-on. — Donnez-moi à boire ; ils vont venir ! »» Et il rejoignait, en courant, ses camarades. Le triste défilé dura trois jours (3). »

Ces misérables fuyards avaient abattu tout le monde ; aussi quand, le 7 septembre, quelques cavaliers avaient sommé le général Théremin de capituler, celui-ci, au lieu de répondre par une fin de non-recevoir catégorique, « avait demandé le temps

---

(1) M. Ferrand. — Ce préfet ne soutint pas jusqu'au bout le beau rôle qu'il avait pris, et, le 7 septembre, il conseillera au général Théremin d'abandonner la ville à l'ennemi. (*L'explosion de la citadelle de Laon*, par Gustave Dupont, conseiller à la Cour d'appel de Caen ; Caen, Le Blanc-Hardel, 1877 ; p. 69.)

(2) Général Vinoy, p. 97.

(3) *L'Invasion dans le département de l'Aisne*, par Ernest Lavisse ; Laon, de Coquet et Cie, 1872 ; p. 14.

de la réflexion, bien que la population parût le pousser à céder (1). » Le lendemain, « la sommation avait été renouvelée et le commandant de la place avait sollicité un nouveau délai de vingt-quatre heures pour demander des instructions à Paris (2). »

Mais les habitants brûlaient de se rendre. Cependant, si la ville n'était pas en mesure de nourrir un corps d'armée, elle était parfaitement en état de subvenir aux besoins d'une garnison, ainsi que cela résulte d'une note signée par le maire de Laon, le 3 septembre (3).

Le 9, une batterie d'artillerie et un bataillon d'infanterie étant venus renforcer la cavalerie allemande, le général Théremin, sans nouvelle sommation « se déclare prêt à rendre la place ainsi que son matériel de guerre (4) ». La pusillanimité des habitants l'avait gagné. Son cœur de soldat avait longtemps lutté et il avait fallu les objurgations et les menaces des conseillers municipaux, la brutalité de la foule, qui s'était ruée sur lui « afin de l'empêcher de rentrer à la citadelle et de la défendre (5)» et qui l'avait même menacé de « le livrer à l'ennemi (6) », pour le faire fléchir.

La veille, « aux approches de l'armée allemande, la ville de Laon avait adressé un télégramme au ministre de la Guerre (Le Flô) pour demander qu'on cédât à la sommation du général ennemi, au lieu d'exposer la place, par une défense inutile (sic),

---

(1) *La Guerre franco-allemande*, 2ᵉ partie, p. 23.
(2) *Ibid.*
(3) Gustave Dupont, p. 150.
(4) *La Guerre franco-allemande*, 2ᵒ partie, p. 24.
(5) Gustave Dupont, p. 80. — Voir aussi le *Figaro*, nᵒ du 13 septembre 1870. — « La municipalité de Laon a fait arrêter le général Théremin. » (Le *Temps*, nᵒ du 14 septembre 1870.)
(6) *Conseil d'enquête sur les capitulations*, procès-verbal de la séance du 6 novembre 1871.

au sort de Strasbourg. Et le ministre, de manière à
ne pas se compromettre, avait répondu : «« Agissez
devant la sommation suivant la nécessité de la
situation..... »» Sur quoi, le commandant, d'accord
avec le maire (Vinchon) et le préfet, avait rédigé le
projet de capitulation (1). »

Quoi qu'en pense M. Ernest Lavisse, qui n'a pas
craint d'écrire que le commandant, le maire et le
préfet « *avaient enfin la juste appréciation de cette
nécessité* (2)! » nous estimons que Laon, ville fortifiée, aurait dû et pu précéder Châteaudun, ville
ouverte, dans la résistance à l'envahisseur. Mais il
faut croire que les nerfs des meilleurs citoyens
étaient alors bien ébranlés pour qu'un esprit aussi
distingué que M. Ernest Lavisse ait osé écrire
« qu'en rendant la place le commandant avait rempli un douloureux *devoir* (3) », ait osé traiter de *fou*
le garde d'artillerie Henriot pour avoir fait sauter
la poudrière (4)! Hâtons-nous de raconter cette
explosion épouvantable.

M. de Chézelles, commandant du bataillon de
mobiles, a donc été porter au duc de Mecklembourg
l'acte de capitulation (5). « Vers onze heures et
demie, l'armée d'invasion entre dans la ville sous
une pluie battante et aux sons de sa musique; elle
monte à la citadelle et en prend possession. Les
mobiles commencent à défiler en déposant leurs
armes; le duc de Mecklembourg se trouve auprès
du général Théremin, qui lui a remis son épée; il
se prépare à signer la capitulation lorsqu'une

(1) *Les Capitulations*, par Ch. Thoumas, général de division en
retraite; Paris, Berger-Levrault et Cⁱᵉ, 1886; pp. 46 et 47.
(2) Ernest Lavisse, p. 25.
(3) *Ibid.*, p. 27.
(4) *Ibid.* — M. le conseiller Gustave Dupont est de l'avis de
M. Ernest Lavisse, en ce qui concerne l'abandon de la place aux
Prussiens.
(5) Gustave Dupont, p. 82.

effroyable détonation se fait entendre. La poudrière, renfermant 26,000 kilogrammes de poudre, a
sauté (1). »

Rien ne peut décrire la scène qui se passe à ce
moment. Le général Théremin et le duc de Mecklembourg sont par terre, atteints tous les deux;
400 Français et Allemands gisent là tués ou blessés;
les murs, les maisons, s'écroulent, la fumée répand
un épais nuage noir sur la ville entière. Une pluie
de débris tombe bientôt, effondrant les toits, brisant
les fenêtres, écrasant amis et ennemis sous ses mortels décombres.

Après le premier instant de stupeur, les cris
s'élèvent de toutes parts, et les Allemands ne songent plus qu'à se venger de la peur qu'ils ont eue,
en fusillant et en incendiant. De malheureux gardes
mobiles qui fuient, effarés, sont frappés par les
balles des soldats teutons, fous de terreur eux-
mêmes (2).

« Bientôt, paraît le duc de Mecklembourg, traînant son pied blessé. Il pleut à torrents, et son
visage, son manteau noir, ruissellent d'une boue
jaunâtre. Un piquet de soldats l'escorte, l'arme
prête, regardant de droite et de gauche, visant les
rares habitants qui paraissent dans la rue ou montrent aux fenêtres leurs visages effarés. Le cortège
arrive à l'Hôtel-de-ville. «« Où sont les autorités? »»
s'écrie le duc. Le maire se présente. «« C'est une honte
pour la France, continue le duc, c'est une infamie !
J'en veux tirer une vengeance dont on parlera dans
mille ans! »» Et comme le maire essaie de parler :
«« Silence ! c'est moi qui commande ici ! »» Les soldats tiennent couchés en joue les conseillers municipaux et les personnes qui se sont réfugiées à l'Hô-

____

(1) Gustave Dupont, p. 83.
(2) *Le dernier chapitre de l'histoire de Laon*, par Melleville ;
Paris, Dumoulin, 1871 ; p. 44.

tel-de-ville. L'œil fixé sur leur général, ils n'attendent qu'un signe, et leur visage dit qu'ils le désirent. Cependant le maire, d'une voix calme, rejette, au nom de la ville, toute complicité dans l'événement, parle des dépêches qu'il a envoyées au ministère de la Guerre pour démontrer que la ville ne pouvait se défendre. Le duc reste muet, le visage altéré par la fatigue, l'émotion, la douleur de sa blessure. On lui offre un verre d'eau. «« Je n'ai pas confiance ! »» s'écrie-t-il en l'écartant de la main. Heureusement le comte Alvensleben arrive; avant de se présenter dans la ville comme parlementaire, il y avait, dit-on, passé deux jours sous un déguisement; il prend la défense de Laon, intercède pour les habitants et fait les plus louables efforts pour calmer le prince. Celui-ci cède enfin (1). »

Dans la citadelle et aux alentours, le spectacle était horrible à voir. Murs, bâtiments, maisons, tout était renversé, éventré. Des cadavres mutilés, des bras, des jambes, des têtes, noircis par la fumée de l'explosion, gisaient de tous côtés. « On respirait une odeur innommée qui tenait à la fois de la poudre et du sang et qui vous prenait à la gorge (2). » Toutes les personnes se trouvant dans la citadelle avaient été tuées ou blessées (3).

« La perte totale s'élevait pour les Français à 300 hommes; du côté des Prussiens 3 officiers et 39 hommes étaient morts, 12 officiers et 60 hommes étaient blessés. Au nombre de ces derniers figuraient : le commandant de la division, duc Guillaume de Mecklembourg-Schwerin, et le major de

______

(1) Ernest Lavisse, pp. 26 et 27. — Gustave Dupont, p. 89. — Melleville, pp. 53 et 54.

(2) *Ibid.*, p. 52. — « La fumée dissipée, on constate que la poudrière a sauté en produisant d'effroyables ravages dans la cour de la citadelle et dans les quartiers environnants de la ville. » (*La Guerre franco-allemande,* 2ᵉ partie, p. 24.)

(3) *Ibid.*

Schoenfels, de l'état-major ; le colonel comte de Groeben avait une légère blessure à la tête (1). » Le général Théremin était mortellement blessé. L'ennemi s'emparait, à Laon, de 25 bouches à feu, de 200 fusils et d'une quantité considérable de munitions (2).

L'enquête, faite par les Prussiens et la municipalité, fit connaître que le général Théremin, soupçonné d'abord d'avoir inspiré cette virile détermination, n'était pour rien dans l'explosion. Tout l'honneur en revenait à un garde d'artillerie nommé Henriot. Indigné de l'attitude des habitants, révolté de la mollesse de ses chefs, il avait résolu de se faire sauter avec la ville, dès que l'ennemi serait dans la place livrée si piteusement par les civils et par les militaires (3). Il y avait encore des hommes qui n'avaient pas oublié les traditions de la République et de l'Empire, et pour lesquels le glorieux désastre du *Vengeur* n'était pas un simple morceau de lecture à l'usage des écoles primaires, mais un patriotique enseignement !

RÉSISTANCE DE SOISSONS

Le 10 septembre, la marche vers Paris continue sans nouvel accident. La II° division de cavalerie atteint Vieux-Maisons, sur la route de Montmirail à la Ferté-sous-Jouarre, ayant derrière elle, à une journée de marche : le II° corps bavarois à Sézanne, le V° corps à Orbais, le VI° à Dormans.

(1) *La Guerre franco allemande*, 2° partie, p. 24.
(2) *Ibid.*
(3) *Ibid.*, en note. — « Le garde d'artillerie Henriot, outré de voir la place se rendre sans défense, et ne voulant pas survivre à cet acte, s'était rendu dans le magasin à poudre et avait tâché d'ensevelir avec lui le plus grand nombre possible d'ennemis. » (Commandant Bonnet, t. II, p. 16.) — *La Guerre de* 1870-1871, traduit de l'allemand ; p. 68.

Pendant que la IIIe armée s'avance ainsi entre la Seine et la Marne, sauf les Wurtembergeois qui occupent Reims, l'armée de la Meuse pousse le XIIe corps et la XIIe division de cavalerie jusqu'à Neufchâtel-sur-Aisne, la Garde, infanterie et cavalerie, jusqu'à Sissonne et le IVe corps jusqu'à Notre-Dame-de-Liesse. La VIe division de cavalerie ne dépasse pas Laon, mais la Ve gagne Braine, menaçant Soissons (1).

Le lendemain, 11, la VIe division de cavalerie quitte Laon et arrive à Coucy-le-Château. Quant au XIe corps prussien et au Ier corps bavarois, qui étaient restés autour de Sedan pour garder les prisonniers et ramasser le butin, ils s'ébranlent, à leur tour, vers le sud-ouest, avec des effectifs très faibles. « Les émanations du champ de bataille avaient provoqué une épidémie de dysenterie et de typhus (2) » qui causait les plus grands ravages dans les rangs ennemis (3).

Le 12 septembre, la ligne d'avant-garde allemande va de Monceaux-lès-Provins à Coucy-le-Château (4). Le 13, cette ligne va de Jouy-le-Châtel à Vic-sur-Aisne. Des partis de cavalerie touchent à Crécy et à Meaux (5). La marche en avant, du reste, ne se faisait pas aussi facilement qu'on le croit généralement. Comme nous l'avons vu, des paysans, des francs-tireurs, des soldats débandés, faisaient le coup de feu avec les avant-gardes ennemies et ralentissaient singulièrement leur allure. A leur arrivée à Meaux, par exemple, deux escadrons de hussards « étaient assaillis, dans les rues, par des chasseurs

_____

(1) Capitaine Patry, 10 septembre.
(2) *La Guerre franco-allemande*, 2° partie, p. 27.
(3) « Du 1er septembre au 15 octobre, le 1er corps bavarois avait 1,000 cas de typhus. » (*Ibid.*, en note.)
(4) Capitaine Patry, 12 septembre.
(5) *Ibid.*, 13 septembre.

français et laissaient deux blessés entre leurs mains (1) ».

Le 14, c'est la station de Bec-d'Oiseau qu'il faut prendre d'assaut pour en débusquer nos francs-tireurs (2). Il semble que l'ennemi veut se hâter. Le Ier corps bavarois et le XIe corps prussien ont presque rejoint le gros de l'armée et sont à Châlons-sur-Marne et à Isle. L'armée de la Meuse s'étend de Fère-en-Tardenois à Crépy-en-Valois, poussant une pointe jusqu'à Senlis. La IIIe armée remplit le triangle formé par la Ferté-Gaucher, Jouy-le-Châtel et Meaux, et lance un parti du côté de Lagny (3).

Ce jour-là, le VIIe division d'infanterie essayait d'enlever Soissons. Mais la garnison de cette ville ne suivait pas, tout d'abord, l'exemple de celle de Laon, « bien qu'une partie de la population civile, qui ne demandait qu'à capituler, fît tout son possible pour détourner les soldats de leurs devoirs (4). » — « Après un échange de quelques coups de canon avec la place, le commandant était sommé de capituler, et, sur son refus, le prince royal de Saxe, qui se trouvait sur les lieux, donnait l'ordre de reprendre la marche (5). » C'était la répétition de ce qui s'était passé à Montmédy.

Tant il est vrai que, dans cette maudite guerre, notre effarement engendra toute l'audace des Prussiens, et que, chaque fois qu'on leur tint tête, ils

____

(1) *La Guerre franco-allemande*, 2e partie, p. 17. — « Dans toute la région entre la Seine et l'Yonne, le IIe corps bavarois avait été en butte aux entreprises de corps francs très hardis qui surgissaient de tous côtés. A chaque instant des patrouilles de cavalerie étaient surprises et enlevées. » (Commandant Bonnet, t. II, pp. 10 et 11.)

(2) *La Guerre franco-allemande*, 2e partie, p. 18.

(3) Capitaine Patry, 14 septembre.

(4) *Les forteresses françaises pendant la guerre de* 1870-1871, par F. Prévost, lieutenant-colonel du génie; Paris, Dumaine, 1872; pp. 74 et 75.

(5) *La Guerre franco-allemande*, 2e partie, p. 25.

échouèrent devant les plus petites troupes, devant des paysans, des francs-tireurs, devant des bicoques mal armées, même devant de simples villages défendus par des hommes courageux, comme il y en a, heureusement, encore beaucoup en France. Pourquoi le commandant de place de Soissons n'a-t-il pas persisté dans sa première attitude? Pourquoi s'est-il laissé vaincre, plus tard, par les lâches clameurs d'habitants effrayés?

ARRIVÉE DEVANT PARIS

Voici que les Allemands vont bientôt se trouver en contact avec les défenseurs de la capitale. Le 15, la IIe division de cavalerie lance, de Tournan, des pointes qui pénètrent à Boissy-Saint-Léger, Corbeil et Brie-Comte-Robert. Cette marche ne s'était pas exécutée sans résistance. Il avait fallu enlever le village de Draveil, gardé par des mobiles, et quand, par suite de la destruction des ponts de Corbeil, de Soisy, d'Athis, de Villeneuve-Saint-Georges et de Choisy-le-Roi, l'ennemi avait voulu gagner à gué la rive gauche de la Seine, il avait échoué devant le feu des Français postés à Juvisy (1).

A Corbeil, des « francs-tireurs sont sur le point de se défendre; mais le maire, M. Darblay fils, s'y oppose (2) ». Les cavaliers allemands avancent alors sûrement : « Paris leur apparaît soudainement dans toute sa majesté. La ville, avec sa ceinture de collines, avec ses buttes couronnées d'édifices, avec ses monuments élevés, forme un vaste rideau, noyé dans la brume, d'où s'échappent, semblables à des serpents argentés, les replis des deux fleuves qui

(1) *La Guerre franco-allemande*, 2e partie, p. 18.
(2) *Souvenirs de l'invasion; les Allemands à la Ferté-Alais*, par M. Milliard, notaire à la Ferté-Alais ; Paris, Pougin, 1871 ; p. 4.

l'enserrent en leurs sinuosités. On a, devant soi, un horizon de maisons dont l'éloignement confond les formes et les nuancés. On n'entend sortir aucun son de cette ruche gigantesque, mais une poussière d'or qui poudroie au-dessus d'elle, et dans laquelle se jouent les facettes des coupoles et des flèches, indique suffisamment que là est l'étincelle dont l'éclair porte la pensée et la vie jusqu'aux dernières limites du monde (1). »

Le même jour, le grand quartier-général allemand expédiait l'ordre réglant l'investissement de Paris.

« Aux termes de cet ordre (dont l'ouvrage du grand état-major prussien ne nous donne qu'une trop rapide analyse, alors qu'en raison de son importance il aurait dû, selon son habitude, en livrer le texte littéral, s'il n'avait pas craint de révéler les appréhensions qu'inspirait à M. de Moltke une entreprise aussi hasardeuse que le siège de Paris), le 19, les trois corps de l'armée de la Meuse devaient occuper fortement Argenteuil et investir la capitale sur la rive droite de la Seine et de la Marne; les V⁰ et VI⁰ divisions de cavalerie feraient en sorte d'établir, dès la veille, la communication par Poissy avec la III⁰ armée. Une opération offensive des troupes de Paris étant fort peu vraisemblable, cette dernière armée avait ordre de se rapprocher de la capitale sans régler ses mouvements sur ceux de l'armée de la Meuse et de se répandre ensuite sur la gauche, au fur et à mesure de l'arrivée des corps venant de Sedan. La cavalerie de la III⁰ armée était chargée, d'une part, d'établir la liaison à l'ouest avec l'armée de la Meuse, d'autre part, de se renseigner sur les réunions de troupes de la Loire. Dans le cas où une

<hr>

(1) Edmond Neukomm, *Les Prussiens devant Paris, d'après les documents allemands;* Paris, librairie de la Société des gens de lettres; pp. 23 et 24.) — *Ibid.*, pp. 24 à 26.

tentative viendrait à se produire de ce côté pour dégager Paris, le gros des forces de la IIIe armée se porterait au-devant de l'assaillant jusqu'à deux marches, de façon à le culbuter alors qu'il serait encore à une certaine distance de la ligne d'investissement. Celle-ci devait être déterminée de manière à se trouver le plus près possible des ouvrages, tout en restant en dehors de la zone efficace de leurs feux ; elle serait renforcée par des travaux de campagne. Des ponts nombreux seraient établis sur la Marne et sur la Seine pour faciliter et assurer la liaison réciproque des deux armées; les voies ferrées, les lignes télégraphiques aboutissant à Paris devaient être détruites superficiellement. L'armée de la Meuse était chargée, en outre, de priver la capitale d'une partie de ses eaux potables en détournant le canal de l'Ourcq, et de renforcer, si faire se pouvait, la section nord de la ligne d'investissement en utilisant les cours d'eau situés sur son front pour tendre des inondations. En ce qui concerne le premier objet, dès le 10 et le 11 septembre, sur l'ordre donné par le commandant de la IIIe armée, la Dhuys à Pargny, la Marne à Crésancy et Chierry, avaient été dérivées de leurs lits artificiels et rendues à leur cours naturel (1). »

En conformité de cet ordre, les commandants de la IIIe armée et de l'armée de la Meuse, se disposaient à investir la capitale, l'un par le front sud, l'autre par le front nord (2).

Le 16 septembre, une brigade de cavalerie avait détruit, à coups de canon, un ponceau du chemin de fer d'Orléans, près d'Athis, mais avait été forcée de se retirer devant les feux de l'infanterie amenée par un convoi spécial. « Un dernier train venait de

<hr>

(1) *La Guerre franco-allemande*, 2° partie, pp. 50 et 51.
(2) *Ibid.*, pp. 51 et 52.

passer dans la direction d'Étampes. Il avait été accueilli par un feu de mousqueterie auquel les Français avaient répondu des portières des wagons (1). »

Un escadron de hussards, venant de Limeil, avait rencontré quelques cavaliers du commandant Franchetti, qui se tenaient au carrefour Pompadour, en face de Choisy-le-Roi, et, après un engagement fort honorable, nos hommes s'étaient retirés à Maisons-Alfort, occupé par nos fantassins (2).

C'était la première fois que les Allemands s'approchaient si près de Paris. On allait commencer à sentir l'étreinte de fer qui devait envelopper la capitale pendant de longs et cruels mois. L'heure critique venait de sonner : l'ennemi était à nos portes !

A la même heure, les uhlans qui s'avançaient sur Melun étaient arrêtés, à Rubelles, par de braves gens qui leur opposaient une victorieuse ré-

(1) *Tableau de la guerre des Allemands dans le département de Seine-et-Oise*, 1870-1871, par Gustave Desjardins, archiviste du département de Seine-et-Oise, ancien élève de l'Ecole des Chartes; Paris, Cerf et Cⁱᵉ, 1882; p. 9. — « Ablon, 16 septembre, 4 h. 30 soir. *Le directeur de la gare d'Orléans au directeur général à Paris.* N'expédiez aucun train; la voie a été coupée par la canonnade, au deuxième pont entre Ablon et Athis. » (*Journal du Siège de Paris*, par Georges d'Heylli, t. I, p. 148.) — Il paraît certain que la voie n'avait été qu'endommagée, puisque M. Fayolie, inspecteur de l'exploitation, la fit réparer facilement et poussa jusqu'à Juvisy sur une locomotive. Comme les Allemands ne traversèrent la Seine que le lendemain, les trains pour Orléans auraient pu circuler toute la journée du 16. (Baron Ernouf, p. 252.)

(2) « Après une charge très brillante et un combat corps à corps, l'ennemi a été dispersé. Les éclaireurs se sont repliés sur le fort après avoir ramassé les armes que les Prussiens avaient abandonnées sur le champ de bataille. » (J. d'Arsac, p. 118.) — *La Guerre franco-allemande*, 2ᵉ partie, pp. 18 et 19. — *La Défense de Paris 1870-1871*, par le général Ducrot; Paris, Dentu, 1877; t. I, p. 434, pièce justificative, nᵒ VII. — *Tablettes d'un mobile, journal historique et anecdotique du Siège de Paris, du 18 septembre 1870 au 28 janvier 1871*, par Léon de Villiers et Georges de Targes; Paris, Mollie, 1874; p. 4.

sistance que l'ennemi ne put briser qu'en bombardant le parc, le château et le village (1).

De son côté, l'armée de la Meuse avait marché sans grande opposition. Le 16, au soir, la VIe division de cavalerie était à Beaumont-sur-Oise, la Ve à Dammartin; des escadrons dépassaient Écouen (2).

En somme, le soir de ce jour, le demi-cercle du gros de l'ennemi passait par Corbeil, Brie-Comte-Robert, Meaux, Dammartin et Beaumont-sur-Oise. La seconde ligne allait de Nanteuil-le-Haudouin à la Ferté-sous-Jouarre. Le XIe corps était à Reims et le IIe bavarois à Epernay (3).

Les Allemands avaient passé la Seine, à Corbeil, au moyen de « plusieurs bateaux, qu'on avait négligé de faire couler au fond de l'eau, et étaient entrés dans la partie de la ville située sur la rive gauche sans trouver aucune résistance (4) ».

Le lendemain, l'armée de la Meuse ne bouge guère, sauf la VIe division de cavalerie, qui va de Beaumont à Pontoise, et la Ve, qui pousse jusqu'au Bourget, en tiraillant avec les petits groupes de Français répandus dans les villages construits entre Gonesse et Saint-Denis (5).

COMBAT DE MESLY

Pour la IIIe armée, cette journée du 17 avait été moins tranquille. Au moment où les têtes de colonnes du Ve corps allaient prendre possession des postes avancés de Mesly et des fermes de l'Hôpital et de la Tour, bâties à quelques mètres du carrefour Pom-

(1) *La Guerre franco-allemande*, 2e partie. p. 20.
(2) Capitaine Patry, 16 septembre.
(3) *Ibid.*
(4) Milliard, p. 4.
(5) *La Guerre franco-allemande*, 2e partie, p. 52.

COMBAT DE MESLY

padour, elles se heurtaient à la division d'Exéa, conduite par le général Vinoy en personne.

Celui-ci, averti de l'approche de l'ennemi et sachant, de plus, que des approvisionnements considérables avaient été maladroitement laissés dans le château de Pipple, près de Boissy-Saint-Léger, voulut, du même coup, se renseigner exactement sur la marche de l'ennemi et s'emparer des denrées signalées ou les détruire.

A cet effet, la division d'Exéa quitte son bivouac du bois de Vincennes, traverse la Marne sur le pont de Charenton et prend la route de Boissy-Saint-Léger, précédée par le 1er régiment de chasseurs de la brigade de cavalerie Cousin et suivie de quatre batteries, dont une de mitrailleuses (1).

« La colonne atteint Créteil sans difficultés, n'ayant rencontré sur son chemin qu'une bande de nos maraudeurs armés qui cherchait à s'emparer d'une ferme et que la cavalerie avait dispersée à coups de plat de sabre. Le gros village de Créteil était absolument désert. De ses 2,500 habitants, tous avaient disparu, à l'exception d'un seul, qui erre comme une âme en peine au milieu des maisons fermées et abandonnées de ce pauvre village. Cette solitude fait, sur les Français, une impression d'autant plus saisissante qu'elle contraste avec le charme d'une splendide journée d'automne éclairée par les rayons d'un soleil dont on ressent la douce et salutaire chaleur (2). »

Les éclaireurs aperçoivent, du haut du mont Mesly, des colonnes allemandes du côté de Valenton et du bois de Brévannes; des groupes de cavaliers abandonnent les dernières maisons de Bonneuil (3).

(1) Général Vinoy, pp. 136 et 137. — Général Ducrot, t. I, p. 10.

(2) Général Vinoy, pp. 137 et 138.

(3) Général Ducrot, t. I, p. 10.

En même temps que la brigade Mattat reste en réserve, à Créteil, la brigade Daudel continue sa marche et arrive au bout de route qui conduit à Bonneuil. Mais, depuis ce dernier bourg jusqu'à Limeil, des bois s'étendent, impénétrables à l'œil. De plus, 6,000 hommes d'infanterie allemande se dirigent de Limeil vers Choisy-le-Roi, menaçant notre droite. Aussi le général Vinoy, qui veut donner à ses jeunes troupes le baptème du feu sans les lancer dans une aventure dont leur inexpérience ne les ferait peut-être pas sortir à leur honneur, ordonne au général Daudel de couronner la hauteur de Mesly. Le régiment de chasseurs garde la route de Boissy-Saint-Léger, entre le mont et la Marne. Une batterie d'artillerie et deux mitrailleuses sont placées en face du bois de Brévannes. Une autre batterie est établie entre Créteil et Mesly, pour couvrir notre droite.

A deux heures, notre artillerie commence le feu (1). Une batterie du Ve corps, rangée au nord de Valenton, riposte presque immédiatement. Une autre se place au nord-est de Limeil. Sous la protection de ces batteries, trois bataillons prussiens s'élancent sur Montmesly (2). Nos apprentis soldats ne font pas mauvaise contenance. Bien « qu'aussi impressionnés par le bruit de leurs armes que par le sifflement des balles (3) », ils ne lâchent pas pied, soutenus par l'exemple des généraux d'Exéa et Daudel « qui restent constamment à cheval au milieu des tirailleurs (4) ». En définitive, l'attaque des Allemands « est repoussée par notre infanterie, appuyée

(1) Le général Ducrot dit : une heure et demie (t. I, p. 11) ; le général Vinoy : deux heures et demie (p. 139).
(2) *La Guerre franco-allemande*, 2e partie, pp. 57 et 58.
(3) Général Ducrot, t. I, p. 11.
(4) *Ibid.*, p. 12. — « Nos jeunes soldats tiennent bon, bien qu'ils paraissent inquiets. » (Commandant Bonnet, t. II, p. 34.)

par les mitrailleuses, dont le tir semble produire un effet considérable (1) ».

Durant plus d'une heure, la fusillade est incessante et, s'il n'est plus question de gagner le château de Pipple, nous n'avons cependant pas reculé d'une semelle. Mais le but militaire de la reconnaissance est atteint : le gros de l'ennemi est là. Il est donc inutile de prolonger un combat qui pourrait devenir dangereux, car des masses ennemies défilent dans la direction du carrefour Pompadour avec l'intention de nous tourner. D'autres masses se montrent de différents côtés, les renforts doivent arriver aux Prussiens et, de fait, à ce moment, la II⁰ division de cavalerie, la XVIII⁰ brigade et la X⁰ division marchent au secours de la XVII⁰ brigade (2) ; aussi, le général Vinoy juge-t-il prudent de se replier sur Créteil d'abord, sur Charenton ensuite.

La retraite se fait en bon ordre, sauf « une panique bien vite calmée par le général en chef et par les officiers (3) », et, à cinq heures et demie du soir, la division d'Exéa avait regagné ses bivouacs du matin, dans le bois de Vincennes (4). Nous avions eu 57 hommes hors de combat (5) ; les Allemands en ont avoué 58 (6).

C'étaient les premiers coups de canon que les Parisiens entendaient, c'est pourquoi l'émotion fut grande quand la nouvelle du combat se répandit de tous côtés. Mais, comme cet engagement ne nous avait pas été défavorable, grâce à la sagesse du général Vinoy, le calme se rétablit bientôt. Seule,

(1) Général Vinoy, p. 139.
(2) Général Ducrot, t. I, croquis V.
(3) Général Vinoy, p. 140.
(4) *Ibid.* — Général Ducrot, t. I, p. 12.
(5) *Ibid.*, p. 13.
(6) *La Guerre franco-allemande*, 2⁰ partie, supplément LXI, p. 5*.

la Garde nationale, chargée de la défense des remparts du côté de Vincennes, ne sut pas imposer silence à ses nerfs et, pendant toute la nuit, elle tira, du haut des fortifications, contre nos propres troupes, et lui tua et blessa trois hommes. La nuit suivante, la peur lui fit recommencer cette ridicule fusillade ; il fallut, pour sauvegarder les soldats du 13° corps campés dans le bois « enlever, par mesure générale, aux gardes nationaux de faction, les cartouches dont ils faisaient un si mauvais usage. Ce début de la Garde nationale, dans le concours si énergique et si efficace qu'elle devait, disait-on, donner à l'armée, n'était pas des plus favorables, ni surtout des plus rassurants (1) ».

A l'heure même où l'on échangeait, à Mesly, les premiers coups de canon et de fusil, la plus grande partie de la III° armée passait la Seine : à Villeneuve-Saint-Georges, à Corbeil et à Melun (2). Le soir, les troupes du prince royal de Prusse et celles du prince royal de Saxe occupaient les positions suivantes :

En première ligne, autour de Paris : le V° corps garnissait Choisy-le-Roi, Bonneuil et Brunoy ; la II° division de cavalerie, Villeneuve-Saint-Georges ; le 11° corps bavarois, Corbeil ; le VI° corps, Ozouer-la-Ferrière ; la V° division de cavalerie, Ecouen ; la VI°, Pontoise.

En deuxième ligne : la IV° division de cavalerie bivouaquait à Fontainebleau ; les Wurtembergeois, le XII° corps, la cavalerie saxonne, la Garde royale (infanterie et cavalerie), le IV° corps, s'échelonnaient entre Meaux et Nanteuil-le-Haudouin.

En troisième ligne : le 1ᵉʳ corps bavarois et

____

(1) Général Vinoy, p. 143. — Baron du Casse, pp. 85 et 86. — La Garde nationale ne devait pas se corriger de sitôt. (Amiral de La Roncière-le Noury, p. 51.)

(2) *La Guerre franco-allemande*, 2° partie, pp. 58 et 59.

le XI° corps se tenaient à Orbais et à Dormans (1).

L'enveloppement se dessine : Paris ne peut plus communiquer avec la province que par les lignes des chemins de fer de l'Ouest. L'heure du blocus impitoyable, l'heure où plus de deux millions d'hommes vont se trouver privés de toute communication avec le reste du monde sonnera bientôt (2) !

ESCARMOUCHE DE DAME-ROSE

« Le 18, à midi, les masses de cavalerie allemande commencent à défiler sur le pont de Pontoise, qui venait, précisément, d'être achevé (3) » par les pontonniers ennemis. La VIe division de cavalerie gagnait donc Poissy, coupant la ligne de Paris à Rouen, et la Ve la remplaçait à Pontoise. Les différents corps de la IVe armée se rapprochaient rapidement de Paris et bivouaquaient : à Mesnil-Hamelot, Thieux et Clayes (4).

Sur la rive gauche de la Seine, la IIe division de cavalerie et le Ve corps se dirigeaient sur Versailles, par Ablon, Wissous et Massy, le gros de la cavalerie par Longjumeau, Palaiseau et Saclay.

Une reconnaissance de cavalerie française, sous les ordres du capitaine Faverot, s'était heurtée, à Palaiseau, à l'avant-garde de la IIe division de cavalerie. Elle se retire, par Igny, sur le bois de Verrières et, du haut du plateau, voit les nombreux escadrons

(1) Capitaine Patry, 17 septembre.
(2) « Le dernier train de chemin de fer qui a quitté Paris est parti, à cinq heures du soir (le 18), dans la direction du Mans. » (*Tablettes quotidiennes du siège de Paris raconté par lettre-journal;* D. Jouaust, rédacteur; Paris, librairie des Bibliophiles, 1871; p. 5.)
(3) *La Guerre franco-allemande,* 2e partie, p. 53.
(4) Capitaine Patry, 18 septembre.

ennemis suivre la route qui mène à Saclay. Il est environ midi.

Informé de la marche des colonnes prussiennes, le général Ducrot croit devoir ordonner à la brigade de Bernis d'exécuter une forte reconnaissance dans la direction du bois de Verrières.

Que peut une brigade contre les forces dont disposent les Prussiens? Est-ce pour se renseigner que le général Ducrot jette ainsi nos rares cavaliers en proie à l'ennemi? Mais la reconnaissance du capitaine Faverot lui suffit pour savoir que les Allemands s'avancent sur Versailles. Est-ce pour les attaquer en pleine marche? Mais, alors, ce n'est pas seulement de la cavalerie qu'il faut envoyer, l'infanterie doit être de la partie, et il se contente de poster en réserve, au Plessis-Piquet et au Moulin-Plessis, un régiment de marche et deux compagnies de chasseurs à pied (1) !

Aussi, dès que nos cavaliers s'approchent de l'Abbaye-aux-Bois, sur la route de Bièvre, une vive fusillade les force à rebrousser chemin du côté du Petit-Bicêtre (2). La brigade revient sous la redoute de Châtillon.

A ce moment, les fantassins allemands occupent le Petit-Bicêtre et se jettent sur la ferme de la Porte-de-Trivaux. Nos obus les contraignent à se retirer vers Villacoublay, d'où ils se précipitent à l'assaut de la ferme de Dame-Rose, le long du bois de Meudon.

Les zouaves, qui occupent cette position, « ne résistent que très faiblement. A trois heures, les Prussiens entrent dans la ferme et font une soixantaine de prisonniers. Nos soldats n'avaient tiré que quelques coups de feu (3). » C'était l'indication de

____

(1) Général Ducrot, t. I, p. 15.
(2) *La Guerre franco-allemande*, 2ᵉ partie, p. 60.
(3) Général Ducrot, t. I, p. 19. — En ce sens et *contrà* : *La Guerre franco-allemande*, 2ᵉ partie, p. 60.

la conduite que ces soldats improvisés devaient tenir le lendemain ; chez eux, régnait la plus grande indiscipline ; chez leurs généraux, la plus grande incurie.

Un capitaine du 1er zouaves ne savait «'où donner de la tête avec des soldats qui ne voulaient pas obéir et des chefs qui oubliaient de lui envoyer des instructions (1) ».

Aussi bien, revenons à Dame-Rose. Les contingents prussiens n'y pouvaient demeurer et évacuaient la ferme « devant l'offensive dessinée par une forte colonne, appuyée d'artillerie, débouchant du bois de Meudon (2) ». Leur retraite s'opérait tranquillement et, le soir, les avant-postes ennemis passaient par Malabry, le Petit-Bicêtre et Villacoublay (3). Les pertes de nos adversaires n'atteignaient pas dix hommes hors de combat (4).

Du côté de Melun, la brigade de cavalerie allemande, qui avait passé la Seine, avait été accueillie, à Dannemois et au Ruisseau, par le feu des paysans et des francs-tireurs. « Dans ces conditions, les Prussiens rétrogradaient jusqu'à Cély (5), » après avoir incendié Dannemois (6).

---

(1) *Les Zouaves à Paris pendant le siège, souvenirs d'un zouave*, par A. Balluc, rédacteur du *Progrès de Lyon* (député du Rhône, président de la commission de la réorganisation de l'armée); Paris, Lechevalier, 1872 ; p. 13.

(2) *La Guerre franco-allemande*, 2e partie, p. 61.

(3) *Ibid.*

(4) *Ibid.*, supplément LXI, p. 5*.

(5) *Ibid.*, 2e partie, p. 63.

(6) Milliard, p. 5. — « Dans le combat, 13 francs-tireurs furent tués ; les Prussiens eurent une centaine de soldats hors de combat et un lieutenant-colonel tué. » (*Ibid.*, p. 6.) — Il nous semble que cette affaire est la même que celle signalée par les Allemands comme ayant eu lieu le 17. D'après le récit du grand état-major prussien, ce serait un détachement du 2e hussards qui aurait été enlevé par des paysans et des francs-tireurs sans qu'il en échappât un seul. (*La Guerre franco-allemande*, 2e partie, p. 59.) Deux cavaliers auraient été tués, un officier, 27 hommes et 30 chevaux auraient été capturés par nos hardis partisans. (*Ibid.*, supplément LXI, p. 5*.)

Que n'a-t-on fait à l'envahisseur cette petite guerre désastreuse qui l'aurait bientôt amené à composition, au lieu de jouer à la grande guerre avec des troupes, ignorantes des mouvements tactiques les plus élémentaires, et des généraux, étrangers aux premières notions de la stratégie!

En somme, le soir du 18, la IIIe armée garnissait Villeneuve-Saint-Georges, Longjumeau, Palaiseau, Saclay et Montlhéry (1). Versailles avait refusé d'ouvrir ses portes à un gros de cavalerie qui s'était présenté pour prendre possession de la ville de Louis XIV. « Les gardes nationaux avaient déclaré ne vouloir se rendre qu'à une troupe plus considérable (2), » mais n'avaient pas tiré un seul coup de fusil sur les audacieux éclaireurs qui se retirèrent tranquillement.

Nous sommes arrivés au jour où l'investissement ne va plus laisser un seul passage au pouvoir des Parisiens. La chaîne de fer, tendue autour de la capitale, se rejoindra fatalement après le combat de Châtillon : la séquestration sera complète pendant plus de quatre mois; ni messagers, ni lettres ne pourront parvenir aux assiégés; seuls, les pigeons-voyageurs déchireront le voile de ténèbres, dont l'ennemi enveloppe la grande ville, et lui apporteront, sous leurs plumes irisées, les rares nouvelles des parents et des amis absents, ainsi que l'annonce réconfortante de la formation des armées que l'énergie de Gambetta allait faire sortir de terre pour marcher à son secours!

Le 19, donc, les uhlans passent la Seine, à Triel, au moyen d'un bac, et les Allemands commencent l'établissement d'un pont qui sera terminé seulement au milieu de la nuit, l'éclusier d'Andrésy,

(1) Capitaine Patry, 18 septembre.
(2) *La Guerre franco-allemande*, 2e partie, p. 52.

averti à propos, ayant lâché les eaux qui rompent l'ouvrage des pontonniers ennemis et entraînent leurs bateaux (1). La liaison avec la III⁰ armée est bien près de se faire.

Le général d'Alvensleben Iᵉʳ, commandant du IV⁰ corps, aborde les villages de Montmagny, Ville-taneuse et Pierrefitte, tous les trois « barricadés en partie, mais défendus par de faibles détache-ments (2) ». Nos tirailleurs ne peuvent résister aux masses qui les attaquent : ils se retirent sous les ouvrages de Saint-Denis qui canonnent les positions ainsi conquises par les Prussiens (3).

Le général de Pape entre dans Stains « après une légère escarmouche (4) », mais les Saxons, voulant s'établir à Bondy, en sont délogés par les Fran-çais (5). Quant au Bourget, l'ennemi n'ose pas s'en approcher.

C'est sur le côté sud de la place que les engage-ments seront plus vifs et c'est encore la III⁰ armée qui va refouler les troupes du 14⁰ corps. Mais, avant de raconter le combat de Châtillon, il est indispen-sable de revenir en arrière et de voir à l'œuvre les hommes du Quatre-Septembre et la population parisienne.

---

(1) Gustave Desjardins, p. 12.
(2) *La Guerre franco-allemande*, 2⁰ partie, p. 55.
(3) *Ibid*.
(4) *Ibid*.
(5) *Ibid.*, p. 56.

QUINZE JOURS DE POLITIQUE

LES VAINQUEURS POLITIQUES

Le lendemain du Quatre-Septembre, Paris n'était pas dégrisé ; la même ivresse obscurcissait son esprit et l'empêchait de penser aux Allemands qui, comme nous venons de l'exposer, s'étaient déjà mis en marche pour l'investir (1).

Le *Journal officiel* du 5 et des jours suivants était rempli d'une avalanche de proclamations, de décrets, d'arrêtés, de circulaires, de nominations, de mesures politiques, mais la défense nationale était malheureusement oubliée dans cet enivrement maladif, et la joie bruyante continuait à régner sur la ville (2).

(1) « La population parisienne avait parfaitement oublié les Prussiens, mais il était certain que les Prussiens, eux, ne l'oubliaient pas. » (Sarcey, p. 31.) — « La population de la capitale, surexcitée par les événements dont Paris était le théâtre, oubliait momentanément le danger qui menaçait le pays. » (*La Guerre franco-allemande*, 2º partie, p. 30.) — Colonel Vandevelde, *Commentaires*, p. 171.)

(2) « Quand on eut gaspillé quelques jours à fêter l'avènement de la République... » (*La Campagne de France*, 1870-1871, par A. Niemann ; traduction de M. Sliedel, lieutenant de vaisseau ; manuscrit de la bibliothèque du Cercle militaire de Paris, A, II, d, 120 ; p. 207.)

Cependant, le 5 septembre, le nouveau gouvernement adressait à l'armée une proclamation dans laquelle on lisait : « Nous ne sommes pas au pouvoir, mais au combat (1). » Hélas! Il n'était guère propre au pouvoir et ignorait ce qu'est le combat militaire. Néanmoins, personne ne protestait contre lui. Les députés de la majorité avaient complètement disparu, après une réunion tenue chez l'un d'eux, M. Johnston, réunion dans laquelle ils n'avaient rien fait que de constater leur impuissance (2), et, le surlendemain, 7, M. de Kératry fera arrêter M. Johnston par les francs-tireurs d'un sieur Arhonnson (3).

« Tel qu'il apparaissait, ce gouvernement, si maltraité depuis, si peu contesté à sa naissance, même par ceux qu'il remplaçait, ce gouvernement avait, certes, raison de dire, dans sa première proclamation, qu'il était «« non au pouvoir, mais au péril »». Lorsqu'il disait qu'il voulait être «« non le gouvernement d'un parti, mais le gouvernement de la défense nationale »», il pensait ce qu'il disait, et il aurait dû s'en tenir invariablement à cette inspiration supérieure faite pour rallier toutes les volontés. Malheureusement, il subissait une fatalité d'origine et de tendances. Il était ce que pouvait être un gouvernement où se mêlaient et se neutralisaient tous ces hommes : M. Picard, montrant, dès le premier jour, une prudence avisée, s'efforçant de contenir le mouvement ; M. Jules Favre, plus sensible au côté moral des événements qu'aux nécessités pratiques des choses, représentant la diplomatie de l'émotion patriotique ; le général Trochu, homme d'instinct conservateur et de règle, breton de caractère, ca-

(1) *Journal officiel*, n° du 6 septembre 1870. — Voir la pièce justificative n° II.
(2) Ernest Dréolle, p. 128.
(3) *Enq. parlem. déf. nationale*, rapport de M. Daru, p. 59.

tholique de foi ; M. Gambetta, préoccupé de mettre partout le sceau de la République, nommant des maires et des préfets de parti, croyant aux forces irrégulières, aux moyens révolutionnaires. Uni par le patriotisme, divisé par la politique, ce conseil de l'Hôtel-de-Ville se trouvait dans la condition d'un pouvoir novice, incohérent, placé en face de l'inconnu et, à chaque instant, obligé de payer, par des fautes qu'il ne pouvait pas toujours éviter, la rançon de ses propres faiblesses, bien souvent aussi la rançon d'une situation violente dont il avait hérité (1). »

Après cette appréciation des hommes de l'Hôtel-de-Ville, nous devrions, peut-être, ne pas essayer de faire leur portrait. Nous estimons, pourtant, que leur rôle dans le drame du siège de Paris est si important que nous ne pouvons nous dispenser de les montrer tels que nous les comprenons, tels que les meilleurs esprits les ont jugés.

Quelle singulière figure que celle du général Trochu, chef du Gouvernement ! Intelligent, travailleur, honnête, il ne commet que des fautes politiques et militaires et il conserve, envers tout le monde, une attitude si louche qu'elle ferait douter de sa sincérité. Nous l'avons vu, avec l'Impératrice, donnant sa parole et ne la tenant pas ; nous allons le voir : à la tête de la République sans en désirer le triomphe, général en chef ne croyant pas à ses soldats, gouverneur d'une place assiégée et considérant la résistance comme inutile et condamnée d'avance (2).

---

(1) Charles de Mazade. *La guerre de France*, t. 1, p. 326 et 327.

(2) « Il était partisan de la guerre et s'opposait à toute idée de paix, tout en étant convaincu que la guerre en province et la résistance de Paris devaient être inutiles. » (Dussieux, t. 1, p. 183.) *Enq. parlem. déf. nationale*, rapport de M. Chaper sur

Sa facilité de parole, son éloquence, étaient de beaucoup supérieures à celles des grands orateurs qui composaient avec lui le Gouvernement. Jamais on n'avait entendu périodes plus élégantes, phrases plus séduisantes ; jamais rhéteur n'avait jeté avec plus de profusion, à tous venants et en toutes occasions, les discours interminables et charmeurs que ce général avocat prononçait avec une satisfaction sans mélange et une ardeur infatigable (1).

Sous sa direction, les conseils de guerre, les délibérations des ministres, se changeaient en conférences, et pas n'est besoin de dire que c'était toujours lui le conférencier (2). « Avec un gouvernement composé de dix avocats, on avait, pour correctif, la chance de le voir présidé par un militaire, et c'était justement le militaire qui parlait le plus (3). » — « Il était, à lui seul, plus littérateur et plus avocat que tous ses collègues ensemble (4). »

les procès-verbaux des séances du Gouvernement de la Défense nationale, pp. 14 et 19. — *Ibid.*, déposition de M. Jules Ferry, p. 376.

(1) « La conversation n'avait rien d'intime et le général, presque seul, en fit les frais. Nous étions loin de nous en plaindre, car sa parole facile, élégante, colorée, toucha à presque tous les points qui nous préoccupaient en nous en donnant la solution. » (Jules Favre, *Gouvernement de la Défense nationale du 30 juin au 31 octobre*, p. 49.) — « Esprit critique, avant tout, orateur éloquent et écrivain distingué, mais, abusant de sa parole facile et agréable, comme de sa plume élégante. » (Dussieux, t. I, p. 182.) — Sarcey, p. 30. — *Journal de Fidus*, p. 95.

(2) Au conseil des ministres, avant le 4 septembre, « au milieu des affaires si urgentes qui se traitaient dans ces moments critiques, on redoutait généralement la longueur des discours que le général Trochu entamait avec sa grande facilité d'élocution. » (Général de Palikao, pp. 20 et 21.)

(3) John Lemoine, *Journal des Débats*, n° du 11 septembre 1871. — Dussieux, t. I, p. 170.

(4) Colonel Lecomte, t. III, pp. 12 et 13. — « Excellent divisionnaire dans un corps d'armée, esprit cultivé, grave, un peu mystique, caractère plein de droiture, d'honnêteté, de dignité, le général Trochu devait son surplus à une brochure sur l'armée française publiée en 1867, aussi médiocre de fond, quelques rares pages exceptées, qu'admirable dans la forme. » (*Ibid.*,

Le général Ambert, à propos du général Trochu, rappelle le jugement porté par Saint-Simon sur le maréchal de Villars, qui s'applique, mot pour mot, au gouverneur de Paris, hélas! la victoire exceptée. « Il avait assez d'esprit pour imposer aux sots, par sa propre confiance, de la facilité à parler, mais avec une abondance et une continuité d'autant plus rebutantes que c'était toujours avec l'art de revenir à soi, de se vanter, de se louer, d'avoir tout prévu, tout conseillé, tout fait, sans jamais, tant qu'il put, en laisser de part à personne. » — « C'est Tartufe coiffé du casque de Mangin, » a dit, avec exagération, le général Changarnier (1).

Peu importerait, après tout, qu'il eût beaucoup parlé, s'il avait un peu agi. Mais il se dépensait tellement en discours qu'il n'avait plus le temps ni la force de remplir ses devoirs de général d'armée, et, s'il songeait par instants à la défense, c'était pour s'occuper de détails si minimes que le subordonné du préteur, lui-même, les aurait négligés (2).

p. 13.) — « Son mauvais livre sur l'armée française... » (Colonel de Meffray, p. 19.) — « Le général Trochu, fort honnête citoyen, riche en qualités privées, n'appartenait ni aux grandes races, ni aux grands esprits, ni aux grands caractères... Il jouissait d'une réputation de capacité militaire assez mal justifiée. Dans les discussions, il apportait peu de lumière parce qu'il n'allait pas au but et s'égarait dans les détails secondaires. Comme officier de troupe, il ignorait à peu près tous les réglements.. ses écrits, diffus comme ses discours, faisaient l'admiration de ceux qui ne savent ni écrire, ni parler, ni penser. » (Général Ambert, *Récits militaires, Après Sedan,* pp. 13 et 14.) — *Un château en Seine-et-Marne en* 1870, par le marquis de Mun; Paris, Dentu, 1875; pp. 72 à 75. — Général Ambert, *Histoire de la guerre de* 1870-1871. pp. 315 à 319. — *Ibid.,* p. 322.

(1) *L'Empire et la Défense de Paris,* déposition du général Changarnier, p. 115; plaidoirie Allou, p. 193. — Le général Changarnier a tenu le propos; cela résulte des termes de sa déposition; du reste, M⁰ Allou et le général Trochu l'ont reconnu : « Je crois maintenant que le **mot a** été dit. » (*Ibid.,* plaidoirie Allou, p. 317.) — « J'exprime sans hésitation, après avoir jugé par moi-même, l'opinion que le général Changarnier a tenu le propos qui lui a été attribué. » (*Ibid.,* réponse du général Trochu, p. 384.)

(2) La foi la plus complète dans la possibilité d'une défense pro-

Nous ne voulons pas dire, pour cela, que le général Trochu était un mauvais administrateur; nous reconnaissons même, avec empressement, qu'il s'est, pendant le siège, montré bon organisateur (1) et nous pensons qu'il avait les qualités d'un Louvois de bureaux, d'un Berthier aussi; qu'il eût été, sous les ordres indiscutables d'un Napoléon, d'un Bugeaud, d'un Palikao, un excellent ministre de la Guerre, un major-général parfait, car il était travailleur, soigneux, intelligent. Mais, tout en possédant à merveille la science de la guerre, ce qui lui permettait d'être un bras, il n'avait pas l'esprit propre aux combinaisons du champ de bataille, ce qui lui défendait d'être une tête. Il lui manquait le sens stratégique, le sens tactique. Comme Mac-Mahon et tant d'autres généraux du Second Empire, c'était un excellent colonel, un bon général de brigade, voire même un bon divisionnaire; lui en demander davantage, réclamer de lui des plans de campagne ou des inspirations militaires, c'était se préparer de mortelles déceptions. « Brave jusqu'à la témérité, s'oubliant au milieu des plus grands dangers, il a constamment hésité à engager fortement son armée, et, jusqu'au bout, il a manqué pour elle de l'audace dont il était si prodigue pour lui (2). » — « Quel officier d'état-major a jamais été plus brillant que

longée; une énergie s'affirmant par des actes et non par des paroles; une volonté de fer s'exerçant aussi bien contre l'ennemi du dedans que contre celui du dehors; telles sont les qualités qu'aurait dû posséder le Gouverneur de Paris. » (Commandant Canonge, t. II, pp. 347 et 348.) — Glais-Bizoin, p. 23.)

(1) « Cependant, si sévèrement qu'on juge sa conduite politique et militaire, on est forcé de reconnaître qu'outre une bravoure personnelle très grande, il déploya, pendant cette fatale période, une activité d'esprit prodigieuse et un véritable talent d'organisateur. » (Jules Richard, *Annuaire de la guerre de 1870-1871, Siège de Paris;* Paris, Dentu, 1889; p. 3.) — Borrego, pp. 16 et 17.

(2) Jules Favre, *Gouvernement de la Défense nationale du 30 juin au 31 octobre 1870,* p. 247.

M. Trochu? Quel esprit a été plus vif que le sien?
Après avoir été le conseiller favori de généraux
célèbres….. il a fait preuve, le jour où il a été
appelé au commandement, de la plus insigne faiblesse, et il est tombé dans des fautes dix fois plus
graves que celles qu'il avait reprochées aux
autres (1). »

Nous répéterons qu'il a *hésité*, parce qu'il ne savait
pas manier les masses dont il disposait. « Les
actes du général Trochu ont démontré que, chez
lui, le sens pratique n'était pas assez développé
pour être heureux dans ses entreprises, et qu'il
n'avait ni la force de caractère, ni la vigueur d'esprit
nécessaires pour saisir d'une main ferme la direction
d'un gouvernement qui se trouvait devant la double
difficulté d'avoir à repousser l'invasion étrangère et
à prévenir la guerre civile. L'état de siège lui con-
férait pourtant un pouvoir discrétionnaire; malheureusement il n'a pas osé s'en servir pour dompter
les émeutiers et conjurer ainsi les tristes journées de
septembre et d'octobre. Comme militaire, ne possédant pas les aptitudes du général en chef, il n'a pas
su apprécier les avantages qu'il pouvait tirer de sa
formidable position fortifiée, ni rien imaginer pour
s'opposer à l'investissement. Au lieu de prendre des
dispositions pour agir offensivement, il ne songeait
qu'à se bien garder. Dans le principe, ses conceptions n'allaient pas au delà d'une défense exclusivement passive; exactement comme s'il n'avait eu à
disputer à l'ennemi, par industrie et pied à pied,
qu'une bicoque ayant une garnison de 4 à 5,000 hommes (2). »

---

(1) Le général de division Gandil. Cité par le général Pierron,
Les méthodes de guerre actuelles et vers la fin du XIX° *siècle;* Paris,
Baudoin, 1886 ; 2° édition, t. I (1re partie), pp. 81 et 82. — Général
Daine, cité par le colonel Ardant du Picq; *Études sur le combat;*
Paris, Hachette, 1880 ; pp. 195 et 196.

(2) Colonel Vandevelde, *Commentaires*, pp. 208 et 209.

Enfin, il a *hésité*, parce qu'il n'avait pas la foi, et que, dans une épopée comme celle du siège de Paris, il valait mieux que les défenseurs fussent commandés par un sergent qui aurait cru au succès que par un général qui en doutait (1). « Mieux vaut une armée de cerfs commandée par un lion qu'une armée de lions commandée par un cerf (2). »

Nous, qui n'avons toujours eu pour les grandes phrases de Victor Hugo qu'une admiration limitée, sommes bien forcé de reconnaître que le poète a touché juste lorsque, s'adressant au général Trochu, il écrivait :

> « Si tu te crois un grand général, j'y consens;
> « Mais quand il faut courir au gouffre, aller au large,
> « Pousser toute une armée au feu, sonner la charge,
> « J'aime mieux un petit tambour comme Barra.
> « Songe à Garibaldi qui vint de Caprera,
> « Songe à Kléber au Caire, à Manin dans Venise,
> « Et calme-toi. Paris formidable agonise
> « Parce que tu manquas non de cœur mais de foi (3). »

(1) « Nous sommes réunis ici, dit le général Trochu à MM. Jules Favre et Ernest Picard le 5 septembre, pour commettre ensemble une héroïque folie. » (*Une page d'histoire contemporaine*, par le général Trochu, p. 67.) — Voir la confirmation de cette parole : *Pour la vérité et pour la justice*, par le général Trochu, p. 32, et *La Politique et le Siège de Paris*, par le même, p. 97. — « Il était celui qui gardait le moins d'espérance. » (Henri Martin, t. VII, p. 155.) — Il acceptait le commandement, convaincu de l'insuccès.» (*Ibid.*, p. 160.) — « Trochu préparait la défense de Paris, tout en désespérant de la faire réussir. » (*A Paris pendant le siège*, p. 14.) — Charles de Mazade, *La guerre de France*, t. II, p. 117. — *Précis de la guerre franco-allemande*, par le colonel Fabre ; Paris, Plon, 1875 ; p. 170. — A.-J. Dalsème, p. 8. — Dussieux, t. I, p. 183. — *Enq. parlem. déf. nationale*, dépositions : de M. Garnier-Pagès, p. 445 ; de M. Ernest Picard, pp. 478 et 479 ; de M. de Kératry, p. 668. — A. du Mesnil, p. 38. — Taxile Delord, t. VI, p. 536. — Boucastel, p. 142. — Ce qui n'a pas empêché M. Jules Ferry de dire : « De tous les généraux, le général Trochu était celui qui croyait le plus à la défense et qui se montrait le plus décidé à la conduire jusqu'au bout!! » (*Enq. parlem. déf. nationale*, déposition de M. Jules Ferry, p. 376.)

(2) Sentence arabe citée par le colonel de Meffray, p. 7.

(3) Victor Hugo, *L'Année terrible* ; Paris, Lemerre, 1875 ; p. 277.

« Pour conduire la population et la Garde nationale de Paris, le général Trochu était un très mauvais commandant en chef. Militaire d'une éducation scientifique, expérimenté, intelligent, il possédait juste assez de discernement pour voir clairement tous les défauts de son armée, mais il n'avait ni l'énergie, ni le talent nécessaires pour corriger ces défauts en s'appuyant sur les côtés solides de ses troupes…. Du premier jusqu'au dernier jour du siège, le général Trochu en fut un simple spectateur…. On peut se demander alors pourquoi il avait accepté un poste pareil? Il croyait le remplir aussi bien qu'un autre et faire ainsi son devoir de patriote (1). »

Somme toute, on ne pouvait trouver un plus mauvais chef de Gouvernement, un plus mauvais général d'armée (2). Les qualités du général, elles-mêmes, devenaient des défauts dans la situation qu'il occupait; elles ont engendré une foule de complications, arrêté toutes mesures énergiques, laissé libre carrière aux fantaisies des stratégistes de réunion publique, énervé l'armée, fait le jeu des Prussiens et n'ont pu conjurer la coupable capitulation finale.

« Même après Sedan, tout n'était pas perdu et nous avions des chances sérieuses de délivrer le

___

(1) A. Niemann, p. 201.

(2) Du reste, le général Trochu a reconnu, avec une modestie à laquelle nous rendrions hommage si ses écrits et ses discours, antérieurs et postérieurs, n'en faisaient pas douter, qu'il n'était pas un véritable homme de guerre : « Jamais je n'ai aspiré, pour les aptitudes et le savoir professionnels, au rôle de grand capitaine. » (*L'Empire et la Défense de Paris*, introduction par le général Trochu, p. 5.) — A la fin de novembre, le Gouverneur dit à une députation des officiers de la Garde nationale : « Toutes vos espérances, comme toutes vos combinaisons, reposent évidemment sur la pensée que le général en chef est un *grand homme*. Eh bien! il n'est, sachez-le, qu'un *brave homme*. » (*Ibid.*, p. 6.) — Il aurait pu ajouter : « Et qu'un homme brave. »

territoire, si nos armées avaient été dirigées par des chefs capables (1). »

« Il en portera la peine, dans la postérité, ce général Trochu, amateur de popularité, ce général écrivassier, flatteur de la foule, dont le nom retentissait, que l'on disait devoir tout sauver, être plus capable que tout autre, quoiqu'il n'eût jamais commandé un corps, dirigé une armée, gagné une bataille ! Mais telle est la plèbe ! Celui-là était grand, à ses yeux, qui n'avait rien fait, et le général de Palikao, on le considérait à peine, lui, vainqueur en Chine, et qui, en quelques jours, avait organisé et accompli tant de travaux pour la défense de Paris (2). ».

Hélas ! c'est le propre du Français, de s'engouer ainsi sans raison et de briser son idole, quand elle a couvert de ruines la malheureuse terre de France !

L'homme du Gouvernement, le plus en vue, après le général Trochu, était M. Jules Favre, ministre des Affaires étrangères, écrivain remarquable mais orateur surfait, car la beauté de la forme ne pouvait faire oublier la pénible difficulté du débit et la faiblesse de l'argumentation.

Homme privé, M. Jules Favre subissait les conséquences d'une liaison irrégulière ; avocat, il avait la malchance de perdre tous ses procès et nous nous souviendrons toujours de cette succession de fautes de procédure, dont il abusa dans ses plaidoiries devant le tribunal et devant la cour d'assises, lors du procès Wimpffen-Cassagnac, de même que nous nous rappellerons la façon déplorable dont il pré-

(1) *Le Blocus de Paris et la Première armée de la Loire*, par A.-G., ancien élève de l'Ecole polytechnique; Paris, Baudoin, 1889; 1re partie, pp. iii et iv.
(2) *Journal de Fidus*, pp. 67 et 68.

senta la défense du malheureux général, signataire de la capitulation de Sedan.

Législateur, M. Jules Favre s'était signalé, dans le parlement de l'Empire, par une opposition systématique qui l'avait poussé à tendre la main au président Juarez, à combattre toutes les réformes militaires et à réduire notre armée à l'état de faiblesse dont elle se mourait au commencement de la guerre. Il était le grand chef de MM. Jules Simon, Jules Ferry, Ernest Picard, Eugène Pelletan, et autres députés, dans la campagne anti-patriotique menée contre l'établissement de la Garde mobile, et il ne réussit que trop dans sa détestable besogne.

Après le Quatre-Septembre, chargé, en réalité de la partie politique du Gouvernement, nous le verrons osciller sans cesse d'un pôle à l'autre, ne sachant ou n'osant prendre un parti, se laissant emporter par le courant de ses impressions, croyant, comme le général Trochu, que les phrases remplacent les faits et que l'Allemagne pourrait être repoussée au moyen d'entrevues, de circulaires et de proclamations.

Tel est l'homme que M. de Bismarck avait comme adversaire diplomatique. Il n'y a pas à s'étonner si ce fut le combat du chat et de la souris, dont l'issue était d'autant plus certaine que M. Jules Favre ne possédait même pas les qualités défensives de la souris : la finesse et la rapidité (1).

M. Ernest Picard, ministre des Finances, représentait, au Gouvernement, le Parisien sceptique et

(1) « Bismarck trouve Favre si peu au courant des affaires que les réponses les plus urgentes sont retardées parce qu'il en oublie la moitié. » (*Le Tagebuch, Mémoires authentiques de Frédéric III*, rassemblés et complétés. Traduction exacte de la *Deutsche-Rundschau*. Paris, imprimerie Faustin Gaudois, 11, rue Condorcet, 1888 ; p. 13.) — Voir aussi *Le Temps*.

gouailleur dont toute la force, dans l'opposition, avait consisté à persifler l'Empire, sans promettre de hautes conceptions politiques. Nous devons pourtant reconnaître que M. Ernest Picard, arrivé aux affaires, fut un des plus sages parmi ses collègues. Il eut le flair de deviner tout de suite la nullité militaire du général Trochu et de la signaler en réclamant le changement du Gouverneur. Malheureusement, on ne l'écouta pas.

M. Jules Simon, ministre de l'Instruction publique, était bien l'*ecclésiastique* égaré dans la politique. Éloquent, larmoyant, onctueux, intarissable, il faisait concurrence au général Trochu dans le métier de discoureur et justifiait, par son caractère et son attitude, le mot qu'il avait inspiré à Mgr Dupanloup : « Vous verrez que ce diable d'homme sera cardinal avant moi. »

M. Jules Simon avait été, à la tribune et dans ses ouvrages, le propagateur des sentimentalités dont Victor Hugo empoisonnait la France par des livres malsains. Il s'était fait la spécialité de la seule *force morale*, de la suppression de l'armée active, jouant ainsi merveilleusement le jeu de M. de Bismarck et préparant, de concert avec l'impéritie impériale, les défaites de 1870.

On peut juger de sa pénétration politique par le morceau suivant d'un de ses discours, prononcé à propos de la loi sur l'armée, le 23 décembre 1867 :

« *Je ne crois pas cette guerre très prochaine;* personne, à mon sens, n'y a intérêt. Je ne vois pas, en effet, que la Prusse ait intérêt à faire la guerre à la France parce qu'elle a les yeux sur le midi de l'Allemagne et qu'elle a, chez elle, à lutter et à s'organiser ; et je ne vois pas davantage que vous ayez intérêt à faire la guerre parce que vous n'arriveriez qu'à accélérer ce que vous voulez éviter. *Je suis de ceux qui pensent que l'Allemagne, complètement unie, sera moins redoutable pour vous que la Confédération du Nord soumise à l'hégémonie de la Prusse. Je compte sur les tendances démocratiques qui ne manqueront pas de se faire jour dans un parlement vraiment allemand. Je suis convaincu que, dans l'Allemagne complètement unifiée, vous trouverez des sympathies qui, aujourd'hui,* vous font défaut... Accroître la population vaut mieux que gagner des batailles. »

La présence d'un pareil homme dans les conseils de l'Hôtel-de-Ville ne pouvait y apporter aucun élément de vigueur et de décision : aussi s'y constitua-t-il l'humble satellite de M. Jules Favre.

Quant à M. Jules Ferry, dont la fortune allait s'élever à mesure que baisserait celle de M. Jules Simon, il ne devait sa notoriété qu'à un agréable jeu de mots, donné comme titre à un livre de polémique : « *Les Comptes fantastiques d'Haussmann.* »

Le public ne connaissait pas encore sa prodigieuse facilité de travail et son énergie singulière, qualités que nous lui avons vu gaspiller au profit des plus mauvaises causes : les dépenses déraisonnables pour les écoles et la néfaste guerre du Tonkin qui ont mis, avec les grands travaux publics de M. de Freycinet, le Trésor français dans un pitoyable état.

M. Jules Ferry avait combattu M. Haussmann : on le bombarda préfet de la Seine, du moins on lui en donna les fonctions s'il n'en prenait pas le titre.

C'est notre façon de procéder : nous étions au Nord, nous courons au Midi; nous aimions le blanc, nous raffolons du noir; c'est toujours l'antipode de nos admirations passées qui bénéficie de nos adorations présentes. Et nous ne sommes pas guéris de cette manie dangereuse qui a été la seule cause de l'élection de M. Sadi-Carnot à la présidence de la République, sa réputation d'honnêteté offrant un contraste saisissant avec la vénalité qui régnait à l'Elysée. On ne s'est pas enquis d'autre chose, et la question de savoir si le nouveau président aurait ou non les qualités nécessaires à un chef d'Etat ne fut jamais agitée.

Nous n'avons pas à nous appesantir sur les autres membres du Gouvernement : MM. Garnier-Pagès, Emmanuel Arago, Eugène Pelletan, Crémieux, Gambetta, Glais-Bizoin, l'influence des uns ayant été de peu d'importance, le départ des autres les rendant étrangers au grand drame parisien, et nous terminerons ces rapides portraits par celui de M. Henri Rochefort que l'engouement populaire avait transporté, d'un seul coup, de la prison au pouvoir, de la Roche Tarpéienne au Capitole (1).

Rien ne saurait donner une idée aussi nette de la légèreté française que le succès de ce pamphlétaire (2). Le pays qui avait vu naître Paul-Louis Courier se délectait de plaisanteries, de personnalités et de jeux de mots, ressortissant plus à la parade de foire qu'aux polémiques de presse, si peu sérieuses qu'elles soient (3).

M. Grenville-Murray a porté sur lui un jugement vrai sur certains points : « On a dit de Rochefort que c'était un gamin, et le terme lui convient bien.

(1) « Le Quatre-Septembre arrive. Le vaudevilliste entre dans les conseils suprêmes de l'Etat. Les révolutions seraient des drames incomplets si elles n'avaient ces côtés comiques. » (Henry Fouquier, *XIXe Siècle*, n° du 17 août 1889.)

(2) « C'est une sorte de symbole vivant de la légèreté parisienne. » (Henry Fouquier, *XIXe Siècle*, n° du 17 août 1889.)

(3) « Si Rochefort est coupable, tout le monde, à Paris, est un peu son complice. Nous l'avons trop gâté. Nous avons trop dit : « Que ce Rochefort est drôle ! » (Alphonse Daudet, *Lettres à un absent, Paris, 1870-1871*; Paris, Lemerre, 1872; p. 155.)

Mais c'est aussi un gentleman ; s'il n'a pas de jugement, il a, au moins, du cœur, de l'esprit et un
sentiment profond de l'honneur, qui, quoiqu'il ait
pu quelquefois s'obscurcir, ne lui a jamais fait
complètement défaut (1). » Nous ajouterons qu'il a
toujours eu la haine des gens de Bourse, et c'est un
mérite à l'heure actuelle. Enfin, l'inique condam-
nation, dont il vient d'être frappé par la Haute-Cour,
porte à l'indulgence les gens les plus disposés à se
montrer sévères à son égard.

A l'Hôtel-de-Ville, l'effacement de M. Rochefort
fut complet et c'est le plus grand éloge qu'on puisse
faire de lui. « M. de Rochefort siégea dans le gouvernement jusqu'à la crise du 31 octobre. Pendant
toute cette période, il fut animé d'un sincère patriotisme, simple, point bruyant, appuyant les mesures
d'ordre, l'autorité, enfin sage et conservateur (2). »
S'il n'avait pas accepté l'emploi ridicule et malfai-
sant de *chef des barricades* (3), nous n'aurions pas
eu à nous occuper de ce singulier personnage dont
la fortune politique et littéraire, en dépit de certaines qualités qu'il serait injuste de méconnaître,
sera l'étonnement de la génération qui nous rem-
placera.

Mais le signe particulier de tous les membres du
Gouvernement était la passion qu'ils avaient mise à
ruiner la discipline, l'esprit militaire, à désarmer
nos soldats. « Ils avaient tout fait, dans une pensée

(1) Grenville-Murray, p. 270.
(2) *La Politique et le Siège de Paris*, par le général Trochu,
p. 83. — « Rochefort devient, dans le Gouvernement, l'homme
du plus conservateur de ses membres, M. le général Trochu. »
(Henry Fouquier, *XIXᵉ Siècle*, nᵒ du 17 août 1889.) — *Les Hommes
du Quatre-Septembre*, par Albert Rogat ; Paris, Lachaud, 1874 ;
pp. 94 et 95.
(3) « On chargea, par ironie, M. Rochefort de faire des barricades. » (Jean Larocque, p. 167.)

de pitoyable opposition, pour empêcher l'œuvre de la réorganisation de notre armée (1). »

Nous avons déjà rapporté quelques phrases des discours, parricides et grotesques tout à la fois, que les députés de la Gauche ont eu le malheur de prononcer à la tribune (2); nous ne les reproduirons pas et nous nous contenterons de transcrire un passage d'une harangue de M. Jules Ferry, que nous avions oublié, et deux phrases édifiantes de M. Jules Simon, pareillement omises par nous.

« La France n'aura pas la liberté tant qu'elle s'obstinera dans le système des armées permanentes qui entretiennent les gros budgets, perpétuent le déficit, absorbent enfin, dans des dépenses improductives, les ressources qu'exige impérieusement la grande œuvre spéciale de l'enseignement populaire (3). » — « Inutile au dedans pour la justice, le soldat n'est même pas nécessaire à la frontière (4). » — « Espérons qu'après s'être tant hâté de fabriquer des canons rayés et des fusils Chassepot, on ne mettra pas moins de hâte à les *remplacer par des socs de charrue* (5). »

Ainsi, les mêmes hommes, qui avaient réduit nos officiers et nos soldats à l'impuissance, venaient alors supplier les survivants de tant de défaites de se battre à outrance et de sauver la France abattue aux pieds du roi de Prusse !

Nouvel exemple qu'en politique, comme en toutes choses, la probité est encore le moyen le plus sûr de réussir et de ne pas se préparer de stériles et cruels remords.

(1) Michel Cornudet, p. 4.
(2) *Les Derniers jours de l'armée du Rhin*, par Alfred Duquet; Paris, Charpentier, 1888 ; pp. 115 et 116.
(3) Jules Ferry.
(4) *La Politique radicale*, par Jules Simon ; Paris, A. Lacroix, Verbœckhoven et Cⁱᵉ, 1868 ; p. 181.
(5) *Ibid*, p. 182.

En résumé, ces hommes ne devaient qu'à leurs qualités d'opposition, c'est-à-dire à l'inverse de ce qui constitue l'homme de gouvernement, leur entrée aux affaires. Au-dessus de la France ils mettaient leur parti (1). De ce qu'ils avaient été bons démolisseurs, on les croyait bons ouvriers. La France a cruellement souffert de cette erreur, car ils se sont chargés de démontrer, par les désastres qu'ils ont laissés derrière eux, qu'il était plus facile de débiter un discours, ou d'écrire un article de journal, que de diriger une grande nation, surtout dans des circonstances aussi graves que celles traversées par le pays en septembre 1870.

LES PREMIERS ACTES DU GOUVERNEMENT

Puisque nous connaissons les gens qui détenaient le pouvoir en leurs mains inexpérimentées, nous pouvons, maintenant, examiner leurs premiers actes, en commençant par dire un mot de la funeste création des maires de Paris qui, presque tous, sont arrivés, depuis quelques années, aux premiers postes de l'État où la constatation de leur nullité s'est imposée à tout le monde.

Les maires de Paris, dont l'ingérence brouillonne gêna tant la défense, furent nommés directement, le 5 septembre, par M. Etienne Arago sur la proposition de M. Floquet, sans que le Gouvernement eût été consulté (2). « Le principal obstacle

(1) Les marins « voyaient d'instinct que, chez la plupart de ces gouvernants improvisés qui venaient les visiter, la patrie n'occupait pas, seule et sans partage, la place qui devait lui appartenir ». (Amiral de La Roncière le Noury, p. 7.) — Général Ambert, *Histoire de la guerre de 1870-1871*, p. 260. — A. Niemann, p. 140.

(2) *Enq. parlem. déf. nationale*, rapport de M. Daru, pp. 102 et 103.

pour moi, a dit M. Cresson, préfet de police, était
les mairies de Paris. Chacun des arrondissements
avait son gouvernement et, pour les mesures d'ordre,
ces gouvernements étaient en insurrection directe
et absolue contre toute immixtion de la préfecture
de police (1). » — « Les maires de Paris s'arro-
geaient tous les pouvoirs (2). »

De plus, « sous l'influence toute particulière de
la société *l'Internationale*, il s'établit dans les vingt
arrondissements ou sections de Paris tout un système de comités de défense qui formaient comme
un sous-gouvernement du gouvernement présidé
par le général Trochu (3). »

Nous aurons occasion de signaler l'action dissolvante des municipalités et des comités à mesure
qu'elle se fera sentir, et nous ne voulons ici que
relater la discussion que souleva, dans le conseil
de l'Hôtel-de-Ville, la nomination des nouveaux
maires. M. Picard se fâcha tout de bon et fit remarquer la détestable impression que de pareils choix
produisaient. « M. Jules Simon signala comme
fâcheuse la nomination proposée d'un homme connu
comme orléaniste (4). » On décida alors de faire
quelques changements et le général Trochu répondit à M. Rochefort, qui réclamait la levée en masse,
« que l'armement perfectionné des troupes avait
détruit la valeur de ces levées (5). »

Le 6 septembre, M. Jules Favre envoie aux cabi-

____

(1) *Enq. parlem. déf. nationale*, déposition de M. Cresson, p. 41.
(2) *Ibid.*, déposition de M. Jules Simon, p. 502. — *Chronique
du siège de Paris, 1870-1871*, par Francis Wey; Paris, Hachette,
1871 ; pp. 36 et 37. — *Histoire critique du siège de Paris*, par un
officier de marine, p. 11.
(3) *A Paris pendant le siège*, p. 17. — Henri Martin, t. VII,
p. 165. — *Journal de Fidus*, pp. 83 et 84.
(4) *Enq. parlem. déf. nationale*, rapport de M. Chaper sur les
procès-verbaux des séances du Gouvernement de la Défense
nationale, pp. 7 et 8.
(5) *Ibid.*

nets étrangers la fameuse circulaire où se trouve la belle, mais imprudente phrase : « Nous ne céderons ni un pouce de notre territoire ni une pierre de nos forteresses (1). » Il ne faisait, hélas ! que traduire la pensée de tous ; pourquoi la puissance de nos ressources et la vigueur de nos généraux n'ont-elles pas été à la hauteur de nos résolutions (2) !

Quoi qu'il en soit, M. Ernest Picard avait voulu que l'on effaçât la phrase, prétendant qu'elle coupait toute retraite honorable ; mais le général Trochu en avait demandé et obtenu le maintien, et M. Picard était resté seul de son avis (3).

Le 7 septembre, M. Jules Ferry prend les fonctions de préfet de la Seine, sous le titre de *Délégué du Gouvernement et du Ministre de l'Intérieur près*

(1) *Journal officiel*, n° du 7 septembre 1870.

(2) « Ce langage était le seul que Paris et la province fussent disposés à entendre. » (Henri Martin, t. VII, p. 173.) — « Tel était le cri universel au mois de septembre. » (*Histoire de la diplomatie du gouvernement de la Défense nationale*, par J. Valfrey ; Paris, Amyot, 1871 ; 1re partie, p. 31.) — « Si le chancelier fédéral, répondant à M. Jules Favre, à ce loyal ultimatum, si noblement posé... » (M. Vitet, *Première lettre*, p. 16.) — « La France et l'Europe applaudiront à ces fières paroles. » (Michel Cornudet, p. 7.) — « Celui qui aurait parlé de paix se serait vu mettre en pièces dans les rues. » (E.-C. Grenville-Murray, p. 145.) — « Aujourd'hui que de longues années nous séparent de cette époque douloureuse, on peut, dans le calme d'un salon, sourire de ce langage trop superbe, mais certainement d'une fierté patriotique. » (Général Ambert, *Récits militaires, Après Sedan*, p. 37.) — « Cela était à dire ; nous louons le nouveau gouvernement de l'avoir dit. Par cette parole, soutenue comme il faut, les détenteurs actuels du pouvoir se feront excuser. Vainqueurs ou vaincus, il y aura des circonstances atténuantes. Coupables du péril de la patrie, ils seront encore loués du soin de son honneur. » (Louis Veuillot, t. I, p 114.) — A.-J. Dalsème, p. 8. — Sarcey, p. 32. — *Enq. parlem. déf. nationale*, déposition de M. Jules Ferry, p. 380. — A. du Mesnil, p. 44. — J. Valfrey, 1re partie, p. 11. — Albert Sorel, t. I, pp. 298 et 299. — Le Faure, t. I, p. 330.

(3) *Pour la vérité et pour la justice*, par le général Trochu, pp. 12 et 161. — « C'était un mot d'une bien grande témérité pour la circonstance, et M. Ernest Picard en montrait avec sagacité la dangereuse exagération lorsqu'à la lecture de la circulaire, dans le conseil, il s'écriait : « L'intégrité du territoire,

l'administration du département de la Seine (1).
MM. Clamageran et Durier viennent renforcer
MM. Brisson et Floquet comme adjoints du maire
de Paris (2).

Le 8 septembre, le Gouvernement convoque une
assemblée nationale constituante, mais il enlève
toute portée à cette résolution en décidant que les
élections auront lieu le 16 octobre (3).

Alors que les Allemands ont le chemin libre
devant eux, alors qu'avant la fin du mois de septembre tout l'Est et une partie du Nord et du Centre
de la France seront couverts par le flot des envahisseurs, comment les gouvernants feront-ils les élections à une date si éloignée du décret de convocation
à une époque où l'on sera sans doute dans le feu de
la guerre, si l'on n'a pas succombé déjà sous l'effort
des puissantes armées qui accourent pour broyer
les recrues que la République tâche de mettre sur
pied (4) ! Ce serait vraiment à croire que les membres du Gouvernement ne prenaient pas leur décret
au sérieux, qu'ils ne l'avaient signé que pour donner
satisfaction à la province, mais qu'ils se réservaient
de le retirer, à la première occasion favorable,
comme ils l'ont fait, du reste, pour obéir à « la popu-

---

bien ;... mais une pierre de nos forteresses ! J'en donnerais
beaucoup pour que nous fussions délivrés en ce moment-ci. »»
(Charles de Mazade, *La guerre de France*, t. II, p. 80.) — Jules
Favre, *Gouvernement de la Défense nationale du 30 juin au
31 octobre*, p. 122. — *Enq. parlem. déf. nationale*, déposition de
M. Ernest Picard, p. 479. — Albert Sorel, t. I, p. 298.

(1) *Journal officiel*, n° du 7 septembre 1870.

(2) Georges d'Heylli, *Journal du siège de Paris*, t. I, pp. 56
et 57.

(3) *Journal officiel*, n° du 9 septembre 1870. — M. Ernest Picard les voulait pour la fin de septembre. (Voir sa déposition
devant la commission d'enquête, p. 478.)

(4) Le Gouvernement décrétait les élections en « principe, et il
les ajournait au 16 octobre, à une date où elles pouvaient être
plus difficiles, sinon impossibles. » (Charles de Mazade, *La guerre
de France*, t. I, p. 330.)

lation parisienne qui ne voyait pas d'un très bon œil
la convocation d'une assemblée (1) ».

« C'était évidemment la plus pressante nécessité
d'appeler le pays à prendre la direction de ses destinées dans une si tragique aventure. On le devait
pour rentrer dans le droit, par un sentiment d'honneur et de prévoyance, et, de plus, il y avait un
intérêt diplomatique, national, de premier ordre, à le
faire..... Ce gouvernement de l'Hôtel-de-Ville n'était
qu'un pouvoir dénué de toute sanction légale, pléni-
potentiaire sans titre reconnu, que les cabinets étrangers pouvaient écouter avec les sympathies dues aux
malheurs de la France, et dont ils pouvaient aussi
décliner les ouvertures, éluder les propositions.
Lord Granville le disait, peu après, à M. Thiers :
«« Rien encore n'a donné au gouvernement, établi à
Paris le 4 septembre, un caractère régulier... Pourquoi tant différer les élections ? »» C'était avant le
20 septembre (2). » M. Gladstone était de l'avis de
lord Granville (3).

La convocation à bref délai avait été votée par
MM. Jules Favre, Garnier-Pagès, Jules Ferry, Trochu
et Picard, et repoussée par MM. Arago, Crémieux,
Glais-Bizoin, Gambetta, Rochefort et Jules Simon.
M. Pelletan était absent (4).

Cependant M. Garnier-Pagès avait fait entendre
la voix du bon sens, que les événements devaient
justifier point pour point. « Les élections, selon lui,
seraient d'autant plus républicaines qu'elles seraient

(1) *Enq. parlem. déf. nationale*, déposition de M. Jules Ferry,
p. 386.

(2) Charles de Mazade, *La guerre de France*, t. I, pp. 328 et
329. — Jules Favre, *Gouvernement de la Défense nationale du
30 juin au 31 octobre*, p. 265.

(3) Dépêche de M. Tissot, ambassadeur à Londres, citée dans
le rapport de M. Daru, p. 138.

(4) *Enq. parlem. déf. nationale*, rapport de M. Chaper sur les
procès-verbaux des séances du Gouvernement de la Défense
nationale, p. 13, en note.

faites plus vite. Elles le seraient moins si l'on en venait là après une capitulation (1). » On passa outre. Des élections en un pareil moment, écrivait M. Vitet, seraient « l'entreprise la plus grave, la plus absorbante et, je le dis à mon corps défendant, la moins conciliable avec le devoir urgent, impérieux, le plus sacré des devoirs civiques : la résistance à l'ennemi (2). »

Le même jour, le Gouvernement supprimait les *sergents de ville* et les remplaçait par les *gardiens de la paix publique*, en décidant *qu'ils ne seraient pas armés* (3) ! C'est ainsi qu'au retour des Bourbons, pour tenir la promesse qu'ils avaient faite durant l'Empire de supprimer les *Droits réunis*, le mot disparut. Mais on créa alors les *Contributions indirectes* et les Français n'en payèrent pas un centime de moins d'impôts. Le mot avait changé, la chose était restée : il en fut de même pour les sergents de ville, qui passèrent gardiens de la paix.

A cette même date, le maréchal de Mac-Mahon envoyait son adhésion au gouvernement nouveau. En effet, le ministre de la Guerre recevait une lettre du duc de Magenta qui lui annonçait qu'il se mettait à sa disposition s'il n'était pas prisonnier (4). En agissant de la sorte, le vaincu de Frœschwiller était dans les saines traditions du devoir militaire et s'inspirait des vrais intérêts de son pays, qui veut que l'officier se rallie au gouvernement de fait, sur-

(1) *Enq. parlem. déf. nationale*, rapport de M. Chaper, sur les procès-verbaux des séances du Gouvernement de la Défense nationale, p. 12.

(2) *Troisième lettre sur le Siège de Paris*, adressée à M. le directeur de la *Revue des Deux-Mondes* le 1er décembre 1870, par L. Vitet, de l'Académie française; Paris, Sauton, 1870; pp. 12 et 13. — La raison invoquée par M. Vitet le 1er décembre 1870 existait, *a fortiori*, dans son esprit, le 8 septembre.

(3) *Journal officiel*, n° du 8 septembre 1870. — A. du Mesnil, p. 46.

(4) *Journal officiel*, n° du 11 septembre 1870.

surtout quand ce gouvernement combat l'étranger. Autrement, il n'y a plus que *pronunciamentos* et anarchie.

Le 12 septembre, il est décidé que M. Crémieux, ministre de la Justice, partira de Paris pour représenter le Gouvernement en province. Chaque département ministériel aura, près de lui, un délégué spécial (1). Gambetta aurait voulu que le général Trochu restât seul à Paris, pendant que le Gouvernement tout entier et les ministères se seraient transportés à Tours pour organiser des armées, administrer les départements. Il fut seul de cet avis « et pourtant le ministre des Affaires étrangères coupait ainsi ses communications avec les cabinets européens (2) ».

« Pourquoi le Gouvernement restait-il à Paris? Assurément, c'était une faute grave de s'enfermer dans une place de guerre, à la veille d'un blocus dont on ne pouvait prévoir ni la durée, ni le caractère, ni le dénouement (3); » — « et puis, en s'enfermant dans la capitale, les principaux membres du gouvernement politique allaient priver le gouvernement militaire du droit de se servir de l'état de siège et d'imposer silence à l'esprit insurrectionnel (4). » — « Enfin, dans le cas d'une capitulation, on s'exposait à ne pouvoir séparer le sort de Paris de celui de la province, et à entraîner ainsi, presque

(1) *Journal officiel*, n° du 13 septembre 1870.

(2) A.-J. Dalsème, p. 50.

(3) Charles de Mazade, *La guerre de France*, t. I, p. 327. — « Le Gouvernement aurait dû se transporter en province... et laisser seulement un délégué à Paris avec le général Trochu. » (Camille Farcy, *Histoire de la guerre de 1870-1871* ; Paris, Dumaine, 1872; p. 263.) — « Le Gouvernement eût mieux fait, dans l'intérêt de la conduite des affaires générales, de ne pas se laisser enfermer dans Paris. » (*La Politique et le Siège de Paris*, par le général Trochu.) Alors, pourquoi n'a-t-il pas appuyé la proposition de Gambetta ? — Le Faure, t. I, p. 336.

(4) Jules Richard, *Annuaire de la guerre de 1870-1871, Siège de Paris*, p. 1.

nécessairement, la reddition de toute la France (1). »

Les hommes qui siégeaient à l'Hôtel-de-Ville ne se méprenaient pas sur les dangers de leur détermination (2), mais la politique commençait à influencer la guerre : le détestable esprit de Paris pesait déjà sur la conduite des opérations. En un mot, il fallait compter avec cette population impressionnable, exigeante, vaniteuse, et malheureusement fort ignorante des nécessités gouvernementales et stratégiques. « Le départ du Gouvernement aurait été considéré comme une désertion décourageante... en abandonnant Paris à lui-même, sous un simple gouverneur militaire, on rendait peut-être impossible ou, du moins, on abrégeait d'avance un siège qui était pourtant encore le suprême espoir (3). » C'est là la thèse que le général Trochu a toujours soutenue. Voilà pourquoi fut prise cette regrettable décision de demeurer dans la capitale investie, et d'envoyer, en province, deux vieillards, dont l'un ne pouvait vraiment pas être regardé comme un homme d'Etat.

En même temps que M. Crémieux partait pour Tours, M. Sénart se dirigeait sur Florence, dans le but d'obtenir quelque chose de l'Italie (4). Tout se passa en conversations : ce fut le seul résultat du voyage.

Le général Ulloa, qui s'illustra en défendant Venise contre les Autrichiens, offrit alors son épée à la Défense nationale. Ses lettres restèrent sans

---

(1) *Enq. parlem. déf. nationale*, rapport de M. de Rainneville, p. 3.

(2) *Ibid.* — Voir, dans le rapport de M. de Rainneville, pp. 3 et 4, les effets désastreux de la séquestration à Paris du ministre des Affaires étrangères.

(3) Charles de Mazade, *La guerre de France*, t. I, p. 328. — Glais-Bizoin, pp. 24 et 25.

4) *Journal officiel*, n° du 13 septembre 1870.

réponse (1). Il y avait pourtant là une force morale
et une force militaire qui n'étaient pas à dédaigner
en ces temps calamiteux : on se contenta de
Garibaldi qui ne sut jamais diriger tactiquement
même un bataillon.

Mais il fallait donner aux habitants de Paris, que
l'on commençait à ne plus rencontrer que coiffés
d'un képi, la satisfaction d'un défilé militaire.

Le général Trochu refusa tout d'abord de se prêter
à cette vaine parade : il lui répugnait de passer une
revue de néophytes de la guerre, dont la plupart ne
savaient même pas tenir un fusil. Comme toujours,
devant les instances de ses collègues, il céda. Le
13 septembre, « trois cent mille citoyens, défilant
aux cris de·*Vive la France! Vive la République!* et
jurant sur leurs armes de vaincre ou de mourir :
tel fut le spectacle auquel assista Paris, ce jour-là,
sur toute la profondeur de l'immense revue qui, de
la place de la Bastille, déployait ses colonnes jusqu'à l'Arc-de-Triomphe (2). »

Hélas! les gens sérieux ne partageaient guère
cet enthousiasme : ils savaient qu'on ne fait pas une
armée avec un uniforme et des galons, que des
acclamations ne remplacent pas l'instruction militaire, que les chants patriotiques ne vont pas, d'ordinaire, avec la discipline, sans laquelle les multi-
tudes les plus innombrables ne sont que des trou-
peaux (3). Le général Trochu était bien de leur avis

(1) Général Ulloa, introduction du traducteur, p. VI.

(2) A.-J. Dalsème, p. 43. — Pour se faire une idée de la dé-
mence qui s'était emparée de bien des gens, qu'on aurait pu
croire raisonnables, il suffit de lire la phrase suivante de M. Vitet,
de l'Académie française : « 300,000 gardes nationaux rivalisant,
à la manœuvre et aux remparts, avec nos meilleurs vétérans. »
Première lettre, p. 24.)

(3) « Au point de vue du nombre, cela était imposant; mais au
point de vue de la défense, l'aspect était misérable; l'indiscipline, surtout, présidait à cette réunion des masses parisiennes.»
(*Journal du siège*, par un bourgeois de Paris, 1870-1871 ; Paris,
Dentu, 1872; p. 5.)

et cependant, à l'occasion de cette enfantine démonstration, il flattait l'orgueil de ces guerriers, qui ne devaient pas même franchir les fortifications, ni entendre siffler une balle prussienne pendant les cinq mois du siège, en leur adressant cette proclamation :

« Aux gardes nationaux et aux gardes mobiles de la Seine,

« Aux gardes mobiles des départements,

« Jamais aucun général d'armée n'a eu sous les yeux le grand spectacle que vous venez de me donner : trois cents bataillons de citoyens organisés, armés, encadrés par la population tout entière, acclamant, dans un concert immense, la défense de Paris et la liberté.

« Que les nations étrangères qui ont douté de vous, que les armées qui marchent sur vous ne l'ont-elles entendu ! Elles auraient eu le sentiment que le malheur a plus fait, en quelques semaines, pour élever l'âme de la nation, que de longues années de jouissance pour l'abaisser. L'esprit de dévouement et de sacrifice vous a pénétrés, et déjà vous lui devez le bienfait de l'union des cœurs, qui va vous sauver.

« Avec notre formidable effectif, le service journalier de garde dans Paris ne sera pas de moins de soixante-dix mille hommes en permanence. Si l'ennemi, par une attaque de vive force, ou par surprise, ou par la brèche ouverte, perçait l'enceinte, il rencontrerait les barricades, dont la construction se prépare, et ses têtes de colonnes seraient renversées par l'attaque successive de dix réserves échelonnées.

« Ayez donc confiance entière et sachez que l'enceinte de Paris, défendue par l'effort persévérant de l'esprit public et par trois cent mille fusils, est inabordable.

« Gardes nationaux de la Seine et gardes mobiles,

« Au nom du Gouvernement de la Défense nationale, dont je ne suis devant vous que le représentant, je vous remercie de votre patriotique sollicitude pour les chers intérêts dont vous avez la garde.

« A présent, à l'œuvre dans les neuf sections de la défense ! De l'ordre partout, du calme partout, du dévouement partout. Et rappelez-vous que vous demeurez chargés, je vous l'ai déjà dit, de la police de Paris pendant ces jours de crise.

« Préparez-vous à souffrir avec constance. A cette condition, vous vaincrez !

« Paris, le 14 septembre 1870.

« Général Trochu (1). »

Nous dirons, plus tard, ce que l'on aurait pu faire des bons éléments de la Garde nationale, c'est-à-dire des hommes qui n'avaient pas dépassé quarante ans ; mais, au milieu de septembre, écrire que *« jamais aucun général d'armée n'avait eu sous les yeux le grand spectacle que donnait »* cette cohue sans valeur militaire n'était que du charlatanisme indigne d'un officier français (2).

En attendant les promesses annoncées, une indemnité de 1 fr. 50 par jour était attachée à chaque soldat-citoyen qui en faisait la demande (3).

Et M. Victor Hugo lançait à l'Allemagne le manifeste « emphatique et bizarre (4) » qui aurait certes dû foudroyer l'ennemi, si les grands mots et les périodes sonores avaient ce pouvoir. Malheureuse-

(1) *Journal officiel*, n° du 15 septembre 1870.

(2) « Quel triste spectacle ! Quelle différence avec nos brillantes revues d'autrefois ! » (*Histoire critique du siège de Paris*, par un officier de marine, p. 35.)

(3) *Journal officiel*, n° du 13 septembre 1870.

(4) Général **Ambert**, *Récits militaires*, *Le siège de Paris*, p. 27. — Voir *Le Temps*, n° du 10 septembre 1870.

ment l'élucubration du poète ne servit qu'à nous ridiculiser aux yeux de l'Europe, et les journaux allemands ne manquèrent pas de souligner la sortie regrettable de l'auteur des *Châtiments* (1).

M. Edgar Quinet éprouvait, de son côté, le besoin de faire parler les phrases et de combattre les Prussiens à coups de proclamations. Manie inutile autant que peu propre à nous relever auprès des gens qui pensaient que ce n'étaient pas de chansons alors qu'il s'agissait (2).

Mgr Dupanloup avait cru, pareillement, devoir jeter la note sacerdotale avant que le fracas des batailles ne couvrît la voix humaine, et il y a lieu de reconnaître que sa lettre est de beaucoup supérieure aux épîtres séniles de MM. Hugo et Quinet (3). L'évêque rappelait, fort à propos, au roi de Prusse, une lettre de sa mère, humiliée par Napoléon, lettre dans laquelle elle s'écriait qu'elle « ne croyait pas à la force ». — « Combien ces paroles de la reine Louise de Prusse laissent loin derrière elles les *Appel au peuple français* et les *Manifeste aux Allemands* des Quinet et des Hugo (4) ! »

Et l'on s'occupe toujours des mots, négligeant les actes. M. Étienne Arago nomme une commission de vingt membres pour reviser les noms des rues de Paris ! La rue du Dix-Décembre sera la rue du Quatre-Septembre, la rue Bonaparte la rue du Peuple, la place Royale la place des Vosges (5).

M. Jules Simon emploie de nombreux ouvriers à enlever les N et les aigles du Panthéon et du gui-

---

(1) Edmond Neukomm, pp. 19 et 20.

(2) Voir *Le Temps*, n° du 11 septembre 1870. — « La sincérité de ces appels à la paix n'était pas moins certaine que leur vanité. » (Steenackers et Le Goff, t. I, p. 19.)

(3) Voir *Journal des Débats*, n° du 20 septembre 1870.

(4) Émile Chevalet, p. 9.

(5) *Journal officiel*, n° du 15 septembre 1870. — *Journal de Fidus*, p. 84.

chet du Carrousel (1). Il devait en être ainsi, à By-
zance, quand les Turcs s'approchaient de la ville.
C'est à ces misérables besognes que l'on se livrait
quand les redoutes de Châtillon et de Montretout
restaient inachevées, faute de bras ! Mais nous ne
pouvons multiplier les exemples de cette aberration
politique ; le chiffre en serait trop gros (2).

M. l'amiral Fourichon et M. Glais-Bizoin sont,
le 16, envoyés à Tours pour constituer, avec M. Crémieux, le triumvirat qui devait se rendre célèbre
par les divergences de vue de ses membres jusqu'au
jour où Gambetta, tombant au milieu d'eux, les mit
tous d'accord en confisquant à son profit le gouvernement tout entier (3).

Puis, ce sont les ambassadeurs d'Autriche et
d'Angleterre, le chargé d'affaires de Russie, qui
quittent Paris pour ne pas être coupés de leurs cabinets (4). Ce départ, si naturel, impressionne fâcheu-

(1) Ambroise Rendu, p. 8. — « L'argent des caisses s'épuisait
en grattages et en inscriptions, mais les ouvriers qui travaillaient
à Châtillon ne recevaient pas la solde promise. » (*Ibid.*, p. 9.) —
« Comme je passais devant la Madeleine, un homme juché sur
une immense échelle était occupé à inscrire au fronton de
l'église, au-dessous du *Deo optimo maximo*, en guise de traduction libre : «« Liberté, Egalité, Fraternité. »» C'était sans doute
un des employés du citoyen Galtier-Boissier, chargé par un récent
arrêté du maire de Paris «« de faire rétablir la devise de la
République sur les édifices publics »». *Words! Words! Words!*
Occupons-nous un peu moins des mots et songeons davantage
aux choses ! » (E. Chevalet, pp. 9 et 10.)—Grenville-Murray, p. 147.
(2) « Tandis que les Prussiens traversaient en masses sombres
les plaines dégarnies de la Champagne, ce jour-là qui suivit la
proclamation de la République, et les jours suivants, à quoi
furent-ils consacrés ? A la destruction des insignes de la dynastie
déchue, à la liquidation des plus misérables rancunes, au licen-
ciement des sergents de ville, à la curée des places, à la nomination des maires provisoires, etc... » (Caro, p. 181.) — « Tant de
décrets à la fois prouvent que le Gouvernement a le temps de
tout faire, même de petites choses. » (*Journal du siège*, par un
bourgeois de Paris, p. 11.) — Georges d'Heylli, *Journal du Siège
de Paris*, p. 130. — Michel Cornudet, pp. 12 et 13.
(3) *Journal officiel*, n° du 17 septembre 1870.
(4) *Ibid.*, n° du 18 septembre 1870.

sement la population, qui croit toujours que Paris ne cesse pas d'être *tout* pour ne devenir qu'un *accessoire* de la Défense nationale, ce que les hommes de l'Hôtel-de-Ville ont le tort de ne pas comprendre.

Le Gouvernement, « malgré les protestations du général Trochu et du ministre de la Guerre (1), » décide, le 17, que les officiers de la Garde mobile seront nommés par les soldats et que ces élections auront lieu le 19 (2).

Il fallait, évidemment, que l'esprit de vertige se fût emparé des gouvernants pour les pousser à prendre une aussi folle résolution. Les gardes mobiles de la Seine avaient déjà donné, à Châlons, à Saint-Maur et à Paris depuis le 4 septembre, la preuve d'une détestable tendance à l'indiscipline. « Tous ces soldats, jeunes et inexpérimentés, laissés souvent oisifs par le service, encombraient les boulevards et les cafés et se livraient à toutes sortes d'excès (3). » Ils avaient « l'habitude de déserter en masse leurs postes du soir..... le matin, il en manquait soixante sur cent à l'appel (4) ». Le général Trochu avait été forcé de les rappeler à l'ordre dans une proclamation datée du 8 septem-

---

(1) Commandant Bonnet, t. II, p. 19.

(2) « En lui imposant le décret sur l'élection des officiers qui désorganisait la Garde mobile en plein combat. » (Charles de Mazade, *La guerre de France*, t. II, p. 122.) — *Enq. parlem. déf. nationale*, rapport de M. Chaper sur les procès-verbaux des séances du Gouvernement de la Défense nationale, p. 20. — *Ibid.*, pp. 21, 23 et 24. — Borrego, p. 55. — A. du Mesnil, pp. 63 et 64. — *Journal de Fidus*, p. 88.

(3) Commandant Bonnet, t. II, p. 19. — « Dès le 5 au matin, le Conseil (le Gouvernement) apprend certains désordres commis par la Garde mobile, à Paris. » (*Enq. parlem. déf. nationale*, rapport de M. Chaper sur les procès-verbaux des séances du Gouvernement de la Défense nationale, p. 6.)

(4) Sarcey, p. 52. — *Enq. parlem. déf. nationale*, rapport de de M. Chaper sur les procès-verbaux des séances du Gouvernement de la Défense nationale, p. 6.

bre (1), et le remède que les hommes de l'Hôtel-de-Ville trouvaient, pour ramener l'obéissance dans les rangs, consistait à rendre les supérieurs tributaires et créatures de leurs subordonnés !

A côté de cette aberration désolante, on était témoin de spectacles touchants qui montrent à quel point la grandeur et le ridicule se coudoient dans le siège de Paris.

Depuis le bombardement de Strasbourg, les Parisiens avaient voué un véritable culte à la capitale de l'Alsace : ce n'étaient que pèlerinages à la statue de la place de la Concorde, parée comme une chasse vénérée. Mais nous reproduisons les expressions de Théophile Gautier et préférons copier littéralement l'admirable tableau qu'il nous fait de l'image de Strasbourg :

« Quand on traverse la place de la Concorde, qu'animent les évolutions et le passage des troupes, l'œil est attiré par un groupe qui se renouvelle sans cesse, aux pieds de la statue représentant la ville de Strasbourg. Majestueusement, du haut de son socle, comme du haut d'un autel, elle domine la foule prosternée ; une nouvelle dévotion s'est fondée, et celle-là n'aura pas de dissident ; la sainte statue est parée comme une madone, et jamais la ferveur catholique n'a couvert de plus d'ornements une image sacrée. Ce ne sont pas, il est vrai, des robes ramagées de perles, des auréoles constellées de diamants, des manteaux de brocart d'or brodés de rubis et de saphirs comme en porte la vierge de Tolède, mais des drapeaux tricolores lui composent une sorte de tunique guerrière qui semble rayée par les filets d'un sang pur.

« Sur sa couronne de créneaux, on a posé des

____

(1) *Journal officiel*, n° du 9 septembre 1870. — Voir la pièce justificative n° III.

couronnes de fleurs. Elle disparaît presque sous l'entassement des bouquets et des *ex-voto* patriotiques. Le soir, pareilles aux petits cierges que les âmes pieuses font brûler dans les églises devant la Mère divine, les lanternes vénitiennes s'allument et jettent leurs reflets sur la statue impassible et sereine. Ses traits, d'une beauté fière, ne trahissent par aucune contraction qu'elle a, enfoncés dans la poitrine, les sept glaives de douleurs. On dirait presque qu'elle sourit quand la lueur rose des lanternes flotte sur ses lèvres pâles. Des banderoles où sont tracées des inscriptions enthousiastes voltigent autour d'elle.

« Sur le piédestal se lisent des cris d'amour et d'admiration. Des pièces de vers, des stances, sont écrites au crayon, et si l'art manque à ces poésies, le sentiment s'y trouve toujours. Devant le socle est un large registre ouvert et les noms s'y ajoutent aux noms. Le peuple parisien s'inscrit chez la ville de Strasbourg. Le volume, relié magnifiquement et blasonné aux armes de la glorieuse cité, sera offert à la grande martyre qui se dévoue pour l'honneur et le salut de la France. Jamais ville n'aura eu dans ses archives un plus glorieux livre d'or.

« Par un de ces mouvements d'exquise délicatesse, qui parfois remue les foules d'un frisson électrique, le peuple semble, en adoptant cette statue comme une image sacrée, comme une sorte de Palladium, et en lui rendant un culte perpétuel, vouloir dédommager la ville malheureuse, lui prouver son ardente sympathie et la soutenir, autant qu'il est en lui, dans son héroïque résistance (1). »

(1) Théophile Gautier. *Tableaux de siège; Paris* 1870-1871; Paris, Charpentier, 1886; pp. 1, 2 et 3. — A.-J. Dalsème, pp. 38 à 42. — Surcey, p. 47. — J. d'Arsac, pp. 93 à 96. — Général Ambert, *Histoire de la guerre de* 1870-1871, pp. 298 et 299. — Mme Adam, p. 92. — A. Ballue, p. 37.

Mais la foule parisienne, avec cette mobilité et cette inconséquence qui est son propre, après avoir manifesté patriotiquement devant la statue de Strasbourg, insultait un brave soldat qui avait le tort de ne pas crier à bas le souverain, dans le Conseil d'État duquel il était la veille. Le Gouvernement, bien entendu, donnait raison à la foule, privant ainsi la défense d'un officier dont le concours était d'autant plus précieux que les militaires de l'ancienne armée étaient plus rares (1).

« Cette destitution, en date du 18 septembre, eut lieu à la suite d'une inspection faite par le général Ambert aux divers bastions de son secteur. Se trouvant au milieu d'un groupe de gardes nationaux et pressé, par plusieurs d'entre eux, de crier : *Vive la République!* il avait cru devoir répondre qu'avant de crier : *Vive un régime quelconque!* il fallait attendre que l'Assemblée, qui devait être nommée, eût statué sur la forme définitive du gouvernement de la France (2). »

Cette réponse avait exaspéré les gardes nationaux et, dans leur fureur, ils voulaient écharper le général qui ne dut son salut qu'au courage de quelques citoyens raisonnables (3). C'est ainsi que ces hom-

(1) *Journal officiel*, n° du 19 septembre 1870. — « Le général Ambert, victime d'une de ces violences que rien ne saurait disculper, surtout exercées envers le commandement militaire et dans une ville ayant l'ennemi à quelques portées de canon, fut sacrifié aux exigences politiques du moment. » *Le 5ᵉ secteur ou rempart des Ternes*, par A.-C.-E. Belliers de Villiers, capitaine à l'état-major général des gardes nationales de la Seine, attaché au 5ᵉ secteur; Paris, Bachelin-Deflorenne, 1871; p. 35. — *Journal du siège*, par un bourgeois de Paris, p. 17. — Sarcey, p. 89. — Colonel Vandevelde, p. 211.

(2) Georges d'Heylli, *Journal du siège de Paris*, t. I, p. 171, en note. — Sarcey, p. 89.

(3) — « Nous aurions été fusillés sans le courageux dévouement des officiers de notre état-major : le baron Nivière, le comte de Saint-Lieux, Edgar Demange, Boucher, Léon Hanrion et des gardes nationaux Vesque, Salvatelli, de Vertus et ses francs-tireurs, Étienne de Ladourette, Lavalette et le docteur

mes comprenaient la liberté, la réserve imposée à un fonctionnaire de la dynastie tombée, le respect dû au chef qui les commandait.

Quand le général arriva au Louvre, chercher un refuge chez le Gouverneur, celui-ci lui dit : « Je vous sauve aujourd'hui, général, mais moi, qui me sauvera demain ! » Preuve de la confiance que le général Trochu avait dans les faubourgs de Paris.

Nous sommes enfin au 19 septembre, jour du combat de Châtillon, qui fut également celui de l'élection des officiers de la Garde mobile. Nous en verrons plus tard les conséquences.

Ce soir-là, sous le coup de l'échec de Châtillon, « à l'*inertie coupable* des semaines précédentes succède une véritable fièvre de dévastation. Ponts, viaducs, ouvrages de toutes sortes sont livrés, sans compter, à la poudre et à la dynamite. On sacrifie jusqu'au pont d'Asnières, aboutissant à la presqu'île de Gennevilliers que barre une seconde fois la Seine ! Sur plus d'un autre point, on oublie de se demander si l'œuvre détruite n'eût pas été plus utile à l'assiégé qu'à l'assiégeant..... Le génie militaire semble vouloir confiner Paris dans un rôle de défense passive et lui interdire tout retour vers le dehors (1). »

En somme, « les premières journées qui suivirent le Quatre-Septembre furent des journées pleines de troubles, de tempêtes et de dangers. Les ambitions déçues s'exaltèrent et se donnèrent libre carrière dans des manifestes rouges (2). » Un officier en

Massie. » (Général Ambert, *Histoire de la guerre de* 1870-1871, pp. 261 et 262.) — « Le général fut arrêté, fort malmené, conduit d'abord au ministère de l'Intérieur, et de là, chez le général Trochu, avec force vociférations. » (Michel Cornudet, p. 18.)

(1) A.-J. Dalsème, p. 35.

(2) *A Paris pendant le siège*, p. 13. — « Tous ceux qui savent ce que sont les révolutions redoutent les dangers de l'intérieur au moins autant que les Prussiens. » (*Journal de Fidus*, p. 81.) — *Ibid.*, pp. 73, 83, 84 et 90.

rupture de régiment, le futur « général » Cluseret, de la Commune, avait publié un manifeste, plein de fiel et d'insanités tout à la fois, que M. Rochefort qualifiait avec raison « d'article odieux, véritable excitation à la guerre civile (1) », et dans lequel M. Cluseret se plaignait de ce que le peuple et la Garde mobile « fussent traités en suspects (2)! » — « L'éloge des massacres de septembre 1792 et de Danton, l'apologie de Marat, retentissaient dans les assemblées populaires qui réclamaient la constitution d'une Commune terroriste (3). »

Les socialistes s'agitaient. Leurs chefs, payés par les gros bonnets de la Finance, les poussaient, comme toujours, à demander l'impossible pour les empêcher d'obtenir le possible, c'est-à-dire la suppression des abus qui permettent aux rois de la Bourse de nous exploiter comme ils le font depuis trop longtemps, d'accord avec des ministres coupables qui ferment les yeux, aveuglés par les *bons procédés* dont on les comble. Et les ouvriers se laissaient encore prendre à ce misérable piège : au lieu de déclarer la guerre aux *gros capitalistes*, qui finiront par absorber toute la fortune du pays, ils s'en prenaient au *capital*, aux petites bourses, aux fortunes moyennes, honorablement gagnées par le travail, et, du même coup, ils jetaient tous les porteurs d'obligations de chemins de fer, tous les propriétaires d'un lopin de terre, dans le camp des banquiers insatiables qui parviendront à con-

<hr>

(1) *Journal officiel*, n° du 9 septembre 1870. — Georges d'Heylli, *Journal du siège de Paris*, p. 82.

(2) *Ibid.*, p. 83. — Glais-Bizoin, p. 27.

(3) Francis Wey, p. 35. — Le 21 septembre, les clubs parlaient déjà de « jeter le Gouvernement par la fenêtre et de le remplacer par un Gouvernement véritablement révolutionnaire ». (*Les clubs rouges pendant le siège de Paris*, par M. G. de Molinari; Paris, Garnier frères, 1871; 2° édition, p. 29.) — Taxile Delord, t. VI, pp. 541 et 542.

centrer en leurs mains, par le seul jeu de l'intérêt
et par les coups de Bourse, toute la richesse mobi-
lière et immobilière de la France, qui réduiront à
la besace, non seulement les paysans, les ouvriers
et les commerçants, mais aussi toute la haute bourgeoisie elle-même.

C'était le commencement de cette campagne contre le capital qui, interrompue après la Commune,
a repris avec une telle violence, grâce à l'or israé-
lite et aux libertés de la presse et de la parole,
qu'aujourd'hui nous devons nous attendre à toutes
les catastrophes, à la ruine définitive de la France,
à moins qu'un rayon de bon sens n'éclaire enfin le
peuple et la bourgeoisie, les décidant à se réunir
contre leurs ennemis mortels : les manieurs d'argent et leurs complices (1).

Revenons aux questions militaires. On avait vainement essayé d'incendier les bois qui poussent

(1) « 3 janvier 1856.
« Second dîner chez Girardin; plus somptueux, plus insolent
dans son luxe que le premier... Mais je ne le décrirai pas, car
toute cette opulence étalée m'attriste, m'attriste malgré moi...
Je songe à l'origine de tant de richesses rapidement acquises,
et, comme dans un rêve, je vois passer les têtes désespérées des
pauvres diables naïfs auxquels cet or a été enlevé avec toutes les
formes prescrites par la loi... Il y avait là une foule de gens de
Bourse; comme artistes, Régnier, Jules Sandeau, et le nouveau
directeur des Français. On m'a montré, parmi les invités, un petit
homme, objet de l'admiration de tous, qui, il y a huit ans, cirait
les chaussures des passants sur la voie publique. Il est maintenant immensément riche, le plus riche de Paris, peut-être. Bien
entendu, d'ailleurs, qu'il ne doit sa fortune ni à son talent, ni à
son intelligence, ni à son travail, mais simplement au caprice du
hasard, aux faveurs de cette divinité monstrueuse qui trône dans
un palais d'iniquités : la Bourse. Sur ma simple observation qu'il
faudrait peut-être à ce monsieur moins de huit années pour re-
descendre à son décrottoir, j'ai vu tous les fronts se rembrunir,
même celui de Girardin; seul, le petit clan des artistes est resté
impassible. Il demeure évident pour moi que tous ces hommes si
brillants, si généreux, si riches, ne doivent leur fortune qu'au
jeu. » (*Extrait d'une lettre de Charles Dickens à J. Forster, citée
par M. du Pontavice*, pp. 307 et 308.)
Que dirait le grand romancier anglais s'il vivait aujourd'hui?

autour de Paris (1). La non-réussite de cette opération fut très regrettable; « les bois ont été, pour les Allemands, dans l'investissement de Paris, d'une immense utilité, car ils cachaient leurs troupes et les abritaient dans une grande mesure; de plus, comme les assiégeants y avaient fabriqué des abatis sur toute la longueur, ils avaient ainsi réduit les assiégés à ne pouvoir sortir ou déboucher en masse que dans certaines directions, nettement fixées, sur lesquelles l'artillerie allemande se tenait prête à concentrer ses feux (2). » Cette appréciation est juste en ce qui concerne la zone qui s'étend de Châtillon à Saint-Germain, et c'est déjà bien assez; mais les autres points de sortie étaient nombreux et peu gardés, ainsi que nous le démontrerons à propos de la bataille de Champigny qui n'a été perdue que par l'impéritie phénoménale des généraux Trochu et Ducrot, impéritie qui n'eut d'égale que leur folle et inutile bravoure.

On avait fait sauter le pont de Joinville-sur-Marne. « C'était à n'y rien comprendre, car ce pont, battu par la redoute de la Faisanderie et dominé par les hauteurs de la rive droite, n'aurait su servir de passage à l'ennemi (3). » Le général Trochu, impatient de se confiner dans les vieux ouvrages de maçonnerie, en avait décidé ainsi. Nous nous indignerons, en racontant la bataille de Champigny, des conséquences désastreuses d'une pareille insanité

Les gens qu'il condamne ne devaient leur fortune qu'au jeu; c'était mal, mais, au moins, ils risquaient quelque chose; aujourd'hui, les gros barons de la Finance ne *jouent* plus : c'est à *coup sûr* qu'ils font leurs opérations de Bourse, ou, pour mieux dire, qu'ils détroussent, même les malheureux qui ne jouent pas, et cela avec la garantie d'un gouvernement oublieux de tous ses devoirs.

(1) *Journal officiel*, n° du 11 septembre 1870.

(2) M. le chef de bataillon Schaw, du génie anglais, cité par le général Pierron, *Méthodes de guerre*, t. III, 2ᵉ partie, p. 937.

(3) A. Balluc, p. 20. — Viollet-le-Duc, p. XXVII.

militaire que ne saurait justifier la crainte alléguée de l'irruption de l'ennemi par ce côté (1). Non, le Gouverneur de Paris ne croyait même pas aux forts (2), il ne comptait que sur l'enceinte et faisait partager sa conviction aux membres du Gouvernement (3).

« A l'Hôtel-de-Ville, sous le patronage d'Etienne Arago, régnait l'opposition maussade de MM. Floquet et Brisson, entourés de leurs camarades; une petite république doctrinaire et d'amis, très étroite, très jalouse, très puritaine, *poursuivant un tout autre but que la défense*, et, par-dessus tout, très impuissante (4). »

Les propositions les plus ridicules, les appels les plus grotesques, remplissaient les journaux. L'homme à «la petite balle », M. Félix Pyat, directeur du *Combat*, « n'ouvrait-il pas, notamment, une souscription à 5 centimes pour «« offrir un fusil d'honneur au soldat français qui toucherait le roi de Prusse (5)! »»

C'était le désarroi : le peuple se grisait par ses cris, le général Trochu et les gouvernants par leurs proclamations; mais l'inquiétude, les angoisses les plus cruelles, étaient au fond de tous les esprits rai-

(1) « On devait regretter plus tard cette destruction, lorsqu'il fallut préparer, dans cette direction, la grande sortie du 29 novembre. » (Robinet de Cléry, p. 38.) — Voir, dans l'*Electeur libre* du 19 septembre 1870, une protestation intelligente contre la destruction de ce pont.

(2) « Je regarde Vincennes comme très hasardé. » (Lettre du général Trochu au général Ducrot, en date du 18 septembre; général Ducrot, t. I, p. 21.) — *Enq. parlem. déf. nationale*, rapport de M. Chaper sur les procès-verbaux des séances du Gouvernement de la Défense nationale, p. 26. — Gustave Flourens, p. 70.

(3) « 18 *septembre*. Un membre du Gouvernement, que nous rencontrons, tout à l'heure, dans la rue, nous dit que les Prussiens s'empareront facilement des forts, mais que Paris est imprenable dans ses murs d'enceinte. » (Mme Edgar Quinet, pp. 77 et 78.)

(4) Jean Larocque, p. 151.

(5) Jules de Marthold, p. 60.

sonnables, et la masse n'y échappait, en partie, que par son ignorance des choses de la guerre.

« On ne saurait mettre en doute que le gouvernement du Quatre-Septembre ne voulût défendre Paris; de fait, il ne prenait aucune des mesures propres à donner des chances favorables à cette défense. S'il faisait exécuter des travaux militaires, il semblait qu'il cherchât plutôt à donner confiance aux Parisiens et à prendre une attitude de résistance qu'à se conformer aux principes élémentaires d'une guerre de siège. S'il appelait à Paris des troupes, des gardes mobiles, on ne leur faisait pas connaître le terrain sur lequel les opérations seraient nécessairement dirigées. Si l'on armait la Garde nationale, on ne croyait pas à l'efficacité de son concours, et cet armement était fait de la manière la plus funeste, en ce sens qu'on livrait les armes de précision et à tir rapide à cette partie de la population plus disposée à entreprendre la guerre civile qu'à se battre contre l'envahisseur. Investi d'un pouvoir illimité et assumant la plus effrayante responsabilité, ce gouvernement, loin de s'entourer des forces vives et saines que pouvait lui fournir Paris, forces qui ne demandaient qu'à répondre à son appel, sacrifiait l'avenir à une popularité de mauvais aloi qu'il ne conserva même que peu de jours. Le patriotisme éclairé, intelligent, était sacrifié en tout et partout aux faiseurs, à des meneurs de bas étage qui comptaient bien profiter de cette crise pour pêcher en eau trouble, et vaincre, au moment opportun, non l'étranger, mais la société française elle-même, qui leur fournissait des armes et leur permettait de s'organiser contre elle (1). »

Quant aux Allemands, ils continuaient à plus compter, pour réduire Paris, sur le concours des

<hr>

(1) Viollet-le-Duc, pp. 9 et 10.

démagogues que sur les moyens que la science militaire emploie lorsqu'elle veut s'emparer des forteresses. Ils attendaient les manifestations, les *journées* habituelles du peuple des faubourgs et ne pensaient pas que cette attente serait de longue durée (1). Leurs espions leur apprenaient que Flourens, Eudes, Mégy, Blanqui, Félix Pyat, et autres fortes têtes de la *révolution quand même*, commençaient à s'agiter, à crier à la trahison et à réclamer une bataille qu'ils esquivèrent toujours quand ils purent sérieusement y figurer.

Mais c'est un des côtés les plus instructifs du siège : il ne doit pas être traité incidemment, et nous noterons, à mesure que nous les rencontrerons, les preuves de la confiance mise par les Prussiens en la démagogie. Rien ne sera plus curieux que de voir leur déception de ne pas entendre dans Paris les coups de feu de la guerre civile ; ils ne se décideront à organiser méthodiquement le blocus qu'à l'heure où les troubles intérieurs tant espérés paraîtront indéfiniment ajournés.

Un mot, également, sur la physionomie de Paris au moment de l'arrivée de l'ennemi. Toutes les narrations particulières, tous les journaux, sont d'accord pour reconnaître que l'aspect ordinaire n'a pas changé. Si l'on ne rencontrait pas tant d'uniformes, si l'on ne voyait pas tant d'apprentis soldats faire l'exercice, on pourrait croire les Allemands à cent lieues du Louvre et des Tuileries. Voici la description de la ville, qu'en fait un témoin oculaire :

(1) « La Prusse, confiante dans le succès, même éphémère, des Blanqui, Flourens et autres révolutionnaires de la même trempe, qui devaient lui ouvrir les portes de Paris... » (Colonel de Meffray, p. 17.) — « On devait rencontrer des obstacles sérieux pour le maintien du bon ordre et de la tranquillité au milieu d'une population toujours portée au tumulte. » (Major Blume, p. 23.) — Général Ambert, *Histoire de la guerre de* 1870-1871, p. 315.

« *18 septembre*. On se demande vraiment si l'on est à Paris.

« A l'intérieur, rien n'est changé à la vie habituelle : théâtres et concerts ouvrent comme d'ordinaire leurs portes au plaisir, et c'est avec peine qu'on voit cette foule pénétrer, souriante, dans ces lieux de distraction.

« Les femmes sont en grande toilette... on rit, on chante ; les cafés sont combles... les promenades encombrées comme aux jours les plus calmes et les plus gais... on soupe, on danse. Thérésa glousse la chanson des canards... et, des remparts, où la sentinelle se promène en silence, on aperçoit les feux des bivouacs ennemis (1) ! »

Les gladiateurs, frappés à mort, faisaient un suprême effort pour tomber avec grâce : il semble que Paris doive rester la reine du plaisir, même dans les moments les plus sombres, et que le bruit du canon, la couleur pourpre du sang, ne soient que l'accompagnement grandiose, la parure superbe de cette ville, apparaissant en fête, au milieu de la fumée et des flammes des incendies et des batailles.

Nous terminerons l'exposé de cette période politique du drame parisien, en reproduisant l'article prophétique qu'un Prussien, M. Louis Simon, de Trèves, publia, à cette époque, dans l'*Avenir de Berlin*, et qui, parvenu à Paris, y fit naître de folles espérances.

« On nous dit qu'il est nécessaire que l'on prenne au moins l'Alsace et la Lorraine à la France.

« La camarilla militaire, le professorat, la bourgeoisie, prétendent que c'est là le moyen de garantir l'Allemagne à jamais contre toute guerre de la part

<hr>

(1) *Journal du siège*, par un bourgeois de Paris, 1870-1871 ; p. 14. — Colonel Vaudevelde, *Commentaires*, pp. 186 et 187.

de la France. C'est, au contraire, le moyen le plus
sûr de convertir cette guerre en une institution
européenne. C'est encore le moyen le plus sûr d'é-
terniser le despotisme militaire dans l'Allemagne
rajeunie, et cela pour contenir la Pologne occiden-
tale, l'Alsace et la Lorraine. C'est le moyen le plus
efficace de transformer la paix prochaine en armistice, jusqu'au moment où la France aurait repris
assez de force pour pouvoir exiger le retour du territoire perdu. C'est le moyen le plus efficace de
ruiner l'Allemagne et la France par des déchire-
ments réciproques.

« Les gens qui ont découvert ces garanties d'une
paix éternelle devraient pourtant connaître, par
l'histoire de la Prusse, que ces mesures violentes,
employées pour épuiser un peuple plein de vie,
n'amènent que le contraire de ce qu'on se proposait.

« Et que ne sera pas la France, même après la
perte de l'Alsace et de la Lorraine, comparée à la
Prusse après la paix de Tilsitt!

« Le Teuton le plus chauvin n'oserait affirmer
que le Lorrain et l'Alsacien soupirent beaucoup
après les joies du régime allemand.

« On peut, d'un autre côté, être sûr que la doc-
trine du pangermanisme et de la garantie des
frontières va amener de beaux résultats pour l'Allemagne et l'Europe en Orient. Quiconque ne se
laisse pas étourdir par les cris d'ivresse du moment
ou qui n'a pas intérêt à étourdir le peuple allemand,
doit prévoir que la guerre de 1870 amènera fatalement la guerre de l'Allemagne avec la Russie,
comme la guerre de 1866 a amené la guerre de
1870.

« Je dis fatalement, inévitablement, à moins d'une
révolution peu probable en Russie.

« Ce cas improbable n'arrivant pas, la guerre

entre la Russie et l'Allemagne doit être considérée déjà comme un fait accompli.

« L'opportunité ou l'inopportunité de cette guerre ne dépend que de l'attitude que vont prendre les vainqueurs allemands.

« S'ils s'emparent de l'Alsace et de la Lorraine, la France fera la guerre en compagnie de la Russie (1). »

Bientôt, vingt ans auront passé depuis la publication de cette lettre : les événements en ont confirmé les prévisions points pour points.

L'annexion de Metz et de Strasbourg, bien loin d'être une garantie de paix, est le foyer, soigneusement entretenu, qui a déjà failli allumer plusieurs fois la guerre entre la France et l'Allemagne et qui la fera certainement éclater tôt ou tard.

Cette annexion a déterminé, chez nous et chez nos voisins de l'Est, une fièvre militaire qui augmente sans cesse de gravité, poussant les spoliateurs et les spoliés à s'armer jusqu'aux dents, les uns pour conserver le bien volé, les autres pour le reprendre.

Les généraux prussiens sont aujourd'hui les maîtres de l'Allemagne enrégimentée; toutes les idées de progrès, de droit, de liberté, de littérature, d'art, de science, y sont pour longtemps étouffées.

Comme la reine Louise de Prusse, M. Louis Simon a rappelé que la violence ne fonde jamais rien, et, malgré l'appui de l'Italie, qui s'allie à l'oppresseur de Metz et de Strasbourg, oubliant ce que Milan et Venise ont souffert aux temps de la domination

(1) Jules de Marthold, pp. 48 à 50. — Voir, dans le même sens, une proclamation du même Louis Simon, de Trèves, à ses compatriotes : Jules Favre, *Gouvernement de la Défense nationale du 30 juin au 31 octobre*, pp. 413 et 414. Cette proclamation se trouve dans la *Gazette de Francfort* du 13 septembre 1870.

autrichienne, le jour se lèvera où ce qui est né par l'épée périra par l'épée.

Mais la partie véritablement prophétique de l'article de M. Louis Simon est celle où il annonce clairement l'alliance forcée de la Russie et de la France.

Nous ne saurions dire comment se terminera la prochaine guerre; les batailles sont à la merci du hasard et les combinaisons les plus étudiées sont emportées, comme fétus de paille, quand un homme se présente, dont l'esprit alerte, à défaut de génie, sait se jouer des données des mathématiciens. En 1870, il eût suffi d'un général très ordinaire pour démolir tous les plans de M. de Moltke, auquel on a fait une réputation quelque peu usurpée; il eût même suffi que Bazaine ne commandât pas à Metz ou Mac-Mahon à Châlons. Le devoir est, assurément, de se préparer, de s'instruire, de s'armer le mieux possible, mais l'issue d'une guerre est toujours chose incertaine.

Cependant, on ne s'avance pas trop en disant que le duel entre la France et la Russie, d'un côté, et les trois puissances du Centre, fussent-elles soutenues par l'Angleterre, de l'autre côté, rapetissera la dernière guerre à la proportion d'un jeu d'enfants.

La Russie et la France sont deux morceaux bien gros, non seulement pour l'estomac délicat de l'Italie, mais même pour le rude appétit de la Prusse.

Il est bien de se souvenir que Napoléon Ier, aidé de l'Autriche et de la Prusse, n'a pu, au faîte de sa puissance, venir à bout du colosse Moscovite; il est bon de ne pas oublier que la France n'est accoutumée d'être vaincue que par une coalition européenne et que le triomphe de l'Allemagne en 1870 est dû à des causes telles, que nos ennemis ne peuvent se flatter de les voir se représenter [lors d'un nouveau conflit.

Et, de fait, trouve-t-on souvent, dans l'histoire des nations : et une diplomatie semblable à celle de Napoléon III, et des généraux pareils aux généraux des Tuileries, et une absence de préparation au combat comparable à celle de 1870? Enfin, ne faut-il pas tenir compte de cet élément important, à savoir : que l'Allemagne avait, dès le début de la guerre, mis sur pied quatre fois plus de monde que nous, et cela, par l'incurie du Gouvernement impérial, par le manque de patriotisme de l'Opposition?

La future conflagration européenne sera donc effroyable et nous ne voyons point de quelle manière les trois puissances alliées pourront résister aux masses russes soutenues par deux millions de Français admirablement armés et que surexcitera la pensée de combattre pour la vie.

L'acquisition de l'Alsace et de la Lorraine compense-t-elle de pareils sacrifices, vaut-elle une semblable perspective de sang et de ruine? Bien fou qui se hasarderait à l'affirmer.

Quant à l'Autriche et à l'Italie, elles ne trouveront pas, après la catastrophe, assez de malédictions contre les princes et les hommes d'Etat qui, de gaieté de cœur, les auront ainsi précipitées dans l'abîme.

En tous cas, par suite des victoires prussiennes de Sadowa et de Sedan, qui ont eu pour conséquences, acceptées par les gouvernements, le culte de la force et le respect du mauvais coup réussi, nous craignons bien que ce siècle de civilisation ne s'achève au milieu d'une épouvantable barbarie.

COMBAT DE CHATILLON

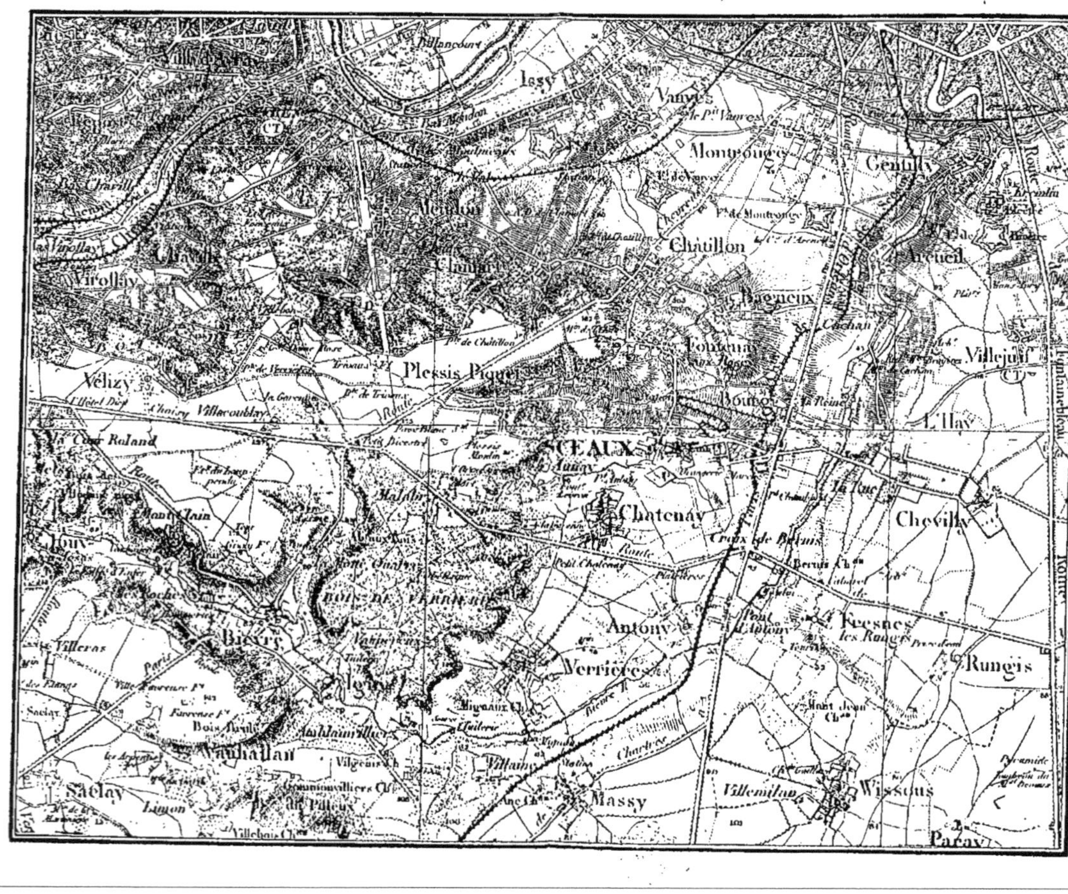

COMBAT DE CHATILLON

Il est utile, avant de commencer le récit du premier combat sérieux qui s'est livré autour de Paris, de s'étendre un peu sur un fait qui a exercé une influence néfaste sur la défense de la capitale et qui a, certainement, été l'une des causes de sa chute.

Le général Ducrot, évadé de Pont-à-Mousson le 11 septembre 1870, arrive à Paris le 15. Sa première visite est pour le Gouverneur, qu'il trouve absolument démoralisé, se plaignant de n'avoir ni soldats, ni armes, ni munitions, ni approvisionnements, croyant qu'une attaque de vive force contre les ouvrages de la place sera couronnée de succès, voulant s'en tenir à la défense de l'enceinte et des forts et abandonner Montretout, Meudon et Châtillon (1).

Avec raison, le général Ducrot tâche de rassurer le général Trochu et s'efforce de le décider à dis-

(1) Général Ducrot, t. I, pp. 1 à 3.

puter à l'ennemi les trois points que le Gouverneur veut imprudemment évacuer. Le général en chef se rend de mauvaise grâce à l'argumentation du nouvel arrivé (1) et se trouve immédiatement en butte à des instances dont il saisit le danger.

Poussé par son esprit de domination, le général Ducrot n'a plus qu'une idée : prendre le commandement en chef des forces de la capitale, ou venir après Trochu, et, surtout, primer Vinoy (2).

Le général Trochu avait vu avec dépit l'arrivée à Paris du général Vinoy. Le précieux avantage de disposer d'un corps d'armée, qu'on avait craint de perdre, ne compensait pas, chez le chef du Gouvernement de la Défense nationale, l'appréhension de sentir, à côté de lui, un homme de guerre qu'il savait lui être supérieur à tous les points de vue.

M. le général Ambert nous racontait, à cet égard, l'anecdote suivante :

Le Gouverneur réunissait fort souvent, au Louvre, les commandants des secteurs, qui tous, à l'exception de deux généraux de l'armée de terre, dont l'un était le général Ambert, appartenaient à la Marine. Le 6 septembre, tous ces commandants des secteurs étaient assis autour d'une grande table, et le général Trochu parlait longuement de bien des choses et surtout de lui.

Un huissier entre et remet une carte au Gouverneur, qui fronce le sourcil, et, après avoir hésité quelques secondes, dit : « Faites entrer. »

On voit alors apparaître le général Vinoy botté, couvert de poussière, qui s'avance vers le Gouver-

(1) Général Ducrot, t. I, p. 3.
(2) « Ducrot ? Nous l'avons jugé à Sedan. Hautain, violent, présomptueux, il voudra tout dominer, tout absorber. Il prendra, sur Trochu, un déplorable ascendant, grâce à de vieilles relations d'amitié qui datent de Saint-Cyr. » (A. Ballue, p. 15.)

neur en s'écriant : « Le 13ᵉ corps est à Paris et je suis à votre disposition ! »

Sans se lever, sans donner la moindre marque de satisfaction, le général Trochu se contente de répondre froidement : « C'est bien, asseyez-vous, nous causerons tout à l'heure. » Et il reprend son interminable bavardage.

On comprend la stupéfaction des assistants et la colère du général Vinoy. Celui-ci, esclave de la discipline, se soumit; mais il ne fallait pas lui en demander davantage, et nous n'aurons, plus tard, que trop à le déplorer.

Quoi qu'il en soit, le Gouverneur ne veut pas, tout d'abord, commettre une telle injustice, une telle faute : subordonner Vinoy à Ducrot; il refuse. Mais, à peine sorti du Louvre, Ducrot court auprès de Jules Favre, de Jules Simon, de Picard, et n'a pas grand'peine à les ranger de son côté. Circonvenu, le général Trochu n'a pas la force de résister à ses propres désirs et aux instances de ses collègues : les deux lettres, que l'on va lire, sont adressées au général Vinoy, à la date du 16 septembre, et remises le 18 (1) :

« Cher général,

« Le Gouvernement vient de faire une nomination que je vous prie de ne pas juger avant de m'avoir entendu.

« Il s'agit d'un grand intérêt public qui doit être sauvegardé, toute préoccupation de personnes cessant.

« Je vous donnerai à cet égard des explications confidentielles nécessaires.

« Votre tout dévoué camarade,

« Général Trochu (2). »

_____

(1) Général Vinoy, p. 144. — « Cette nomination fut le premier acte de faiblesse du général Trochu. » (A. Wachter, p. 508.)
(2) Général Ducrot, t. I, p. 433.

« Mon cher général,

« J'ai l'honneur de vous informer que j'ai nommé
au commandement des 13e et 14e corps M. le
général de division Ducrot. Je fais appel à tous les
sentiments de patriotisme que vous inspire la situation grave dans laquelle nous sommes, pour vous
inviter à faciliter à cet officier général l'accomplis-
sement de la tâche que je lui ai confiée.

« Veuillez agréer, mon cher général, l'assurance
de mes sentiments les plus affectueux,

« Le Président du Gouvernement de la Défense
nationale,

« Général TROCHU (1). »

Ainsi, c'était à un général médiocre tacticien et
mauvais stratégiste, à un général qui avait laissé
écraser son lieutenant Abel Douay à Wissembourg,
à un général qui avait manqué, à Sedan, du plus
vulgaire coup d'œil militaire, en voulant faire opérer la retraite d'une armée démoralisée sur une route
déjà commandée par l'ennemi, c'était à ce général,
brave assurément mais insuffisant, que l'on donnait
la direction des deux seuls corps organisés, le
13e et le 14e, enlevant ce périlleux honneur à
l'homme auquel il revenait de droit par ancienneté
et par mérite, à l'homme de Malakoff, de Magenta
et de Solférino, à l'homme qui venait de se distin-
guer par la très remarquable retraite de Mézières
sur Paris, retraite qui avait apporté à la défense de
la capitale l'appoint inappréciable de cadres et de
soldats de l'ancienne armée régulière !

On imagine quelle irritation, quelle douleur ce
mauvais procédé, cette faute lourde, durent causer

____

(1) Général Ducrot, t. I, p. 433.

au général Vinoy, qui se savait bien supérieur au brouillon de Sedan (1).

Aussi, « après les observations présentées au Gouverneur de Paris par le général commandant le 13° corps, il ne fut pas donné suite à l'organisation indiquée, ou, du moins, elle ne reçut jamais sa complète exécution. Les deux corps d'armée, que la lettre de service du général Ducrot plaçait sous ses ordres, se trouvaient alors aux deux extrémités de Paris, l'un au sud vers Châtillon, l'autre à Vincennes. Il fut convenu que le 13° corps resterait détaché du commandement du général Ducrot et que celui-ci n'exercerait réellement ce commandement en chef des deux corps d'armée que dans le cas où, par suite des opérations, ils se trouveraient réunis, circonstance qui ne se présenta jamais (2). »

(1) Le général Vinoy fut « blessé dans ses droits d'ancienneté ». (Colonel Lecomte, t. III, p. 54.) — « Le général Vinoy offrit sa démission ; mais, cédant aux instances du ministre de la Guerre, général Le Flô, et du général Trochu lui-même, le commandant du 13° corps retira cette démission parce qu'il ne fut pas donné suite à l'organisation projetée, qui ne reçut pas sa complète exécution. En cette circonstance, le général Trochu obéit à un sentiment d'amitié. Il suffit de comparer les services des généraux Vinoy et Ducrot pour juger auquel des deux revenait le commandement des 13° et 14° corps d'armée. » (Général Ambert, *Récits militaires, Le siège de Paris*, p. 52.) — « Le général Vinoy était général de division dix ans avant le général Ducrot. Celui-ci n'avait fait ni la campagne de Crimée, ni celle d'Italie, où Vinoy s'était distingué. Enfin, la belle retraite du 13° corps, de Mézières à Paris, mettait Vinoy dans une situation exceptionnelle qu'aurait dû respecter le général Trochu. » (*Ibid.*, p. 53, en note.) — « Le Gouverneur de Paris était lié par une vieille amitié au général Ducrot. » (Le Faure, t. I, p. 381.) — « Le général Vinoy avait le droit d'espérer une tout autre décision, après le service très réel qu'il venait de rendre en ramenant à Paris le 13° corps, la seule troupe organisée qu'il y eût dans la capitale. De ce jour, les rapports entre les divers commandants de l'armée de Paris furent singulièrement refroidis. » (*Ibid.*) — « Le général Vinoy était visiblement aigri, blessé, de se voir subordonné à un autre chef, et même tenu un peu à l'écart des conseils militaires. » (Charles de Mazade, *La guerre de France*, t. II, p. 123.) — Giraux aîné, pp. 9 et 10.
(2) Général Vinoy, p. 145.

Mais il en résulta une grande tension de rapports
entre les deux généraux. Le général Vinoy se désin-
téressa d'une œuvre qu'il pressentait compromise
par l'indécision de Trochu et la présomption de
Ducrot. Nous ne pourrons jamais trop regretter ce
déplorable effet des intrigues de l'évadé de Sedan (1).

DISPOSITIONS D'ATTAQUE

Quoi qu'il en soit, le général Ducrot, qui, depuis
le 18, tient son commandement, veut « l'inaugurer
par un mouvement offensif sur le flanc droit des
Allemands, qui défilent devant lui, par la vallée de
la Bièvre (2) ». L'entreprise est exécutable, mais
encore faut il s'y prendre de manière à la faire
réussir. Nous allons voir et juger les dispositions du
général Ducrot.

Le 14ᵉ corps (3), le 19 septembre, à six heures du
matin, occupait les positions suivantes :

A l'extrême avant-garde, se tenait un bataillon
de chasseurs, au moulin à vent de Plessis; un peu
plus loin, le 15ᵉ régiment de marche, de la division
de Caussade, garnissait le parc Hachette et le village du Plessis-Piquet.

(1) « Ces froissements, par malheur, n'ont pas laissé d'avoir un
rôle pendant le siège. » (Charles de Mazade, *La guerre de France*.
t. II, p. 86.) — « On fit, au général Vinoy, un rôle trop effacé
pendant le siège de Paris, parce que le talent passait après les
déclamations. » (Général Ambert, *Histoire de la guerre de 1870-
1871*, p. 270.)

(2) Général Vinoy, pp. 145 et 146. — « Le général Ducrot était
d'avis qu'il fallait tomber sur l'adversaire en formation et s'assurer
définitivement la possession d'un terrain si utile entre les mains
de celui qui en serait le maître. » (Commandant Bonnet, t. II,
p. 35.)

(3) Voir, pour la composition du 14ᵉ corps, la pièce justificative
nº IV.

Le gros de nos forces était disposé le long et sur le triangle dont l'angle aigu était la redoute de Châtillon et les deux autres angles le Petit-Bicêtre et la porte de Verrières. Là, se trouvaient : la division d'Hugues, au sud de la route de Châtillon à Bièvres, avec le Petit-Bicêtre comme objectif; la division de Caussade, entre le chemin, qui va de la redoute à la porte de Verrières, et le bois de Meudon, avec la ferme de Villacoublay comme but à atteindre; le régiment de zouaves couvrait cette dernière division sur sa droite, à Dame-Rose; la brigade de Bernis était alignée presque à la base du triangle; derrière se tenait l'artillerie; derrière encore, le 7ᵉ bataillon des mobiles de la Seine.

Le cimetière, le télégraphe et la redoute de Châtillon étaient gardés par le 26ᵉ de marche, de la division de Maussion.

Enfin, cette division défendait Fontenay-aux-Roses et Bagneux, protégée par les deux batteries du commandant de Miribel, établies à l'éperon qui se dresse au sud de Bagneux et à l'est de Fontenay-aux-Roses (1).

Quant au 13ᵉ corps, il était aux alentours de Vincennes.

Le 14ᵉ corps allait donc se heurter : d'abord au Vᵉ corps prussien se dirigeant sur Versailles, partie par Palaiseau et Jouy, partie par Bièvres et l'Hôtel-Dieu; ensuite au IIᵉ corps bavarois se portant, de Longjumeau, sur le Petit-Bicêtre, par Bièvres (où il aurait dû couper la colonne du Vᵉ corps), et, de Wissous, sur le plateau de Sceaux, par le pont d'Antony et la Croix-de-Berny (2).

(1) Général Ducrot, t. I, croquis X.
(2) *La Guerre franco-allemande*, 2ᵉ partie, pp. 63 et 65.

PREMIERS ENGAGEMENTS

Le 19, à cinq heures du matin, les divisions de Caussade, d'Hugues, la brigade de Bernis et l'artillerie s'ébranlent en même temps. « Le brouillard est si épais qu'on ne distingue rien devant soi; vers six heures, nos francs-tireurs se trouvent subitement à très peu de distance des tirailleurs prussiens; des coups de feu sont échangés (1). »

Bien que nous ayons surpris l'ennemi (2), bien qu'il n'y ait devant nous que des groupes isolés, bien que notre intérêt soit de marcher vite et de profiter du désarroi des Prussiens, ces quelques coups de feu arrêtent net le général de Caussade, à la porte de Trivaux, et le général d'Hugues à la naissance du ravin du Plessis-Piquet.

A six heures et demie, le brouillard se dissipe et l'on voit les Prussiens évacuer précipitamment le Pavé-Blanc et se réfugier derrière la Tuilerie, bâtiments élevés sur la route, entre le Petit-Bicêtre et le Pavé-Blanc (3). Les mobiles de la Seine, sous la vigoureuse impulsion du commandant Vernon-Bonneuil, chassent les Allemands de la Tuilerie et les rejettent « en désordre vers le bois de Ver-

(1) Général Ducrot, t. I, p. 27.
(2) « Surprises de gîtes d'étapes allemandes (Châtillon et Stenay) 1870-1871. » (*Les Éléments de la Tactique*, par J. Meckel, officier supérieur de l'état-major; traduit de l'allemand par H. **Monet**, lieutenant breveté au 129e régiment d'infanterie; 2e édition, Paris, Louis Westhausser, 1887; p. 403.) — « L'ennemi était surpris. » (Général Ambert, *Récits militaires, Le siège de Paris*, p. 34.) — « L'attaque *surprenait* l'ennemi... » (Commandant Bonnet, t. II, p. 36.) — « Les Prussiens ont été *surpris* par cette brusque attaque. » (*Campagne de Paris, Souvenirs de la mobile* (6e, 7e et 8e bataillons de la Seine), par Ambroise Rendu, ancien officier de mobiles; Paris, Didier, 1872; p. 17.) — Dussieux, t. I, p. 186.
(3) Général Ducrot, t. I, p. 27.

rières (1) », que nous remplissons de nos tirailleurs (2).

Bientôt, huit de nos pièces, établies en avant de la porte de Trivaux, ouvrent le feu contre le Petit-Bicêtre. Une batterie ennemie leur répond, mais 12 autres pièces viennent se ranger à côté des 8 premières et accablent la batterie prussienne, déjà maltraitée par la mousqueterie ; « elle essuie des pertes tellement fortes que 3 de ses pièces sont hors de combat. Sur ces entrefaites, au bruit de la canonnade qui s'entendait au loin, le commandant de la division engagée, général-major de Sandrart, avait envoyé en avant, vers le Petit-Bicêtre, la 2e batterie légère, qui entrait en ligne sous un feu épouvantable d'obus et de mousqueterie, et permettait ainsi à l'autre batterie de se retirer momentanément pour se remettre en état de reprendre la lutte (3).

Cette dernière batterie se tait à son tour (4) ; le bombardement du Petit-Bicêtre recommence et le 47e prussien est obligé de l'évacuer (5).

Mais deux batteries prussiennes se remettent à tirer non loin de là, et une batterie bavaroise accourt, de Bièvres, au secours du Ve corps. Cinquante bouches à feu françaises, alignées du Pavé-Blanc à la porte de Trivaux, foudroient l'infanterie et l'artillerie ennemies, pendant que le 19e régiment de ligne aborde crânement l'extrémité nord-ouest du bois de Verrières et que l'avant-garde du général de Caussade s'approche de la garenne de Villacoublay (6).

---

(1) Général Ducrot, t. I, p. 28.
(2) *La Guerre franco-allemande*, 2e partie, p. 65.
(3) *Ibid.*, pp. 64 et 65. — Général Ducrot, t. I, p. 28.
(4) « L'artillerie ennemie disparue... » (Général Ducrot, t. I, p. 28.)
(5) *La Guerre franco-allemande*, 2e partie, p. 65.
(6) Général Ducrot, t. I, pp. 28 et 29.

L'affaire est donc bien engagée : il s'agit de ne pas faiblir et de pousser vivement les Prussiens ébranlés.

Malheureusement, le général Ducrot ne fait pas soutenir l'avant-garde du général de Caussade, composée d'un bataillon du 17e de ligne. Au moment où ce bataillon va s'emparer de la garenne, le restant de la division ne quitte pas la lisière du bois de Meudon où les balles prussiennes nous refoulent chaque fois que nous tentons de marcher en avant (4), ce qui ne serait pas arrivé si le général Ducrot avait fait filer sur la gauche de l'ennemi, par Dame-Rose, un régiment de la brigade de Bernis, escortant une ou deux batteries. Se sentant ainsi menacés, les Prussiens n'auraient tenu ni à la garenne, ni à Villacoublay. En cas de danger, la retraite était toujours assurée par le bois de Meudon, dont les nombreux chemins sont très praticables. Mais le général en chef préférait entasser ses canons les uns sur les autres, entre Trivaux et le Pavé-Blanc, et laisser sa cavalerie se morfondre en arrière, en attendant qu'elle disparût pour ne s'arrêter qu'au centre de Paris.

De plus, pourquoi la division de Maussion reste-t-elle immobile à Bagneux? Cette attitude va permettre au IIe corps bavarois, libre de préoccupations du côté de Bourg-la-Reine, de se porter tout entier sur le lieu du combat et d'écraser nos jeunes troupes qui se battent devant le Petit-Bicêtre.

PANIQUE DES ZOUAVES ET DE LA DIVISION DE CAUSSADE

Mais, vers sept heures et demie, « des cris affreux se font entendre sur notre droite; ce sont les zouaves qui, non loin de la ferme de Trivaux (de Dame-

---

(1) *La Guerre franco-allemande*, 2e partie, p. 67.

Rose), ont été effrayés par quelques obus tombés à proximité et s'enfuient en poussant de véritables hurlements (1). »

Le général Ducrot et son état-major essaient en vain de ramener au feu ces affolés. Un nouvel obus qui éclate au milieu d'eux, détermine un sauve-qui-peut général et, non moins bons coureurs que mau-, vais combattants, ces malheureux ne s'arrêtent qu'à Paris, où ils crient qu'on les a trahis (2).

Voici une seconde version de cette panique : « Les zouaves étaient rassemblés autour de la ferme de Trivaux et se trouvaient massés en colonne auprès d'une batterie qui, par la vivacité de son feu, avait attiré l'attention de l'ennemi, qui ne tarda pas à riposter. Des tonneaux de munitions venaient d'arriver, et on commençait à faire la distribution aux zouaves, lorsqu'un obus, passant au-dessus de la batterie, va éclater à cent mètres en arrière du bataillon placé entre la ferme de Trivaux et le chemin du Pavé-Blanc. Le sifflement aigu du projectile produit son effet sur ces jeunes soldats; cependant ils ne se débandent pas. Sur l'ordre d'un capitaine d'état-major, le détachement du 3ᵉ zouaves se met en marche, et prend le chemin qui, en arrière de Trivaux, borde le bois de Meudon. La fraction du 1ᵉʳ zouaves va suivre; elle est précédée d'un peloton de gendarmes, lorsque les Prussiens, modifiant leur tir, envoient successivement plusieurs obus au milieu de la troupe. Les gendarmes, plus avancés, se rabattent vivement; les zouaves prennent peur, se débandent, se sauvent et vont porter la terreur dans Paris (3). »

(1) Général Ducrot, t. I, p. 29. — Dussieux, t. I, p. 186. — Sarcey, p. 75.

(2) Général Ducrot, t. I, p. 30. — Charles de Mazade, *La guerre de France*, t. II, p. 91.

(3) Le Faure, t. I, p. 384. — M. Le Faure a pris tous ces détails

Cependant, le commandant Lévy a pu rallier 300 zouaves, anciens soldats, dans la redoute de Meudon, où nous les verrons tenir jusqu'à la fin du combat. De son côté, le capitaine Jacquot en a rassemblé quelques autres qui défendent le bois de Clamart, près du village de Fleury (1).

Malgré la honteuse défection des zouaves, la division de Caussade ne faiblit pas encore, mais elle ne va pas tarder à se débander quand le bataillon, qu'on a laissé seul aux prises avec les Prussiens devant la garenne, se repliera précipitamment sur le gros de la division (2).

Tout à coup, le régiment des grenadiers du roi et le 5e bataillon de chasseurs se portent en avant, appuyés par deux batteries lourdes qui tirent de chaque côté de Villacoublay. La XVIIe brigade d'infanterie se tient un peu en arrière (3).

Nos tirailleurs reculent et leur arrivée dans nos lignes achève de décourager les novices du général de Caussade. Le tremblement, prélude de la panique, commence à courir parmi les masses atterrées de la division française; les officiers ont la plus grande peine à les empêcher de lâcher pied, « mais, dès lors, toute action offensive devient impossible

dans A. Ballue, p. 30. — On avait formé un régiment de zouaves des débris de trois régiments auxquels on avait ajouté des recrues qui n'avaient jamais assisté à une affaire.

(1) Général Ducrot. t. I, p. 30. — « Une partie des fuyards avaient pris la route de Meudon; ils furent arrêtés, au château, par deux hommes énergiques, le commandant du génie Lévy et l'ingénieur des mines de l'Espée, le même qui devait périr d'une façon si tragique à Saint-Étienne. Tous les deux, le pistolet à la main, aux grilles du parc, arrêtèrent le flot et, jusqu'à sept heures et demie du soir, restèrent, attendant des ordres, alors que toutes les troupes s'étaient, depuis longtemps, repliées sur l'enceinte. » (*Enq. parlem. déf. nationale*, rapport de M. Chaper sur le Gouvernement de la Défense à Paris au point de vue militaire, pp. 54 et 55.)

(2) Général Ducrot, t. I, p. 31.

(3) *La Guerre franco-allemande*, 2e partie, p. 67.

et le général Ducrot, voyant l'ennemi gagner du terrain et menacer de tourner notre droite, se décide à la retraite (1). » Le général de Caussade et le général d'Hugues reçoivent l'ordre de reprendre leurs campements du matin, c'est-à-dire la droite et la gauche de la redoute de Châtillon.

Notre gauche, ou, pour mieux dire, le 19e régiment de marche qui la formait à lui tout seul, si l'on ne compte pas le 15e régiment de marche qui garnissait le Plessis-Piquet (2), combattait pourtant énergiquement. Ce régiment avait gagné les bouquets de bois qui poussent à l'ouest de Malabry « et y avait refoulé la ligne prussienne (3) » ; mais de nombreuses volées de mitraille le font chanceler et de nouveaux tireurs, apparaissant sur sa gauche, le déterminent à la retraite. Il abandonne ainsi une compagnie d'avant-garde qui, enlevée par la bravoure du capitaine Barret, était arrivée à quelques mètres des tirailleurs ennemis. Cette compagnie est alors « faite tout entière prisonnière, après avoir eu presque tous ses hommes blessés (4) ».

(1) Général Ducrot, t. I, p. 31. — « Les hommes que le général Ducrot avait à mener au feu ne savaient pas même tenir un fusil. » (L'Empire et la Défense de Paris ; déposition du général de Chabaud-Latour, p. 168.) — Le désir qu'a le général de Chabaud-Latour de couvrir son ami le général Ducrot lui fait dépasser le but : comme nous l'avons reconnu, il y avait beaucoup de novices dans le 14e corps, mais on y comptait aussi de bons soldats, témoins les 15e et 19e de marche ainsi que l'artillerie. — « Il fallait sauver les apparences et couvrir du nom de retraite la plus ignoble lâcheté. » (Ambroise Rendu, p. 25.)

(2) A vrai dire, puisque la division de Maussion restait à Bagneux, en lançant ses troupes contre les Prussiens, à six heures du matin, le général Ducrot avait la division de Caussade à sa droite, la cavalerie, l'artillerie et la division d'Hugues au centre, le 15e de marche et les chasseurs à sa gauche. Mais, en avançant, le centre avait disparu : il n'y avait plus, comme combattants, qu'un bataillon du 17e de ligne devant la garenne de Villacoublay, formant la droite, et le 19e de marche aux environs de Malabry, formant la gauche; l'artillerie entre la droite et la gauche, et la cavalerie derrière. (Général Ducrot, t. I, croquis XI.)

(3) Commandant Bonnet, t. II, p. 37.

(4) Général Ducrot, t. I, p. 33.

Du côté de Malabry, les nôtres ont été encore plus loin ; ils ont franchi la route et se battent dans les bois avec les Prussiens. La venue d'un bataillon de chasseurs bavarois les contraint à reculer : la plupart sont tués ou blessés (1). Traversant les ruines fumantes du Petit-Bicètre, les Bavarois, renforcés de nouveaux contingents, se portent sur le Pavé-Blanc où nos troupes, embusquées au Plessis-Piquet, les arrêtent net (2). Le restant de la division d'Hugues est en pleine retraite : il est huit heures et demie passées.

Notre artillerie ne se lasse pas de tirer, protégée par la brigade de Bernis, qui se comporte admirablement et « se maintient inébranlable sous le feu (3) ». Nos batteries sont maltraitées, mais « l'entrain de nos braves artilleurs n'en est pas ralenti et la lutte se poursuit avec acharnement (4) ». Grâce à cette ferme contenance de notre artillerie et de notre cavalerie, le mouvement en arrière s'exécute en assez bon ordre, sous la direction du général Renault. « L'ennemi suit ce mouvement sans y mettre obstacle (5). »

Du reste, notre retraite est facilitée par la bonne contenance du 15ᵉ régiment de marche, qui, retranché dans le Plessis-Piquet et le parc Hachette, se défend heureusement, depuis la première heure, contre les tentatives de l'ennemi, ainsi que nous le dirons bientôt. Ce régiment permet enfin à l'artillerie de se replier à son tour, ce qu'elle fait lentement, sans désordre, en prenant quatre positions successives et en répondant aux dix batteries allemandes, qui s'alignent à la place que les nôtres

(1) Général Ducrot, t. I, pp. 33 et 34.
(2) La Guerre franco-allemande, 2ᵉ partie, p. 66.
(3) Ibid., p. 67.
(4) Général Ducrot, t. I, p. 32.
(5) Commandant Bonnet, t. II, p. 39.

occupaient tout à l'heure, du Pavé-Blanc à la porte de Trivaux (1).

Dix heures viennent de sonner : tout le V° corps prussien est autour de Villacoublay; tout le II° corps bavarois se tient entre le Petit-Bicêtre et Sceaux. Le vaillant 15° de marche est isolé au milieu des masses allemandes qui le pressent à gauche, par devant et à droite. Des murs, des enclos qui entourent le Plessis-Piquet, du Château-Rouge et du parc Hachette, il tire sans relâche sur les ennemis. Il occupe pareillement le Plessis-Moulin (2).

Le commandant Lévy tient toujours au château de Meudon, où, du reste, il n'est pas attaqué.

Pendant ce temps, le général Ducrot place son artillerie sur la partie nord du plateau de Châtillon. Les 8 pièces de la redoute sont renforcées par 3 mitrailleuses, trois batteries et quelques autres pièces. Ces bouches à feu surveillent les débouchés des bois de Meudon et de Clamart. Sur l'éperon du télégraphe, 10 mitrailleuses et 22 canons commandent la vallée de Sceaux. Quelques bataillons protègent toutes ces batteries qui sont établies dans des positions formidables (3).

A ce moment, la division de Caussade est entre Clamart et le fort d'Issy, grandement démoralisée. La division d'Hugues a suivi la brigade de Bernis qui se retire au pas sur Paris. Cette division est en fuite, sauf la brigade Paturel, que son chef est parvenu à rallier, dans le ravin creusé depuis le télégraphe jusqu'à Fontenay-aux-Roses (4). La division de

(1) Général Ducrot, t. I, pp. 35 et 36.
(2) Voir : *La Guerre franco-allemande*, 2° partie, pp. 72 et 73.
(3) Général Ducrot, t. I, pp. 37 et 38, et croquis XIII. — *La Guerre franco-allemande*, 2° partie, p. 70.
(4) Les mobiles de la Seine « furent, comme les autres, entraînés dans la déroute... Il fallait suivre le torrent ou se laisser écraser ». (Ambroise Rendu, p. 28.)

Maussion demeure toujours immobile à Bagneux et à Fontenay-aux-Roses. Il est onze heures du matin (1).

RÉSISTANCE HÉROÏQUE DU 15e DE MARCHE
AU PLESSIS-PIQUET

Le duel d'artillerie recommence immédiatement. Les 8 pièces de 12 de la redoute dirigent, à 2,000 mètres, un feu efficace sur l'artillerie ennemie « qui, vers midi, croyant avoir affaire à des pièces de gros calibre, cesse de tirer (2) ».

Nos batteries du télégraphe n'ont pas plus de peine à venir à bout des canons bavarois, couronnant les hauteurs de Sceaux, qui sont forcés de se mettre à l'abri de nos terribles mitrailleuses (3).

Mais racontons, sans plus tarder, la lutte glorieuse soutenue au Plessis-Piquet par le 15e régiment de marche, que le général Ducrot a laissé seul, à plus de 2,000 mètres de nos lignes avancées les plus proches, c'est-à-dire le télégraphe.

A midi, les Bavarois qui, jusqu'alors, s'étaient contentés de tirailler avec les défenseurs du Plessis-Piquet, se décident à sortir du bois de Malabry et s'emparent du Plessis-Moulin, « après un engagement court mais vif (4). » Deux brigades bavaroises, appuyées par plusieurs batteries qui bombardent les défenseurs du Plessis-Piquet, s'approchent du village, en l'entourant par l'est, le sud et l'ouest.

Malgré la disproportion des forces, le brave régi-

(1) Général Ducrot, t. I, croquis XII.
(2) *Ibid.*, p. 40. — « Vers deux heures, toute l'artillerie ennemie renonce à la lutte. » (*Le Blocus de Paris et la Première armée de la Loire*, 1re partie, p. 39.)
(3) Général Ducrot, t. I, p. 40. — Charles de Mazade, *La guerre de France*, t. II, pp. 92 et 93.
(4) *La Guerre franco-allemande*, 2e partie, p. 72.

ment français, qui voit, à moins de 500 mètres de lui, toute une division ennemie, et, à moins d'un kilomètre, les nombreuses batteries qui l'écrasent, sans compter l'autre division bavaroise qui le menace du côté de Sceaux (1), ce brave régiment, disons-nous, n'éprouve pas la plus légère hésitation et défie ses milliers d'adversaires (2). Les Bavarois sont plus d'une demi-heure à tirer à balles et à obus sur le village avant de se décider à l'aborder. « Ecrasés par la mousqueterie qui part de tous les murs du parc et des clos, ils sont obligés de se replier précipitamment en abandonnant leurs morts et leurs blessés (3). » Ils ne veulent plus risquer un assaut avant que le canon n'ait démoli les murs derrière lesquels nos soldats les fusillent. Une batterie met près d'une heure à « renverser en partie le mur sud du parc du Plessis-Piquet (4) ». C'est alors seulement que l'ennemi s'élance une seconde fois sur la vaillante petite troupe : le Château-Rouge et le parc Hachette tombent au pouvoir des Bavarois (5), mais les assaillants se trouvent arrêtés devant les clos sud du village.

Le commandant du 15ᵉ régiment de marche, l'intrépide lieutenant-colonel Bonnet, réduit à se défendre dans les jardins que l'artillerie adverse bat avec fureur, entouré d'une véritable nuée de combattants, voyant les survivants de son régiment brisés

---

(1) *La Guerre franco-allemande*, 2ᵉ partie, plan 13.

(2) « Le 15ᵉ de marche, commandé par un brave officier, le colonel Bonnet, tient toujours avec fermeté. » (Colonel Lecomte, t. III, p. 56.) — « Le résultat de cette bataille, que l'énergie de quelques troupes placées à la droite rendit indécise jusqu'au soir... » (Ambroise Rendu, p. 29.)

(3) Général Ducrot, t. I, p. 46. — « La Vᵉ et la VIᵉ brigades s'étaient épuisées en efforts et, quoique soutenues par le feu des batteries bavaroises qui étaient venues se placer sur les pentes du plateau, près de Châtenay, elles n'avaient pu enlever la position. » (Commandant Bonnet, t. II, p. 41.)

(4) *La Guerre franco-allemande*, 2ᵉ partie, p. 73.

(5) *Ibid.*

de fatigue, aveuglés par la fumée et la poussière, *ne recevant aucun ordre de ses chefs*, craint d'être définitivement enveloppé (1). « Il envoie donc un officier à cheval, M. Tarigo, demander les instructions du général Ducrot, qui lui prescrit de se retirer immédiatement par la route (2) » allant du Plessis-Piquet à la redoute. « Sur l'ordre du colonel, chaque bataillon abandonne la position, en diminuant successivement son feu. *Il est près de trois heures* quand le régiment arrive à hauteur de Châtillon, derrière la redoute (3). »

Les Bavarois profitent de notre départ « pour franchir les brèches, préalablement élargies par les pionniers, et pour escalader une barricade qui ferme le chemin (4) ». Ils s'engagent bientôt dans la grande rue du Plessis-Piquet, tenus en respect par notre énergique arrière-garde.

Un auteur, qui signe A. G., et qui écrit souvent dans le *Journal des sciences militaires*, a prétendu que c'était par ordre du général Ducrot, et pour protéger la retraite, que le 15ᵉ de marche avait résisté si longtemps au Plessis-Piquet (5). Cette allégation ne résiste pas à un examen approfondi.

Non seulement aucune déclaration des combattants de Châtillon, aucune pièce officielle ou privée n'arrivent à l'appui de cette assertion; non seulement tous les témoignages affirment le contraire de ce qui est ainsi avancé par l'auteur anonyme, mais

(1) « L'ordre de retraite n'étant pas parvenu au lieutenant-colonel Bonnet, celui-ci avait conservé son poste. » (Commandant Bonnet, t. II, p. 41.)

(2) Général Ducrot, t. I, p. 46.

(3) *Ibid.* — « Le 15ᵉ régiment abandonne alors lentement sa position, battant méthodiquement en retraite. » (Commandant Bonnet, t. II, p. 41.)

(4) *La Guerre franco-allemande*, 2ᵉ partie, p. 73.

(5) *Le Blocus de Paris et la Première armée de la Loire*, 1ʳᵉ partie, p. 37.

l'étude de la position des troupes sur les croquis du combat dessinés par le général Ducrot, le plan de cette affaire donné par le grand état-major prussien, montrent, jusqu'à l'évidence, par l'isolement où se trouve le 15e de marche, que ce brave régiment avait été abandonné, sans ordres de ses chefs, en un mot, qu'il avait été oublié.

Au reste, quelles que soient les critiques que nous ayons à adresser au général commandant en chef à Châtillon, touchant sa tactique du 19 septembre, nous ne voudrions pas lui faire l'injure de le penser capable de charger un régiment de défendre une position aussi avancée que l'était celle du Plessis-Piquet sans la relier au gros de ses troupes par quelques compagnies au moins, et nous croyons qu'il avait assez l'habitude du champ de bataille pour ne pas commettre une faute aussi lourde (1). Discutons quelques instants la question.

Parmi nos témoignages, il s'en trouve qui ne laissent subsister aucun doute. Le premier est celui de M. le commandant Bonnet qui constate, dans son histoire de la guerre de 1870-1871, que l'ordre de retraite n'était pas parvenu au lieutenant-colonel Bonnet (2). L'auteur anonyme se trompe donc quand il affirme, sans preuves, que le 15e de marche « avait reçu l'ordre de résister au Plessis-Piquet le plus longtemps possible (3) ».

Le second témoignage est celui du général Ducrot lui-même qui a raconté ainsi ce glorieux incident : « La situation du lieutenant-colonel Bonnet était *critique;* nos troupes avaient *évacué* la plus

---

(1) Général Ducrot, t. I, croquis XII (onze heures du matin); voir, surtout, *La Guerre franco-allemande,* plan des combats du Petit-Bicêtre et de Châtillon, le 19 septembre, plan 13 (à midi).

(2) Voir, *suprà,* p. 192, en note.

(3) *Le Blocus de Paris et la Première armée de la Loire,* 1re partie, p. 37.

grande partie du plateau ; cet officier pouvait être *enveloppé* avec son régiment. Il envoya donc un officier à cheval, M. Tarigo, *demander les instructions du général Ducrot*, qui lui prescrivit de *se retirer immédiatement* par la route de Fontenay-aux-Roses (1). »

Il est clair que le général Ducrot ne se serait pas exprimé en ces termes s'il n'avait pas *oublié* le 15ᵉ de marche. Dans ce cas, il n'eût pas attendu l'arrivée de M. Tarigo pour ordonner « de se retirer *immédiatement* », alors que le moment, par lui assigné pour la retraite, en nous en rapportant à son aveu que nous enregistrerons sans tarder, était passé depuis plus de quatre heures.

De son côté, le commandant du 15ᵉ de marche n'eût pas eu à expédier un officier au général en chef, pour lui *demander des instructions*, s'il les avait déjà reçues, comme on essaie de le faire croire dans le but de dégager la responsabilité du général Ducrot.

Aussi quand celui-ci écrit que « le lieutenant-colonel Bonnet, se conformant aux ordres du commandant en chef, continuait à *se maintenir* dans le Plessis-Piquet (2) », cela veut dire qu'il *s'y maintenait conformément aux ordres du matin*.

Nous savons bien encore que le général Ducrot dit avoir envoyé le capitaine de Néverlée, vers huit heures, au lieutenant-colonel Bonnet, pour lui prescrire de tenir au Plessis-Piquet et de ne se retirer « *que lorsque toutes les troupes engagées sur le plateau l'aurait dépassé* (3) ».

Mais, en admettant que cet ordre ait été envoyé, ce dont nous doutons, car, ce jour-là, les prescriptions du général Ducrot n'ont pas été heureusement

(1) Général Ducrot, t. I, p. **46**. — Voir, *suprà*, p. 192.
(2) *Ibid.*, p. 44.
(3) Général Ducrot, t. I, p. 35.

transmises et interprétées, notamment par les généraux de Caussade et Appert (1), en admettant donc que ledit ordre ait été lancé, M. le commandant Bonnet nous a appris qu'il n'était pas parvenu au 15° de marche. Nous en avons la preuve dans le fait que ce régiment n'est arrivé à la redoute qu'à trois heures de l'après-midi (2) et dans celui qu'à deux heures, d'après le récit qui nous a été fait, à une heure et demie, d'après la narration du grand état-major prussien (3), il combattait encore au Plessis-Piquet. Le lieutenant-colonel Bonnet, s'il avait reçu cet ordre mystérieux, serait-il resté dans une position aussi « *critique* (4) », depuis neuf heures du matin, selon nous, depuis dix heures au plus, selon les relevés du grand état-major prussien (5), alors que toutes les troupes des divisions d'Hugues et de Caussade, notre cavalerie, notre artillerie, « avaient rallié les emplacements quittés le matin (6) » et dépassé le Plessis-Piquet?

Et qand nous disons qu'il résulte de l'ouvrage de M. de Moltke qu'à dix heures, au plus, le 15° de marche était aux premières lignes, devant les Allemands, cela est loin de signifier qu'il n'y était pas depuis huit heures ; cela signifie seulement que le grand état-major prussien a négligé d'indiquer le moment de la journée où s'est effectuée la retraite des divisions d'Hugues et de Caussade.

Mais le général Ducrot va nous renseigner à cet égard, et voilà pourquoi nous pensons que, dès neuf heures, le 15° de marche était déjà seul à soutenir la poussée formidable des Bavarois et des

(1) Voir, *infrà*, pp. 198, 199 et 200.
(2) Général Ducrot, t. I, p. 46.
(3) *La Guerre franco-allemande*, 2° partie, combinaison des pages 72 et 73.
(4) Général Ducrot, t. I, p. 46.
(5) *La Guerre franco-allemande*, 2° partie, p. 68.
(6) Général Ducrot, t. I, pp. 31 et 32.

Prussiens. En effet, en acceptant les déclarations de son livre, le général aurait donné aux deux divisions l'ordre de retraite à l'instant de l'*effarement* de la division de Caussade (1). Or, si l'on consulte le récit du grand état-major prussien, on constate que cet événement s'est passé à huit heures et demie ; le rédacteur officiel ajoute même : « Voyant que sa tentative avait échoué sur toute la ligne, le général Ducrot ordonnait à ses troupes de se replier sur leurs anciennes positions (2). »

Il était donc huit heures et demie environ quand la retraite des deux divisions françaises a commencé par ordre, et, du train qu'allaient nos soldats, il n'est pas douteux qu'à neuf heures ils avaient *dépassé* le Plessis-Piquet et rejoint les camarades qui s'étaient dérobés dès les premiers obus.

Nous avons exposé et traité la question avec tous les éclaircissements et en mettant sous les yeux du lecteur les pièces du procès ; nous croyons que, maintenant, l'opinion de toute personne un peu au courant de la tactique doit être faite. Il est prouvé : 1° que, de huit heures et demie du matin à une heure ou deux heures de l'après-midi, moment où M. Tarigo, l'envoyé du lieutenant-colonel Bonnet, est venu demander ce que le 15ᵉ de marche avait à faire, le général Ducrot n'a donné aucun ordre au commandant de cet héroïque régiment ; 2° que, de dix heures du matin jusqu'à l'arrivée de M. Tarigo, le général avait complètement perdu de vue le 15ᵉ de marche, qu'il ignorait ce qu'il était devenu et qu'il n'y pensait plus.

(1) « Le général en chef accourt au milieu de cette troupe *effarée* ; il la contient, la reforme, l'encourage et parvient à rétablir un peu d'ordre ; mais, dès lors, toute action offensive devient impossible ; le général Ducrot, voyant l'ennemi gagner du terrain et menacer de tourner notre droite, *se décide à la retraite*. » (Général Ducrot, t. I, p. 31.)

(2) *La Guerre franco-allemande*, 2ᵉ partie, p. 67.

Nous n'insisterons pas, le beau fait d'armes de la défense du Plessis-Piquet est tout à l'honneur, et rien qu'à l'honneur, du lieutenant-colonel Bonnet et de ses soldats. Il démontre, une fois de plus, que les Allemands, si nombreux qu'ils soient, se sont toujours arrêtés quand ils ont rencontré devant eux une poignée d'hommes déterminés, ces hommes fussent-ils des soldats de nouvelle formation, comme ceux du 15° régiment de marche.

A ce moment, nos pièces de la redoute et du télégraphe « ouvrent un feu très vif, tant sur les points occupés par les Bavarois que sur le terrain découvert situé en avant (1) ». Les Allemands se précipitent cependant à l'assaut des pentes de Châtillon. Une batterie s'avance même jusqu'à la porte de Châtillon et tire sur le cimetière, voisin de la redoute (2). Mais nos mitrailleuses et un feu roulant de mousqueterie ont facilement raison de cette tentative. Reconnaissant son impuissance, l'infanterie ennemie se défile et semble renoncer à tout mouvement offensif; bientôt, même, l'artillerie allemande cesse son feu : pour la seconde fois elle est réduite au silence. Nos pièces du télégraphe, en raison de leur position dominante, luttent également avec avantage contre les batteries bavaroises, dont le nombre va toujours croissant; néanmoins, nos mitrailleuses obligent successivement toutes ces batteries à prendre des positions plus en arrière et, vers deux heures, toute l'artillerie ennemie s'éloigne jusqu'à la portée extrême de nos pièces (3).

(1) *La Guerre franco-allemande*, 2° partie, p. 73.
(2) *Ibid.*
(3) Général Ducrot, t. I, p. 47. — « La batterie bavaroise essuyait en peu d'instants des pertes si fortes que, à une heure un quart, elle se voyait contrainte de rétrograder d'un millier de pas. » (*La Guerre franco-allemande*, 2° partie, pp. 73 et 74.)

RETRAITE ET DÉFECTION DES DIVISIONS
DE MAUSSION, D'HUGUES ET DE CAUSSADE

Mais d'étranges événements s'étaient passés durant les combats que nous finissons de raconter.

Vers midi, le général Ducrot, inquiet de la tournure que prenait l'affaire, avait fait rédiger un billet par le général Appert, son chef d'état-major général, billet dans lequel la position de chaque division était assignée, en cas d'évacuation du plateau de Châtillon, et se terminant par la phrase suivante : « Ce mouvement ne s'exécutera que sur un ordre précis du général en chef (1). »

Or, avant de rédiger cet ordre d'après les instructions du général Ducrot, le général Appert, sous le coup d'une émotion inexplicable, aurait pris sur lui « de faire rétrograder la division de Maussion, du village de Bagneux vers le fort de Montrouge (2) », et aurait envoyé le capitaine Fayet au général de Maussion pour faire exécuter ce mouvement. Quand la dernière décision du général Ducrot « eut été dictée et transcrite, le général chef d'état-major » aurait « négligé de rappeler le capitaine Fayet (3) ».

« Une enquête a, depuis, clairement établi les faits et les responsabilités. Le chef d'état-major avait pris sur lui d'envoyer au général de Maussion un ordre que le général en chef, non seulement ignorait, mais qui était contraire à sa volonté et à ses instructions (4). »

On comprend la stupéfaction du général de Maus-

(1) Général Ducrot, t. 1, p. 42.
(2) *Ibid.*, p. 43.
(3) *Ibid.*, pp. 43 et 44.
(4) *Enq. parlem. déf. nationale*, rapport de M. Chaper sur le Gouvernement de la Défense à Paris au point de vue militaire, p. 56, en note.

sion au reçu de ces instructions verbales. Comment !
Il occupe puissamment les magnifiques positions de
la redoute de Bagneux et de Fontenay-aux-Roses,
l'ennemi n'a même pas osé le tâter et, par sa
retraite, la division française va découvrir la gauche
du télégraphe et permettre aux adversaires de
tourner le plateau de Châtillon !

Aussi, le général de Maussion se refuse-t-il, tout
d'abord, à obéir à un ordre verbal : il exige un ordre
écrit. Mais le capitaine Fayet ayant fait observer que
le règlement ne demande pas un ordre écrit, le
général se soumet et se replie sur le fort de Montrouge, emmenant avec lui les batteries que le commandant de Miribel avait établies dans la redoute de
Bagneux, « où elles auraient pu rendre de si grands
services pendant le reste de la journée (1). »

A la nouvelle de cette inqualifiable retraite, le
général Ducrot siffle de colère. Mais la colère, sur
le champ de bataille, ne remplace pas un bon ordre :
le général Ducrot s'en souvient, et, effrayé de voir
sa gauche ainsi découverte, il prescrit au général
d'Hugues de faire occuper Fontenay-aux-Roses. Ce
dernier général ne parvient à rassembler que trois
bataillons qui garnissent tant bien que mal les pentes
du télégraphe à Fontenay (2).

Il ne restait donc plus que la brigade Paturel, en
partie débandée, et quelques bataillons, pour défendre le plateau de Châtillon. Heureusement,
comme nous l'avons écrit, le 15ᵉ régiment de marche
combattait toujours au Plessis-Piquet, y tenait tête
à deux corps d'armée allemands, et renouvelait, dans
des proportions plus extraordinaires encore, les
prouesses du IIIᵉ corps prussien à Rezonville. La
division de Caussade, ainsi que nous allons l'expli-

(1) Général Ducrot, t. I, p. 44.
(2) *Ibid.*

quer, rentrait en désordre derrière les murs d'enceinte ; la brigade Bocher se sauvait sous le fort de Vanves, la division de Maussion se déployait entre le fort de Montrouge et les fortifications ; la brigade de Bernis longeait déjà le cimetière Montparnasse. Paris se remplissait de fuyards. Il était une heure passée (1).

Un bien autre déboire que la retraite de la division de Maussion attendait le général en chef. Ayant négligé de se tenir en communication constante avec le général de Caussade, il est tout étonné d'apprendre que ce général «, a sans aucun ordre, abandonné son poste (2) ». Clamart est si bien évacué qu'on ne voit plus trace de la 1ʳᵉ division !

Le général Renault, qui part à la découverte, n'est pas plus heureux que les officiers du général Ducrot : on n'aperçoit les régiments du général de Caussade ni à Clamart, ni à Issy, ni ailleurs ; ils se sont, dès onze heures, enfuis avec la rapidité du cerf, et le général de Caussade, loin de les retenir, est rentré à Paris au milieu de ces braves (3) !

La droite du général Ducrot avait été découverte bien avant que sa gauche fût abandonnée, et c'est près de deux heures après la défection, que ce commandant en chef, trop distrait, en est informé, si bien que, lorsqu'il songe à donner un ordre à la division de Caussade, on ne la distingue pas, même

---

(1) « Il était une heure environ. » (Général Ducrot, t. I, p. 44.) — Voir aussi *Ibid.*, croquis XIV.

(2) *Ibid.*, p. 42. — Commandant Bonnet, t. II, p. 42.

(3) Voir : Général Ducrot, t. I, pp. 42 et 43. — « Le général de Caussade prit sur lui de quitter absolument le champ de bataille pour rentrer à Paris avec sa division. » (Théodore Duret, t. II, p. 15.) — Le général de Caussade « avec sa division, sans ordres, rentra à Paris. Ce général était le même qui, le 4 septembre, avait reçu la mission, dont il s'était si mal acquitté, de défendre le Corps législatif. » (*Enq. parlem. déf. nationale*, rapport de M. Chaper sur le Gouvernement de la Défense à Paris au point de vue militaire, p. 55.)

à l'horizon (1)! « Étrange journée : des soldats qui se sauvent, un général qui bat en retraite contrairement aux ordres qu'il a reçus, un chef d'état-major qui agit sans instructions (2)! »

Ducrot, Renault, Appert, de Caussade, sont aussi coupables ou incapables les uns que les autres, et l'histoire ne saurait leur pardonner semblable impéritie.

INDIFFÉRENCE DU GÉNÉRAL TROCHU

Mais à quoi pense M. le général Trochu pendant ces mortelles heures? Depuis le lever du soleil, on se bat, le canon tonne, ses roulements solennels font tressaillir tous les Parisiens haletants, et le chef du Gouvernement, le généralissime, semble rester indifférent au drame qui se joue sous les murs de la ville qu'il a accepté de défendre!

Pourtant, vers dix heures, le général Ducrot « avait envoyé le commandant Bibesco rendre compte au Gouverneur de ce qui se passait (3) ». A midi, il lui faisait part de ses inquiétudes. « A midi quarante minutes, le général Schmitz répondait : «« Gouverneur est parti vous rejoindre; je pense comme vous que l'ennemi sera bientôt sur les hauteurs de Meudon, et je vous conjure de vous inspirer de votre propre valeur pour ne pas vous laisser cerner et nous priver de votre concours qui peut

(1) « Cette inexplicable retraite est bien autrement grave que la panique des zouaves; elle découvre notre droite au moment où le centre, forcé de reculer, a le plus besoin d'être soutenu. » (Le Faure, t. I, p. 386.)

(2) *Ibid.*, p. 387.

(3) Général Ducrot, t. I, p. 48, en note. — A onze heures du matin, le Gouvernement expédiait au général de Bellemare, à Saint-Denis, une dépêche qui se terminait ainsi : « Les événements sont graves du côté de Châtillon; veillez bien. » (*Enq. parlem. déf. nationale*, dépêches télégraphiques officielles, t. II, p. 247).

nous être encore si utile; je fais appel à tous vos sentiments de prudence (1). »»

Comme le fait justement remarquer le général Ducrot : « Il est facile de voir que l'abandon des hauteurs de la rive gauche était chose décidée, arrêtée, non seulement dans l'esprit du Gouverneur, mais encore dans celui de son entourage. Il suffit, pour cela, de rapprocher la dépêche du général Schmitz de la lettre du Gouverneur, datée du 18 au soir, dans laquelle on lit : «« Ou nous nous entêterons à garder la position que vous tenez, alors je devrais penser à assurer votre droite et j'aurais l'obligation de faire passer le reste du 13ᵉ corps à Meudon et Montretout; nous aurions alors près de 60,000 hommes en ligne, de Bagneux à Montretout, et tous nos œufs seraient dans le même panier..... ou nous nous déciderons à céder les hauteurs..... (2) »»

Aussi, nous voyons se renouveler la triste comédie de Wissembourg. De même que le maréchal de Mac-Mahon, après avoir annoncé son arrivée au général Abel Douay, laissa écraser sa division d'avant-garde sans se rendre auprès d'elle ainsi qu'il l'avait promis (3); de même le général Trochu, après avoir fait savoir au général Ducrot qu'il était parti pour Châtillon, ne daignait ni se montrer, ni donner un ordre pendant toute la journée.

« Le Gouverneur s'était mis en route, mais, à la porte de Paris, il avait rencontré la division de

(1) Général Ducrot, t. I, p. 48. — *Enq. parlem. déf. nationale*, dépêches télégraphiques officielles, t. II, p. 247.

(2) Général Ducrot, t. I, pp. 48 et 49. — Voir aussi, *Ibid.*, p. 21. — Après notre recul, arrivés à Châtillon, nous voulions retourner au feu. « Un général nous renvoya vers Paris en nous disant que la retraite était un mouvement prévu d'avance. » (*Mobiles et volontaires de la Seine pendant la guerre et les deux sièges*, par Arthur de Grandeffe; Paris, Dentu, 1871; p. 57.) — Viollet-le-Duc, p. 14.

(3) Alfred Duquet, *Frœschwiller, Châlons, Sedan;* Paris, Charpentier, 1881; 3ᵉ édition; pp. 45 et 46.

Caussade qui rentrait tranquillement, disant qu'on ne se battait plus, que toutes les troupes revenaient. Le général Trochu s'était alors borné à faire l'inspection des remparts pour y préparer la défense (1). »

Et voilà! Le Gouverneur n'a pas l'idée de faire vérifier les propos suspects de fuyards pâles de peur. Il n'avait pas eu la prudence de se tenir, dès le matin, en communication continuelle avec Châtillon; il n'avait pas eu l'intelligence de quitter le Louvre et de s'installer au fort de Vanves pour y centraliser les renseignements, pour appeler au besoin les renforts; il n'avait rien fait de tout cela et, maintenant, il n'a pas la bonne inspiration de galoper jusqu'à Châtillon où il rencontrerait le général Ducrot et prescrirait les mesures à prendre. Non, il ne cherche pas à savoir ce que sont devenus deux des divisions du 14ᵉ corps, et il inspecte paisiblement les remparts, comme pourrait le faire le premier colonel du génie venu (2)!

C'est qu'il redoute, par-dessus tout, de se trouver avec le général Ducrot dont il connaît le caractère entier. Il sait que les décisions qu'il prendra provoqueront des accès d'emportement chez l'ex-commandant du 1ᵉʳ corps, au cas où elles ne seraient pas conformes à ses propres vues, et le Gouverneur

(1) Général Ducrot, t. I, p. 53. — « Le général Trochu, qui s'était fait annoncer à Châtillon, avait rencontré sur sa route les troupes qui revenaient, et, sans aller plus loin, vers midi, il s'était hâté d'appeler à la défense du front sud de l'enceinte une des deux divisions du 13ᵉ corps qui restaient encore à Vincennes. » (Charles de Mazade, *La guerre de France*, t. II, p. 93.)

(2) « Chose étrange, à une si petite distance, personne ne savait ce qui se passait sur ce champ de bataille de Châtillon, et on ne prenait pas des moyens trop efficaces pour le savoir. » (Charles de Mazade, *La guerre de France*, t. II, p. 94.) — Cependant, « le général Trochu avait, dans son cabinet même, un jeu de boutons télégraphiques qui lui permettait de connaître, presque instantanément, ce qui se passait dans tel ou tel fort, sur tel et tel bastion, sur tous les points, en un mot, du vaste périmètre de l'enceinte. » (Steenackers, p. 31.) — *La Guerre franco-allemande*, 2ᵉ partie, p. 41. — Voir aussi, *infrà*, p. 204, note 2.

profite, avec empressement, de l'occasion qui lui est offerte, pour ne pas se heurter au colère général.

Cependant, à la fin de la journée, quand la retraite sera consommée, le Gouverneur commencera à s'émouvoir et le général Ducrot recevra, au fort de Vanves où il s'est réfugié, le télégramme suivant :

«« 4 heures 40 minutes,

«« Gouverneur de Paris au commandant du fort de Vanves.

«« Avez-vous des nouvelles de la personne du général Ducrot? »»

« On le voit, l'isolement du général Ducrot sur le plateau de Châtillon avait été si complet qu'on ignorait même ce qu'il était devenu. On craignait qu'il n'eût été tué ou enlevé dans la bagarre; en un mot, personne dans Paris ne savait au juste ce qui se passait sur le lieu du combat, parce que, depuis onze heures du matin, personne n'y était venu voir (1). »

Ajoutons qu'il résulte de la dépêche ci-dessus transcrite que, si le Gouverneur s'est préoccupé bien tard du général Ducrot, ce dernier n'a guère jugé à propos de tenir son chef au courant des événements. Il eût été préférable, des deux côtés, de se servir plus tôt du télégraphe et de ne pas attendre la défaite pour se mettre en communication (2).

---

(1) Général Ducrot, t. I, p. 53. — *Enq. parlem. déf. nationale*, dépêches télégraphiques officielles; t. II, p. 247. — Charles de Mazade, *La guerre de France*, t. II, p. 95.

(2) Et pourtant « les forts étaient reliés entre eux et avec le corps de place par un réseau télégraphique ». (*Opérations du corps du génie allemand*, travail rédigé par ordre supérieur et d'après les documents officiels par Adolphe Gœtze, capitaine du génie prussien, attaché au comité du génie et professeur à l'Académie de guerre; traduit de l'allemand par MM. Grillon et Fritsch, capitaine du génie au dépôt des fortifications; Paris, Dumaine, 1873; t. II, p. 17.) — On connaissait, minute par minute, ce qui se passait aux remparts, aux forts et aux avancées,

ABANDON DU PLATEAU

Le combat d'artillerie continuait à la redoute et au télégraphe. Les Bavarois ne pouvaient aborder les pentes et chaque adversaire, se défilant derrière tous les obstacles, se contentait d'entretenir un feu de mousqueterie presque inoffensif.

En dépit de la dépêche du général Schmitz, qui conseille formellement l'évacuation du plateau, le général Ducrot, persuadé avec raison de l'importance de la position, ne peut se résoudre à la quitter.

Il songe à s'enfermer dans la redoute et à s'y défendre en désespéré. A cet effet, il ordonne au sous-intendant militaire d'y faire transporter 60,000 rations. On exécutait cet ordre, quand le général apprend que l'eau manque sur le plateau. Bloqué dans ces conditions, c'est la reddition forcée avant quarante-huit heures. De plus, « les munitions pour les pièces de 12 sont à peu près épuisées. *Depuis plusieurs heures on en a demandé, mais on n'a reçu aucun avis de leur envoi.* Malgré tout, le général Ducrot se décide à attendre encore, car le Gouverneur, annoncé par la dépêche de midi quarante minutes, peut arriver d'un moment à l'autre (1). »

Chaque fois que l'ennemi apparaît sur le plateau, venant, soit du Plessis-Piquet, soit de la porte de Châtillon, la compagnie du capitaine Bontemps, retranchée dans le cimetière, devant la redoute, le reçoit par une telle fusillade qu'il est obligé de

qui recevaient, avec la même régularité, nos communications. » (Jules Favre, Gouvernement de la Défense nationale du 30 juin au 31 octobre 1870, p. 253.) — Colonel Lecomte, t. III, p. 36.

(1) Général Ducrot, t. I, p. 50. — « Le général Ducrot espérait toujours voir arriver le Gouverneur avec des secours. » (*Le Blocus de Paris et la Première armée de la Loire*, 1re partie, p. 39.)

disparaître immédiatement. Aussi bien, la fusillade cesse bientôt presque partout ; seule, une canonnade à grande distance est engagée entre les deux artilleries adverses (1).

Mais le trouble se met parmi les derniers défenseurs du plateau, sans cependant que les Bavarois deviennent plus menaçants. Les jeunes soldats sentent bien que le haut commandement ne se préoccupe pas d'eux. qu'ils sont seuls et que l'écrasement est fatal. C'est pourquoi, ne comptant plus sur des troupes démoralisées, « ne voyant pas arriver le Gouverneur et ne pouvant conserver aucune illusion sur l'envoi des renforts, le général Ducrot se décide à abandonner la position (2). »

Les batteries du télégraphe et celles qui dominent Clamart se retirent vers Montrouge ; les débris de troupes les suivent et, à quatre heures, on évacue en partie la redoute. Durant tous ces mouvements, le général Ducrot, à la tête d'un bataillon du 26e de ligne, d'une compagnie des mobiles d'Ille-et-Vilaine et de quelques sapeurs du génie, surveillait l'ennemi qui, du reste, n'avançait pas. Par suite de la négligence de certains officiers, on est obligé d'enclouer, plus ou moins bien, et de laisser aux Bavarois les 8 pièces de 12 dont les avant-trains ont été emmenés par les conducteurs qui ont suivi le mouvement de l'artillerie du télégraphe. La même mésaventure serait arrivée aux mitrailleuses, sans « la prévoyance du capitaine de Grandchamp qui avait conservé les avant-trains derrière la redoute avec les chevaux de timon..... Enfin, ordre est donné au 2e bataillon du 26e et à la compagnie de mobiles de quitter la redoute ; le général en chef

---

(1) Général Ducrot, t. I, pp. 50 et 51.

(2) *Ibid.*, p. 51. — « Aucune infanterie n'étant là pour protéger les pièces, il fallut une seconde fois se replier. » (J. d'Arsac, p. 122.)

sort le dernier. Pas un coup de canon, pas un coup de fusil n'est tiré sur cette petite arrière-garde qui, vers cinq heures, se trouve à hauteur du fort de Vanves (1) ».

Il était donc facile de prendre son temps pour sauver les 8 pièces de 12 ; malheureusement, les rares fantassins qui demeuraient à leur poste, effrayés par leur isolement, allaient lâcher pied et, quoique les Allemands n'eussent pas eu la pensée d'inquiéter la retraite de la petite troupe « ce fut une débandade sans nom (2) », mais non un sauve-qui-peut, débandade « couverte par le brave 15ᵉ de marche et par le génie de la redoute (3) ».

Quand les Bavarois se présentaient devant l'ouvrage, personne n'était plus là pour le défendre. Les villages de Clamart, de Châtillon, étaient également abandonnés ; « 8 pièces de gros calibre, 1 canon de campagne, 2 fanions, de nombreux effets d'équipement et une grande· quantité de vivres tombaient aux mains des Bavarois (4). » Les Français comptaient 730 officiers et soldats hors de combat (5), les Allemands 444 (6).

Nos généraux n'avaient pas été plus habiles à amener des renforts qu'à sauver canons, munitions et vivres, et nous subissions l'humiliation de voir conquis par l'ennemi 9 bouches à feu si utiles à la défense. Dès ce moment, l'on pouvait prévoir de quelle façon les opérations seraient conduites : les combinaisons du général Trochu ne devaient pas donner grande peine à l'état-major prussien !

---

(1) Général Ducrot, t. I, pp. 52 et 53.
(2) *Les Mobiles de Rennes au siège de Paris*, par J.-B. Mazères ; Rennes, imprimerie Alphonse Leroy, 1871; p. 27.
(3) Colonel Lecomte, t. III, p. 58.
(4) *La Guerre franco-allemande*, 2ᵉ partie, p. 75.
(5) Général Ducrot, t. I, p. 51.
(6) *La Guerre franco-allemande*, 2ᵉ partie, supplément LXI, p. 7.

Par suite de l'abandon de Châtillon, les redoutes
de Meudon, de la Capsulerie, de Ville-d'Avray, de
Brimborion, de Montretout, de Gennevilliers, furent
évacuées sans combat (1). Les ponts de Sèvres, de
Billancourt, de Saint-Cloud, Bineau, d'Asnières,
de Clichy et de Saint-Ouen furent détruits le même
soir. « Le mont Valérien restait seul, comme une
sentinelle avancée, en dehors de la ligne de défense
naturelle formée par la Seine, et le pont de Neuilly
était la dernière communication intacte qui existât
encore entre les deux rives (2), » si l'on ne compte

(1) « Ces ouvrages furent livrés à l'ennemi avant qu'il fût en
état de venir les occuper; il ne posa même jamais le pied sur
ceux de la presqu'île de Gennevilliers, qui avaient été évacués,
comme les autres, quoique étant protégés par la Seine. » (*Deux
combats d'artillerie sous les forts de Paris, Champigny-Ville-
Evrard*, par le général Favé; Paris, Dumaine, 1874; p. 6. — « Le
général Trochu s'était un peu hâté d'abandonner toutes les positions extérieures et de ramener tout ce qu'il avait de troupes,
non pas même sous le canon des forts, mais à l'abri de l'enceinte,
comme s'il n'y avait eu qu'à se mettre en devoir d'attendre l'assaut. » (Charles de Mazade, *La guerre de France*, t. II, p. 124.)
— *Histoire critique du siège de Paris*, par un officier de marine,
pp. 40 et 41.
(2) Général Vinoy, p. 149. — Voir les conséquences de la destruction irraisonnée de certains ponts : capitaine Gœtze, t. II,
p. 16. — « Toutes les routes avaient été coupées; les ponts, les
ouvrages d'art, avaient été détruits, et cela dans une proportion
beaucoup plus grande que ne l'aurait jugé nécessaire la calme
appréciation d'hommes compétents. » (Major Blume, p. 23.) —
« Faire sauter l'arche d'un pont produit sur l'esprit de la foule
un sentiment de féconde résistance qui a son côté dramatique,
je le veux bien; mais, à la guerre, si ce moyen est justifié au
moment d'une retraite précipitée, c'est un fait sans aucune portée lorsque, après que la mine a produit son effet, on s'en va, à
l'abri des remparts, attendre une armée ennemie qui, non inquiétée d'ailleurs sur ses derrières, arrive à son heure avec ses
équipages. Il n'y a pas de pont rompu que nos ingénieurs ne
puissent rétablir en quelques heures de manière à y faire passer
de l'artillerie. Établir une tête, un redan en avant d'un pont pour
en disputer le passage à un corps d'armée, cela peut, en effet,
être très gênant pour l'ennemi; mais faire sauter l'arche d'un
pont et s'en aller à 4 kilomètres, c'est retarder le passage d'une
demi-journée au plus, et rien d'ailleurs ne pressait les Prussiens.
Si l'on veut reprendre l'offensive et surprendre un ennemi, cette
rupture inopportune devient un obstacle pour vous-même. » (Viol-

pas le pont du chemin de fer d'Asnières, également conservé (1).

CONSIDÉRATIONS

Le premier combat important vient de se livrer autour de Paris. Quelle en a été l'utilité, quelles en ont été les conséquences ? Nous pensons qu'il ne fallait pas le risquer ou l'engager dans de tout autres conditions.

Il fallait se contenter de défendre Bagneux, le plateau de Châtillon, Meudon et Montretout, en faisant occuper toutes ces hauteurs par les 13ᵉ et 14ᵉ corps, sauf à se retirer sur les forts si l'ennemi devenait trop pressant; mais cette hypothèse ne se serait pas réalisée (2). Nous ne voyons pas en quoi c'eût été *mettre tous ses œufs dans le même panier* que d'échelonner 60,000 hommes sur des positions superbes, à 1 ou 2 kilomètres de forts auxquels elles sont reliées par de beaux et nombreux chemins et routes (3). Nous en tenant à l'image du général Trochu, nous dirons que, s'il est quelquefois imprudent de *mettre tous ses œufs dans le même panier*, il est

let-le-Duc, pp. xxvi et xxvii.) — Colonel Vandevelde, p. 182. — *Histoire critique du siège de Paris*, par un officier de marine; p. 33.

(1) *Le Blocus de Paris et la Première armée de la Loire,*1ʳᵒpartie, p. 49.

(2) « Les plateaux de Garches, de la Bergerie jusqu'à la Jonchère, peuvent être défendus très aisément par de bons ouvrages de campagne... Les hauteurs de Meudon jusqu'au Plessis-Piquet, sans être aussi faciles à garder, pouvaient cependant être solidement défendues. » (Viollet-le-Duc, p. 8.) — « Le général Ducrot eut le tort impardonnable d'aller chercher l'ennemi en rase campagne au lieu de se tenir prudemment sur la défensive, derrière les ouvrages en terre de Châtillon et de Meudon, ouvrages assez forts déjà pour défier une attaque de vive force... Gagner du temps, c'était nous permettre de rendre ces positions inexpugnables. » (A. Ballue, p. 35.)

(3) « Il fallait défendre la position non avec 30 ou 40,000 hommes, mais avec 60 ou 80,000. » (Arthur de Grandeffe, p. 57.)

18.

absurde de couper deux œufs en quatre pour ne pas les perdre en entier, car c'est le plus sûr moyen de ne pouvoir les conserver. Les 13e et 14e corps devaient agir ensemble ou ne pas agir du tout. Mais le Gouverneur frémissait à la pensée de placer Ducrot et Vinoy l'un à côté de l'autre : il savait qu'il en résulterait un éclat scandaleux et c'est pourquoi, pendant la durée du siège, nous ne verrons jamais, au grand détriment de la défense, ces deux généraux opérer de concert.

On pouvait donc tenter le coup d'audace du général Ducrot sur la droite des corps allemands en marche sur Versailles, mais alors il fallait se servir de tous les atouts que l'on avait en mains, c'est-à-dire du 13e et du 14e corps, dont toutes les divisions eussent été jetées sur l'ennemi par Villejuif, Bourg-la-Reine et le Plessis-Piquet. Or, on n'a même pas fait donner toutes les forces du 14e corps, puisque la division de Maussion est demeurée inutile et immobile, toute la matinée, à Bagneux et à Fontenay-aux-Roses, pour se retirer piteusement, dès midi, sans avoir brûlé une cartouche (1) !

(1) On eût dû assaillir l'ennemi sur un point quelconque « avec toutes les forces disponibles ». (Colonel Lecomte, t. III, p. 54.) — « Les vraies causes de la défaite remontent, évidemment, aux états-majors qui, avec 4 ou 500,000 hommes armés, dans une position centrale, mettons 200,000 hommes seulement, pour leur faire la part belle, ne surent engager qu'une vingtaine de mille hommes... Le général Trochu a cru se justifier en disant qu'il n'avait, en réalité, que 85,000 hommes disponibles. Au moins, aurait-il pu employer ces 85,000 hommes à l'opération active, en laissant les autres à la garde des ouvrages. » (*Ibid.*, pp. 62 à 63.) — « En principe, il n'est pas douteux que le 13e corps eût dû coopérer avec le 14e pour aborder avec le plus grand effectif possible les troupes de l'ennemi en marche. » (Commandant Bonnet, t. II, p. 44.) — « Ces attaques qui, avec des troupes suffisantes, auraient pu devenir très dangereuses pour la IIIe armée, étaient effectuées par quatre (plutôt deux) divisions d'infanterie régulière, environ 30,000 hommes, chiffre beaucoup trop faible pour mener à bonne fin une pareille entreprise. » (A. Niemann, p. 216.) — « Si Trochu avait engagé toutes les troupes capables de tenir la campagne (85,000 hommes selon lui), il eût

Qu'on ne se hasarde pas à dire que le 13e corps
était indispensable à la défense de Vincennes qui,
sans lui, aurait été enlevé par les Allemands! Nous
répondrions que l'ennemi n'aurait jamais osé se
risquer entre la Marne et les pentes du plateau, et
nous en trouvons-la preuve dans l'ordre même que
le Gouverneur donna, à midi, le 19 septembre, de
diriger la division Blanchard sur Paris, pour assurer l'enceinte de la Bièvre à la Seine, et de transfé-
rer le quartier-général du 13e corps à la gare Montparnasse (1); nous en trouvons enfin la preuve
dans l'ordre qu'il avait donné, la veille, alors qu'il
n'était pas sous le coup de l'échec de Ducrot, à la
division de Maud'huy, « d'aller occuper le plateau de
Villejuif (2). » Si le général Trochu n'a pas craint
de dégarnir Vincennes après que le 14e corps était
battu sous Châtillon, *à fortiori* y aurait-il eu moins
de danger à exécuter le même mouvement afin
d'assurer, dès le matin, le succès de ce même corps.

Quant au général Ducrot, réduit aux seuls régiments du 14e corps, il a eu tort de ne pas engager
la division de Maussion qu'il avait sous ses ordres
et à sa portée (3). Il aurait dû lancer, au petit jour,
presque tout entière et d'un seul coup, la division
de Caussade sur Vélizy et Villacoublay, et la division d'Hugues sur Malabry et le Petit-Bicêtre, pendant que la division de Maussion aurait assuré sa
gauche en occupant les admirables positions de
Bagneux, de Fontenay-aux-Roses, du télégraphe et

pu accabler les têtes de colonnes de l'armée du prince de
Prusse et commencer par un succès au lieu de débuter par un
désastre. » (Colonel Vandevelde, *Commentaires*, p. 199.) — *Ibid.*,
p. 201. — *Histoire critique du siège de Paris*, par un officier de
marine, pp. 38 et 39.

(1) Général Vinoy, p. 148.
(2) *Ibid.*, p. 146.
(3) « Les corps furent engagés un peu au hasard et sans qu'il
apparût un plan d'ensemble. » (Viollet-le-Duc, p. 17.)

du parc Hachette. Il eût protégé sa droite en garnissant de quelques compagnies les hauteurs du bois de Meudon, depuis Vélizy jusqu'à la Capsulerie.

Les trois quarts de son artillerie, établis entre Villacoublay et Vélizy, auraient balayé tout le plateau jusqu'à Mont-Clain et jusqu'à la Cour Roland. Ses obus pouvaient même tomber à Jouy-en-Josas : c'étaient les trois grandes routes qui conduisent à Versailles placées sous notre feu : rien n'aurait su gêner davantage les mouvements tactiques de l'ennemi (1).

Nous ne saurions trop le répéter, si la divison de Caussade avait faibli, elle avait la ressource de regagner Paris par le bois de Meudon. Quant à la division d'Hugues, elle se serait retirée sur la redoute par la route de Châtillon, comme elle l'a fait dans de bien moins bonnes conditions.

Les plateaux dont nous étions maîtres, bordés de profonds ravins, rendaient ces opérations possibles ; mais, encore une fois, nous estimons qu'il eût été préférable de ne pas tant s'éloigner des forts, en raison de l'inexpérience des troupes, composées de soldats pour la plupart nouvellement appelés ou rappelés.

Reste une dernière disposition tactique dont nous n'aurions certainement pas dit un mot, tant elle est enfantine, si elle n'avait été découverte par le rédacteur anonyme du *Journal des sciences militaires* que nous combattions, tout à l'heure, à propos des ordres donnés au 15ᵉ de marche. Ce rédacteur a,

(1) « Des crêtes du ravin de la Bièvre, l'artillerie pouvait foudroyer les Prussiens. » (Charles de Mazade, *La guerre de France*, t. I, p. 90.) — « La marche ennemie ne pouvait l'éviter. » (Colonel Lecomte, t. III, p. 55.) — « De ces positions on pouvait écraser à coups de canon les colonnes de l'armée allemande, dans la vallée de la Bièvre, et arrêter leur marche. » (Dussieux, t. I, p. 186.)

dans l'armée, une réputation jusqu'à un certain point méritée, et nous ne voulons pas avoir l'air de ne pas tenir compte de son opinion.

Après avoir préalablement constaté que les forces réunies à Paris, au milieu de septembre, « étaient nombreuses, mais pour la plupart *dépourvues d'instruction* (1) ; » après avoir reconnu qu'en dehors de la Garde nationale, non encore propre à tenir la campagne, on n'avait pas 200,000 hommes « *dont les deux tiers au moins ne pouvaient être utilisés immédiatement*, car il fallait, auparavant, achever leur organisation et développer leur instruction (2) », l'auteur anonyme écrit :

« Il est hors de doute que les forces françaises réunies à Paris n'étaient pas en mesure d'empêcher l'investissement; mais il n'est pas certain qu'en s'y prenant mieux on n'eût pu réussir à le retarder de deux ou trois jours. On devait d'abord partir de cette idée que le seul moyen d'atteindre ce résultat était de défendre le passage de la Seine aux abords de Paris; et, par suite, il fallait réunir sur la rive gauche toutes les forces dont on disposait, en ne laissant sur la rive droite que le contingent fourni par la Marine avec les bataillons de mobiles les mieux organisés. Dès qu'on prenait le parti de s'en tenir, de ce côté, à une défense passive, il est certain que ces troupes, en se couvrant de tranchées, auraient été suffisantes pour occuper le terrain sous la protection des forts. Dès lors, on pouvait rassembler les 13ᵉ et 14ᵉ corps sur la rive gauche et les établir le long de la Seine et de l'Orge, depuis Choisy-le-Roi jusqu'à Montlhéry. Par ces seules dispositions, on obligeait les Allemands à passer la Seine plus haut, et, par suite, ils ne pouvaient dé-

____

(1) *Le Blocus de Paris et la Première armée de la Loire*, 1ʳᵉ partie, p. 20.
(2) *Ibid.*, p. 22.

boucher sur la rive gauche qu'au moins un jour plus tard (1). »

En vérité, est-ce sérieux? Comment! voilà des troupes qui ont lâché pied à Châtillon de la façon que l'on sait, alors qu'elles étaient sous l'égide des forts, à une lieue de l'enceinte, et le profond stratège du *Journal des sciences militaires* ne craint pas de proposer, après les enseignements de la bataille perdue, de les aligner excentriquement, en flèche, de Choisy-le-Roi à Montlhéry, sur une étendue de six lieues, pour défendre le passage de la Seine et celui de l'Orge !

Il oublie d'abord que l'Orge n'a pas dix mètres de largeur et que sa profondeur ordinaire est d'un mètre, un mètre cinquante centimètres en de rares endroits. Il oublie également que les nombreux arbres qui bordent cette charmante rivière permettent d'y établir tous les ponts imaginables en moins d'une heure. Mais laissons là l'Orge : nous serions curieux de savoir comment les Français eussent pu empêcher les Allemands de passer la Seine à Villeneuve-Saint-Georges où le fleuve, non seulement n'est pas dominé immédiatement par les collines de Villeneuve-le-Roi et d'Ablon, appartenant aux Français, mais, au contraire, est commandé, à pic, par les hauteurs de Limeil et de Villeneuve-Saint-Georges, dont les Allemands étaient maîtres?

Et alors quelle eût été la contenance du fameux régiment de zouaves, perdu à Montlhéry, quelle eût été l'attitude des héros de la division de Caussade aventurés à Savigny-sur-Orge, quand ils se seraient sentis menacés d'être coupés de Paris? Ce n'eût pas été une défense de rivière, c'eût été une course au clocher, course d'autant plus inévitable que notre

(1. *Le Blocus de Paris et la Première armée de la Loire*, 1re partie, p. 42.

éparpillement sur une si longue ligne, et dans des conditions si peu propres à conjurer le passage d'un cours d'eau, eussent rendu tout combat impossible de notre part.

Faut-il continuer et faire observer à l'auteur que nous contredisons combien il a perdu de vue, en combinant son plan, que, le 19, les Allemands avaient passé sur la rive gauche de la basse Seine et galopaient vers Chevreuse (1). Les deux pseudo-divisions de cavalerie, dont le général Trochu avait la disposition avant le combat de Châtillon, n'étaient pas en état de disputer le passage du fleuve, d'Argenteuil à Mantes, surtout après la prise de possession du pont de Pontoise, qui avait eu lieu le 18 à midi, et qui permettait aux Allemands de ne plus se préoccuper de l'Oise et de descendre, à leur gré, vers Vauréal et Chanteloup (2).

Au reste, une phrase du *Blocus de Paris* suffira pour donner une idée juste de la valeur tactique de la combinaison prônée par l'auteur de cet ouvrage. Lorsqu'il a bien semé, disséminé, étendu les 13ᵉ et 14ᵉ corps de Choisy-le-Roi à Montlhéry, il ajoute : « Dès que les Allemands auraient passé en force aux environs de Corbeil, on se serait retiré en combattant, de manière à venir occuper d'abord la ligne Choisy-le-Roi-Palaiseau, pour venir s'établir ensuite, une seule division sur le plateau de Ville-juif et les cinq autres sur celui de Châtillon (3). »

Qui viendrait soutenir maintenant que la guerre est un art difficile? Il est fâcheux que *l'ancien élève de l'École polytechnique* ne se soit pas trouvé officier général commandant alors l'armée de Paris : nous l'aurions suivi avec un immense intérêt fai-

<hr>

(1) *La Guerre franco-allemande*, 2ᵉ partie, p. 53.
(2) *Ibid.*
(3) *Le Blocus de Paris et la Première armée de la Loire*, 1ʳᵉ partie, p. 43.

sant rétrograder ses troupes le 20, le 21 ou le 22, de Montlhéry sur Châtillon et Villejuif, en soutenant le choc des corps allemands qui auraient passé la Seine, à Corbeil, comme il l'avoue, et à Villeneuve-Saint-Georges, comme c'est certain. Et nous ne parlons pas des forces ennemies qui auraient franchi la basse Seine à Saint-Germain et à Poissy !

Ainsi, c'est pour gagner un jour ou deux dans la date de l'investissement qu'on aurait risqué de voir enlevées les seules véritables troupes existantes ! Nous croyons devoir ne pas insister sur ce plan fantaisiste que nous serions étonné de rencontrer sous la plume d'un écrivain aussi sérieux que le collaborateur du *Journal des sciences militaires*, si les précédents travaux du même auteur sur la bataille de Sedan ne nous avaient préparé à de telles surprises. Quand, à côté d'appréciations fort justes, on a soutenu que le général Ducrot aurait pu, le 1er septembre 1870, à dix heures du matin, faire filer l'armée française sur Mézières, alors que les Allemands étaient maîtres de Donchery et de Briancourt, alors qu'ils commandaient, de cette sorte, la route de Sedan à Mézières, on peut bien, continuant la gageure, regretter que le général Trochu n'ait pas égrené ses régiments inexpérimentés de Paris à Montlhéry (1) !

Si nous avons critiqué certaines dispositions du général Ducrot, nous n'avons pas à nous prononcer sur les mesures *tactiques* prises par le Gouverneur de Paris, relativement au 14e corps, puisqu'il n'en a pris aucune. Et pourtant il n'ignorait pas *la gravité de l'affaire engagée à Châtillon*, attendu

(1) *L'Armée de Châlons, son mouvement vers Metz* (1870), par A. G., ancien élève de l'École polytechnique ; Paris, Baudoin et Cie, 1885 ; pp. 128 à 132.

que, à midi, il la faisait connaître, par dépêche, au général Vinoy et dirigeait la division Blanchard de Vincennes sur la Bièvre (1). C'est même le seul ordre de lui que nous connaissons pour ce jour-là et cet ordre n'est pas adressé aux troupes combattantes !

Il faut se reporter à la bataille de Saint-Privat, que le maréchal Bazaine s'obstina à vouloir ignorer, pour rencontrer chez un général en chef un pareil détachement des choses de son commandement. Nous n'avons certes pas la pensée de comparer le général Trochu au maréchal Bazaine ; quelles que soient les erreurs et l'insuffisance tactique du Gouverneur de Paris, nous le tenons pour un honnête homme incapable de commettre les crimes reprochés au commandant de l'armée du Rhin ; mais il est fâcheux pour lui que de pareils rapprochements puissent se faire et nous n'aurons que trop d'occasions de les renouveler (2).

Rien de particulier à dire, non plus, des généraux, à l'exception du général de Caussade, dont la conduite fut blâmable au premier chef et qui, du reste, ne dut qu'à la déplorable indulgence du général Trochu de ne pas passer en conseil de guerre, ainsi que le réclamait le général Ducrot (3).

Quant aux soldats, s'il faut en croire le commandant du 14° corps, « malgré quelques défaillances partielles qui s'étaient produites au début de la journée, le combat de Châtillon n'avait rien eu que de très honorable pour la majorité des jeunes troupes qui y avaient été engagées (4). »

<hr>

(1) Général Vinoy, p. 148.
(2) « Aurions-nous pu faire plus ? Oui, très certainement, avec des renforts envoyés en temps opportun. Et cela aurait eu lieu si le Gouverneur était venu sur le plateau. » (Général Ducrot, t. I, p. 65.)
(3) *Enq. parl. déf. nat.*, déposition du général Ducrot, pp. 85 et 86.
(4) Général Ducrot, t. I, p. 62.

Le 19ᵉ de marche avait admirablement tenu tête aux forces supérieures que les Allemands lui opposaient dans les bois du Petit-Bicêtre et de Malabry ; le 7ᵉ bataillon des mobiles de la Seine avait crânement emporté la Tuilerie ; les mobiles d'Ille-et-Vilaine n'avaient pas fait trop mauvaise contenance autour de la redoute (1) et le 15ᵉ régiment de marche s'était couvert de gloire au Plessis-Piquet en résistant, « complètement isolé et abandonné à ses propres forces (2), » pendant plus de quatre heures, au IIᵉ corps bavarois et au Vᵉ corps prussien. L'artillerie, sous les ordres du général Boissonnet, avait vaillamment combattu « et n'avait pas tiré moins de 11,000 coups de canon. Elle avait souvent eu l'avantage ; à plusieurs reprises, elle était même parvenue à réduire au silence l'artillerie ennemie (3) ».

(1) « La Garde nationale mobile a reçu avec fermeté le baptême du feu. » (*Rapport militaire du 19 septembre.*)

(2) Général Ducrot, t. I, p. 62. — « Le 15ᵉ de marche a tenu toute la journée, dans la position avancée du Plessis-Piquet, avec une fermeté remarquable. » (*Rapport militaire du 19 septembre.*)

(3) Général Ducrot, t. I, pp. 62 et 63. — « Le feu des batteries ennemies a été éteint deux fois. » (*Rapport militaire du 19 septembre.*) — « L'artillerie a montré la plus grande solidité... Nos batteries ont tiré plus de 25,000 coups. » (*Ibid.*) — L'artillerie française fit bravement et habilement son devoir. A une heure, elle avait réduit au silence les batteries prussiennes qui s'étaient cependant placées, grâce à la retraite de notre droite, de manière à l'envelopper le plus possible. » (*Enq. parlem. déf. nationale*, rapport de M. Chaper sur le Gouvernement de la Défense à Paris au point de vue militaire, p. 56.) — « La résistance de nos troupes (le 15ᵉ de marche), de notre artillerie surtout, avait beaucoup étonné les Prussiens. » (*Ibid*, p. 100.) — « Nous relevons, dans un journal paru à Leipsick, qu'au Petit-Bicêtre, l'artillerie française tira mieux qu'en aucune autre affaire depuis le commencement de la guerre. » (Edmond Neukomm, p. 37.) — « Ce jour-là, notre artillerie fut superbe. » (*Notes d'un volontaire au siège de Paris* 1870-1871, par Arsène Godefroy ; Tours, imprimerie Ribandeau et Chevallier, 1875 ; p. 31.) — Dussieux, t. I, p. 186. — Amiral de La Roncière-le Noury, p. 48. — Michel Cornudet, p. 14.

La cavalerie se comporta bien durant la retraite de notre droite, « le régiment de gendarmerie à cheval, notamment, s'était particulièrement distingué, et son chef, M. le lieutenant-colonel Allavène, avait été grièvement blessé (1). »

Mais nous ne devons pas oublier non plus que les zouaves ont fui honteusement aux premiers obus, que la majorité de la division de Caussade n'a pas tenu sous le feu, et ne s'est arrêtée que derrière les fortifications, que plusieurs bataillons de la division d'Hugues n'ont guère été plus solides. Sans vouloir rechercher qui est responsable de ces défaillances, nous avons à les constater et nous nous acquittons de ce devoir (2).

Maintenant, faut-il répéter, avec le général Ducrot, que « la journée de Châtillon, loin d'avoir affaibli la défense de Paris, l'a rendue plus forte et plus efficace..... qu'elle a rendu l'ennemi circonspect et hésitant (3) ». Ce n'est pas notre avis et nous déplorons cette affaire, d'accord, en cela, avec le général Vinoy :

« La journée du 19 septembre fut des plus malheureuses ; elle eut, sur l'avenir de la défense, une influence fatale. L'opération entreprise par le général Ducrot échoua, et les trois divisions du 14ᵉ corps furent rejetées dans Paris après un combat très vif suivi d'une retraite précipitée. Nos troupes durent abandonner la redoute de Châtillon ainsi que celles de Bagneux et du Moulin-de-Pierre. Ces ouvrages, il est vrai, n'étaient pas terminés, ils étaient même en fort mauvais état de défense, mais cependant leur conservation et leur occupation par nos sol-

(1) Général Thoumas, *Les Transformations de l'armée française*, t. I, p. 266.
(2) Voir la proclamation du Gouverneur à l'armée : Georges d'Heylli, t. I, pp. 188 et 189.
(3) Général Ducrot, t. I, pp. 64 et 65.

dats eussent été d'un bien précieux concours pour la durée de la résistance, car leur possession eût rendu le bombardement impossible (1). »

Et un peu plus loin :

« Nos troupes se sont depuis relevées des douloureuses défaillances qu'elles avaient éprouvées durant ce fatal combat ; elles sont revenues de la folle panique qui a causé, ce jour-là, un si grand désordre dans leurs rangs et jeté l'alarme dans la cité ; elles ont en quelque sorte racheté, par l'héroïsme dont elles firent preuve en d'autres combats, les erreurs de cette triste journée ; mais, toutefois, ses effets matériels sont demeurés irréparables, et ils ont lourdement pesé sur la situation jusqu'à son dernier jour (2). »

(1) Général Vinoy, p. 147.

(2) *Ibid.*, p. 148. — « Les hauteurs de Clamart, Meudon et Châtillon, qui sont les portes de la capitale, sont désormais entre les mains de l'ennemi qui domine, de ces positions, les forts d'Issy, de Vanves et de Montrouge. » (Amiral de La Roncière-le Noury, p. 49.) — « L'abandon de la redoute de Châtillon eut des conséquences déplorables. » (Viollet-le-Duc, p. 17.) — « Le résultat est déplorable. » (A. du Mesnil, p. 68.) — « Journée malheureuse pour l'avenir de la défense. » (Camille Farcy, p. 273.) — « Ce premier jour de l'investissement avait été très funeste aux Français. » (A. Niemann, p. 218.) — « L'abandon de la redoute de Châtillon était à déplorer pour la défense de Paris... l'occupation de ce plateau par un gros corps mobile aurait grandement favorisé les retours offensifs de la défense et rendu l'investissement, sinon impossible, du moins très difficile. » (Colonel Vandevelde, *Commentaires*, p. 201. — « Avec Châtillon entre nos mains, l'investissement de Paris n'était pas possible. » (*Histoire critique du siège de Paris*, par un officier de marine, p. 40.) — « La clef de la défense fut prise ce jour-là. » (Ambroise Rendu, p. 30.) — « Le malheureux début de la défense de Paris par cette affaire de Châtillon avait porté un coup si fatal aux troupes engagées que leur confiance en elles-mêmes ne se releva ensuite que très lentement. » (Général Favé, p. 8.) — « Le général Trochu n'a pas songé qu'en dehors de l'enceinte, en dehors de la portée des canons des forts extérieurs, et pourtant assez à proximité d'eux pour qu'ils fussent d'un grand secours, il y avait des positions faciles à rendre imprenables, et qui, solidement occupées par nous, eussent rendu non seulement l'investissement, mais même le siège impossible ; telles sont, pour n'en citer que

Quant à l'effet moral que cet échec produisit sur la population parisienne et sur les chefs militaires, il fut incalculable et fit douter du succès final. On ne songea pas aux vaillants soldats qui avaient combattu toute la journée; on ne sut pas que près de la moitié des zouaves s'était ralliée, on ne vit que les fuyards et l'on crut qu'ils composaient toute l'armée (1).

« Ecœurant spectacle que le défilé de ces hommes criant qu'on les avait envoyés à une perte certaine alors qu'aucun d'eux n'avait de blessure; prétendant n'avoir pas reçu de cartouches, alors qu'ils étaient encore pourvus de leurs paquets intacts; hurlant à la trahison, alors qu'eux-mêmes étaient les traîtres. Image que devait graver plus lugubre-

les plus essentielles : le plateau de Châtillon et ses abords, Meudon, Montretout et Sannois qui, relié à Saint-Denis, garantissait le libre cours de la Seine; Montretout qui, appuyé d'un côté sur le Mont-Valérien, protégé, de l'autre, par Meudon, qu'il protégeait à son tour, nous assurait la tranquille possession des fortes positions naturelles qui relient Paris à Versailles, Versailles cette clef de la défense du ravitaillement de Paris. » (Colonel de Meffray, p. 10.) — *Journal d'un Suisse pendant le siège de Paris*, par P. Schuler; Bienne, p. 26. — A. Wachter, p. 514. — Dussieux, t. I, p. 187. — Henri Martin, t. VII, p. 179. — Robinet de Cléry, p. 32. — *Journal de Fidus*, p. 92. — Etienne Arago, pp. 218 et 219.

(1) « Alors se produit cette lamentable panique dont Paris a gardé le souvenir. Revenu en courant, du champ de bataille au cœur de la ville, avant huit heures du matin, des hommes en uniformes et en armes criaient qu'ils étaient trahis. Ils n'avaient pas même tiré un coup de fusil, pas même aperçu l'ennemi; ils avaient parcouru plusieurs kilomètres sans s'arrêter, sans rien voir, sans rien comprendre, affolés. Et pourtant ces hommes s'étaient, pour la plupart, engagés dans les zouaves parce qu'ils se sentaient du courage et voulaient le prouver; plus tard, ils montrèrent, sur la Marne et ailleurs, qu'ils en avaient et du plus solide, car ils se firent, non pas décimer, mais tuer presque tous, sans reculer d'une semelle; tant il est vrai que des hommes, même quand ils sont robustes, même quand ils sont braves, ne sont pas des soldats, et qu'ils ont beaucoup à apprendre pour le devenir. » (*Enq. parlem. déf. nationale*, rapport de M. Chaper sur le Gouvernement de la Défense à Paris au point de vue militaire, p. 54.)

ment dans les souvenirs le honteux supplice des
couards, conduits, le surlendemain, par les rues et
les places, entre deux haies, capotes retournées,
et, plaqué entre les épaules l'écriteau infamant (1) »
où se lisait le mot : *lâche*.

Tout cela n'était pas fait pour relever le courage
de gens qui se sentaient brusquement séparés du
monde et qui venaient de voir disparaître les armées sur lesquelles ils avaient conçu les plus folles
espérances.

Du côté des Allemands, la conduite du combat
avait été plus qu'ordinaire, et les soldats s'étaient
plus mal battus que dans les affaires d'Alsace, de
Lorraine et des Ardennes, puisque nous les avons

(1 A.-J. Dalsème, pp. 59 et 60. — « Des fuyards rentraient en
disant qu'ils n'avaient plus de cartouches : on fouilla, à la mairie
du VIIe arrondissement, quelques-uns de ces hommes ; on trouva
sur eux jusqu'à 80 cartouches... D'autres jetèrent leurs cartouches
dans la Seine pour pouvoir dire qu'ils n'en avaient pas. » Général Thoumas, *Les Transformations de l'armée française*, t. I,
p. 491. — « Depuis une heure de l'après-midi jusqu'à quatre
heures, on a vu défiler, dans la grande avenue de Châtillon, au
moins 2,000 hommes criant : *Aux armes !* comme si les Prussiens
étaient à leurs trousses... Toutes les rues étaient remplies de
soldats à la débandade qui semaient sur leur passage l'épouvante
dont ils étaient saisis. Plusieurs de ces misérables ont été arrêtés
par des gardes nationaux indignés qui leur arrachaient leurs
fusils et les conduisaient à la Place » (Émile Chevalet, pp. 5 et
6), mais en se gardant bien de courir au plateau de Châtillon pour
remplacer les fuyards. — « Des zouaves fugitifs rentrèrent
bruyamment dans Paris. » (Robinet de Cléry, pp. 31 et 32.) —
« La ligne et la mobile s'accusèrent réciproquement de trahison. »
(Hermann Robolsky, *Le siège de Paris raconté par un Prussien ;*
traduction de W. Filippi, inspecteur principal aux chemins de
fer de l'Est ; Paris, Lachaud, 1871 ; p. 84.) — « Partout, des gens
s'en allaient répétant : « Tout est perdu ; l'armée ne vaut rien ;
les zouaves eux-mêmes ont été les premiers à s'enfuir. » Elie
Sorin, p. 4.) — Francis Wey, p. 57. — *Le Siège de Paris, journal
d'un officier de marine* (Francis Garnier) : Paris, Delagrave,
1885 ; p. 7.) — *Par ballon monté, Lettres envoyées de Paris pendant le siège*, par Louis Moland ; Paris, Garnier frères, 1872, p. 16.
— Sarcey, pp. 75 à 77. — *Journal de Fidus*, p. 91. — Mme Adam,
p. 90. — Étienne Arago, p. 219.

vus fuir devant des novices, à Malabry et à la Tuilerie, ou ne pas venir à bout des mêmes conscrits à Villacoublay et au Plessis-Piquet. Que dire, notamment, de la résistance que leur a opposée le 15ᵉ régiment de marche? Qu'on jette les yeux sur le plan 13 de l'ouvrage du grand état-major prussien et sur les croquis du général Ducrot, on restera confondu en voyant quelles nuées de combattants entouraient cet héroïque régiment, on demeurera stupéfait de l'incapacité des tacticiens qui disposent de pareilles forces pour ne briser qu'après quatre heures de lutte un aussi mince adversaire!

L'éloignement des trois brigades du Vᵉ corps, qui eut lieu entre midi et une heure, et leur départ pour Versailles pouvaient coûter gros aux Allemands si le général Trochu s'était trouvé sur le champ de bataille. L'entrée en ligne du 13ᵉ corps, qui était indiquée, aurait entraîné la poussée à la Seine du IIᵉ corps bavarois refoulé, vers Choisy-le-Roi, par toutes nos forces alignées de Bagneux à Châtenay. Il est vrai que l'impéritie de nos généraux autorisait toutes les audaces, toutes les imprudences, et l'ennemi en a largement usé (1).

Reste enfin la question de savoir si, profitant des fautes du commandement et des défaillances de certains régiments, les Bavarois n'auraient pas pu brusquer le résultat et, se précipitant à la suite de nos fuyards, enlever des fortifications défendues par des gens affolés?

Le général Vinoy dit : « Oui, l'ennemi avait de fortes chances pour conduire à bonne fin cette tentative hardie (2). »

______

(1) « L'ennemi déploya peu de science et ne fit d'autre combinaison que de résister de front et de pousser en avant. » (Général Ambert, *Récits militaires, Le Siège de Paris*, p. 34.) — Commandant Bonnet, t. II, p. 44.)

(2) Général Vinoy, p. 152.

Nous répétons, nous, avec le général Ducrot :
« Non, les Allemands n'auraient pu se rendre maîtres des forts d'Issy, de Vanves et de Montrouge, et
surtout de l'enceinte continue. »

Si les redoutes de Bagneux et de Châtillon étaient
inachevées, nous supposons que les forts étaient
en état de défense, depuis plus d'un mois qu'on y
travaillait. Comment donc l'ennemi, qui avait eu
tant de mal à s'emparer du Plessis-Piquet, village
ouvert, serait-il parvenu à escalader le fort d'Issy,
occupé par 75 officiers et 2,611 sous-officiers et soldats, le fort de Vanves, défendu par 57 officiers et
2,234 hommes, le fort de Montrouge, vaisseau inabordable, dont l'équipage se composait de 49 officiers et de 1,680 marins dont les infortunés Bavarois auraient eu difficilement raison (1)!

Et nous ne parlons pas de ces troupes du 14e corps
qui s'étaient si vaillamment comportées pendant la
bataille, ni de la division Blanchard, qui se serait
trouvée aux remparts bien avant l'arrivée des Allemands (2) « forcés de passer entre des forts se
flanquant réciproquement à une distance de 1,500
à 2,000 mètres. Les colonnes assaillantes eussent
été désorganisées et détruites avant de venir se heurter contre les fortifications (3) ». Comme l'écrit fort
bien le général Ducrot, sans doute « l'armée régulière était restreinte, et, à quelques exceptions près,
peu solide; la Garde mobile, supérieure en nombre
à la troupe de ligne, était loin de la valoir comme
qualité; quant à la Garde nationale, c'était une
masse d'hommes sans instruction, sans discipline,
sans cadres véritables, dans les rangs de laquelle
s'agitaient déjà les ambitieux de bas étage et les

(1) Général Vinoy, pp. 153 et 154.
(2) « A quatre heures du soir, cette division parut. » *Ibid.*,
p. 150.
(3) Général Ducrot, t. 1, p. 66.

fauteurs de désordre qui devaient faire le Trente et un-Octobre et le Dix-huit-Mars. Néanmoins, ces troupes insuffisantes n'annihilaient pas entièrement les obstacles très sérieux que la défense pouvait opposer à un coup de main : *l'excellence des forces fixes compensait la mauvaise qualité des forces mobiles (1) ».* La difficulté que l'armée régulière a eue pour s'emparer des ouvrages fortifiés de Paris, pendant la Commune, apporte ici une preuve manifeste à l'appui de la thèse du général Ducrot (2).

Aussi bien, M. de Moltke reconnaît formellement qu'il n'y avait pas possibilité d'approcher des murailles : « Bien que la capitale ne disposât pour sa défense que de troupes sans instruction militaire pour la plupart, son enceinte à l'abri de l'escalade, ses nombreux ouvrages extérieurs, laissaient peu de chances de réussite à une attaque brusquée (3). »

N'oublions pas, enfin, que jamais les Bavarois n'ont poursuivi ni suivi les soldats du 14e corps et que lorsqu'ils « abordèrent la redoute, celle-ci

___

. (1) Général Ducrot, t. I, p. 66.

(2) « L'armement de chacun des forts comprenait en moyenne 70 bouches à feu; ainsi tous ces ouvrages, qui se soutenaient mutuellement, étaient plus qu'assurés contre un coup de main, et une pareille entreprise n'avait pas la moindre chance de succès. » (Capitaine Gœtze, t. II, p. 15.) — Il avait été établi par les considérations les plus sérieuses qu'il ne fallait pas songer à une attaque de vive force. » (Major Blume, p. 49.) — « La place de Paris ne pouvait être vaincue que par la famine. » (*Attaque et défense des places*, par H. Mollik, capitaine à l'état-major de l'artillerie autrichienne; *Supplément, La guerre de siège en* 1870, par G. Bodenhorst, capitaine au 8e régiment d'artillerie belge. Paris, Dumaine, 1881; p. 23) — « Jamais l'ennemi n'a songé à enlever Paris par un coup de main. » (Colonel de Meffray, p. 21.) — « Les Allemands ne songèrent jamais un seul moment à cette entreprise aventureuse. » (Commandant Canonge, t. II, p. 349.) — Dussieux, t. I, pp. 187 à 189. — Henri Martin, t. VII, pp. 178 et 179 — Amiral de La Roncière-le Noury, p. 38. — Viollet-le-Duc, p. 15. — Colonel Lecomte, t. III, p. 38. — *Le Blocus de Paris et la Première armée de la Loire*, 1re partie, p. 51.

(3) *La Guerre franco-allemande*, 2e partie, p. 48.

était déjà abandonnée par les Français (1) ».

C'est pourquoi l'état-major prussien, qui n'a, du reste, jamais eu l'intention de brusquer l'assaut, ainsi que cela résulte du départ du V° corps pour Versailles à une heure de l'après-midi, a eu raison de ne pas tenter une aventure qui aurait mal tourné pour lui. « Cet insuccès, grossi par la presse française et étrangère, pouvait changer la face des choses, en relevant l'énergie de la nation envahie et en ôtant la confiance aux armées alliées qui s'avançaient au cœur de la France, non sans une certaine appréhension (2). »

« Tourner le fort de Montrouge, ou forcer le passage entre Vanves et Issy, venir se jeter sur l'enceinte avec la chance de se heurter contre des masses protégées par la position, c'était assurément une grosse entreprise, et, pour tenter si violemment, si témérairement la fortune, de quoi disposaient les chefs de l'armée allemande ? Ils n'avaient pas encore toutes les forces qu'ils ont eues depuis. Ils arrivaient devant Paris avec 122,000 hommes d'infanterie, 24,000 cavaliers et 632 bouches à feu. Une moitié de cette armée occupait le nord de Paris ; c'était donc avec ce qui restait qu'il fallait risquer ce coup d'audace qu'on a pu croire possible, brusquer l'assaut du front sud ! Si les Prussiens réussissaient, même au prix de torrents de sang, rien de mieux : la question était tranchée ; s'ils échouaient, et ils avaient, certes, beaucoup de

(1) *La Guerre franco-allemande*, 2° partie, p. 75. — « Quand les Bavarois se sont élancés *impétueusement*, il y avait déjà plusieurs heures non pas plusieurs heures, mais une heure peut-être qu'il n'y avait plus un seul soldat français dans l'ouvrage. » (Général Ducrot, t. I, p. 63.) — « Dans la soirée, les Bavarois occupèrent les ouvrages *abandonnés* de Châtillon. » (Colonel Lecomte, t. III, pp. 58 et 59.) — « Les Français *abandonnèrent d'eux-mêmes* une position si forte. » (Capitaine Gœtze, t. II, p. 29.) — Major de Sarrepont, p. 273.

(2) Général Ducrot, t. I, pp. 67 et 68.

chances contraires, l'effet pouvait être immense et changer la face de la guerre, en réveillant la confiance dans le pays tout entier comme à Paris, en permettant peut-être à l'Europe d'offrir sa médiation, éventualité que la Prusse tenait à écarter pardessus tout (1). »

ACHÈVEMENT DE L'INVESTISSEMENT

Le grave échec de Châtillon allait entraîner l'investissement complet de la capitale. En effet, le prince royal, qui suivait le combat des environs de la Croix-de-Berny et d'Antony (2), ne songeait, ce jour-là, ni à prendre Châtillon, Meudon et Montretout, ni à tenter l'assaut des forts, ainsi que cela résulte des ordres de marche, mais se proposait simplement d'entrer à Versailles, de terminer l'investissement de Paris (3) et avait, en conséquence, dirigé, dès midi et demi (4), sur la ville de Louis XIV, la plus grande partie du V° corps, momentanément arrêté dans sa marche par le coup de tête du général Ducrot, qui eut, de la sorte, pour résultat immédiat, de nous faire perdre, le 19, des positions que l'ennemi n'avait pas encore l'intention de nous enlever (5).

(1) Charles de Mazade, *La guerre de France*, t. II. p. 98. — « Certainement les Prussiens auraient tenté l'aventure s'ils avaient cru le pouvoir... les forts avaient déjà tout ce qu'il fallait pour se faire respecter, pour briser une attaque de leur feu ou pour la rendre, au moins, singulièrement meurtrière. » (*Ibid.*, p. 97.) — L'ennemi « ne voulut pas risquer d'éprouver, au début même du siège, un échec dont le retentissement, non moins que l'influence sur les opérations ultérieures, eussent été considérables ». (Général Vinoy, p. 152.)

(2) *La Guerre franco-allemande*, 2° partie, p. 79.

(3) « Les Bavarois ne semblaient plus avoir besoin d'être secourus pour venir *occuper la position d'avant-postes qui leur avait été assignée auprès de Châtenay.* » (*Ibid.*, p. 69.)

(4) *Ibid.*, p. 70.

(5) Voir ci-dessus la note 3.

Trois brigades du Ve corps s'étaient donc portées sur Versailles, précédées par de la cavalerie. Depuis le matin, cette cavalerie parlementait avec la Garde nationale qui, ne voyant pas d'artillerie, avait fermé les portes des barrières. « A midi, on signait une capitulation *honorable* (!) déchirée, le lendemain, par l'état-major prussien qui fit, après l'entrée des troupes, cette réflexion qu'on n'avait pas à traiter avec une ville ouverte (1). » — « A trois heures du soir 2). » — « le Ve corps, sous les ordres du général de Kirchbach, commença à défiler, tout chaud encore de notre sang qu'il venait de verser, enorgueilli de son triomphe, traînant derrière lui des Français prisonniers, au son des fifres et des tambourins alternant avec des musiques qui jouaient la *Marseillaise* pour insulter le vaincu (3). » A six heures du soir, la **XVIIIe** brigade arrivait, à son tour, de Villacoublay (4).

Dans l'après-midi, un petit combat s'était engagé, à Chevilly, entre des tirailleurs de la division de Maud'huy, sortis des Hautes-Bruyères et de Villejuif, et une brigade du VIe corps, qui avait passé la Seine à Villeneuve-Saint-Georges. Mais, bientôt, les Français s'étaient retirés à l'abri de leurs fortifications et les Prussiens avaient regagné les positions qu'ils mettaient en état de défense (5).

Le soir du 19, l'investissement est un fait accompli (6). Le Ve corps est à Versailles, avec ses avant-postes de Croissy au parc de Meudon;

(1) Gustave Desjardins, p. 11.

(2) *La Guerre franco-allemande*, 2e partie, p. 77.

(3) Gustave Desjardins, p. 11. — E. Delerot, *Versailles pendant l'occupation;* Paris, Plon, 1873; p. 20.

(4) *La Guerre franco-allemande*, 2e partie, p. 77.

(5) *Ibid.*, p. 78.

(6) « Le réseau télégraphique de l'Ouest, le dernier qui permit de transmettre et de recevoir des dépêches, a été coupé aujourd'hui, 19 septembre, à une heure. » (Georges d'Heylli, *Journal du siège de Paris*, t. I, p. 183.)

derrière lui, la VIᵉ division de cavalerie campe à Chevreuse. Le IIᵉ corps bavarois se tient à Sceaux, avec ses avant-postes du parc de Meudon à la Bièvre ; derrière lui, la IIᵉ division de cavalerie remplit Orsay. Le VIᵉ corps s'étend de la Bièvre à la Seine et, de la Seine, à la ligne Paris-Troyes, occupant Choisy-le-Roi et la Queue-en-Brie. Le corps wurtembergeois bivouaque à Lagny, gardant l'espace compris entre la ligne Paris-Troyes et la Marne. Le XIIᵉ corps est à Claye, avec ses avant-postes de Chelles à Livry, de la Marne à la ligne Paris-Soissons ; la division de cavalerie saxonne se répand autour de Mesnil-Amelot. La Garde royale occupe Roissy, avec ses avant-postes à Blanc-Mesnil et à Aulnay, entre la ligne Paris-Soissons et la ligne Paris-Creil. Le IVᵉ corps se tient à Saint-Brice, avec ses avant-postes de la ligne Paris-Creil à la Seine, par Sarcelles, Montmagny et Deuil. La cavalerie de la Garde royale a une brigade à Argenteuil. La Vᵉ division de cavalerie garde l'espace compris entre la Seine et la ligne Paris-Dreux, avec son gros à Marly (1).

« Plus de six corps d'armée allemands se trouvent donc déployés suivant un front de 83 kilomètres, directement en face des défenses de Paris, et, sur certains points même, jusque dans la zone des feux de la place (2). » Cinq divisions de cavalerie concourent à cet investissement.

En seconde ligne, le XIᵉ corps arrive à Crécy, entre Lagny et Coulommiers ; le Iᵉʳ corps bavarois entre à Jouy-le-Châtel ; la IVᵉ division de cavalerie reste toujours à Fontainebleau, surveillant Milly et Malesherbes, où des partis français sont signalés (3).

---

(1) Capitaine Patry, 19 septembre. — *La Guerre franco-allemande*, 2ᵉ partie, *passim*. — Gustave Desjardins, *passim*.
(2) *La Guerre franco-allemande*, 2ᵉ partie, p. 79.
(3) *Ibid.*

Le cercle de fer vient donc d'être rivé à Versailles : Paris ne pourra pas le rompre. Vaincu par la famine, il lui faudra capituler comme Metz.

« Jusque-là, personne n'avait cru à la possibilité de cette opération extraordinaire d'un investissement aussi complet, aussi absolu, dépassant la mesure de toutes les combinaisons militaires connues. On considérait presque comme une chimère ambitieuse et vaine cette idée du siège et du blocus d'une place défendue par une enceinte d'un développement de 30 kilomètres, protégée par des forts décrivant une ligne circulaire de 60 à 80 kilomètres. On s'était dit, sur la foi des calculs ordinaires, que pour faire un tel siège il faudrait un matériel d'artillerie colossal qu'une armée traînerait difficilement après elle à 600 kilomètres de sa base d'opérations ; que, pour accomplir un tel investissement il faudrait 500.000 ou 600,000 hommes au moins (1). »

M. de Moltke, comptant sur notre démoralisation, connaissant l'inexpérience des recrues qui formaient l'armée de Paris, spéculant « sur les agitations intérieures qui dévoreraient la ville assiégée, sur la famine qui arriverait bientôt, car les Prussiens ne croyaient pas que Paris eut pour plus de six semaines et, à la dernière extrémité, pour plus de dix semaines de vivres (2) », décidé, de plus, à employer le bombardement quand les chemins de fer seraient rétablis, M. de Moltke ne craignit pas de tenter l'entreprise, tout en éprouvant les plus vives appréhensions. Grâce à l'insuffisance du général Trochu et aux rivalités de Ducrot et de Vinoy, grâce à l'indiscipline de la Garde nationale et de

---

(1) Charles de Mazade, *La guerre de France*, t. II p. 100.
(2) *Ibid.*, p. 101. — Voir aussi : major Blume, p. 51.

la Garde mobile, l'événement lui a donné raison ; mais prendre cette témérité comme modèle et risquer une seconde fois pareille aventure serait, sans aucun doute, courir à un désastre (1).

Deux juges compétents ont signalé l'imprudence de l'investissement de Paris en septembre 1870 ; nous ne résistons pas à l'envie de les citer :

« Si Trochu ou l'un de ses lieutenants, a dit le colonel Vandevelde, avait su profiter de la situation critique dans laquelle se sont trouvées les armées allemandes pendant toute la durée de leur mouvement tournant, et mettre habilement en action une partie seulement des 300,000 hommes valides renfermés dans Paris, il eût pu combattre son adversaire, non seulement avec tous les avantages de la position, mais aussi avec une telle supériorité numérique, que le succès n'eût pas dû être un instant douteux (2). »

« Tout cela, a écrit le colonel Lecomte, était de la stratégie d'un sans-gêne parfait, plus encore que celle des grandes opérations de Metz..... Répandus sur un long cordon d'environ 120 kilomètres, les Allemands s'affaiblissaient sur tous les points, pouvaient être percés sur l'un d'eux et livrer tout ou partie de leurs communications aux Parisiens débouchant de la position centrale ; mais les Pari-

(1) « L'ennemi était obligé de s'étendre démesurément autour de la ville pour arriver à fermer le cercle d'investissement. L'opération était périlleuse et l'on avait beaucoup de chances pour l'empêcher en attaquant pendant son exécution. » (Commandant Bonnet, t. II, pp. 34 et 35.) — « 22,000 hommes par mille, c'était à peine suffisant. » (A. Niemann, p. 206.) — « On pouvait espérer que les Français ne s'apercevraient pas immédiatement de notre faiblesse. » (Major Blume, p. 51.) — « Au début, il n'y avait, pour investir la place, que 122,661 hommes. » (*La Guerre de 1870-1871*, traduit de l'allemand, p. 69.)

(2) *Commentaires*, pp. 197 et 198. — *Ibid.*, p. 183. — *Description des fortifications de Paris*, par L. Vandevelde, lieutenant-colonel en retraite ; Bruxelles, imprimerie Guyot, 1870 ; p. 13.

siens s'occupaient bien de telles misères! Ils venaient
de se révolutionner... (1)! »

Et oui, nous avions la position centrale et la
supériorité numérique; et oui, l'état-major prussien
agissait avec un sans-gêne parfait; et oui, en se
disséminant à l'infini pour barrer tous les passages,
les Allemands commettaient, à leur tour, la grande
faute commise par les stratégistes de la Cour des
Tuileries, au commencement de la guerre, quand
ils avaient voulu couvrir, en même temps, nos
frontières de l'Est, depuis Thionville jusqu'à Belfort,
faute contre laquelle tous les traités d'art militaire
mettent en garde les chefs d'armée; et oui, tout
cela est vrai, mais, une dernière fois, il nous aurait
fallu faire de la guerre et pas de politique, aller à
l'exercice et non au club, au combat et non à la
revue, avoir la foi et non douter, savoir diriger une
armée, et ne pas croire que l'Algérie, Malakoff et
Solferino étaient le dernier mot de la tactique
moderne; il aurait fallu, en un mot, faire le contraire de ce que faisait la population parisienne, et
être l'opposé de ce qu'étaient les généraux chargés
de la grande mission de conduire 300,000 Français
à la bataille suprême!

(1) T. III, p. 9. — Colonel de Meffray, pp. 17 et 18.

ENTREVUE DE FERRIÈRES

SITUATION DIPLOMATIQUE

Au moment où le premier combat sérieux s'engageait sous les murs de Paris, M. Jules Favre tentait une démarche auprès de M. de Bismarck afin d'obtenir une paix honorable. Nous allons raconter cette célèbre entrevue, quand nous aurons esquissé la situation diplomatique de la France à cette lamentable époque.

Dès le lendemain du Quatre-Septembre, les ambassadeurs d'Angleterre, d'Autriche et d'Italie étaient venus s'entretenir des événements avec M. Jules Favre, le nouveau ministre des Affaires étrangères. Tout s'était passé, bien entendu, en conversations et les représentants des puissances se gardèrent bien de faire naître, en l'esprit du ministre français, la moindre espérance d'intervention.

Toutefois, M. de Metternich lui promit l'appui de l'Autriche s'il voulait consentir à faire voter les Alsaciens sur leur annexion à l'Allemagne. Notre ministre des Affaires étrangères refusa cette proposition (1). Quant à M. Nigra, ministre d'Italie, il ne s'avança pas aussi loin que le représentant de la puissance battue par nous pour créer le royaume de Victor-Emmanuel, et déclara que « nous ne pouvions attendre de l'Italie que de bons sentiments (2) ». — « Loin de songer à secourir la France, le cabinet de Florence ne pensait qu'à profiter de ses malheurs pour s'affranchir d'engagements qui lui pesaient (3). » C'est pourquoi, le 6 septembre, M. Nigra notifiait que les troupes italiennes allaient occuper les États pontificaux. « Un prince prudent, a dit Machiavel, n'est point tenu d'exécuter ses engagements quand cela lui tourne à dommage et que les occasions qui les lui ont fait prendre ne sont plus (4). » Fort sagement, M. Jules Favre répondit qu'il ne s'opposerait pas à cette occupation, mais qu'il ne pouvait y adhérer, ne voulant pas contrister les Français catholiques, la défense réclamant les bras de tous (5).

On se rappelle que le ministre des Affaires étrangères avait lancé la circulaire qui contenait les mots : « ni un pouce de notre territoire, ni une pierre de nos forteresses, » et tous les cabinets se retiraient de nous, y compris le cabinet de Saint-Pétersbourg qui reconnaissait, toutefois, par l'organe du représentant du czar à Paris, que « le peuple russe désirait le succès de la France (6) ». — « On ne peut contester qu'il n'y eût eu quelque chose d'assez blessant pour la Russie à négocier avec un gouvernement qui comptait parmi ses

(1) Jules Favre, *Gouvernement de la Défense nationale du 30 juin au 31 octobre* 1870, p. 114 et 115.
(2) *Ibid.*, p. 118.
(3) Albert Sorel, t. I, p. 294.
(4) Cité par Albert Sorel, t. I, p. 295.
(5) Jules Favre, *Gouvernement de la Défense nationale du 30 juin au 31 octobre* 1870, p. 119.
(6) *Ibid.*, p. 120.

membres l'avocat de Berezowski et qui venait de donner un emploi de confiance à M. Charles Floquet (1). » Il en résultait une certaine contradiction dans les actes : le cabinet russe ne voulait pas de la cession de l'Alsace (2), mais le czar envoyait l'ordre de Saint-Georges à M. de Moltke (3).

Écrasé sous la responsabilité qui pesait sur lui, M. Jules Favre songea alors à provoquer une intervention diplomatique qui amènerait la paix; à cet effet, il demanda à M. Thiers de mettre au service du pays sa connaissance des affaires et des Cours étrangères. Comme M. Grévy, l'ancien adversaire de M. Guizot n'avait pas voulu entrer dans le Gouvernement; cependant il ne se refusa pas à remplir une mission utile à la France. Non seulement il consentit à aller à Londres, mais il proposa même de pousser jusqu'à Saint-Pétersbourg et à Vienne, ce qui fut accepté avec reconnaissance (4).

« Il fut convenu qu'il ne s'occuperait pas de la paix, sujet auquel il ne voulait pas toucher et sur lequel il n'aurait pas été peut-être de l'avis du Gouvernement, mais uniquement de rendre des amis à la France, s'il en pouvait trouver, et de faire naître, s'il était possible, l'occasion d'un armistice. Il avait en fait, des pouvoirs très étendus pour nouer des alliances, mais aucune autorisation, aucune indication même, quant à la paix future (5). »

M. Thiers partit le 12 « par le dernier train du

<hr>

(1) Albert Sorel, t. I, p. 293.

(2) « Gortschakoff est contre la cession de l'Alsace. » (*Mémoires de Frédéric III*, p. 7.)

(3) *Mémoires* de Frédéric III, p. 8. — *Monsieur Thiers*, par Charles de Mazade, p. 322.

(4) Jules Favre, *Gouvernement de la Défense nationale du 30 juin au 31 octobre* 1870, p. 128. — « M. Thiers proposait lui-même de se rendre non plus seulement à Londres, mais à Vienne, à Saint-Pétersbourg, à Florence; partout où il faudrait. » (Charles de Mazade, *La guerre de France*, t. II, p. 81.) — Théodore Duret, t. II, p. 18. — Albert Sorel, t. I, p. 369.

(5) *Enq. parlem. déf. nationale*, déposition de M. Thiers.

Nord, le pont de Creil ayant sauté après son passage (1) ». Il était chargé d'abord de prier lord Granville, qui dirigeait la politique extérieure de l'Angleterre, de ménager une entrevue de M. Jules Favre avec M. de Bismarck, pendant que lord Lyons, l'ambassadeur anglais à Paris, expédiait directement un courrier au chancelier prussien, pour lui faire la même demande. Naturellement, M. de Bismarck fit la sourde oreille, et l'on désespérait de voir arriver son acceptation quand M. Jules Favre, encouragé par le très sympathique ambassadeur d'Angleterre (2), résolut de partir sans avoir la réponse de la Prusse et ne s'ouvrit de ce projet qu'au général Trochu et au général Le Flô, qui l'aidèrent sans s'associer à sa démarche (3).

Et ici, il est bon de relever une erreur commise par le général Trochu lors de sa déposition devant la commission d'enquête parlementaire. Il y a déclaré que « ce n'est qu'après son retour de Ferrières que M. Jules Favre *nous* parla de son projet (4) ». Si par *nous*, il entend tout le Gouvernement, il a raison ; mais si par *nous*, il entend faire croire que lui, Gouverneur de Paris, apprit la tentative de M. Jules Favre à son retour seulement, il se trompe, attendu que l'on vient de constater que le ministre des

(1) Charles de Mazade, *La guerre de France*, t. II, p. 81. — *Journal officiel*, n° du 12 septembre 1870.

(2) Charles de Mazade, *La guerre de France*, t. II, p. 82. — De son côté, la reine d'Angleterre tâchait de fléchir le roi de Prusse et lui télégraphiait même, dans ce but, quelques jours après. « 2 octobre, la reine Victoria a télégraphié pour recommander la magnanimité en présence des démarches faites par Favre en faveur de la paix, mais elle n'a pas su indiquer de moyen pratique. » (*Mémoires de Frédéric III*, p. 8.)

(3) Jules Favre, *Gouvernement de la Défense nationale du 30 juin au 31 octobre* 1870, pp. 155 et 156. — Théodore Duret, t. II, pp. 19 et 20. — Henri Martin, t. VII, p. 176.

(4) *La Politique et le Siège de Paris*, par le général Trochu, p. 216.

Affaires étrangères avait, préalablement, obtenu l'autorisation et le concours du Gouverneur.

DÉPART DE M. JULES FAVRE

L'ambassadeur d'Angleterre avait dit à M. Jules Favre que M. de Bismarck était au château de Grosbois; il fut donc décidé que l'on essayerait de franchir les lignes allemandes du côté de Créteil (1).

Le dimanche 18 septembre, avant sept heures du matin, le ministre des Affaires étrangères, se cachant comme s'il allait faire un mauvais coup, se dirigeait vers la porte de Charenton, en compagnie de M. de Ring, son sous-chef de cabinet, de M. Hendlé, son secrétaire, et d'un facteur nommé Lutz.

Tout ce monde arriva au fort de Charenton et la caravane, augmentée d'un officier et d'un trompette parlementaires, gagna Maisons-Alfort, non sans qu'on ne reconnût M. Jules Favre, ce qui donna naissance aux bruits de négociations qui irritèrent tant les Parisiens.

La petite troupe dépassa nos dernières sentinelles et prit la longue avenue menant à Créteil. Le calme le plus complet régnait autour des voyageurs; on n'apercevait pas trace d'ennemis et ce silence perfide augmentait l'émotion de ces hommes qui s'attendaient, d'un moment à l'autre, à voir apparaître un casque à pointe ou à entendre siffler une balle à leurs oreilles.

Le trompette marchait en tête, sonnant du clairon. Tout à coup, des cavaliers se découvrent de

____

(1) Nous avons pris le fond du récit de ce voyage dans le livre de M. Jules Favre : *Gouvernement de la Défense nationale du 30 juin au 31 octobre* 1870.

chaque côté de la route. « Par un singulier hasard, c'étaient des jeunes gens du Schleswig. Le peuple conquis devenait, dans la main de la Prusse, un instrument d'oppression et de conquête (1). »

L'officier parlementaire se laissa bander les yeux, et M. Jules Favre, escorté de ses compagnons, traversa Créteil et rencontra les avant-postes allemands, d'où il fut dirigé sur Villeneuve-Saint-Georges, résidence du général de Tümpling, commandant le VI⁰ corps d'armée.

« Quel trajet ! écrit M. Jules Favre, et comment peindre l'humiliation et la douleur qui agitaient mon âme ? C'était la première fois que je voyais les troupes prussiennes sur le sol français, elles me foulaient le cœur ! Leurs longues files bordaient la route, où se pressaient des figures railleuses nous regardant avec curiosité. Les champs regorgeaient de bivouacs, de chevaux, de caissons et d'artillerie. Partout, le spectacle navrant des habitations dévastées, des maisons ouvertes et pillées, des débris de toute nature amoncelés aux portes. On se demandait comment en quelques jours avait pu être accompli ce ravage. A midi et demi, nous arrivâmes à Villeneuve-Saint-Georges entièrement rempli de soldats. On nous fit descendre dans la maison d'un des notaires du pays : le mobilier en avait disparu. Dans le cabinet, où la poste prussienne s'était tout de suite installée, on voyait sur le plancher quelques vêtements de femme, attestant une fuite précipitée. On nous plaça dans l'étude, ornée encore de quelques dossiers oubliés dans leurs casiers. On plaça respectueusement à notre porte une garde qui avait pour consigne de nous empêcher de sortir (2). »

(1) Jules Favre, *Gouvernement de la Défense nationale du 30 juin au 31 octobre 1870*, p. 157.
(2) *Ibid.*, pp. 157 et 158.

A cinq heures, le général de Tümpling n'avait pas
encore donné signe de vie et **M.** Jules Favre et sa
suite se morfondaient toujours dans une pénible
attente. Enfin, le général apparut, suivi d'un nombreux état-major, et pria les arrivants de recevoir
son hospitalité dans le château qu'il occupait (1). Il
n'y avait pas à refuser; M. Jules Favre accepta
donc et apprit de M. de Tümpling que le quartier-
général du roi était à Meaux, mais qu'aucun avis ne
laissait pressentir si le chancelier de la Confédération du Nord recevrait le négociateur (2).

Notre ministre des Affaires étrangères remit alors
une demande d'audience que le général fit immédiatement porter à Meaux par un de ses officiers, le
prince de Biron. Le lendemain, M. de Bismarck lui
faisait savoir qu'il le recevrait.

En quittant Villeneuve-Saint-Georges pour accomplir sa mission pacifique, M. Jules Favre put aper-
cevoir les nuages de fumée et entendre les gronde-
ments du combat de Châtillon, et ce fut le cœur
serré qu'il commença ce pénible voyage au milieu
des masses armées qui encombraient les routes, en
traversant les villages en ruines. « A la porte d'une
pauvre maison, où tout était brisé, trois femmes
et un enfant pleuraient... on croyait voir en action
une page de Grégoire de Tours (3). »

A trois heures et demie, par une chaleur acca-
blante, pendant que la piteuse voiture du ministre
gravissait lentement une côte assez rude, un cavalier, le comte de Hatzfeld, les dépasse et annonce
à M. Jules Favre que M. de Bismarck n'est plus à
Meaux et que le grand quartier-général est transporté à Ferrières. Il faut rétrograder.

(1) Jules Favre, *Gouvernement de la Défense nationale du
30 juin au 31 octobre 1870*, p. 158.
(2) *Ibid.*
(3) *Ibid.*, p. 161.

« Arrivés au petit village de Montry, dit M. Jules Favre, nous sommes forcés de nous arrêter, notre attelage refuse le service. Nous descendons dans une ferme qui a subi le sort commun. Deux paysans errent dans ses ruines ; ils nous racontent qu'ils ont été pillés trois fois et qu'il ne leur reste rien : tout, jusqu'aux châssis des croisées, est détruit ; nous nous asseyons sur quelques débris. Après une demi-heure d'attente, nous voyons s'approcher trois cavaliers, suivis d'une nombreuse escorte. L'un d'eux, d'une taille élevée, est coiffé d'une casquette blanche avec un large galon en soie jaune : c'est le comte de Bismarck ; il met pied à terre à la porte de la ferme où je me tiens debout (1). »

Entrer dans ces ruines semble peu plaire au chancelier, qui réclame une maison plus propice à une conférence. On lui propose le château de la Haute-Maison, appartenant au comte de Rillac, et les deux ministres s'y rendent avec leurs suites, par un chemin montueux, tracé au milieu des bois (2). M. de Bismarck fait remarquer à son compagnon de route que le lieu est fait exprès pour les francs-tireurs. « Ces environs en sont infestés, dit-il, et nous leur faisons une chasse impitoyable ; ce ne sont pas des soldats, nous les traitons comme des assassins (3). » M. Jules Favre proteste et l'on arrive au château où les deux hommes, qui tenaient en mains la vie de tant de gens, s'installent dans une salle basse (4). Mais la crainte des balles hante toujours le chancelier. « Nous sommes très mal ici,

(1) Jules Favre, *Gouvernement de la Défense nationale du 30 juin au 31 octobre 1870*, p. 162. — Théodore Duret, t. II, p. 20.
(2) *Le comte de Bismarck et sa suite pendant la guerre de France, 1870-1871*, par D. Moritz Busch, secrétaire particulier de M. de Bismarck, traduit de l'allemand avec l'autorisation spéciale de l'auteur ; Paris, Dentu, 1880 ; 6ᵉ édition, p. 118.
(3) Jules Favre, *Gouvernement de la Défense nationale du 30 juin au 31 octobre 1870*, p. 163.
(4) *La Guerre franco-allemande*, 2ᵉ partie, p. 80.

dit-il, vos francs-tireurs peuvent m'y viser par ces croisées (1). » Enfin, s'engage une conversation dont nous allons donner le résumé.

LA HAUTE-MAISON ET FERRIÈRES

Les deux adversaires affirment d'abord, à l'envi, leur amour de la paix et rejettent, l'un sur l'Empire, l'autre sur la France, la responsabilité de la guerre.

M. Jules Favre insinue que la Prusse désire la restauration du régime tombé le 4 septembre. « Vous vous trompez tout à fait, s'écrie M. de Bismarck. Je n'ai aucune raison sérieuse d'aimer Napoléon III. Je ne nie pas qu'il eût été plus commode de le conserver et vous-même avez rendu un très mauvais service à votre pays en le renversant ; il nous eût été certainement possible de traiter avec lui ; mais, personnellement, je n'ai jamais eu à me louer de lui. *S'il l'avait voulu, nous eussions été deux alliés sincères et nous eussions ensemble disposé de l'Europe ;* il a cherché à tromper tout le monde et je ne m'y suis jamais fié (2). »

Après cet aveu sur le but poursuivi, déclaration échappée à ce maître trompeur, après ces paroles de noire ingratitude envers celui qui a fait toute sa science et auquel il a dû tous ses succès, M. de Bismarck réclame Strasbourg et M. Jules Favre lui répond naïvement : « Alors c'est l'Alsace et la Lorraine. — Je n'ai pas parlé de la Lorraine, réplique froidement le chancelier, mais, quant à l'Alsace, je

(1) Jules Favre, *Gouvernement de la Défense nationale du 30 juin au 31 octobre* 1870, p. 163.
(2) *Ibid.*, p. 176.

suis très net (1). » **Notre ministre des Affaires
étrangères** entasse alors, les uns sur les autres,
arguments et considérations de sentiment qui ne
mordent naturellement pas sur le chancelier de fer.
Ce dernier répond aux lamentations du ministre
français en lui disant que le Gouvernement du
Quatre-Septembre est né d'un mouvement populaire
qui peut le renverser demain (2), que le mal est
dans la mobilité et l'irréflexion du caractère français et il finit en menaçant Paris de bombardement.

En résumé, M. de Bismarck demande que la cession de territoire soit admise, *en principe.* « M. Jules Favre répond que la France est toute prête à
payer une indemnité pécuniaire, quelle qu'elle soit,
mais qu'elle se refuse formellement à toute aliéna-
tion de territoire (3). »

Désireux de quitter la Haute-Maison, où l'approche de la nuit redouble la crainte qu'il a des
francs-tireurs, M. de Bismarck lève la séance et,
sur les instances de M. Jules Favre, accepte un dernier rendez-vous, pour le soir, à Ferrières. A huit

(1) Jules Favre, *Gouvernement de la Défense nationale du
30 juin au 31 octobre* 1870, p. 166. — Albert Sorel, t. I, p. 353.

(2) « A la suite de la captivité de l'Empereur, le parti républicain arrivait momentanément au Pouvoir par ce fait que
quelques membres de la minorité du Corps législatif se constituaient, de leur propre autorité, en Gouvernement provisoire;
mais ces hommes, qu'une révolution avait élevés, une autre
révolution pouvait les renverser tout aussi vite. » *La Guerre
franco-allemande,* 2ᵉ partie, p. 80. — « Reçu à Ferrières, le
19 septembre, par M. de Bismarck, M. Jules Favre put comprendre que son gouvernement n'inspirait pas confiance et qu'on
n'était pas certain qu'il pût parler au nom du pays. » Colonel
Fabre, p. 170.) M. de Bismarck était trop heureux d'avoir ce prétexte.

(3) *La Guerre franco-allemande,* 2ᵉ partie, p. 81. — M. Jules
Favre s'exprima ainsi : Nous sommes prêts à vous céder «« tout
l'argent que nous avons »», mais nous nous refusons à admettre
l'idée d'une cession de territoire. » (Rapport de M. de Bismarck
du 27 septembre 1870; *Journal officiel,* nᵒ du 18 octobre 1870.) —
« On voulait bien sacrifier l'argent, mais non la terre. » (Jules
Simon, *Le Gouvernement de la Défense nationale,* p. 69.) — Henri
Martin, t. VII, p. 177.

heures, les deux ministres y arrivaient : à neuf
heures, ils reprenaient leur conversation dans une
des salles du château.

M. Jules Favre expose, de nouveau, les raisons
de sentiment propres, selon lui, à toucher son
adversaire : « Vous avez acquis aux yeux du monde,
lui dit-il, une gloire militaire qui peut satisfaire les
plus ambitieux. — Ne me parlez pas de cela, lui
répond le comte, c'est une valeur qui n'est pas cotée
chez nous (1). » Et il se livre à sa verve et étourdit
son malheureux interlocuteur par un flot de paroles
et de déclarations de principes auxquelles son passé
donne un démenti que confirmera sa conduite future. A l'entendre, il n'a jamais voulu la guerre et
il n'y a cru que le jour où elle a été déclarée ; lui,
qui a sauté à la gorge du Danemark ; lui, qui a
berné l'Autriche de protestations hypocrites, jusqu'à l'heure où, se sentant prêt, il s'est jeté brutale-
ment sur les Saxons, les Hanovriens et les Autrichiens, et qui les a tous dépouillés sans vergogne ;
lui, qui a machiavéliquement suscité la candidature Hohenzollern au trône d'Espagne, sachant bien
qu'elle serait l'étincelle cause de l'explosion ; le
voici, ce politique sans scrupules, venant parler de
sa bonne foi, de sa douceur; et M. Jules Favre
se laisse prendre à ces singeries de loyauté, de
bonhomie; le naïf avocat nous parle *de la simplicité
naturelle* de son adversaire, *de sa courtoisie, de sa
gravité, de sa bienveillance, de la netteté de ses idées,
de la rigueur de son bon sens, de l'originalité de son
esprit ? Je le jugeai un homme d'affaires politique,
ajoute-t-il, supérieur à tout ce qu'on peut imaginer... dans les grandes, comme dans les petites
choses, je l'ai constamment rencontré droit et ponc-*

<hr>

(1) Jules Favre, *Gouvernement de la Défense nationale du 30 juin
au 31 octobre 1870*, p. 173.

tuel (1). Le certificat de bonnes vie et mœurs est complet. C'est bien, comme nous l'avons déjà écrit, la lutte du chat et de la souris : M. de Bismarck joue avec la douleur, la crainte, les susceptibilités, les émotions de l'adversaire qu'il tient en son pouvoir, montrant autant de douceur que de cruauté, de politesse que de brutalité, de bonhomie que de rapacité. Le caractère teuton, si humble avec les puissants, si impitoyable avec le vaincu, se retrouve tout entier dans ses pourparlers navrants où les mots de droit, d'honneur, de pitié, ne sortent pas une seule fois de la bouche du chancelier de fer, qui ne parle que des appétits de l'Allemagne et de ce qu'elle entend dévorer (2).

La discussion roule enfin sur la convocation d'une Assemblée nationale et sur les moyens pour y parvenir. Un armistice s'impose d'abord, mais le chancelier ne veut l'accorder que si la France se met à sa discrétion, c'est-à-dire si elle livre immédiatement à la Prusse toutes les forteresses des Vosges ainsi que Strasbourg ; quant à la façon dont Paris sera traité, M. de Bismarck réserve ce point, et, à minuit et demi, les négociateurs se séparent. « M. Favre a l'air abattu et presque désespéré (3). »

Le lendemain, mardi 20 septembre (4), l'entretien reprend dans un grand et magnifique salon, au

(1) Jules Favre, *Gouvernement de la Défense nationale du 30 juin au 31 octobre 1870*, pp. 170 et 171.

(2) « M. Jules Favre était, dans le sens le plus large du mot, ce qu'on appelait, il y a cent ans, *un homme sensible*. Justement parce qu'il n'avait ni l'arrogance, ni le fanatisme d'un jacobin, il se rattachait, par une descendance plus légitime, à la lignée de Rousseau. Il lui manquait toutes les qualités du diplomate. Il ne possédait ni les connaissances pratiques, ni la fécondité de ressources, ni, surtout, le sang-froid qui font les négociateurs. Il était ému, il s'efforçait d'émouvoir : il en appelait à l'humanité, à la conscience, à la sympathie de son adversaire ! » (Albert Sorel, t. I, p. 351.)

(3) Moritz Busch, p. 119.

(4) Et non le 19, comme l'a écrit M. Jules Favre, p. 181.

premier étage. Le comte sortait de conférer avec le roi et commence par se plaindre des caricaturistes français, puis il fait connaître à M. Jules Favre la tentative de l'agent prussien Régnier et lui montre la célèbre photographie de la plage d'Hastings avec la signature de l'Impératrice (non, du prince impérial)..

Après avoir inquiété et étourdi le ministre français, le chancelier énumère brusquement les conditions que le roi met à l'armistice : occupation de toutes les forteresses assiégées dans les Vosges, y compris Strasbourg, et un fort dominant Paris (1); de plus, toute l'Alsace et la partie de la Lorraine que la Prusse veut annexer ne prendront pas part aux élections. « Vous avouez par là, s'écrie M. Jules Favre, que, si vous interrogiez les populations, elles seraient unanimes à vous repousser. — Je le sais parfaitement (2), » répond-il cyniquement, et il se retire pour prendre de nouveau les instructions du roi, chez lequel se trouvent MM. de Moltke et de Roon (3).

Quand il revient, ce n'est plus un fort quelconque autour de Paris qu'il faut livrer à l'armée allemande, c'est le Mont-Valérien. Sous ce dernier coup, M. Jules Favre chancelle et s'appuie contre le mur autant pour se retenir que pour cacher ses larmes; puis, se retournant :

« Pardon, monsieur le comte, de cet instant de faiblesse. Je suis honteux de vous l'avoir laissé deviner, mais les souffrances que j'endure sont telles que je suis excusable d'y avoir été entraîné ; je vous demande la permission de me retirer. Je me suis trompé en venant ici, mais je ne m'en repens

---

(1) *La Guerre franco-allemande*, 2ᵉ partie, p. 81.
(2) Jules Favre, *Gouvernement de la Défense nationale du 30 juin au 31 octobre 1870*, p. 185. — Albert Sorel, t. I, p. 361.
(3) Moritz Busch, p. 121.

pas. J'ai obéi au sentiment de mon devoir, et il n'a
fallu rien moins que cette impérieuse nécessité pour
me faire supporter les tortures qu'elle m'a impo-
sées. Je rapporterai fidèlement à mon Gouvernement les détails de nos entretiens. Personnellement,
je vous remercie de la bienveillance que vous y avez
apportée; j'en garderai le souvenir (!). Si mon
Gouvernement estime qu'il y ait quelque chose à
faire dans l'intérêt de la paix, avec les conditions
que vous m'avez posées, je dominerai mes répul-
sions et serai ici demain. Dans le cas contraire,
j'aurai l'honneur de vous écrire. Je suis bien malheureux, mais plein d'espoir (1) ! »

Sur cette phrase incompréhensible, M. Jules
Favre prend congé. M. de Bismarck « lui tend la
main, lui adresse des paroles polies (2) », et l'entrevue de Ferrières a pris fin.

Dans cette entrevue, « M. de Bismarck ne s'était
guère piqué de logique, allant d'une assertion à une
autre et peu soucieux de se contredire. Il avait
d'abord refusé à M. Jules Favre le droit de traiter
au nom de la France et, le lendemain, il exigeait de
lui des cessions territoriales; il lui avait fait dire
qu'il ne voulait pas d'armistice et, finalement, il
souscrivait au principe d'une suspension d'hostilités
pour convoquer une Assemblée constituante (3). »
Mais, encore une fois, le chancelier jonglait avec
M. Jules Favre et ne jouait pas le jeu serré qu'il
aurait joué avec un adversaire sérieux.

(1) Jules Favre, *Gouvernement de la Défense nationale du 30 juin
au 31 octobre* 1870, p. 187. — « Le ministre français avait dû,
étouffé par une émotion poignante, briser les négociations devant
la dureté des exigences prussiennes. » (Colonel Lecomte, t. III,
p. 40.)

(2) Jules Favre, *Gouvernement de la Défense nationale du 30 juin
au 31 octobre* 1870, p. 187.

(3) J. Valfrey, 1re partie, pp. 29 et 30.

RETOUR DE M. JULES FAVRE

Le 20, à deux heures de relevée, M. Jules Favre et sa suite quittaient Ferrières, sous la conduite d'un capitaine d'état-major chargé d'attendre, aux avant-postes, la réponse définitive du Gouvernement de la Défense nationale (1).

A Joinville-le-Pont, les voyageurs étaient accueillis à coups de fusil. Ils obliquèrent vers Créteil et, armés d'un drapeau blanc, purent heureusement franchir nos premières lignes.

M. Jules Favre, qui était revenu à Paris avec la douloureuse conviction qu'il fallait accepter les conditions de M. de Bismarck (2), comprit tout de suite, à l'aspect de la population de la capitale, que toute remise de places résistant encore, toute cession de territoire détermineraient un tel couran-d'indignation parmi les Parisiens que le Gouvertnement en serait emporté sur l'heure.

Aussi la divulgation de la démarche faite par le ministre des Affaires étrangères avait-elle causé dans tous les esprits une irritation extraordinaire, et lorsque M. Jules Favre se retrouva auprès de ses collègues il fut reçu avec une « excessive froideur. On disait, dans le salon qui précédait celui du conseil, qu'il serait désavoué. A minuit, après l'expédition des affaires, le général Trochu lui donna la parole. Il raconta ce qu'il avait fait. Le sentiment d'irritation que fit naître ce récit fut unanime ; on le sentait grandir à chaque détail. Les auditeurs ne se continrent plus lorsqu'ils entendirent les condi-

(1) Croyant toujours être au 19, M. Jules Favre écrit qu'il est revenu à Paris le jour du combat de Châtillon (p. 190). Plusieurs historiens ont reproduit cette erreur.

(2) Jules Favre, *Gouvernement de la Défense nationale du 30 juin au 31 octobre* 1870, pp. 188 et 189.

tions que la Prusse entendait mettre à un armistice. Tous se récrièrent énergiquement contre la supposition qu'une négociation dût être essayée sur de telles bases. M. Jules Favre partagea leur avis (1) ».

En dehors du Gouvernement, nous le répétons, la colère n'était pas moins grande. Le jour même du départ, le 18, le secret avait été trahi (2). Ce fut un déchaînement général. Les délégués des vingt arrondissements de Paris (comité de l'Internationale) se réunirent le 20 septembre dans la salle de l'Alcazar, et là, les citoyens Lefrançais, Longuet, Vallès, Ranvier, Chassin, etc., firent adopter les résolutions suivantes :

1° La République ne peut pas traiter avec l'ennemi qui occupe son territoire.

2° Paris est résolu à s'ensevelir sous les ruines plutôt que de se rendre.

3° La levée en masse sera immédiatement décrétée à Paris et dans les départements, ainsi que la réquisition générale de tout ce qui peut être utilisé pour la défense du pays et la subsistance de ses défenseurs.

4° La remise immédiate, entre les mains de la Commune de Paris, de la police municipale; en conséquence, suppression de la préfecture de police.

5° L'élection rapide des membres de la Commune de Paris. Elle se composera d'un conseiller municipal à raison de 10,000 habitants (3). »

Certes, si l'on ferme les yeux sur leur rédaction théâtrale, les trois premières résolutions étaient excellentes, et l'on ne saurait trop regretter que le

---

(1) Jules Favre, *Gouvernement de la Défense nationale du 30 juin au 31 octobre 1870*, p. 190. — Colonel Lecomte, t. III, p. 40.

(2) Emile Chevalet, p. 7.

(3) *Ibid.*, pp. 11 et 12. — Mme Edgar Quinet, p. 85. — Michel Cornudet, p. 29.

Gouvernement de la Défense nationale ne s'en soit pas inspiré; mais que dire des deux dernières? Elles eussent paralysé les trois premières et fait tomber Paris quatre mois plus tôt.

MM. Flourens, Razoua et Mégy furent chargés de porter à l'Hôtel-de-Ville les résolutions prises. Le Gouvernement n'en tint aucun compte, et il faut avouer qu'elles eussent eu beaucoup plus de force si ceux qui les avaient fait voter, et qui les présentaient, s'étaient risqués, en personne, ailleurs que dans les clubs, et s'ils avaient entendu le sifflement de quelques balles prussiennes. Mais nous savons que, durant le siège, ils restèrent prudemment à l'abri des remparts et qu'ils ne se décidèrent à marcher au feu que quand ce furent des Français qu'il s'agit de combattre (1).

Nous le répétons, c'étaient les futurs soldats de la Commune qui repoussaient toute idée de paix avec le plus de fureur. « Delescluze déclarait que le Gouvernement trahissait ses devoirs, qu'il fallait le remplacer, repousser toute proposition de paix, poursuivre la guerre à outrance (2). » Les rouges ne voulaient pas entendre parler, non seulement de cession de territoire, mais même de contribution de guerre : *Pas de paix; ni un écu, ni un vaisseau* (3). On voit que M. Jules Favre avait fait école, au point de vue des phrases ronflantes et irrémédiables. « Quand le dernier des soldats prussiens aura mordu la poussière; quand son territoire ne sera plus souillé par l'ennemi, la France pourra traiter. Jusque-là,

(1) « Une démagogie tapageuse, qui crie beaucoup et ne fait rien. » (*Deuxième lettre sur le siège de Paris*, adressée à M. le Directeur de la *Revue des Deux Mondes*, le 15 novembre 1870, par M. L. Vitet, de l'Académie française ; Paris, Sauton, 1870 ; p. 7.)

(2) Mme Edgar Quinet, p. 85.

(3) *Ibid.*, p. 86. — Michel Cornudet, p. 28. — Steenackers et Le Goff, t. I, p. 17.

non (1) ! » C'est ainsi que parlaient ceux qui ne s'en prenaient aux Allemands que dans les réunions publiques.

D'un autre côté, « on craignait que la Commune de Paris ne sortît des élections. Tout cela semblait le prélude du siège de Jérusalem où les Juifs se détruisirent eux-mêmes avant de tomber sous les coups des Romains (2). »

Mais ce n'étaient pas seulement les perturbateurs qui s'indignaient à la pensée d'une négociation, c'était tout le monde (3). Les manifestations contre la paix se succédaient et la Garde nationale, après avoir paradé devant la statue de Strasbourg, revenait, en chantant la *Marseillaise*, protester à la porte de l'Hôtel-de-Ville. Gambetta et Etienne Arago recevaient les manifestants et leur faisaient les plus beaux discours du monde (4). Cependant, le Gouvernement, effrayé, faisait paraître la note suivante : « On a répandu le bruit que le Gouvernement de la Défense nationale songeait à abandonner la politique pour laquelle il a été placé au poste de l'honneur et du péril. Cette politique est celle qui se formule en ces termes : *Ni un pouce de notre territoire ni une pierre de nos forteresses*. Le Gouvernement la maintiendra jusqu'à la fin. Fait à l'Hôtel-de-Ville, le 20 septembre 1870 (5). »

Aussi, le 23 septembre, au nom de ses collègues,

---

(1) *Le Réveil*, cité par Steenackers et Le Goff, t. I, p. 17. — G. de Molinari, p. 29.

(2) Mme Edgar Quinet, p. 86. — Théodore Duret, t. II, pp. 34 et 35.

(3) Voir, *suprà*, pp. 247 et 248.

(4) *A Paris pendant le siège*, pp. 36 et 37. — « M. Étienne Arago a eu beaucoup de peine à calmer par ses discours leur ardeur belliqueuse ; le meilleur moyen de les calmer tout à fait serait peut-être de faire droit à ce que le maire de Paris appelle *leurs justes réclamations...* » (Michel Cornudet, pp. 39 à 41.) — Jules de Marthold, p. 61.

(5) *Journal officiel*, n° du 21 septembre 1870.

M. Jules Favre écrivit au chancelier prussien la lettre que l'on va lire :

« MONSIEUR LE COMTE,

« J'ai exposé fidèlement à mes collègues du Gouvernement de la Défense nationale la déclaration que Votre Excellence a bien voulu me faire. J'ai le regret de faire connaître à Votre Excellence que le Gouvernement n'a pu admettre vos propositions. Il accepterait un armistice ayant pour objet l'élection et la réunion d'une Assemblée nationale. Mais il ne peut souscrire aux conditions auxquelles Votre Excellence le surbordonne ; quant à moi, j'ai la confiance d'avoir tout fait pour que l'effusion du sang cessât et que la paix fût rendue à nos deux nations, pour lesquelles elle serait un grand bienfait. Je ne m'arrête qu'en face d'un devoir impérieux qui m'ordonne de ne pas sacrifier l'honneur de mon pays, décidé à résister énergiquement. Je m'associe sans réserve à son vœu, ainsi qu'à celui de mes collègues. Dieu, qui nous juge, décidera de nos destinées : j'ai foi dans sa justice.

« Je vous prie, monsieur le comte, de recevoir l'assurance, etc.

« JULES FAVRE (1). »

CONSIDÉRATIONS

Quel jugement porter sur cette entrevue de Ferrières ? A-t-elle été un bien, a-t-elle été un mal, pour la Défense nationale, pour la France ?

Encore qu'elle témoigne d'une grande dose de

(1) Jules Favre, *Gouvernement de la Défense nationale du 30 juin au 31 octobre* 1870, pp. 190 et 191. — *La Guerre franco-allemande*, 2ᵉ partie, p. 82.

simplicité chez M. Jules Favre qui « vint trouver, naïvement, les mains vides, le cœur ému, un homme plein de haine, qui se montra impitoyable (1) »; encore qu'elle ait été condamnée d'avance à un avortement que l'intérêt de la Prusse brutale et toute-puissante commandait, nous pensons pourtant qu'elle ne nous a nui, ni matériellement, ni moralement; seulement, on n'a pas su, devant l'Europe, en tirer tout le fruit qu'elle comportait, faute « d'être arrivé auprès de M. de Bismarck avec un projet de traité mûrement arrêté (2) ».

Elle ne nous a pas nui matériellement, car la connaissance exacte des exigences du vainqueur a excité l'indignation du vaincu et doublé son ardeur belliqueuse. Elle ne nous a pas nui moralement, car les puissances neutres ne pouvaient approuver ces exigences et leurs faibles sympathies n'ont pu que s'en accroître (3).

Il est vrai que cette bonne volonté ne s'est pas traduite en actes, mais il ne faudrait pas croire, pour cela, que l'Allemagne n'a pas dû en tenir compte, et nous avons la conviction que sa conduite, déjà si odieuse, envers les populations envahies, eût été plus révoltante encore; il ne faudrait pas croire, enfin, que ses conditions de paix, déjà si dures, n'eussent été plus écrasantes.

Quoique les dépêches de nos agents diplomatiques

(1) Général Ambert, *Récits militaires*, *Le Siège de Paris*, p. 39.

(2) *Histoire critique du siège de Paris*, par un officier de marine, p. 43.

(3) « La mission de M. Jules Favre à Ferrières eut un double avantage. Le premier fut d'arracher le masque menteur dont se couvrait le roi de Prusse, disant qu'il faisait la guerre à Napoléon III et non à la nation française; le second avantage ne se fit pas attendre, et le récit touchant de M. Favre réunit tous les partis qui firent serment de combattre jusqu'à la dernière extrémité. » (Général Ambert, *Récits militaires*, *Le Siège de Paris*, pp. 39 et 40. — Colonel Lecomte, t. III, pp. 40 à 41. — A.-J. Dalsème, pp. 73 et 74. — Jules Favre, *Gouvernement de la Défense nationale du 30 juin au 31 octobre 1870*, pp. 263 à 275.

à l'étranger, et celles de M. de Chaudordy, notre délégué aux Affaires étrangères à Tours, fassent preuve de trop grandes illusions, il n'en est pas moins certain qu'il y avait un fond de vérité dans leurs espérances et qu'il eût suffi que l'Angleterre, la Russie ou l'Autriche, élevât résolument la voix pour que tous les autres Etats la suivissent (1).

Malheureusement, M. Gladstone ne voulait entendre parler que de neutralité; l'empereur de Russie opposait, aux vœux de son peuple et aux instances de M. Thiers, la promesse d'abstention qu'il avait faite à son oncle; François-Joseph n'osait pas prendre l'initiative de venger Sadowa; Victor-Emmanuel, ou plutôt ses ministres, étaient bien plus préoccupés de s'emparer de Rome que de nous conserver Metz et Strasbourg.

Avec une légèreté criminelle, seul, l'Empereur avait déclaré la guerre; la France en supportait la mortelle responsabilité; toutes les horreurs du *Væ soli* s'amoncelaient autour d'elle et l'étouffaient : juste punition des peuples qui s'abandonnent à un homme ou à des intrigants parlementaires !

Quant aux conditions que l'on aurait pu obtenir au milieu de septembre, elles nous semblent ressortir clairement du compte rendu des entretiens de Ferrières. Si l'on ne peut qu'évaluer le chiffre de l'indemnité à la somme de 2 ou de 3 milliards de

---

(1) Jules Favre, *Gouvernement de la Défense nationale du 30 juin au 31 octobre 1870*, pp. 193 à 199. — « Maintenant que l'on connaît les conditions de l'ennemi, il n'y a plus un seul homme pour demander la paix, et Paris, qui avait devancé dans sa résolution les départements hésitants, est rejoint et suivi par eux. L'impression produite par les exigences de la Prusse s'étendit au dehors; à partir de ce jour, la position respective que la France et la Prusse avaient eue aux yeux du monde commença à se modifier. Les sympathies, qui avaient été pour la Prusse provoquée et menacée, se reportèrent sur la France envahie et vaincue. *Voyez entre autres* : E.-S. Beesley. « *A word for France.* » (Théodore Duret, t. II, p. 30.) — Voir surtout, à ce sujet : *Enq. parlem. déf. nationale*, déposition de M. Thiers, p. 4.

francs, il résulte des déclarations formelles de M. de
Bismarck que, s'il exigeait l'Alsace, il ne réclamait
pas la Lorraine, du moins lors de la première conversation (1).

Il est vrai que le général de Wimpffen a déclaré
qu'à Sedan le comte de Bismarck a revendiqué l'Alsace et la Lorraine allemande (2); il est vrai que le
D⟨r⟩ Moritz Busch, familier de M. de Bismarck, prétend que, le 22 août, le chancelier lui avait annoncé
qu'il garderait l'Alsace et Metz avec son territoire (3); nous savons bien que M. de Bismarck,
dans son rapport du 27 septembre, sur l'entrevue de
Ferrières, déclare avoir réclamé Metz et Strasbourg (4), et, de fait, le lendemain du jour où il
avait dit *ne pas parler de la Lorraine*, il refusait de
laisser la partie de cette province, qu'il a annexée
depuis, nommer des députés à l'Assemblée nationale; nous n'ignorons pas, enfin, que M. Jules
Favre parle de Metz dans son rapport à ses collègues (5), ainsi que dans sa circulaire insérée au
Journal officiel du 18 octobre 1870.

Mais le général de Wimpffen peut avoir mal compris; quant au docteur Busch, il est trop homme à
gages pour que l'on ajoute la moindre foi à des
reproductions de discours rédigées après coup; en
ce qui concerne M. de Bismarck, sa déclaration
prouve simplement que, le 27 septembre, il avait
intérêt à faire croire qu'il avait demandé l'Alsace et
la Lorraine; enfin, pour M. Jules Favre, son rapport

(1) Jules Favre, *Gouvernement de la Défense nationale du
30 juin au 31 octobre* 1870, p. 166. — *La Guerre franco-allemande*, 2⟨e⟩ partie, p. 81. — Théodore Duret, t. II, p. 21.

2 *Sedan*, par le général de Wimpffen; Paris, A. Lacroix, Verbœckhoven et C⟨ie⟩, 1872; 4⟨e⟩ édition, p. 242. — *La guerre de
France*, par Charles de Mazade, t. II, p. 83.

(3) Moritz Busch, pp. 37 et 38.

(4) *Journal officiel*, n⟨o⟩ du 18 octobre 1870.

(5) Jules Favre, *Gouvernement de la Défense nationale du 30 juin
au 31 octobre* 1870, pp. 427 et 428.

est en contradiction avec sa relation définitive, où il consigne les paroles de M. de Bismarck : « *Je n'ai pas parlé de la Lorraine (1).* »

Nous sommes d'autant plus disposé à adopter cette dernière version que, jusqu'au mois d'octobre, nous ne voyons pas la chancellerie allemande *exiger* la Lorraine d'une *façon formelle :* elle se contente de *parler* de la cession de l'Alsace et de la Lorraine; mais elle aurait abandonné une partie de cette demande afin de conclure la paix. De même, à Metz, le roi ne voulait pas accorder l'épée aux officiers français et, devant la résistance de nos négociateurs, il se gardait bien de compromettre, par une obstination absurde, les résultats acquis. Il en eût été de pareille sorte à Paris : ce que la Prusse entendait, c'est que la cession de territoire fût admise *en principe* (2). On aurait discuté, après, sur *la quotité.* Elle réclamait *le plus* pour obtenir le moins.

Revenons à Paris. On a vu, par l'accueil qui avait été fait à M. Jules Favre, que la seule idée de rendre une forteresse ou de céder une parcelle de territoire eût rendu fous de rage les quatre-vingt-dix-neuf centièmes de la population de Paris et, l'on peut ajouter, de la France. Le gouvernement qui aurait proposé de livrer Strasbourg eût été immédiatement emporté dans le cyclone des colères

____

(1) Jules Favre, *Gouvernement de la Défense nationale du 30 juin au 31 octobre* 1870, p. 166. — « Dès les premiers mots, M. de Bismarck déclara nettement qu'il lui fallait Strasbourg. » (*Le Blocus de Paris et la Première armée de la Loire,* 1re partie, p. 28.)

(2) *La Guerre franco-allemande,* 2e partie, p. 81. — « Au thé, on apprend encore quelques détails sur la dernière entrevue du chancelier et de Jules Favre. Le chancelier lui aurait dit qu'on *ne pouvait encore lui communiquer avec précision les conditions de la paix, qui ne devaient être fixées définitivement que dans une assemblée des alliés, mais qu'en tous cas, une cession de territoire serait inévitable.* » (Moritz Busch, pp. 125 et 126.) — *L'Empire et la Défense de Paris,* dépositions : de M. Vuitry, p. 109; et de M. de Guilloutet, p. 110.

populaires (1). Si même on eût offert, comme certains le demandaient tout bas, « une indemnité pécuniaire considérable, le démantellement de deux ou trois forteresses de l'Est, la cession d'un territoire colonial, tel que la Cochinchine, qui secondait le goût d'expatriation des Allemands, l'abandon de quelques cuirassés (2), » les masses françaises, depuis le riche jusqu'au pauvre, auraient rugi de fureur. Après six mois de luttes, au mois de janvier, alors que nos armées étaient détruites, que Paris avait capitulé, on pouvait nous arracher l'Alsace; au mois de septembre, quand 500,000 Français garnissaient les forts de la capitale, quand la province se levait, quand il était permis de tout espérer, c'eût été un déshonneur que de livrer Strasbourg (3) !

Pour être imprudente, cette attitude ne manquait pas de grandeur et nous estimons qu'elle eût sauvé le pays si les grands chefs militaires qui commandaient à Paris n'avaient pas, hommes de peu de foi! toujours considéré la résistance comme impossible.

On résolut donc de publier un rapport détaillé de l'entrevue de Ferrières, rapport que M. de Bismarck a reconnu exact (4). « L'effet de cette publication fut extraordinaire. Les impressions que M. Jules Favre avait éprouvées, aux demandes de M. de Bismarck, étaient si bien au diapason du sentiment national tout entier qu'il y eut unanimité absolue pour approuver les termes du rapport et en ratifier les conclusions (5). »

(1) Grenville-Murray, pp. 144 et 145. — A.-J. Dalsème, p. 74.

(2) Général Ambert, *Récits militaires, Le Siège de Paris*, p. 39.

(3) *Enq. parlem. déf. nationale*, rapport de M. Chaper sur le Gouvernement de la Défense à Paris au point de vue militaire, pp. 34 et 35.

(4) « Il faut avouer qu'en général M. Favre s'est efforcé de faire un récit exact de ce qui s'est passé entre nous. » (Rapport de M. de Bismarck sur l'entrevue de Ferrières, rédigé le 27 septembre 1870. *Journal officiel*, n° du 18 octobre 1870.)

(5) Théodore Duret, t. II, p. 28.

Le bâtonnier de l'Ordre des avocats de Paris adressait à **M**. Jules Favre la lettre suivante, qui donnera une idée de ce que pensaient les hommes les plus modérés.

« Paris, le 23 septembre 1870.

« Cher et illustre confrère,

« Au nom du barreau de Paris, qui m'a fait l'honneur de me choisir pour son chef, au nom de cette jeunesse du Palais qui vous est chère, qui a déjà sa place et sa légende glorieuse dans l'histoire de la Défense nationale, je vous adresse l'hommage respectueux de notre admiration et de notre reconnaissance.

« Quel que soit, désormais, le sort des batailles, la France est, dès aujourd'hui, vengée. Ses annales comptent une page immortelle de plus, et c'est à vous qu'elle la doit.

« Recevez, etc...

« EDMOND ROUSSE,

« Bâtonnier de l'Ordre (1). »

« On ne s'occupait pas de diplomatie, encore moins de politique aux avant-postes. Cependant, l'impression générale fut que les propositions de M. de Bismarck étaient inacceptables (2). » — « Les exigences du vainqueur, en froissant vivement l'amour-propre national, faisaient oublier momentanément aux Français tout dissentiment de parti et les confirmaient dans leur première résolution de se grouper autour du Gouvernement et de lui apporter un concours absolu et sans réserves dans

(1) *Journal officiel*, n° du 26 septembre 1870.
(2) Robinet de Cléry, p. 43.

sa mission de résistance contre l'ennemi extérieur (1). »

L'unanimité exista. Depuis le comte de Chambord jusqu'à Napoléon III, depuis les révolutionnaires jusqu'aux parlementaires, tout le monde repoussait avec horreur l'idée d'une cession de territoire (2).

Dès le 30 août, M. Guizot écrivait : « La France n'acceptera jamais le caractère et les conséquences que la Prusse veut donner à la guerre. A cause de nos premiers revers nous avons notre honneur national à sauver, et, à cause des exigences de la Prusse, nous devons défendre et maintenir notre territoire national. Nous soutiendrons ces deux causes à tout prix et jusqu'à la fin (3). »

« M. Jules Favre a fait un coup de maître, déclarait, de son côté, M. Louis Veuillot. Son voyage au

1. *La Guerre franco-allemande*, 2° partie, p. 113. — « L'effet produit dans Paris par ce rapport a été immense. Il n'est personne qui n'applaudisse à la patriotique conduite de notre ministre des Affaires étrangères. » (Emile Chevalet, p. 14.) — « L'échec de Ferrières imprima un nouvel élan au patriotisme. » (Steenackers et Le Goff, t. 1, p. 137. Voir aussi *Ibid.*, pp. 129 à 138. — « La lecture de ce rapport a inspiré un double sentiment, d'admiration pour le courageux ministre qui a entrepris cette pénible mission, et d'indignation contre la Prusse. Je ne sais si je me trompe, mais il me semble que la publication du rapport de M. Jules Favre inspirera aux Parisiens un redoublement de courage et de patience. » (Michel Cornudet, p. 35.) — *Ibid.*, pp. 34 et 50. — « Il est évident que les conditions de M. de Bismarck étaient dérisoires et inacceptables. » (*Journal de Fidus*, p. 97.) — « Le pays était avec M. Jules Favre, quand il refusait de mettre bas les armes et de livrer Strasbourg et Metz, avant d'avoir essayé de continuer encore la lutte et épuisé tout moyen de résistance. » (Colonel Fabre, p. 170.) — Mᵐᵉ Adam, p. 102. — Mᵐᵉ Edgar Quinet, p. 89. — L. Vitet, *Première lettre*, p. 16. — Jules de Marthold, p. 64. — Sarcey, pp. 80 à 82. — *Le Blocus de Paris et la Première armée de la Loire*, 1ʳᵉ partie, p. 30.

(2) Voir, au lendemain de l'entrevue de Ferrières, la *Gazette de France*, le *New-York-Herald*, l'*Univers*, la *Situation*, le *Moniteur universel*. Le premier de ces journaux contient une lettre du comte de Chambord, et le second des paroles de Napoléon III qui sont caractéristiques. (Steenackers et Le Goff, t. 1, pp. 153 à 165.)

(3) *Daily-News*, cité par Steenackers et Le Goff, t. 1, p. 22.

camp prussien comptera parmi les actes politiques
du premier ordre, et la relation qu'il en a publiée
est une sorte de chef-d'œuvre. Cette page dépasse
infiniment le mérite de tous ses discours. Elle en-
trera dans l'histoire de France. Elle est, en outre,
une admirable exhortation au combat. A meilleur
titre que cette vieille comédienne de *Marseillaise*,
elle peut compter pour une armée (1). »

Nous n'allons point jusqu'au *coup de maître*,
craignant que ce n'ait été un *pas de clerc*, et que l'on
se soit, par une fin de non-recevoir catégorique
touchant la cession de territoire, aliéné les grandes
puissances, qui pouvaient tout faire, si l'on a, par
cette attitude, surexcité les sentiments patriotiques
des Parisiens, qui n'ont pas fait grand'chose. Il eût
fallu tergiverser, gagner du temps, se borner aux
paroles vagues, aux espoirs nuageux et arriver, en
fin de compte, à charger les puissances de faire les
propositions de paix. En un mot, il eût fallu être
diplomate, négocier, ne pas se livrer, garder tout
son sang-froid, alors que M. Jules Favre n'a été
qu'un brave homme, ahuri, naïf, ému, n'ayant pour
toute arme, contre son redoutable adversaire, que
des phrases de rhétorique sentimentale.

Mais pourquoi récriminer ? Une dernière fois,
nous reconnaissons que la guerre à outrance était
dans la volonté de tous les Français, et ce refus de
se rendre au vainqueur, après les catastrophes qui
nous avaient broyés, était le fait d'un grand
peuple.

« Quoi qu'on puisse dire sur les dépenses et les
malheurs que la continuation de la guerre a entraî-

(1) Louis Veuillot, t. I, p. 201. — M. John Lemoine, dans les
Débats du 23 septembre, et le *Temps*, du même jour, approuvaient
le refus de céder un *pouce* de territoire, mais conseillaient, nettement, de sacrifier une *pierre* des forteresses. — Voir, aussi, le
Temps, n° du 24 septembre 1870.

nés, quoi qu'on puisse penser sur les hommes du Quatre-Septembre, il faut approuver leur résolution de continuer la guerre et de ne pas signer la paix sur la honte de Sedan. Ces cinq mois de luttes malheureuses, mais énergiques, ont compromis, j'en conviens, les finances du pays : en revanche, ces luttes ont sauvé l'honneur de la France ; elles ont ramené sur elle l'estime de l'étranger et les sympathies même de l'Angleterre ; elles ont constaté la force et la virilité de notre pays qui, seul en Europe, était capable de faire une pareille résistance ; elles ont fait payer plus cher à l'ennemi les résultats de sa victoire, et elles nous permettent de dire encore une fois que tout a été perdu fors l'honneur (1). »

Nous possédons, à cet égard, l'aveu de l'*hostis*, celui du major Blume et du grand penseur Colmar von der Goltz : « Nous sommes loin de nous refuser à reconnaître l'énergie qui mettait sur pied des masses armées toujours nouvelles. La France a accompli, sous ce rapport, ce que nul autre pays n'eût été en état de faire (2). » — « Nous n'avons ni les qualités, ni les moyens que possèdent les Français pour improviser des armées. Nous serions encore bien moins en état de réparer, comme ils l'ont fait, une première défaite (3). »

Pourquoi faut-il que les politiciens, qui se sont abattus sur notre pays, ainsi qu'un vol de corbeaux faméliques, dilapident, par leur incapacité, par leur improbité, ces trésors de toutes sortes qui nous auraient sauvés, si la prudence et l'honneur n'avaient jamais cessé de siéger dans les conseils de l'État?

Arrachons-nous à ce cauchemar qui hante notre

(1) Dussieux, t. I, p. 173.
(2) Major Blume, p. 400.
(3) Baron Colmar von der Goltz, *Gambetta et ses armées;* Paris, Sandoz et Fischbacher, 1877 ; 3ᵉ édition ; p. 433.

esprit, nous montrant la patrie écrasée, encore une fois, par la faute de nos gouvernants, et reprenons l'histoire du siège de Paris. Il n'y a donc plus d'espoir de paix ; la force seule va décider de notre sort : voyons, alors, les moyens de défense et d'attaque dont peut disposer la capitale.

PARIS PLACE DE GUERRE

Il est impossible de raconter un siège, comme le siège de Paris en 1870, sans donner une description du pays, des fortifications, de la garnison, de l'armement, des ressources de tout genre, du personnel, que contient la ville investie.

C'est le tableau exact de ces différents éléments de la défense que nous allons faire, en le limitant le plus possible, sachant combien ces énumérations sont fastidieuses, combien elles alourdissent un récit déjà sérieux par lui-même.

TOPOGRAPHIE

La capitale de la France est bâtie au fond d'un bassin assez étroit, dominé, d'une façon irrégulière, par des collines, des éperons et des pitons qui se dressent jusqu'au centre de la ville (1).

Les principales élévations qui commandent Paris sont, au nord : Cormeil-en-Parisis, Sannois, Orge-

(1) « Ce bassin, disposé comme à dessein par la nature pour y asseoir une grande ville. » (*La Guerre franco-allemande*, 2ᵉ partie, p. 32.)

mont, Montmorency, la butte Pinçon, entre Ville-
taneuse et Pierrefitte, enfin les hauteurs de Stains,
qui viennent mourir sur les bords d'une petite rivière
appelée le Crould.

A l'est, la plaine s'étend depuis Dugny jusqu'à
Noisy-le-Sec ; puis, des collines capricieuses s'é-
lèvent de nouveau : Romainville, Rosny, Avron,
Nogent. Un peu plus loin, sur la rive gauche de la
Marne, c'est : Noisy-le-Grand, Villiers, Champigny,
Chennevières, Sucy, dont les hauteurs dominent les
trois anneaux de la Marne.

Au sud, on découvre le plateau de Vincennes,
puis, au second plan, une petite éminence, le mont
Mesly, surplombée elle-même par les coteaux qui
s'étendent de Boissy-Saint-Léger à Valenton. Continuant notre tour de Paris, nous trouvons le plateau de Villejuif, qui forme un quadrilatère ayant
pour angles : le fort d'Ivry, Thiais, L'Hay et les
Hautes-Bruyères. Ce sont, ensuite, les collines de
Bagneux et de Châtillon qui plongent sur Paris.

A l'ouest, les coteaux de Meudon et de Saint-
Cloud dominent pareillement la capitale, que l'on
aperçoit, semblable à un océan de maisons duquel
émergent les clochers, les dômes et les coupoles.
Le Mont-Valérien commande les boucles de la
Seine et dresse ses remparts menaçants, qui tiennent
sous le feu de leurs canons tout le pays environ-
nant. De Saint-Cloud à Saint-Germain s'élèvent,
juste au bord de la Seine, les ravissantes collines de
Garches, de Buzenval, de la Celle-Saint-Cloud, de
Louveciennes, de Bougival, de Marly et de Saint-
Germain. Au second plan, c'est Ville-d'Avray,
Vaucresson, dont les hauteurs boisées défendent
Versailles contre une attaque venant de Paris. Enfin,
de Saint-Germain à Cormeil-en-Parisis, la forêt de
Saint-Germain termine le vaste cercle que nous
avons essayé de tracer.

A l'exception des plaines de Saint-Denis et du Bourget, de la presqu'île de Saint-Maur, au-dessous de Vincennes, de la plaine de Créteil, des plateaux de Villejuif et de Châtillon, et de la presqu'île de Gennevilliers, toute cette vaste circonférence se compose d'un amas de collines, de ravins, de bois, de carrières, présentant un aspect très pittoresque, mais aussi très tourmenté. Les villas, les maisons, les parcs, les jardins, qui couvrent le terrain, rendent encore plus difficile tout mouvement en avant, soit de la part des assiégeants, soit de la part des assiégés.

Mais une des particularités de la position de Paris, celle qui lui donne une grande valeur défensive, c'est la jonction, sous ses murs, de la Marne et de la Seine, valeur défensive multipliée encore par les nombreux méandres, que la rivière décrit avant de se jeter dans le fleuve, et par ceux que creuse la Seine, semblant quitter Paris à regret et l'enlaçant d'un triple fossé infranchissable, sur la partie ouest et nord-ouest de son enceinte. Du côté sud-est, la Seine et la Marne protègent pareillement le plateau de Vincennes et les hauteurs de Nogent et de Fontenay. Et nous ne parlons : ni du canal de l'Ourcq, ni des petites rivières entourant Saint-Denis, ni de la Bièvre, qui ne sont qu'une gène et non un véritable obstacle pour l'attaque (1).

Topographiquement, Paris n'est donc abordable que par Châtillon, Sceaux, Choisy-le-Roi, et par la grande trouée qui s'étend de Saint-Denis à Bondy.

Ajoutons que Paris est le centre où viennent aboutir les chemins de fer, les routes, les canaux de toute la France; c'est, de plus, le siège du Gouvernement, et ses ressources en tout genre sont con-

(1) « Le tracé du cours de la Seine se prête, à un haut degré, à la défense de la capitale. » (*La Guerre franco-allemande*, 2ᵉ partie, p. 33.)

sidérables : on l'a bien vu pendant la guerre, quand la résistance se prolongea au delà du terme prévu par l'état-major prussien.

« L'occupation de la capitale d'un grand État est, par elle seule, un résultat de la plus haute importance pour une armée d'invasion, parce que cette armée y trouve des ressources indispensables pour continuer la guerre. Paris, avec ses richesses inépuisables et sa population de deux millions d'habitants, fleur de la civilisation européenne et écume de toutes les révolutions, est une conquête plus enviable encore. Le vaste réseau de communications qui diverge de ce grand centre sur les points les plus reculés du pays, les nombreux chemins de fer qui y aboutissent, les routes et les canaux qui relient deux cours d'eau navigables, la Seine et la Marne, donnent à la métropole française une importance stratégique qu'aucune ville au monde ne présente au même degré (1). »

FORTIFICATIONS

En 1870, cette position, déjà redoutable naturellement, intellectuellement, administrativement et industriellement, avait été renforcée par les ouvrages défensifs composant les fortifications de Paris. Nous en verrons les côtés faibles, les insuffisances, les dangers ; mais, tels qu'ils existaient à cette époque, ils présentaient un ensemble de travaux puissants que l'ennemi ne se flattait pas d'enlever par un coup de main, et qu'un siège en règle ou la famine pouvaient seuls faire tomber.

Le système défensif de Paris consistait en une

(1) Capitaine Goetze, t. II, p. 3.

enceinte continue et en forts détachés, jetés en avant.

L'enceinte, d'une longueur de 34 kilomètres, comptait 94 bastions. Le rempart proprement dit se composait, uniformément, d'un parapet de 6 mètres d'épaisseur, d'un mur d'escarpe de 10 mètres de hauteur sur 3^m50 d'épaisseur, mur construit en moellons et revêtu en pierres meulières de 1 mètre d'épaisseur, d'un fossé de 15 mètres de largeur, d'une contrescarpe non revêtue et d'un glacis (1).

Les forts, construits à une distance de 1,400 à 5,300 mètres, s'appelaient : La Briche, Double-Couronne, fort de l'Est (Saint-Denis), Aubervilliers, Romainville, Noisy, Rosny, Nogent, redoutes de la Faisanderie et de Gravelle, Charenton, Ivry, Bicêtre, Montrouge, Vanves, Issy, Mont-Valérien. Il faut ajouter Vincennes, qui n'avait de valeur que comme magasin de vivres, d'habillements et de munitions.

La plupart des forts étaient dominés : ceux de Saint-Denis par les hauteurs qui s'élèvent de Montmorency à Stains; ceux de Montrouge, de Vanves et d'Issy, par Châtillon et Meudon.

« Des appareils, destinés à éclairer le terrain au moyen de la lumière électrique, avaient été installés dans tous les forts; ceux-ci, ainsi que tous les établissements militaires importants situés dans la capitale (et le Louvre), étaient reliés par un réseau télégraphique établi avec grand soin (2). »

En 1840, M. de Chabaud-Latour, officier du génie chargé des plans, disait au duc d'Orléans que le système des fortifications de Paris, qui fut adopté, rendait le bombardement impossible, de même que son investissement « même aux armées les plus

(1) Général Ducrot, t. I, pp. 192 et 193.
(2) *La Guerre franco-allemande*, 2° partie, p. 41. — Voir *supra*, p. 203, note 2, et p. 204, pareillement note 2.

nombreuses. — C'est tout à fait mon avis, reprit le duc d'Orléans (1) ». Et le général de brigade Vaillant, depuis maréchal, approuvait, sans réserves, le projet de M. de Chabaud-Latour (2).

En 1870, le génie n'avait pas changé d'avis. « Il considérait encore le blocus comme une chose mathématiquement impossible et du domaine des chimères. Comment admettre, disait-il, que le périmètre des forts, soit 60 à 80 kilomètres de développement, puisse être investi sur toute son étendue..... une armée de 600,000 hommes y suffirait à peine (3). »

— « Bloquer Paris n'est pas possible, » écrivait, le 20 août 1870, le colonel belge Vandevelde (4).

C'est que personne n'avait admis l'hypothèse d'un anéantissement complet de l'armée française et de son remplacement par des conscrits et par de la Garde nationale (5). Or, les Allemands, qui se vantent, aujourd'hui, d'investir Paris, même en dépit de ses nouveaux forts, n'auraient pu, selon nous, parvenir à opérer cet investissement en 1870, si la défense avait eu la faculté de leur opposer une armée de 200,000 vrais soldats. Avec un Gouverneur comme le général Trochu, ils ont failli manquer leur opération et en ont avoué les périls ; qu'aurait-

<hr>

(1) *Mémoires pour servir à l'histoire de mon temps*, par M. Guizot ; Paris, Michel Lévy frères, 1864 ; t. VI, p. 25.

(2) *Ibid.*, pp. 26 et 27.

(3) Général Ducrot, t. I, p. 192, en note. — « L'ennemi, dans les circonstances les plus défavorables, ne pouvait stationner devant Paris plus de quinze à vingt jours. » (Opinion du marquis de Chasseloup-Laubat, citée par le général Trochu : *Pour la vérité et pour la justice*, p. 51.) — Voir aussi : Jules Favre, *Gouvernement de la Défense nationale du 30 juin au 31 octobre* 1870, p. 244.

(4) Colonel Vandevelde, *Description des fortifications de Paris*, p. 15.

(5) « Ce que ni Vauban, ni Napoléon, ni les auteurs des fortifications n'avaient prévu, c'est qu'un jour viendrait où tout ce qu'il y avait de forces régulières aurait disparu dans un gouffre, où Paris resterait, seul, bloqué comme une bicoque des Vosges. » (Charles de Mazade, *La guerre de France*, t. II, p. 65.)

ce été s'ils avaient eu devant eux un homme énergique, un militaire et non un discoureur, un croyant et non un homme découragé par avance? Le général Trochu, « ayant prévu nos premiers désastres, les croyant mérités par les fautes et même les vices du régime impérial, était de ceux qui pensaient que ces désastres étaient irréparables. Il ne songeait certainement pas à se mettre tout de suite à la merci des Allemands, mais il croyait qu'il faudrait en venir là après une résistance plus ou moins longue ; s'il était cependant résolu à lutter avec toute l'énergie possible, c'était moins avec l'espoir de libérer le territoire qu'en vue de sauver l'honneur de la France (1). » Un tel homme ne pouvait pousser les travaux de fortifications avec la vigueur nécessaire.

Dès la déclaration de guerre, le gouvernement de l'Empereur avait rappelé à l'activité le général de Chabaud-Latour, orléaniste assez mal en Cour, mais que sa collaboration aux travaux des fortifications, en 1844, désignait naturellement pour leur mise en état de défense.

Jusqu'à la chute du ministère Ollivier, on ne fit rien que bavarder dans les commissions. « Pour la défense de Paris, rien n'avait été prévu, rien n'avait été préparé, tout était resté à faire jusqu'au moment où le danger s'était présenté (2). »

____

(1) *Le Blocus de Paris et la Première armée de la Loire*, 1re partie, p. 25.

(2) Jusqu'à nos désastres, « le Gouvernement avait à peine pensé à la défense de Paris. » (Charles de Mazade, *La guerre de France*, t. II, p. 66.) — « Au 9 août (c'est un des ministres du temps, M. Jérôme David, qui l'assure dans l'enquête sur le Quatre-Septembre), rien n'avait été préparé. Aucune disposition d'armement n'avait été prise dans les forts. » (*Ibid.*, p. 66.) — « Une des premières préoccupations du ministère Palikao, à son arrivée au Pouvoir, avait été, justement, de réparer autant que possible le temps perdu. » (*Ibid.*, p. 71.) — « Le ministère présidé par le général comte de Palikao ne dura que vingt-quatre jours ; mais, dans ce court espace de temps, il accomplit de grandes choses pour la défense de Paris. » (Général Ambert, *Récits militaires; Le Siège de Paris*, p. 5.) — Commandant Bonnet, t. II, p. 14.

Mais, à peine le général de Palikao fut-il à la tête des affaires que là, comme dans toutes les autres branches de l'Administration de la Guerre, on déploya une activité extraordinaire.

« On mura 43 portes, on en rétrécit 54 dont les larges débouchés furent réduits à un ou deux ponts-levis. On ferma les trois passages de rivière, les deux entrées des canaux, les neuf entrées de chemins de fer, on répara les fossés, on abattit, en dehors des murs, les plantations voisines des remparts, qui encombraient les zones de servitude. On ouvrit les embrasures des canons dans le parapet, on construisit des magasins à poudre, on remplit les citernes, on blinda les portes et passages, on prépara les inondations, on effondra, on organisa, pour la défense, les mille carrières dont les terrains des environs de Paris sont criblés.

« Le simple exposé de ce que fit et dépensa le génie militaire peut donner une idée de l'importance de tous les travaux accomplis avant le Quatre-Septembre.

« On planta 64 kilomètres courants de palissades, on fit 4 millions de sacs à terre, on acheta 12,000 futailles pour gabions ; l'atelier de Versailles, à lui seul, fabriqua plus de 4,000 gabions et 6,000 fascines ; celui de l'avenue d'Orléans, à Paris, produisit 6,000 gabions, 15,000 fascines, 12,000 claies et 9,000 piquets.

« Le total des dépenses s'éleva à 40 millions (1). »

En même temps, le comte de Palikao décrétait la construction de différents ouvrages avancés. Malheureusement, les bureaux lui firent une opposition

(1) Général Ducrot, t. I, p. 198. — « Depuis l'avènement du ministre Palikao et la formation du comité de défense, auquel avait été appelé M. Thiers, on avait travaillé fiévreusement à réparer, autant qu'on le pouvait, l'incurie du Gouvernement impérial. » (Henri Martin, t. VII, p. 169.)

obstinée et ne voulurent jamais consentir à la mise en train sérieuse de ces ouvrages avant que les anciennes fortifications ne fussent en parfait état. En d'autres termes, les points les plus menacés furent négligés en faveur des points de seconde ligne : la défense active fut sacrifiée à la défense passive (1).

On se mit cependant à l'œuvre et l'on commença la construction d'une batterie à Saint-Ouen, d'une redoute à Gennevilliers, à Montretout, aux Brosses (parc de Saint-Cloud), à Brimborion, à la Capsulerie (bois de Meudon), à Châtillon, aux Hautes-Bruyères (devant le fort de Bicêtre), au Moulin-Saquet (devant le fort d'Ivry), enfin d'une batterie au Port-à-l'Anglais, près de Vitry.

« La plupart de ces ouvrages, Montretout, Châtillon, Hautes-Bruyères, Gennevilliers devaient, dans le principe, avoir deux étages de pièces de gros calibre avec casemates. Pour cela, il aurait fallu du temps, des hommes. Mais, après Sedan, nous ne trouvions plus d'ouvriers, et d'heure en heure l'ennemi était attendu. Il aurait donc fallu, sur-le-champ, ne plus songer aux ouvrages de grande fortification et se consacrer tout entier à établir de solides ouvrages de campagne. Laissant de côté les voûtes, les traverses en pierre, on aurait dû faire les plafonds, les abris, les parados avec de la terre, des troncs d'arbre, des poutres, des rails. Il n'en fut pas ainsi : l'état-major du génie voulut continuer à élever de majestueux ouvrages réguliers et permanents ; le 16 septembre, la veille de l'arrivée des Allemands, on travaillait encore, dans les redoutes de Montretout, de Châtillon, à des traverses en maçonnerie (2). »

(1) Général Ducrot, t. I, p. 199.
(2) *Ibid.*, t. I, p. 202.

Nonobstant, le général Ducrot affirme qu'au moment de cette arrivée des Allemands il aurait été facile de mettre ces ouvrages en état de défense, mais que le Gouverneur, après avoir gémi sur la portée nouvelle des pièces d'artillerie qui permettrait à l'ennemi de bombarder les forts et même Paris, après avoir déclaré que, pour être en sûreté, il faudrait occuper les hauteurs où les travaux de fortifications avaient été commencés, décida..... de négliger ces travaux, voire même d'évacuer ces positions, selon lui si menaçantes pour la défense (1)!

En raison de la chute du comte de Palikao, la direction supérieure manquait pour ce qui concernait les choses militaires, et le général Trochu disait au général Ducrot, le 15 septembre : « Depuis le 4, j'ai eu tant à faire au point de vue *politique* et militaire que *je n'ai pu m'occuper de ces travaux* (redoutes de Montretout, de Meudon, de Châtillon) (2). »

« Ce qui est à la fois curieux et lamentable, et ce qui montre à quel point nos chefs étaient peu capables de diriger de grandes opérations militaires, c'est que, tandis que l'on demandait à la fortification permanente un rôle qu'elle ne pouvait pas remplir, à l'inverse, on ne songeait d'aucune manière à faire usage de la fortification passagère. Ces deux erreurs ont eu les plus fâcheuses conséquences; car si, au sud de Paris, on avait eu l'idée d'organiser la défense en utilisant les ressources de la fortification improvisée, on eût conservé les hauteurs de Châtillon et probablement aussi celles de Montretout; par suite, forcé les Allemands à élargir leur ligne d'investissement d'une manière sen-

(1) Général Ducrot, t. I, pp. 202 et 203.
(2) *Ibid.*, pp. 2 et 3.

 PARIS

sible (1), » et garanti les forts du sud et Paris du bombardement.

Mais les généraux qui avaient emporté les ouvrages de Totleben, à Sébastopol, n'avaient jamais médité sur l'importance des fortifications improvisées par le grand ingénieur russe. Pour eux, à la guerre, il suffisait d'avoir du courage ; quant à l'imagination, à l'étude, c'était bon pour des *civils* : ils se seraient crus déshonorés si on les avait surpris un livre de stratégie, de tactique ou d'histoire à la main.

Quoi qu'il en soit, par ordre du général Trochu, le 19 septembre, au soir, on abandonne toutes les redoutes commencées, depuis Montretout jusqu'au Moulin-Saquet, et ce ne sera que le 23 septembre, en raison du danger causé par l'étroitesse du champ de tir du fort de Bicêtre, que les généraux Vinoy et de Chabaud-Latour parviendront à faire comprendre au Gouverneur qu'il faut à tout prix reprendre les Hautes-Bruyères et le Moulin-Saquet (2).

Après le Quatre-Septembre, il est bon de le dire, les travaux avaient été presque entièrement arrêtés. On a déjà vu que la population de la capitale estimait que le mot de *République* devait suffire à repousser l'invasion, et qu'il n'y aurait qu'à chanter la *Marseillaise* à pleins poumons pour que l'Alle-

(1) *Le Blocus de Paris et la Première armée de la Loire*, Ire partie, p. 45. — « Dès qu'on dispose seulement de huit jours, on a tout le temps nécessaire pour organiser des passages et des abris blindés ainsi que des magasins pour les munitions. Dès que ces batteries sont construites, il n'y a plus qu'à les relier par des tranchées destinées aux troupes d'infanterie pour achever l'organisation de la position. Si l'on s'était laissé diriger par de semblables idées, rien n'eût été plus facile que de s'établir solidement sur le plateau de Villejuif, sur le plateau de Châtillon et à Montretout. » (*Ibid.*, pp. 18 et 19.)

(2) « Il m'a fallu beaucoup insister auprès de l'excellent général Trochu pour que la redoute des Hautes-Bruyères fût réoccupée. » (Lettre du général de Chabaud-Latour à M. de Mazade : Charles de Mazade, *La guerre de France*, t. II, p. 74, en note.)

mand reculât, terrifié, devant l'hymne superbe que
les géants de 92 ne se contentaient pas seulement de
chanter, mais qu'ils accompagnaient aussi d'efforts
prodigieux et de poussées irrésistibles contre l'ennemi.

Non, pour ce monde désorienté, la chute de l'Empire allait tout sauver; il n'était plus besoin de travailler aux fortifications : faire disparaître toute
trace du régime tombé était le suprême remède
aux maux qui s'abattaient sur nous. Victor Hugo,
Quinet, les membres du Gouvernement, les journaux, les tranche-montagnes des réunions publiques,
le répétaient tous les jours : les Parisiens en étaient
demeurés convaincus.

C'est pourquoi, le lendemain du Quatre-Septembre, « les ateliers furent désorganisés. » «« J'occupais
9,000 à 10,000 travailleurs, a dit le général de Chabaud-Latour, qui dirigeait les travaux de défense. Il
fallut passer huit jours à les retrouver. L'exaltation, produite dans les têtes des ouvriers, leur faisait
quitter les chantiers. J'eus beaucoup de peine à
reconstituer les ateliers (1). »» — « La plus belle
révolution du monde pouvait-elle valoir ces huit
jours perdus (2)? »

« On était obligé de faire venir, à grands frais,
des ouvriers de province pour continuer les travaux
de défense. Pendant ce temps, les ouvriers parisiens
déclamaient et demandaient des armes (3). » —
« La redoute tant espérée (Châtillon) s'avançait

(1) *L'Empire et la Défense de Paris*, déposition du général de
Chabaud-Latour, p. 169. — *Journal de Fidus*, pp. 80 et 93. — *Enq.
parlem. déf. nationale*, rapport de M. Chaper sur le Gouvernement de la Défense à Paris au point de vue militaire, pp. 37 à
39.

(2) Colonel Lecomte, t. III, p. 15.

(3) Général Ducrot, t. I, p. 100. — *Souvenirs du siège de Paris,
Cinq mois à l'Hôtel-de-Ville*, par J.-J. Clamageran, ancien adjoint
au maire de Paris; Paris, Guillaumin, 1872; p. 7.

péniblement. Des difficultés pécuniaires venaient
encore retarder les travaux. MM. Jules Favre et
Dorian les avaient visités ; on avait vu aussi
M. Thiers. On commençait à comprendre, en haut
lieu, de quelle importance devait être cette redoute
si longtemps négligée. Des ordres furent donnés
pour augmenter les ouvriers : il était trop tard (1). »

Que l'on ne se récrie pas ; que l'on ne dise pas
que les appréciations du général de Chabaud-Latour,
du général Ducrot et de M. Ambroise Rendu sont
celles d'hommes intéressés à déprécier tout ce qui
s'est passé après le Quatre-Septembre ! Voici un
jugement non suspect, celui de M. Ballue, député
du Rhône, président de la Commission de réorganisation de l'armée, que l'on ne saurait accuser de
complaisance à l'égard des ennemis de la République, et qui a vu les choses de près, ayant été officier de zouaves et ayant campé à la redoute de Montretout, quelques jours après le Quatre-Septembre :

« Il était évident qu'il fallait pousser activement
des travaux commencés depuis deux mois, et déjà
assez avancés. Quel fut donc mon étonnement de
trouver seulement sur les chantiers cinq ou six
cents travailleurs, alors que trois mille ouvriers
auraient pu y être utilement employés..... Et puis
ouvriers, militaires ou civils, arrivaient tard et par-
taient tôt..... Travailleurs et surveillants rivalisaient
de mollesse et d'indifférence (2). »

Voici, de plus, un étranger, un Anglais, témoin
oculaire, comme MM. Rendu et Ballue, qui confirme
le fait : « Il faut parler des forts et des remparts où
les tristes travaux de la guerre continuent à se faire

(1) Ambroise Rendu, p. 8. — « Les travaux marchaient avec
une telle lenteur qu'à l'apparition des Allemands on se voyait
contraint d'évacuer ces importantes positions. » (*La Guerre franco-
allemande*, 2ᵉ partie, p. 40.)
(2) A. Ballue, p. 19.

avec une molle activité. On élève des travaux en terre (on fait des terrassements) sur les hauteurs de Châtillon et de Montretout; on en élève aussi dans d'autres endroits pour compléter la première ligne de défense dans ses points les plus vulnérables. Mais les ouvriers passent la meilleure partie de la journée à boire avec les soldats dans les guinguettes des villages (1). »

Pourtant, si l'on n'a pas fait tout ce que l'on eût pu faire, il ne faudrait pas croire que l'on restait inactif et que Paris ne se hérissait pas de défenses de toutes sortes. En outre des ouvrages avancés qui laissèrent beaucoup à désirer, « les perfectionnements de détail et techniques aux ouvrages existants, soit de l'enceinte, soit des forts, furent considérables. L'amélioration et la correction des parapets, l'établissement d'engins de clayonnage et de revêtement d'embrasures, de plate-formes, de traverses, de batteries couvertes, de réduits, d'abris blindés, de palissades, de barrières, d'entrelacs de fils de fer, de chevaux de frise, de trous de loup, de fougasses, occupèrent de nombreux ouvriers.

« A l'intérieur de la ville, même activité et plus encore. Le service des Ponts et Chaussées se chargea d'établir une seconde enceinte le long du chemin de fer de ceinture, dont les talus et maints travaux d'art, complétés de quelques ouvrages spéciaux, pouvaient fournir aisément une bonne ligne retranchée. Ce ne fut pas tout. A côté des techniciens, la population chaleureuse de la capitale s'était mis en tête de fournir aussi son tribut à la défense, c'est-à-dire une troisième ligne d'ouvrages, formée des barricades traditionnelles. Un comité *ad hoc* s'était constitué, sous la présidence de M. Rochefort, qui avait là son ministère tout trouvé. On parvint

(1) *A Paris pendant le siège*, p. 23.

toutefois à faire comprendre aux barricadiers l'utilité
d'abondantes et faciles communications à travers la
ville, entre les divers points de la circonférence, et
l'on se contenta d'établir sur le papier, et à la craie
sur quelques maisons, les plans détaillés des travaux de la défense nationale intérieure (1). »

Le major prussien Blume est, pour-cause, encore
plus approbatif, hanté qu'il est par le vers connu :

A vaincre sans péril, on triomphe sans gloire.

« Bien que, dès le début de la guerre, a-t-il écrit,
on eût commencé à mettre Paris en état de défense,
il manquait pourtant encore beaucoup de choses
quand la catastrophe de Sedan vint rendre une
attaque de la capitale prochaine et inévitable. Il est
juste de reconnaître que le Gouvernement de la
Défense nationale, dont le président Trochu avait
conservé les fonctions de Gouverneur de Paris qui
lui avaient été confiées par l'Empereur, avait su
employer avec habileté et énergie, pour compléter
tout ce qui manquait encore, le court espace de
temps dont il pouvait disposer (2). »

La politique et les Parisiens ne sont pas seuls
coupables !

« Il semblerait que tous les travaux de la défense
furent conduits avec la plus louable activité. Mais
cette appréciation favorable ne serait pas exacte.
En réalité, les chefs ont plutôt laissé aller les
choses qu'ils ne les ont accélérées. Avec un zèle
ardent, on aurait pu faire beaucoup plus qu'on n'a
fait, et surtout beaucoup plus vite; car les travaux
des remparts, entre autres, ne furent terminés qu'à
la fin d'octobre. On ne travaillait pas la nuit, et

(1) Colonel Lecomte, t. III, pp. 34 et 35.
(2) Major Blume, p. 22.

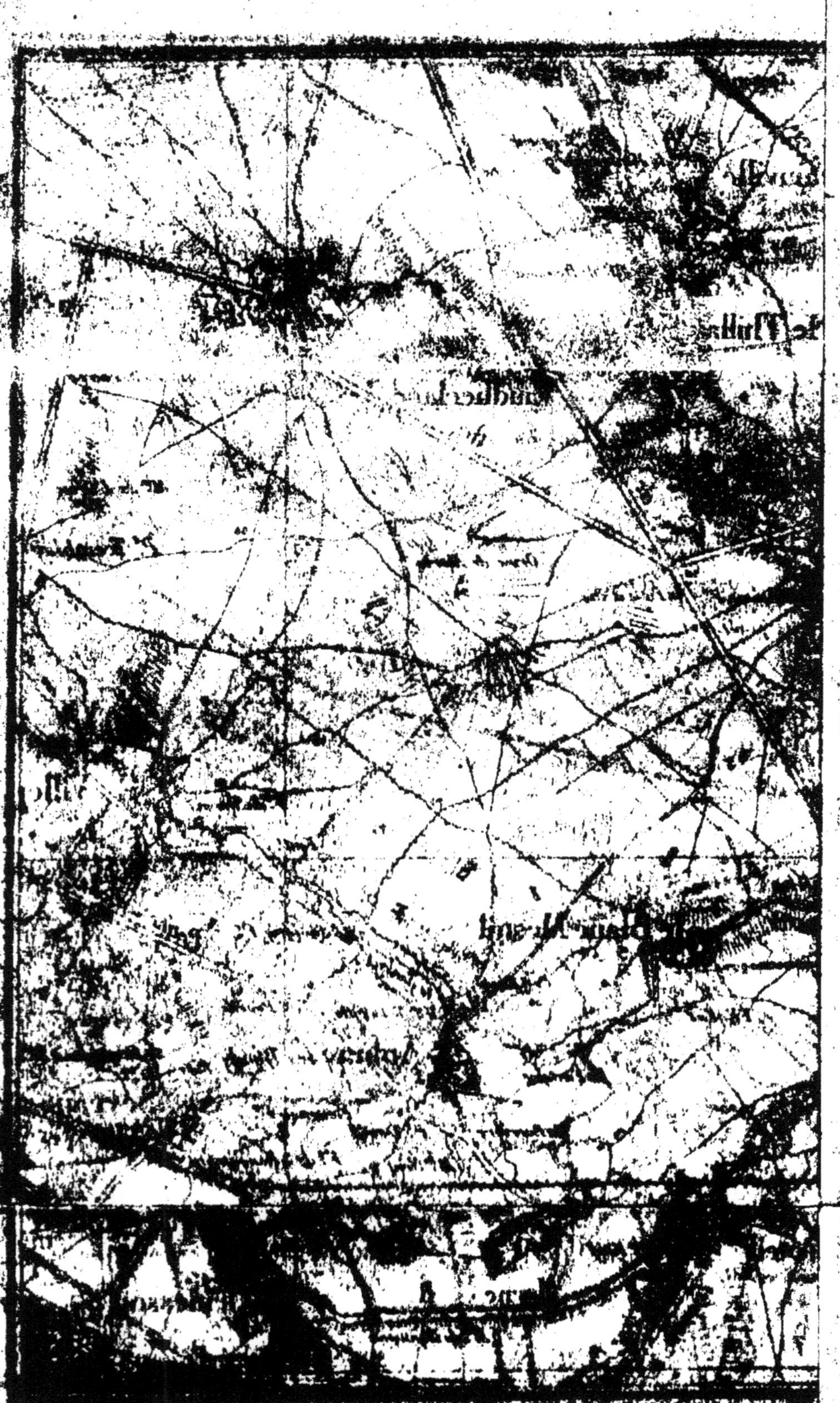

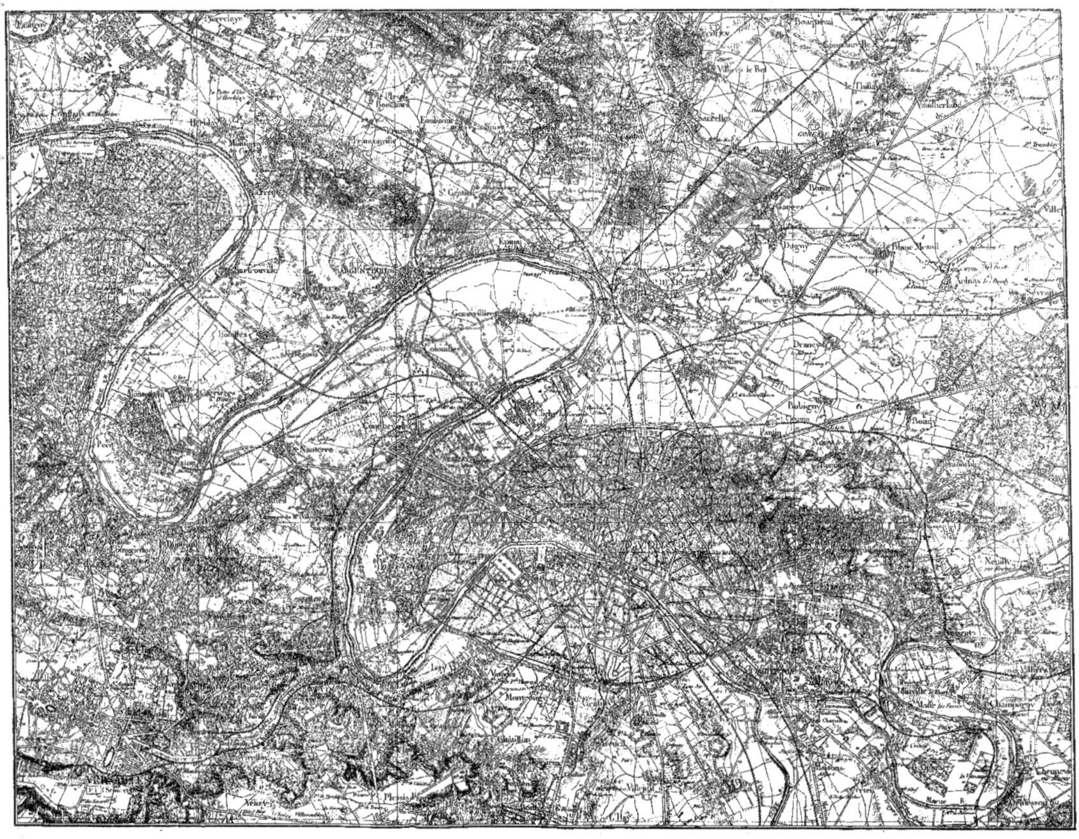

pendant le jour, on dégoûtait les ouvriers en leur marchandant le travail.

« C'est ainsi que, sur les quatre grandes redoutes du Moulin-Saquet, des Hautes-Bruyères, de Châtillon et de Montretout, qui avaient été commandées dès la mi-août, les deux premières seulement furent achevées. Les deux autres ne furent pas trouvées assez avancées pour être utilement occupées par nous lors de l'investissement.

« Eh bien ! il faut le dire hautement, il y a eu là une négligence impardonnable de la part des généraux en chef du génie et de l'artillerie, MM. de Chabaud-Latour et Guiod. On pouvait certainement, avec de l'énergie et une grande activité, employant, s'il le fallait, dix mille, quinze mille terrassiers à la fois, achever Châtillon et Montretout avant l'arrivée des Prussiens. Malgré toutes les notes et contre-notes officielles ou officieuses, publiées pour démontrer que l'inachèvement de ces redoutes était dû à la force des circonstances, nous ne cesserons de déclarer qu'il doit être attribué au manque de foi dans la résistance de Paris, de la part des généraux dont nous venons de parler. La responsabilité de cette faute capitale doit aussi retomber sur le Gouverneur, qui avait à prévoir le rôle considérable qu'auraient joué, dans la défense, les positions de Châtillon et de Montretout, conservées en notre pouvoir.

« Bien plus, il y eut des points de l'enceinte qui ne furent mis que fort tardivement à l'abri d'un coup de main, particulièrement la porte du Bas-Meudon, qui demeura d'un accès des plus faciles jusqu'aux derniers jours de septembre, malgré les incessantes réclamations du commandant du 7e secteur (1). »

(1) *Histoire critique du siège de Paris*, par un officier de marine, pp. 25 et 26.

— « Les grands maîtres du génie et de l'artillerie ont plutôt paralysé qu'accéléré les travaux de la résistance. Car, afin de ne pas amoindrir l'importance de leurs positions, ils centralisèrent le travail là où il aurait fallu le décentraliser et abandonner aux jeunes officiers une large initiative. Les formalités administratives de toutes sortes arrêtaient l'élan des plus ardents. Et si, malgré tant d'entraves, on est encore arrivé à de magnifiques résultats, il faut l'attribuer, chose curieuse et tant le bien est à côté du mal, au dévergondage de constructions et de démolitions de M. Haussmann, C'est lui, en fait, qui a été la cause du développement extraordinaire qu'avait pris la profession d'entrepreneur de bâtiments. Ce sont ces entrepreneurs de M. Haussmann, à la tête d'un matériel considérable, habitués à exécuter avec une incroyable rapidité les travaux de bâtisse les plus divers, et auxquels la guerre venait de faire de si subits et de si complets loisirs, ce sont ces entrepreneurs qui ont mené à bonne fin tous les travaux des remparts, des forts et des redoutes avec une célérité incontestable, mais qui eût pu être décuplée par le stimulant d'une active surveillance (1), » de la part du génie.

Somme toute, malgré leurs imperfections, malgré l'abandon coupable des positions nécessaires, les défenses de Paris demeuraient formidables. Si elles ne pouvaient conjurer ni le bombardement de certains forts, ni celui des quartiers de la rive gauche de la capitale, elles n'en constituaient pas moins un ensemble de fortifications telles, que l'état-major prussien ne tenta jamais de les enlever de vive force, même par un coup de main le 19 septembre, même, par partie, au moyen de travaux d'appro-

---

(1) *Histoire critique du siège de Paris*, par un officier de marine, pp. 27 et 28.

che, et qu'elles le forcèrent à demander la reddition
de la place à la famine, manière facile d'amener à
composition les citadelles les plus redoutables.

GARNISON

Pour occuper les points fortifiés et l'enceinte,
pour opérer en rase campagne, de quelles troupes
disposait la défense?

La Marine avait envoyé à Paris environ 14,000 hommes, matelots et soldats d'infanterie (1). On confia
aux matelots et aux canonniers la garde des forts de
Romainville, Noisy et Rosny, qui avaient à répondre
aux feux du Raincy; on leur remit également les
forts d'Ivry, de Bicêtre et de Montrouge. Enfin, la
Marine eut encore le service de la batterie de Saint-
Ouen et des canons de la Butte-Montmartre (2).
Les amiraux considérèrent chaque fort comme
un vaisseau, et le service militaire y fut le même.
Les marins espérèrent longtemps que les Allemands
hasarderaient l'assaut : cette satisfaction leur fut
refusée; nos ennemis ne pensèrent jamais à se heurter à de tels adversaires, et c'est sur l'ordre des généraux qui n'avaient pas su défendre Paris que ces
hommes de fer rendirent aux Prussiens, avec la
rage du soldat invaincu mais livré, les forts in-
violés qu'on leur avait confiés et qu'ils regardaient

---

(1) Ces marins « composaient l'élément le plus solide et le plus
sûr de la défense de Paris ». (*La Guerre franco-allemande*, 2ᵉ partie,
p. 43.) — Voir, pour le détail des bataillons marins : Jules Richard,
Annuaire de la guerre de 1870-1871, Siège de Paris, p. 32.

(2) « Les marins fournirent à Paris une magnifique division
de fantassins, d'artilleurs et une flottille. » (Colonel Lecomte,
t. III, p. 16.) — « Les marins étaient d'excellents soldats qui ont
fait, à Paris, peu de bruit et beaucoup de besogne. » (Sarcey,
p. 50.)

comme des navires isolés dans la tempête du siège (1).

Une autre partie des marins fut chargée des canonnières, et, si ces petits bâtiments ne rendirent pas tous les services qu'on en attendait, la faute n'en est pas à leurs équipages, qui montrèrent le même courage et la même discipline que leurs camarades des forts, mais à l'insuffisance de notre état-major qui ne sut pas les utiliser.

Les meilleures troupes, après les marins, étaient, comme nous l'avons déjà expliqué, les 35e et 42e de ligne, que le général Vinoy avait ramenés si heureusement de Mézières. Puis venaient les régiments de marche qui manquaient d'officiers et d'hommes habitués au service. Avec ces éléments on forma, tout d'abord, les 13e et 14e corps.

Le 13e corps, sous les ordres du général Vinoy, comprenait environ 25,000 combattants, formant trois divisions : la 1re (général d'Exéa) se composait des brigades Mattat et Daudel ; la 2e (général de Maud'huy), des brigades Dumoulin et Blaise ; la 3e (général Blanchard), des brigades Susbielle et Guilhem (2).

Le 14e corps, sous les ordres du général Renault, comprenait aussi environ 25,000 combattants, formant trois divisions ; la 1re (général de Caussade) se composait des brigades Ladreit de la Charrière et Lecomte ; la 2e (général d'Hugues), des brigades Bocher et Paturel ; la 3e (général de Maussion), des brigades Benoît et Courty (3).

Six compagnies de chasseurs à pied étaient attachées à chaque corps d'armée.

En dehors de ces troupes de ligne, on forma avec

(1) Amiral de la Roncière-le Noury, p. 12. — Borrego, p. 22.
(2) Voir la pièce justificative n° I.
(3) Voir la pièce justificative n° IV.

les échappés de Sedan, avec les épaves de différents régiments : un régiment de zouaves de marche, le 28e de marche, composé des dépôts de la Garde impériale; les 36e, 37e, 38e et 39e de marche furent constitués avec les dépôts de tous les régiments de ligne et des bataillons de chasseurs à pied.

Pendant le siège, on organisa trois autres bataillons au moyen d'éléments divers, et nous aurons fini l'énumération des troupes de l'armée de ligne en évaluant à 3,000 hommes la gendarmerie à pied et la Garde municipale, plus 5,000 sapeurs-pompiers de Paris, sergents de ville, douaniers et gardes forestiers.

Il y avait, dans ces huit derniers milliers d'hommes, de quoi doter l'armée en formation d'excellents sous-officiers : c'était le vrai moyen de solidifier régiments de marche, Garde mobile et Garde nationale mobilisée. On se contenta de transformer en artilleurs quelques gardes forestiers et l'on conserva, intacts, les sapeurs-pompiers, la Garde municipale et les douaniers : on en fit des troupes d'élite! Telle fut la volonté formelle du général Trochu, qui préféra les avoir sous la main, en bloc, plutôt que de les disséminer dans tous les corps en formation, où elles auraient infusé le sang militaire (1)!

« En résumé, nous eûmes, dans le cours du siège, de 75,000 à 80,000 hommes d'infanterie de ligne, parmi lesquels on ne pouvait compter (tout d'abord) que le tiers ou le quart de véritables soldats (2). »

En fait de cavalerie, le général Trochu possédait la division Champeron, composée de la brigade Cousin (1er et 9e chasseurs à cheval) et de la brigade

(1) « Il y avait là une pépinière de sous-officiers. » (Colonel Fabre, p. 174.)
(2) Général Ducrot, t. I, p. 82.

de Gerbrois (1er et 2e régiments de marche de dragons), de la brigade de Bernis (2e régiment de marche des cuirassiers, formé avec les Cent-gardes et ce qui restait de la grosse cavalerie de la Garde impériale, 1er régiment de marche des lanciers, un régiment de marche mixte, formé, moitié avec la cavalerie légère de la Garde impériale, moitié avec la cavalerie de ligne); enfin, d'un régiment de gendarmes à cheval.

Le chiffre de nos cavaliers ne dépassait pas 5,000.

Quant à l'artillerie, elle se composa d'abord de sept batteries de l'ancienne armée régulière, auxquelles on adjoignit vingt-trois autres batteries improvisées avec le concours de tous. Au mois de janvier 1871, la défense était parvenue à créer quatre-vingt-treize batteries de campagne, auxquelles il faut ajouter seize batteries appartenant à l'artillerie de marine et quinze à la Garde mobile.

Deux compagnies de pontonniers et 60 marins étaient chargés de la confection des ponts, et le génie, composé de six anciennes compagnies, augmentées bientôt de trois autres, se chargea de la construction des ouvrages, avec l'aide du génie civil qui rendit de réels services.

La Garde mobile arrivait après l'armée active.

Nous avons souvent eu occasion de rappeler quelle faute, ou mieux, quel crime avait commis l'Opposition en se mettant en travers de la création et de l'instruction de la Garde mobile. MM. Jules Simon et Ferry, notamment, ont assumé là une lourde responsabilité dont l'histoire ne les déchargera pas.

Aussi, au lendemain de Fræschwiller et de Forbach, la Garde mobile n'existait que sur le papier, manquait d'officiers et ne comptait dans ses rangs que des hommes n'ayant jamais tenu un fusil (1).

« Fondée en 1868 par le maréchal Niel, la Garde mobile, qui eût pu nous fournir de quoi résister à l'ennemi, avait été complètement négligée à cause de la violence avec laquelle l'Opposition s'était manifestée contre elle et de l'insuffisance des crédits alloués par le Corps législatif. On s'était contenté de nommer quelques officiers et d'organiser tant bien que mal les gardes mobiles des départements, de l'Est. A Paris, seulement, on avait fait quelques simulacres d'instruction. Dans les départements, rien n'avait été fait. Ceux dont l'opposition a ainsi rendu vains les efforts de l'illustre maréchal, qui ont détruit dans leur germe les forces dont sa sage prévoyance voulait doter la patrie, ont dû verser des larmes bien amères sur leur triste aveuglement. Ils ont dû se dire que l'invasion, les incendies, les bombardements, la patrie morcelée, tant de soldats laissés sur les champs de bataille, tant d'autres, morts dans les hôpitaux, l'énorme rançon payée à nos vainqueurs, la perte de deux provinces, que tous ces malheurs enfin, sous le poids desquels nous sommes encore courbés, ont eu pour cause première leur obstination à priver la France de défenseurs (2). »

MM. Ferry et consorts n'ont versé aucune larme : ils se sont empressés, le 4 septembre, de profiter du désastre de la patrie pour happer le Pouvoir, l'ont repris après l'aventure du Seize-Mai, et ont amené la France à l'état désolant où elle est aujourd'hui, tant

---

(1) « Privée, par l'opposition du Corps législatif, des moyens de se réunir et de s'instruire, abandonnée même, après la mort de son créateur, la Garde nationale mobile, au mois de juillet 1870, n'existait que sur le papier. » (Général Thoumas, *Les Transformations de l'armée française*, t. I, p. 321.)

(2) Commandant Bonnet, t. II, pp. 17 et 18.

au point de vue moral qu'au point de vue matériel.

Retournons à 1870; il faut rendre cette justice à M. Chevreau, ministre de l'Intérieur du cabinet de Palikao, « qu'en dix-huit jours, grâce à une prodigieuse activité, il réunit aux chefs-lieux de département et d'arrondissement les mobiles de quatorze divisions militaires, soit 150,000 hommes; qu'il les logea, les nourrit et leur donna, à tous, un équipement provisoire : blouse, képi, ceinturon, cartouchière (1). »

En même temps, il en armait 100,000 et, le 1er septembre, le ministre de l'Intérieur mettait ces 100,000 mobiles à la disposition du ministre de la Guerre, qui les appelait à Paris où ils devinrent de bons soldats, en dépit des excitations des clubs et des mesures dissolvantes concédées par le Gouvernement aux révolutionnaires (2).

Mais les appeler à Paris n'en était pas moins une grosse erreur. « Dès qu'on ne pouvait les utiliser tout de suite, c'était une faute grave de les attirer dans Paris, où ils ne pouvaient rendre aucun service et nous ajouterons même que, s'ils eussent été capables de combattre immédiatement, c'eût été encore une faute de les renfermer dans la capitale, car ils ne pouvaient pas y rendre autant de services qu'en province (3). » Le général Trochu aggravait cette faute, après le Quatre-Septembre, en conservant à Paris cette masse de recrues, et nous croyons trop au coup d'œil du comte de Palikao pour penser qu'il

(1) Général Ducrot, t. 1, p. 87. — Général Ambert, *Récits militaires, Le Siège de Paris*, p. 7.

(2) « Leur tenue calme et digne contrastait avec la mine débraillée des bandes bruyantes de la Garde nationale parisienne. » (Wachter, p. 504.) — « Étrangers aux idées de l'Internationale et des blanquistes, ils étaient, avant tout, décidés à défendre la patrie. » (*Ibid.*, p. 505.)

(3) *Le Blocus de Paris et la Première armée de la Loire*, 1re partie, p. 22.

n'aurait pas éloigné ces mobiles à l'approche des Allemands, si, par bonheur, il avait conservé la conduite des opérations militaires (1).

Quant aux 15,000 mobiles parisiens, que le général Trochu avait eu la mauvaise idée de ramener de Châlons à Paris, comme le dit le général Ducrot, comme on s'en convaincra en étudiant le siège, il faut les diviser en deux catégories : les bataillons disciplinés, qui ont rendu des services, et les bataillons raisonneurs, de beaucoup les plus nombreux, qui furent une faiblesse pour la défense (2).

(1) « A notre avis, la plus grande faute commise, pendant les quinze jours qui ont précédé l'investissement, a été cette réunion à Paris d'une grande quantité de troupes qui ne devaient y rendre aucun service, et d'autant moins qu'en même temps on commettait une autre faute qui avait pour résultat de rétrécir le cercle de leurs futures opérations. » (*Le Blocus de Paris et la Première armée de la Loire*, 1re partie, p. 46.) — Jules Richard, *Annuaire de la Guerre de 1870-1871, Siège de Paris*, p. 12.

(2) « Les mobiles de Paris, dont quelques bataillons ont été très vigoureux et disciplinés pendant la guerre, mais dont la plupart ont été trop souvent livrés à l'insubordination et au désordre. » (*Une Page d'histoire contemporaine*, par le général Trochu, p. 81.) — « Le général Trochu signale, le 14 septembre, l'indiscipline des gardes mobiles de la Seine, qui refusent de se rendre aux postes dans lesquels ils ne se trouvent pas assez à l'abri. » (*Enq. parlem. déf. nationale*, rapport de M. Chaper sur les procès-verbaux des séances du Gouvernement de la Défense nationale, p. 20.) — « M. de Kératry expose les dévastations que commettent les mobiles. » (*Ibid.*, p. 21.) — « M. Gambetta annonce qu'on se plaint de plus en plus des gardes mobiles, 16 septembre. » (*Ibid.*, p. 23.) — « La garde mobile de Paris joignait à l'ignorance de la mobile de province toutes les mauvaises passions de la population des grandes villes. » (A. Niemann, p. 199.) — « Dès le 12 septembre, ils se refusaient à occuper les avant-postes, attendu que la position qui leur était assignée leur paraissait trop exposée. » (*La Guerre franco-allemande*, 2e partie, p. 43, en note.) — « Le 20 septembre, les mobiles de la Seine désertèrent le Mont-Valérien et le laissèrent sans défenseurs au risque de le voir occupé par l'ennemi. » (*Ibid.*, p. 144.) — « 18 bataillons de la mobile de Paris, dont la plupart ne valurent jamais rien. » (Dussieux, t. I, p. 177.) — Général Ducrot, t. I, p. 228. — Commandant Canonge, t. II, p. 330, en note. — *Le Blocus de Paris et la Première armée de la Loire*, 1re partie, p. 50. — *A Paris pendant le siège*, pp. 24 et 25. — Sarcey, pp. 51 et 52. — *Journal de Fidus*, pp. 88 et 89.

Ici, encore, le général Ducrot a parfaitement apprécié le caractère de ces bataillons indisciplinés.

« Le Parisien, a dit le général, quand il est *soldat*, est, ou très bon ou très mauvais, surtout en campagne ; mais quand il est *à moitié soldat*, comme cela avait lieu dans la Garde mobile et dans la Garde nationale, c'est toujours un détestable soldat, car ses instincts d'indiscipline et de révolte priment constamment ses qualités natives de courage, d'audace (1) » et, l'on doit ajouter, d'intelligence.

L'influence des mobiles parisiens sur ceux de province ne laissa pas de se faire sentir. Un vent de fronde souffla sur ces jeunes gens que l'élection des officiers acheva de démoraliser (2). Mais, préalablement à cette question de l'élection des officiers, il n'est pas mauvais d'écrire quelques lignes sur l'état moral des mobiles de province.

Ils étaient arrivés à Paris, à peine armés et équipés, ignorants de tout exercice militaire, un peu ahuris par les événements qui les avaient arrachés tout à coup à leurs villages, à leurs familles, et jetés, sans transition, au milieu de Paris surexcité par la chute de l'Empire et par les défaites inouïes qui l'avaient amenée.

(1) Général Ducrot, t. I, p. 88.

(2) « Les soldats de la Garde mobile étaient un solide et sérieux élément de défense. Forts et vigoureux ils pouvaient supporter facilement une dure et sévère instruction militaire ; mais il était indispensable qu'ils fussent soumis à un commandement plein de fermeté pour être promptement pliés à la discipline et prendre la cohésion nécessaire. Jusqu'alors, la Garde mobile de la Seine avait, seule, donné de déplorables exemples de turbulence et d'indiscipline, en se mutinant, au camp de Châlons, à la veille même de nos plus grands revers ; et jusqu'au dernier jour elle devait, à quelques exceptions près, montrer ce même esprit de coupable insubordination. » (Général Vinoy, p. 122.) — « Les gardes mobiles de province avaient du patriotisme et de bonnes conditions physiques. Sous un chef capable et avec une direction intelligente, cet élément eût pu faire, au bout de six semaines, une troupe sérieuse. » (A. Niemann, p. 199.)

On ne possédait pas de casernes pour les loger :
on les mit chez l'habitant. C'était les enlever à l'autorité, à la surveillance de leurs chefs et préparer
bien des accidents fâcheux pour la discipline et
même pour la santé de ces grands enfants. Jusqu'aux heures les plus avancées de la nuit, ils encombraient les cafés, les cabarets et les maisons
mal famées. « L'ivresse, la débauche, causèrent
presque autant de ravages dans leurs rangs que le
feu de l'ennemi (1). » Beaucoup plus, puisque « près
de 8,000 de ces jeunes gens, a dit le général Trochu, étaient atteints, à la fin du siège, de maladies
constitutionnelles qui montraient à quel point la
civilisation de Paris les avait pénétrés (2) ».

Mais ce qui porta un coup terrible à la discipline,
ce fut le décret du 16 septembre, aux termes duquel
les officiers étaient nommés par les soldats ! Des
considérations politiques avaient seules été cause
de cette détestable mesure ; on ne s'occupait pas de
savoir si les officiers existants étaient bons, s'il n'y
avait pas à craindre que les nouveaux, nommés à
l'élection, fussent mauvais ; non, les anciens avaient
été choisis par l'Empire : cela suffisait. « Considérant que les circonstances dans lesquelles a eu lieu
la nomination des officiers de la Garde mobile
rendent nécessaire l'élection des officiers. » Le
Gouvernement s'estimait justifié par ce simple considérant !

Nous eussions encore compris une nouvelle inves-
titure faite par le ministre de la Guerre, mais
écrire, dans un document officiel, que le fait d'avoir

---

(1) Général Ducrot, t. I, p. 89. — Viollet-le-Duc, p. xxxiii.
(2) *Une Page d'histoire contemporaine*, par le général Trochu,
p. 83. — « On les exerça peu et on les laissa en grande partie
exposés à se démoraliser dans Paris, au lieu de les camper mili-
tairement dans la banlieue et de travailler à les former au plus
vite. » (Henri Martin, t. VII, p. 171.)

été désigné par un pouvoir régulier, après recherches sur les aptitudes et le savoir, *rendait nécessaire l'élection* de votre remplaçant, cela dépasse les limites du permis, même à un gouvernement improvisé ! « Les considérants du décret ne dissimulaient nullement qu'il s'agissait beaucoup plus de satisfaire une rancune politique que d'obtenir une amélioration quelconque dans le personnel d'officiers (1). »

C'était M. Ernest Picard qui avait le plus poussé à la mesure ; le 12 septembre, il avait émis l'avis de soumettre les grades à l'élection, « même sous le feu de l'ennemi (2). » Gambetta l'appuya, et, comme nous l'avons déjà dit, cette mesure finit par être adoptée malgré les protestations du Gouverneur et du ministre de la Guerre (3), malgré la demande d'ajournement formulée par M. Rochefort (4), « même avant que l'expérience des combats eût pu éclairer quelque peu les soldats sur la valeur des chefs qu'ils se donnaient (5). »

A peine cette décision fut-elle connue qu'elle produisit une véritable désorganisation, même avant les élections, et, dans la séance du 18 septembre, le général Trochu déclara à ses collègues du Gouvernement qu'il regrettait de ne pas s'être opposé plus énergiquement à cette néfaste mesure (6).

---

(1) *La Province au siège de Paris. Garde mobile du Tarn*, par Ed. Fuzier-Herman, lieutenant au régiment ; Paris, Dumaine, 1871 ; pp. 23 et 24.

(2) *Enq. parlem. déf. nationale*, rapport de M. Chaper sur les procès-verbaux des séances du Gouvernement de la Défense nationale, p. 18.

(3) Elle fut adoptée à l'unanimité, à l'exception de deux voix, « celle du général Le Flô et la mienne. » (*Une Page d'histoire contemporaine*, par le général Trochu, p. 110.)

(4) « Je trouve que le général (Trochu) raisonne solidement ; ne précipitons pas nos résolutions. » (*La Politique et le Siège de Paris*, par le général Trochu, p. 190.)

(5) Colonel Fabre, p. 174.

(6) *Enq. parlem. déf. nationale*, rapport de M. Chaper sur les

Les élections eurent lieu le 19 septembre, au bruit du canon de Châtillon, comme l'avait prophétisé M. Picard (1), et les conséquences de semblable aberration militaire furent désastreuses : « Grâce à cette mesure politique, la Garde mobile fut longtemps à s'organiser ou, plutôt, à se désorganiser (2). Les élections se « renouvelèrent à chaque vacance et furent une cause de scandales de toutes sortes; on achetait les grades par la corruption, par la faiblesse et presque jamais par les bons services (3) ».

M. Chapèr explique fort bien les résultats de pareilles élections :

« Les conséquences du décret du 16 septembre furent telles qu'on pouvait les prévoir; quelques-unes cependant étaient inattendues. On ne s'attendait pas, par exemple, à voir réélus MM. Piétri et Baroche; ils le furent peut-être parce que le Gouvernement les avait destitués six jours auparavant, et pourtant, c'étaient leurs noms qui avaient servi d'arguments aux partisans des élections.

« Ce qui était certain d'avance, et surtout pour les bataillons de la Seine, c'était la destitution d'officiers énergiques, sévères, qui avaient pris leur autorité au sérieux, et l'élection d'une foule de beaux parleurs, d'adversaires déclarés de la discipline, et, disons-le enfin, quelque douloureuse que soit la vérité, l'élection, dans certains cas, d'hommes qui, pour conquérir les votes, avaient fait appel aux plus mauvaises passions : la paresse, l'envie, etc.

« Dans les bataillons des départements, les mêmes

procès-verbaux des séances du Gouvernement de la Défense nationale, p. 24.

(1) « Des bataillons, marchant à l'ennemi pendant le combat du 19 septembre, s'arrêtèrent en route pour voter. » (Robinet de Cléry, p. 30.)

(2) Charles de Mazade, *La guerre de France*, t. II, p. 76. — Commandant Canonge, t. II, p. 347.

(3) Commandant Bonnet, t. II, p. 19.

faits se produisirent, mais d'une manière moins générale et moins grave. On vit bien, dans quelques corps, certains officiers remplacés, parce que leur fermeté ne plaisait pas à leurs soldats; on vit des cantiniers acheter des grades la bouteille à la main; mais, dans un grand nombre de bataillons, les anciens officiers furent presque tous maintenus et ces bataillons-là, nous n'avons pas besoin de le dire, ne furent ni les moins solides au feu, ni les moins durs à la souffrance. Les conséquences du principe électif étaient d'autant plus mauvaises que l'application s'en renouvelait plus souvent. Les élections improvisées du 19 septembre avaient pris au dépourvu les ambitions, les intrigues; chacun, brusquement interrogé, avait suivi son premier mouvement, plutôt honnête qu'intéressé. Mais chaque vacance produite par le feu, les maladies ou les accidents, donnait lieu à une élection nouvelle. C'était un appât toujours offert aux convoitises, et les moins dignes surtout s'y préparaient.

« Les flatteries quotidiennes, les promesses, les cadeaux, valaient mieux, pour le succès d'une candidature, que le dévouement au devoir, la fermeté, l'instruction. Il faudrait peu connaître les hommes pour s'en étonner.

« Aussi les élections donnèrent-elles, en général, des choix de plus en plus mauvais. On vit nommer officiers des hommes sans autre titre que d'avoir insulté leurs chefs, des ivrognes avérés (1). »

« Il était difficile d'imaginer une mesure plus radicalement dissolvante. Pour la Garde nationale proprement dite, qui était un corps bien distinct de l'armée, qui avait ses lois, ses pénalités, ses règlements spéciaux, on pouvait invoquer des raisons,

(1) *Enq. parlem. déf. nationale*, rapport de M. Chaper sur le Gouvernement de la Défense à Paris au point de vue militaire, pp. 45 et 46.

mauvaises à la vérité, mais enfin on pouvait en invoquer. La Garde mobile, au contraire, étant assimilée à l'armée active pour la solde, les règlements, la discipline, devait être commandée d'une manière analogue, c'est-à-dire par des chefs issus du Pouvoir exécutif (1). »

A la fin, « les choix devenant de plus en plus mauvais, la nomination des officiers fut rendue au Pouvoir exécutif par le décret du 19 décembre, annulant celui du 16 septembre (2). »

Voilà une expérience qui nous avait coûté cher, voilà une fantaisie politique dont les Prussiens n'ont eu qu'à se réjouir !

Heureusement, ainsi que nous l'avons déjà indiqué, tous les bataillons ne firent pas de mauvais choix. Ceux de province, surtout, conservèrent à leur tête de braves officiers qui se firent tuer en les conduisant au feu sans se soucier de la forme du gouvernement, en ne songeant qu'à la France (3).

(1) Général Ducrot, t. I, p. 92. — Fuzier-Herman, pp. 24 et 25. — Baron du Casse, p. 84. — *Journal de Fidus*, p. 88. — Charles Besson, commandant du 3ᵉ bataillon de la Seine-Inférieure, 1870-1871, *Histoire d'un bataillon de mobiles, Siège de Paris*; Paris, Lachaud, 1872; pp. 34 et 35. — *Histoire critique du siège de Paris*, par un officier de marine, p. 39. — Viollet-le-Duc, p. xx.

(2) Commandant Bonnet, t. II, p. 19. — « Ces élections continuelles, causes journalières d'intrigues, de convoitises... agirent d'une manière si fâcheuse sur la discipline, sur l'esprit des troupes... qu'après Champigny le général Ducrot, réorganisant les cadres décimés, insista vivement auprès du Gouverneur pour obtenir l'autorisation de pourvoir lui-même aux vacances. Cette autorisation lui fut accordée, non sans peine. » (Général Ducrot, t. I, pp. 95 et 96.) — *Enq. parlem. déf. nationale*, rapport de M. Chaper sur le Gouvernement de la Défense à Paris au point de vue militaire, p. 46.

(3) « Ce décret porta le coup le plus fatal à la Garde mobile réunie sous Paris, et alors seulement en commencement d'organisation. Le général commandant en chef le 13ᵉ corps fut toujours opposé à cette mesure déplorable ; il était trop bien convaincu que l'élection ne peut donner à un chef militaire une autorité suffisante pour lui faire obtenir des troupes placées sous ses ordres le respect, l'obéissance et la discipline. La Garde mobile de Paris, déjà si turbulente par elle-même, devait, plus que toute autre

Il y eut même certains bataillons parisiens (les seuls qui consentirent à se battre, du reste) qui furent réfractaires aux doctrines militaires des clubs : « Ce principe de l'élection, introduit dans la Garde mobile, dit M. Ambroise Rendu, fut une cause rapide de désorganisation pour plusieurs bataillons. Le 7° eut le mérite de comprendre quelles seraient les conséquences funestes de ce système nouveau, qui devait détruire l'autorité et la discipline. C'est à cette première et si heureuse inspiration que nous dûmes de conserver toujours notre unité et notre bonne tenue. La marque de confiance et d'estime, donnée à leurs chefs par les hommes, établissait un lien solide, que rien ne devait plus rompre. Dès le lendemain, la presse socialiste, oubliant les éloges que, la veille encore, elle nous adressait, décernait à ces électeurs, qui avaient donné un si sage exemple, le titre de *traîtres* et d'*aristocrates*. Ces compliments excitèrent peu d'émotion dans nos rangs (1). »

Somme toute, par suite de ces élections malencontreuses, « la discipline, corrompue par le système impérial et relâchée en raison d'une série de défaites sans exemple, avait été presque complètement perdue dans les quinze jours qui suivirent la révolution du Quatre-Septembre. L'enthousiasme républicain est, sans aucun doute, un beau thème pour les rêveurs qui croient que les changements politiques ont le pouvoir de moraliser les grandes

troupe, subir l'influence de ce funeste décret ; de ce jour et pendant toute la durée du siège, l'autorité des officiers n'y fut jamais sérieusement et efficacement rétablie. La Mobile des départements fit preuve de plus de sagesse : elle se borna à renommer ses officiers. Mais le trouble le plus grave n'en était pas moins jeté au milieu de cette jeune troupe ignorante et inexpérimentée ; bon nombre d'officiers, et des meilleurs, refusèrent de se soumettre à l'élection. » (Général Vinoy, pp. 123 et 124.)

(1) Ambroise Rendu, pp. 32 et 33.

agglomérations d'hommes dont l'éducation n'est pas faite ; mais, pour la plupart des soldats, la République semblait n'être que le droit pour chacun de s'enivrer, de se battre, de maltraiter les officiers, de transgresser les lois, les règlements, et de faire toutes ces choses au cri de : «« Vive la République (1) !. »»

Les 115,000 mobiles parisiens et de province formèrent 90 bataillons et 4 divisions, sous les ordres des généraux de Liniers, Corréard, Berthaut et de Beaufort. Le 6 novembre, ils furent encadrés dans la ligne.

Il est intéressant de faire connaître et le nom des départements dont les mobiles se trouvaient à Paris, et la proportion dans laquelle on les y comptait.

La Seine formait 18 bataillons ; Seine-et-Oise, 6 ; la Somme, Ille-et-Vilaine, le Finistère, chacun 5 ; les Côtes-du-Nord, le Loiret, Seine-et-Marne, la Seine-Inférieure, la Vendée, chacun 4 ; l'Ain, l'Aube, la Côte-d'Or, l'Hérault, la Loire-Inférieure, Saône-et-Loire, le Morbihan, le Tarn, chacun 3 ; la Drôme, l'Aisne, la Marne, le Puy-de-Dôme, l'Indre, l'Yonne et la Vienne, chacun 1 (2).

« Leurs pertes furent relativement peu considérables, puisqu'au moment de l'armistice il en restait encore 102,000 sous les armes (3) » sur 115,000, et il faut ajouter que les maladies étaient le facteur le plus important des absences, les pertes par le feu ayant été insignifiantes, surtout pour les mobiles de la Seine et de Seine-et-Oise, exception faite pour les bataillons des commandants Baroche et Saillard (4).

<hr>

(1) *A Paris pendant le siège*, pp. 14 et 15.
(2) Général Vinoy, p. 121.
(3) *Ibid.*
(4) « Ils se battirent, d'ailleurs, au Bourget et dans plus d'une

On n'a pas oublié que l'idéal de l'Opposition de 1869 était la suppression de l'armée permanente et son remplacement par la Garde nationale. Nous avons déjà cité plusieurs passages de MM. Jules Favre, Jules Simon, Ernest Picard, Jules Ferry, et autres députés de la gauche, qui ne laissent pas le moindre doute sur les désirs de ces singuliers hommes d'État.

Il n'y a donc pas à s'étonner de leur hâte à demander la résurrection de la Garde nationale, quand les défaites de Frossard et de Mac-Mahon eurent porté le premier coup à l'armée active, ébranlé l'Empire et permis toutes les propositions présentées sous couleur de défense nationale.

Etourdis par les événements, les gens pratiques ne firent aucune observation, et c'est à l'unanimité que le Corps législatif vota la formation de 60 bataillons parisiens. Le Quatre-Septembre arrivant, Gambetta fit décréter la levée de 60 autres bataillons. Les municipalités de Paris furent chargées du recrutement et 300,000 hommes (1) furent armés sans que l'on se préoccupât de leur valeur morale. Aussi, les gardes nationaux comptaient-ils dans leurs rangs plus de 30,000 repris de justice (2),

autre affaire, en vrais enfants de Paris. » (Général Thoumas, *Les Transformations de l'armée française*, t. I, p. 322.)

(1) C'est le chiffre adopté par le colonel Lecomte, t. III, p. 19.

(2) *Une Page d'histoire contemporaine*, par le général Trochu, p. 140. — « Des étrangers, des enfants, des vieillards, des vagabonds, des repris de justice, avaient reçu des armes et figuraient sur les contrôles. » (Jules Favre, *Gouvernement de la Défense nationale du 30 juin au 31 octobre 1870*, pp. 212 et 213.) — « Pourquoi distribuait-on des armes à tout le monde sans règle et sans choix, au risque d'armer jusqu'à des repris de justice? » (Charles de Mazade, *La guerre de France*, t. II, pp. 120 et 121.) — « Dans cette foule armée, plus de 40,000 hommes et 1,800 officiers avaient des antécédents judiciaires. Près de 25,000 étaient des repris de justice. » (Commandant Bonnet, t. II, p. 20.) — Entrèrent dans la Garde nationale « 25,000 repris de justice, 40,000 sectaires, membres de sociétés secrètes, capables de tout, excepté d'aller au feu, vagabonds, drôles de toute sorte ». (Dus-

sans y comprendre les gens de professions inavouables.

« Les 60 bataillons primitifs demeuraient les seuls sur lesquels on pût asseoir une confiance relative ; les autres manquaient de discipline et d'éducation militaire (1). » On avait oublié la parole de Hoche : « Le Directoire sait assez que je fais plus de cas de la valeur et de la discipline des troupes que de leur nombre (2). »

Cette masse encombrante fut armée de tous les fusils que l'on trouva : chassepots, sniders, remingtons, fusils à tabatière, carabines de tous genres. Bien entendu, les meilleures armes furent distribuées aux plus mauvais bataillons, à ceux qui n'entendirent jamais le sifflement d'une balle prussienne.

« Les bataillons qui, sous le nom de *fédérés*, pris par eux-mêmes, étaient composés de gardes nationaux soldés, avaient été, les premiers, armés de fusils se chargeant par la culasse. Pendant tout le siège, on les vit parader, sortir de Paris, en tenue de campagne, avec tambours, fifres, musiques, cantinières, et y rentrer en désordre, sans avoir rien fait (3). »

Le général Trochu croit se laver en renvoyant

---

sieux, t. I, p. 179.) — « En 135 jours de siège, j'ai prononcé la cassation de 917 gradés, comprenant 495 officiers. » (*La Politique et le Siège de Paris*, par le général Trochu, p. 93.) — Général Ducrot, t. I, p. 99. — *A Paris pendant le siège*, p. XIII. — Colonel Fabre, p. 175. — Henri Martin, t. VII, p. 165.

(1) *La Guerre franco-allemande*, 2e partie, p. 44.

(2) Citée par Émile Chevalet dans *La Routine militaire*; Paris, Ollendorff, 1880; p. 184.

(3) Général Thoumas, *Les Transformations de l'armée française*, t. I, p. 316. — « On réservait les chassepots et les sniders pour les *braves tirailleurs de Flourens*. » (Vincent d'Indy, *Histoire du 105e bataillon de la Garde nationale de Paris en l'année 1870-1871*, par un engagé volontaire dudit bataillon; Paris, Charles Douniol et Cie, 1872, p. 9.) — Voir aussi *Ibid.*, p. 7. — Viollet-le-Duc, pp. 9 et 10. — Major de Sarrepont, pp. 54 et 55. — *Enq. parlem. déf. nationale*, rapport de M. Chaper sur le Gouvernement de la Défense à Paris au point de vue militaire, p. 71.

aux maires de Paris la responsabilité de cet armement scandaleux. On lui répond, avec raison, qu'il
était le maître de la cité, au commencement du
siège; il n'avait qu'à vouloir et à ordonner clairement et catégoriquement, personne n'eût osé le
contredire. Il est donc grandement répréhensible
d'avoir laissé distribuer les fusils, non par l'autorité
militaire, seule compétente en la matière, mais
par des maires livrés aux braillards des clubs, magis-
trats dont la faiblesse, à peu d'exceptions près,
n'avait d'égale que l'incapacité, sans compter, souvent, la connivence avec les sectaires, espoir des
Prussiens (1).

Les officiers de la Garde nationale se chamar-
rèrent de galons et de décorations : « les soldats de
la ligne et les mobiles, qui ne voyaient là que des
galons d'emprunt, ne saluaient pas ceux qui en
étaient porteurs; peu à peu, habitués à ne plus honorer les insignes de leurs chefs, ils finirent par ne
plus trop honorer le chef lui-même, et le salut
militaire, qui est le *criterium* de la discipline d'une
armée, disparut presque complètement (2), » même
pour les officiers de l'armée active.

« Chose triste à dire, les officiers français ne
reçurent presque plus bientôt les honneurs dus à
leurs grades que de la part des soldats prussiens,
auprès desquels ils passaient, quand ils franchis-
saient les lignes ennemies, soit en parlementaires,
soit pendant les suspensions d'armes, après les
combats (3). »

Il fallut se rendre à l'évidence et voir qu'un
pareil troupeau ne pouvait rendre aucun service
militaire (4). On créa alors des compagnies de

<hr>

(1) Borrego, p. 65.
(2) Général Ducrot, t. I, pp. 101 et 102.
(3) Colonel Vandevelde, *Commentaires*, p. 186.
(4) « On arrivait ainsi à créer une force plus apparente que

mobilisés volontaires. Le souvenir de 91 n'inspira pas les gardes nationaux, et, sur 344,000 hommes, 6,500 seulement eurent le patriotisme de s'engager (1).

On dut renoncer aux volontaires et l'on inventa des compagnies de guerre formées : des volontaires; des célibataires ou veufs sans enfant, de 20 à 35 ans; des mêmes hommes, de 35 à 45 ans; des hommes, mariés ou pères de famille, de 20 à 35 ans; enfin, des mêmes hommes, de 35 à 45 ans.

Mais, au lieu d'épuiser ces séries pour tout Paris, on procéda par bataillons; comme ces bataillons avaient été composés arbitrairement, selon les besoins politiques des municipalités, comme les uns comptaient 350 gardes (le 239ᵉ) et les autres 2,600 (le 116ᵉ); il y en eut où l'on fut obligé de prendre des hommes mariés : « de là, des récriminations et des plaintes sans nombre (2). »

Quant à la besogne qu'ils firent, nous n'avons qu'à reproduire ce qu'en dit le général Ducrot et nous appuierons la déclaration du général par d'autres témoignages accablants.

« C'est du 20 au 25 novembre que les premiers bataillons de mobilisés furent envoyés à l'extérieur et placés sous le commandement des chefs militaires de la région où ils se trouvaient. Nous ne pouvons nous rappeler sans tristesse le désordre qui régnait dans les rangs de cette troupe. Nous ne parlerons que pour mémoire du fameux bataillon de Belle-

réelle, une masse incohérente, désœuvrée, soldée, tapageuse, enorgueillie du rôle qui lui était fait. » (Charles de Mazade, *La guerre de France*, t. II, p. 121.)

(1) *Enq. parlem. déf. nationale*, rapport de M. Chaper sur le Gouvernement de la Défense à Paris au point de vue militaire, p. 85. — *Enq. parlem. insur. Dix-huit mars*, déposition du colonel Montaigu, p. 416.

(2) Général Ducrot, t. I, p. 107. — *Enq. parlem. déf. nationale*, rapport de M. Chaper sur le Gouvernement de la Défense à Paris au point de vue militaire, pp. 66 et 91.

ville, qui dut être licencié pour avoir abandonné son poste devant l'ennemi, aux tranchées de Maisons-Alfort, et dont la conduite fut flétrie par les ordres du jour du général Clément Thomas. A vrai dire, certains bataillons se firent remarquer par une meilleure contenance devant l'ennemi; mais ils ne valaient guère mieux, au point de vue de la discipline. Dans les cantonnements, au bivouac, à la tranchée, leurs habitudes déréglées, leur langage, leur tenue, étaient du plus pernicieux exemple pour nos soldats et nos mobiles.

« Afin d'éviter la contagion, le général Ducrot avait demandé que, chaque jour, un certain nombre de bataillons mobilisés fussent envoyés à l'extérieur, exclusivement pour faire le service des avant-postes pendant vingt-quatre heures; de cette façon, ils auraient soulagé nos troupes qui, loin de leur contact, n'auraient plus eu ce ferment de désobéissance et d'insubordination. Malheureusement, la proposition du général ne fut pas acceptée, et l'on continua à laisser les bataillons de la Garde nationale au milieu de nos soldats.

« Encore, ces bataillons, d'un si mauvais exemple, n'apportèrent-ils pas, dans leur service des avant-postes, le soulagement qui eût été si nécessaire à nos hommes de la ligne et de la mobile, épuisés par la garde de tranchée. En effet, si l'on mettait en première ligne un bataillon mobilisé, appuyé à droite et à gauche par des soldats plus solides, il fallait, en deuxième ligne, et à peu de distance, des troupes régulières, prêtes à se porter en avant. Or, chaque nuit, dans les tranchées de première ligne, les gardes nationaux commençaient le feu, généralement sans motif, et la fusillade durait jusqu'à épuisement complet de munitions. La deuxième ligne ne savait pas si l'alerte avait ou non sa raison d'être; tout le monde était sur pied, tenu en éveil, et nos hommes ne se reposaient jamais (1). »

Et, de fait, voici ce qu'en dit un des combattants de Champigny : « Si, quelquefois, nous avions rencontré quelqu'un de ces bataillons en réserve ou à l'arrière-garde, nous ne les avions jamais vus au feu. Quand, après plusieurs jours de fatigues, nous reprenions nos cantonnements, il nous arrivait d'être forcés de les leur disputer. L'état de leurs pertes était nul ou à peu près (2). » Aussi l'antagonisme était-il grand entre l'armée et la Garde nationale.

(1) Général Ducrot, t. I, pp. 107 et 108. — « Quand on voulut envoyer des bataillons au feu, les uns, formés d'hommes honnêtes, sages, bien commandés, désolèrent les troupes par leur inexpérience, par leurs feux nocturnes, sans motifs; les autres lâchèrent pied, honteusement, avant d'avoir vu l'ennemi. A l'intérieur, ils donnaient l'exemple de l'indiscipline et de l'ivrognerie. » (Commandant Bonnet, t. II, p. 20.) — « Le plus grand nombre ne sut que boire et jouer au bouchon. » (Dussieux, t. I, p. 179.) — « Les gardes nationaux se préoccupaient surtout de l'élection de leurs officiers. Elles se faisaient ordinairement chez le marchand de vin du coin à l'aide d'un nombre illimité de petits verres d'absinthe et de rhum. Ce qui décidait aussi du choix, c'était le degré plus ou moins élevé du républicanisme du candidat, le nombre de jours, de semaines ou de mois qu'il avait passés en prison pour délits politiques ou autres commis sous l'Empire. Mégy, un ouvrier qui avait tiré un coup de pistolet sur un sergent de ville, était nommé lieutenant. » (*A Paris, pendant le siège*, p. 24.) — On ne sut même pas les employer aux travaux de fortifications et jamais on n'en vit la pioche à la main. (Colonel Prévost, p. 110.) — « Rien n'est plus dangereux que de garder un poste en se reliant à la Garde nationale. » (Robinet de Cléry, p. 200.) — « Lorsque la Garde nationale devint très nombreuse, elle se divisa en deux catégories : les hommes du monde, le haut commerce, la bourgeoisie lettrée et honnête qui formaient quelques bataillons bien connus par leur courage, leur patriotisme et leur dévouement. Dans les rangs de ces bataillons se trouvaient aussi des ouvriers intelligents, mais en nombre restreint. A côté de ces bataillons vivaient ceux de nouvelle formation, composés pour la plus grande part d'éléments bruyants, sans instruction, plus révolutionnaires que patriotes; toujours en démonstration, agressifs, jaloux, ils évitaient le danger avec un soin extrême. » (Général Ambert, *Récits militaires, Le siège de Paris*, p. 12.) — Général Ambert, *Histoire de la guerre de 1870-1871*, pp. 314 et 315. — A. Niemann, p. 200. — Albert Rogat, pp. 33 à 35. — *Le Blocus de Paris et la Première armée de la Loire*, 1re partie, p. 21. — Sarcey, p. 89. — A. Wachter, p. 505.

(2) Robinet de Cléry, pp. 183 et 184.

Nous prenons toujours le même témoignage : « Nous croisions quelquefois les *sang-impur* hurlant la *Marseillaise*. Des rangs, sortaient des paroles insolentes auxquelles la discipline seule nous empêchait de répondre. L'armée ne paraissait pas disposée alors à fraterniser avec les futurs soldats de la Commune qui, de propos délibéré, ménageaient et accumulaient leurs munitions, et qui, malgré leurs fanfaronnades, ne se montraient nullement désireux d'entrer en ligne contre les Prussiens (1). »

A cet égard, le général Mattat, l'un des divisionnaires du 3e corps, s'exprimait ainsi, à la fin du siège, devant quelques officiers :

« Le général Trochu et ses collègues cherchent la popularité et se laissent influencer par la partie la plus remuante de la population de Paris. J'ai vu à l'œuvre ces prétendus partisans de la défense à outrance. Le commandant des gardes nationaux qui tenait les avant-postes de Créteil est venu me supplier de relever son bataillon ; la position, disait-il, n'étant pas tenable. Or, ils n'avaient pas eu à tirer un coup de fusil, ils n'avaient pas un blessé ! «« Songez-y bien, lui dis-je. Ce que vous me demandez est une honte. C'est vous, qui réclamez la guerre à outrance, qui parlez le plus haut de sacrifices, de patriotisme. Réfléchissez. »» Vaincu par son insistance, je lui ai remis un ordre motivé dont j'ai gardé copie (2). »

Le fameux bataillon de Flourens a fui six fois devant les Prussiens (3). « Les bataillons de Belle-

---

(1) Robinet de Cléry, p. 184. — « On accuse l'armée et on exalte la Garde nationale. » (*Ibid.*, p. 198.) — Les pauvres petits soldats de ligne souffrent et meurent ; « pendant ce temps, que font MM. les gardes nationaux ? Ils pérorent ! Çà et là, une promenade militaire, quelquefois une grand'garde ; puis, un long repos dans Paris. » (*Ibid.*, p. 199.) — Hermann Robolski, p. 55.

(2) Robinet de Cléry, p. 205.

(3) *Enq. parlem., insur. Dix-huit mars*, déposition du colonel Montaigu, p. 421.

ville ont beaucoup de bon vouloir pour venir à l'Hôtel-de-Ville, mais ils ne veulent pas aller aux avancées (1), » disait-on à M. Jules Ferry. Et quand celui-ci se présentait à Belleville pour les décider à occuper leur poste de combat, il était « très mal reçu et voyait là des gens qui ne songeaient qu'à une chose : à lui expliquer pourquoi ils ne voulaient pas partir (2) ».

« Pendant le siège des Prussiens, dit également M. Viollet-le-Duc, le cri de «« Vive la France ! »» était considéré comme suspect. C'était le seul, pourtant, qu'on eût dû alors se permettre. A ce cri, les bataillons de gardes nationaux *bien pensants* répondaient en hurlant : «« Vive la République ! »» On sait, maintenant, ce que les *baïonnettes intelligentes* entendaient par là. *Ceux de ces bataillons qui refusaient alors d'aller au feu, bien qu'ils demandassent chaque jour des sorties,* n'étaient, pour le faible gouvernement de la Défense nationale, qu'un embarras, sinon un danger intérieur, en présence des périls extérieurs (3). »

Pour terminer ces longues mais importantes constatations, nous ajouterons que la moindre sortie de ces troupes inexpérimentées était changée en fait d'armes. « Le 72e bataillon de guerre fut cité, le 24 novembre, par l'amiral Saisset, pour le combat de Bondy, où il eut quatre hommes blessés. Le 116e bataillon, commandé par le colonel Langlois, fut mis à l'ordre pour sa conduite au combat des 29 et 30 novembre, à la Gare-aux-Bœufs, où son chef fut blessé (4) ! »

(1) *Enq. parlem., insur. Dix-huit mars,* déposition de M. Jules Ferry, p. 75.
(2) *Ibid.*
(3) Viollet-le-Duc, pp. LV et LVI.
(4) Général Thoumas, *Les Transformations de l'armée française,* t. I, pp. 316 et 317. — «On en fait des héros à bien bon marché. » (Robinet de Cléry, p. 200.)

Or, la flatterie seule ne fait pas le bon soldat. Les affirmations des journaux et du Gouvernement, répétant que la Garde nationale était une meilleure troupe que l'armée de ligne, que les Allemands ne tiendraient pas une seconde devant les soldats-citoyens, ne suffisaient pas pour constituer un combattant, malgré les certificats de capacité militaire que le général Trochu distribuait libéralement, par paroles et par écrits, à la milice parisienne. « Durant quatre mois et demi, un demi-million de *défenseurs de la Patrie*, se laissèrent enfermer dans la plus grande forteresse du monde, par 200,000 hommes, et, durant tout ce temps, ils ne cessèrent de se féliciter réciproquement de leur héroïsme et de menacer l'ennemi d'une destruction totale (1). »

« Des triomphes de la Révolution française, dit le général Ulloa, vint cette insolente présomption de tenir pour peu ses adversaires, de croire tout possible à l'impétuosité populaire et de ne faire presque nul cas des fortes institutions militaires, de la discipline, des découvertes de la science, toutes choses d'autant plus nécessaires aux jeunes armées qu'elles manquent, nécessairement, de traditions guerrières (2). »

Fallait-il donc laisser de côté cette masse de 300,000 hommes et ne s'appliquer qu'à fortifier l'armée active et la Garde mobile? Oui, cela eût mieux valu que de faire ce que l'on a fait, car la Garde nationale, telle qu'elle a existé, a été, nous

---

(1) A. Niemann, p. 195. — Général Ambert, *Histoire de la guerre de* 1870-1871, p. 322.

(2) Général Ulloa, p. x. — Ces considérations du général italien s'appliquent bien aux Parisiens de 1870. — « La Garde nationale se disait fièrement appelée à réparer les fautes de l'armée de ligne et à relever l'honneur français compromis par elle. » (A. Wachter, p. 505.)

l'avons déjà vu, une cause de faiblesse pour la défense, bien loin de lui avoir servi (1).

Mais il y avait autre chose à faire. Il aurait fallu former des bataillons d'hommes valides, soumis à la discipline militaire la plus dure, et qui auraient été commandés par des chefs capables, choisis par le ministre de la Guerre.

Ces bataillons mobilisés ne seraient pas rentrés dans Paris et n'auraient, par conséquent, pas subi l'influence de la famille et des amis, influence destructive de tout esprit militaire; on les aurait progressivement habitués au feu, fusillant impitoyablement ceux qui auraient lâché pied (2).

Les jours où ces bataillons ne se seraient pas rendus aux avant-postes, les jours où ils ne seraient pas partis en reconnaissance, auraient été employés à faire l'exercice et les manœuvres indispensables quand on veut avoir une troupe sérieuse.

Paris était merveilleusement disposé pour aguerrir des troupes; c'était une de ses grandes raisons d'être, au point de vue militaire. « Les camps retranchés, écrit Clausewitz, conviennent au

____

(1) « Un troisième élément venait apporter sa faiblesse, plutôt que sa force, à la défense, c'était la Garde nationale. » (Commandant Bonnet, t. II, p. 19.) — « On peut dire que c'était un ennemi, à l'intérieur, presque aussi redoutable que celui du dehors. » (_Le Blocus de Paris et la Première armée de la Loire_, 1re partie, p. 21.) — « Armer 300,000 gardes nationaux qui ne devaient jamais franchir les fortifications, c'était leur livrer Paris et le Gouvernement, sans le moindre inconvénient pour l'ennemi. » (Caro, p. 184.)

(2) « Le Gouvernement aurait pu, de gré ou de force, extraire de la Garde nationale des éléments plus vigoureux, et en former le noyau d'une armée véritable. Il n'en faisait rien. » (Sarcey, p. 88.) — « Telle qu'elle était en 1870, la Garde nationale servit d'embryon à une vaste organisation qui, si elle avait été mieux utilisée pendant le siège, n'aurait pas fait tant de mal pendant la Commune. » (Jules Richard, _Annuaire de la guerre de 1870-1871, Siège de Paris_, p. 34.) — A. Balluc, pp. 38 et 48. — _Enq. parlem., insur. Dix-huit mars_, déposition du général Le Flô, p. 82. — Viollet-le-Duc, p. XXXVII.

rassemblement et à la préparation des recrues de la landwehr et du landsturm, *et autres troupes de même catégorie,* qui n'ont encore que trop peu de consistance propre pour qu'on puisse, autrement que sous la protection des ouvrages de la place, les mettre en contact avec l'ennemi (1). »

Etant donné le Français, le Parisien, un tel régime en eût fait des soldats excellents, redoutables pour l'ennemi, dignes, alors, d'être comparés à la troupe de ligne (2). En effet, ce n'est pas le courage qui a manqué à Paris, c'est l'obéissance, c'est la discipline, qui eussent apporté avec elles l'indifférence devant les balles, qui ne s'obtient pas du premier coup, mais par un entraînement journalier et intelligent (3).

Sans doute, on eût rencontré des résistances : les hommes qui se réservaient pour la Commune, les peureux incorrigibles eussent crié à la tyrannie ; encore une fois, la loi martiale eût bientôt étouffé ces velléités de révolte et la Garde nationale fût sortie du siège avec la gloire d'avoir sauvé Paris et la France, car les Prussiens n'ont jamais mis en doute l'impossibilité où ils eussent été de résister à 100 ou 150,000 hommes de plus, et n'ont compté que sur les clubs, les municipalités, la faiblesse du Gouvernement, pour arrêter la formation de cette armée irrésistible. — « On disposait de masses énormes, non utilisées en grande partie, mais desquelles, cependant, un général capable eût pu tirer une bonne armée de 200,000 soldats, et un homme

(1) Général de Clausewitz, *Théorie de la grande guerre.* Traduction du lieutenant-colonel de Vatry; Paris, Baudoin et Cⁱᵉ, 1886; p. 132. — L'habitude du feu s'acquiert peu à peu, combat par combat. » (Général Ambert, *Histoire de la guerre de 1870-1871.* p. 212.)

(2) « Sous le rapport du feu, l'éducation du Français n'est pas lente. » (*Ibid.*)

(3) Viollet-le-Duc, p. xxxiv.

de génie, possédant l'art d'entraîner ces masses,
une armée terrible (1). »

Nous le répétons : ce qui a manqué, c'est la
subordination ; le courage militaire existait, à l'état
latent, il est vrai (2). La population parisienne
bravait stoïquement la mort quand elle se présentait à elle, sous la forme de la maladie ou de la
faim, et reculait, instinctivement, au bruit strident
des balles. Pourtant, lorsqu'on songe que les décès
par maladies atteignirent le chiffre de 4,000 par
semaine, sans que les Parisiens faiblissent un
instant dans leur résolution de ne pas capituler, et
que la bataille la plus meurtrière (Villiers-Champi-
gny) ne nous coûta que 1,666 morts (3), on ne peut
s'empêcher de penser que la variole, la fièvre
typhoïde, la pneumonie, la faim, étaient bien plus
redoutables que le feu de l'ennemi, et l'on s'explique
difficilement tant de bravoure et de constance
contre les unes, tant de terreur en face de l'autre.

C'est que le moral commande en maître la nature
humaine et que la population, accoutumée à la
maladie, savait la braver, mais, non faite au combat, ne pouvait supporter les émotions du champ
de bataille. Que de gens tremblent aux éclats de la
foudre, qui ne tue pas une personne par dix ans à
Paris, et demeurent impassibles quand ils lisent les
centaines de décès causés, pendant une seule
semaine, par les affections épidémiques ordinaires.
C'est une question de nerfs : il faut que nous nous
fassions à l'idée du danger.

L'observation est tellement juste qu'il a suffi de

(1) A. Niemann, p. 200. — Borrego, p. 50. — Athanase Coquerel
fils ; *Libres paroles d'un assiégé ;* Paris, Cherbuliez, 1871 ; p. 11.

(2) « La Garde nationale refusait d'obéir à des chefs qu'elle-
même avait élus. » (Colonel Vandevelde, *Commentaires,* p. 211.)—
A. du Mesnil, p. 72.

(3) Général Ducrot, t. III, p. 103.

quelques jours aux habitants des quartiers de la rive gauche pour s'habituer au bombardement, et que les enfants eux-mêmes n'avaient plus peur des gros obus de Châtillon. Quant aux femmes, elles furent admirables : depuis le commencement de l'investissement jusqu'à la capitulation, on ne nota chez aucune d'elles, bourgeoises ou femmes d'ouvriers, un instant de défaillance. Sous la neige, comme sous les bombes, elles demeurèrent intraitables et hautaines, et si les citoyens ne cessèrent de réclamer la lutte à outrance, c'est aux excitations et aux encouragements de leurs héroïques compagnes que cette attitude résolue doit être attribuée.

La Commune est également là pour démontrer combien le Parisien s'aguerrit facilement ; à cette funeste époque, on était si bien fait aux balles et aux obus que les familles les plus pacifiques vivaient au milieu de cette bataille furieuse sans en être autrement effrayées et que les mêmes gardes nationaux, qui avaient fui devant les Prussiens, se battaient opiniâtrement contre les Français. Leur sensibilité s'était émoussée, l'accoutumance les avait transformés : ils n'avaient plus peur.

C'est ce que pense un savant général. « La Commune et le second siège de Paris, écrit-il, ont prouvé incontestablement que ces mêmes fédérés qui, pendant le premier siège, n'avaient fait que troubler la défense par des tentatives odieuses contre la tranquillité intérieure de la capitale, étaient susceptibles de se bien battre au dehors. Nous avons entendu, dans l'intervalle des deux sièges, un ministre du Gouvernement de la Défense nationale, et le plus compétent à coup sûr en pareille circonstance, nous exprimer l'avis qu'on n'avait pas su tirer parti de la Garde nationale, et que si, au lieu de laisser dans Paris les compagnies soldées servir de prétoriens à Pyat, Delescluze, Flourens, Blanqui et consorts, le général Trochu les avait mis camper en dehors des remparts et accoutûmés peu à peu, par de petites rencontres, à la vue de l'ennemi, on aurait eu en elles des troupes aussi bonnes que d'autres (1). »

Le colonel Fabre est du même avis que le général Thoumas : « En 1793, a-t-il dit, une garnison, formée d'éléments analogues à ceux que renfermait Paris, eut à défendre Mayence contre les armées allemandes. Pendant deux mois, elle fut conduite, tous les jours, à de nouvelles attaques par ses chefs, les Meunier, les Kléber, les Auber-Dubayet, etc. Elle sortit de ce siège, transformée et devenue, sous le nom de Mayençais, une des meilleures armées de la France. C'est que des soldats toujours assurés de leur retraite, pouvant préparer en sécurité toutes leurs entreprises, sont en bonne situation pour s'instruire vite, à condition que les chefs combineront sans cesse des opérations nouvelles, que les soldats se battront sans cesse avec un but déterminé et des dispositions prises pour utiliser leur courage le mieux possible (2). »

Voici encore l'opinion d'hommes qui ont vu la Garde nationale à l'œuvre :

« Pourquoi ne vous êtes-vous pas servi de la Garde nationale? » demandions-nous à M. Etienne Arago, ancien maire de Paris, dans une conversation que nous avions avec lui en avril 1888. Il nous répondit : « Nous ne nous en sommes pas servi parce qu'elle ne voulait pas s'approcher des Allemands. Quand nous avons fait appel aux volontaires, le nombre de ceux qui ont répondu a été si dérisoire que nous avons eu honte de le donner. Ah! nous étions loin du mouvement patriotique de 1792, de 1830 et de 1848! L'ennemi n'était plus l'envahis-

(1) Général Thoumas, *Les Transformations de l'armée française*, t. I, pp. 317 et 318.
(2) Colonel Fabre, p. 176.

seur ; les bataillons les plus remuants s'organisaient,
non en vue de marcher contre les Prussiens, mais
en prévision de la guerre civile (1) ! »

M. le général Favé, auquel, le même jour, nous
faisions part de cette conversation, nous disait :
« Il y a beaucoup de vrai dans l'appréciation de
M. Étienne Arago, mais elle peut cependant être
critiquée. Je suis persuadé, ajoutait-il, qu'en aguer-
rissant la Garde nationale, c'est-à-dire en l'envoyant
souvent au feu dans des affaires de peu d'importance, la faisant se retirer à temps, et ne lui permettant pas de se désagréger au contact de la ville, on
en aurait fait des troupes aussi solides que les
zouaves qui se sauvèrent honteusement à Châtillon
et qui se battirent en héros à Villiers. »

En effet, les gardes nationaux *s'y seraient pris
d'abord mal, puis un peu mieux, puis bien*, et l'on a
le droit de penser qu'à *la fin il n'y eût plus manqué
rien* (2).

Une dernière appréciation, celle d'un officier
prussien :

« En dépit du caractère d'exaltation qu'elle a souvent présenté, la défense de Paris est extrêmement
remarquable par la puissance et par la multiplicité
des moyens mis en œuvre, et elle peut être mise en
parallèle avec les défenses les plus mémorables
dont parle l'histoire. *L'insuccès de tous les efforts
tentés pour rompre le cercle de fer des armées allemandes doit être imputé principalement au défaut*

(1) Ce qui n'a pas empêché M. Étienne Arago d'écrire : « A-t-on
utilisé, autant qu'on aurait pu le faire, les sources vives du patriotisme parisien? En voyant comme elles se perdaient chaque
jour dans le gouffre de l'oisiveté, le doute entra dans bien des
esprits. » (Étienne Arago, p. 188.)

(2) « La Garde nationale aurait commencé sans doute par se
battre médiocrement, mais elle aurait fini par faire un élément
de guerre excellent. » *Enq. parlem. insur. Dix-huit mars*, déposition du général Le Flô, p. 87.)

d'organisation et de cohésion des masses armées dont se composait la garnison. Paris ne pouvait être vaincu que par la famine ; pour réduire, par un siège dans toutes les règles, cette place gigantesque, il aurait fallu un matériel et des effectifs bien supé-- rieurs à ceux dont les armées allemandes dispo- saient dans les campagnes de 1870-1871 (1). »

Mais on ne prit même pas, dans la Garde natio- nale, les hommes appelés par la loi du 10 août. Mar- chait qui voulait, et si, par hasard, l'autorité mili- taire faisait mine de réclamer les soldats qui lui appartenaient, la faveur, pour la plupart, la dispa- rition, pour les autres, soustrayaient les délinquants à leurs obligations de guerre ; 80,000 hommes échap- pèrent ainsi à tout service et ne portèrent jamais un fusil (2).

Nous en aurons fini avec la Garde nationale quand nous aurons dit qu'elle contenait une légion de cavalerie, sous les ordres du colonel Quiclet, légion qui ne franchit jamais l'enceinte, et neuf batteries d'artillerie, commandées par M. Schœlcher, qui firent le service de certaines parties du rempart.

Une autre faute, commise par le Gouvernement de la Défense nationale, fut la liberté qu'il donna de former des corps de francs-tireurs. Jamais ces hom- mes ne purent se soumettre à la discipline, et les bons éléments qu'ils contenaient furent perdus pour la défense, au lieu de venir fortifier les troupes de ligne, la Mobile ou les mobilisés. On retrouvait là les mêmes inconvénients que ceux reconnus dans la Garde nationale, qui absorba, sans profit, « une foule d'anciens officiers, d'ingénieurs, qui auraient

(1) Capitaine Gœtze, t. II, pp. 18 et 19.
(2) *Enq. parlem.. déf. nationale,* rapport de M. Chaper sur le Gouvernement de la Défense à Paris au point de vue militaire, pp. 88 à 90.

fait d'excellents officiers auxiliaires. Ces bons éléments se trouvèrent noyés dans la Garde nationale, où ils ne purent rendre que très peu de services, malgré leur bonne volonté, malgré leur patriotisme (1). »

De même donc, les corps francs enlevèrent à l'armée active une quantité considérable d'hommes jeunes, ardents, courageux, qui lui eussent infusé à profusion le sang généreux qui coulait en leurs veines, et qui disparurent au milieu des déclamateurs, dont M. Quesnay de Beaurepaire fut, assurément, le plus curieux et le plus amusant spécimen (2).

Deux passages de ses proclamations donneront une idée exacte du style qui florissait alors chez certaines personnalités bruyantes :

« J'avais tout compris, tout redouté et tout prévu. Aussi, soldat volontaire de la première heure, avais-je essayé tour à tour, par l'épée, par la plume, par la parole, de me faire entendre (3). »

« Nous demeurons accumulés sous Paris, avec 200,000 hommes de trop, nous servant de lorgnettes pour observer, au lieu de prendre des baïonnettes pour exterminer..... Nous sommes, dans Paris et autour de Paris, plus de 3,000 francs-tireurs... Nous sommes habitués au feu. Nous sommes braves... qu'on nous permette de quitter Paris. Cette évasion est facile, l'investissement n'est, sur certains points, que fictif. Le secret de nos intentions est nécessaire, mais nous nous chargeons de passer... Une fois en pays libre, les bataillons de francs-tireurs se jetteront, par un grand arc de cercle, sur le flanc de l'en-

---

(1) Général Ducrot, t. I, p. 103. — *Enq. parlem. déf. nationale*, rapport de M. Chaper sur le Gouvernement de la Défense à Paris au point de vue militaire, p. 76.

(2) « Outre les gredins, qui étaient fort dangereux, nous avions les braillards, qui étaient fort incommodes. » (*La Politique et le Siège de Paris*, par le général Trochu, p. 269.)

(3) *La Gazette de France*, n° du 19 avril 1889.

nemi, en éventail, et, sur ses derrières, en fer à cheval. Ils attireront immédiatement à eux toutes les compagnies de même ordre éparpillées en province... Cette troupe, étendue sur une très vaste contrée, ne sera sans doute qu'un cordon, mais ce cordon sera une immense ligne enveloppante, et l'enveloppe, peu à peu, deviendra *étau* (1). »

Il ne faut pas que le grotesque de la rédaction et le risqué des assertions fassent rejeter *en bloc* le *plan* de M. Quesnay de Beaurepaire. Sans doute il n'aurait pu passer, sans doute nous ne connaissons pas une seule affaire à laquelle il ait pris part, mais l'idée d'inquiéter l'ennemi par des nuées de tirailleurs, au lieu d'aller à lui en grandes masses, était excellente, et si Gambetta n'avait pas subi le funeste influence de M. de Freycinet, qui voulait commander des armées, s'il avait franchement adopté la guerre, dite de *partisans*, nous avons la conviction que les communications des Allemands eussent été coupées, et nous le démontrerons prochainement (2). En tous cas, par l'exposé de son *plan*, M. Quesnay de Beaurepaire a montré que, pour bouillant qu'il fut, il ne connaissait pas le premier mot de la stratégie et de la tactique. En effet, l'*étau* est incompatible avec le *partisan*. De grosses armées régulières peuvent bien en broyer une autre, comme l'instrument de serrurerie, cher à M. Quesnay de Beaurepaire, presse le morceau de fer entre ses puissantes tenailles, ainsi que les Allemands l'ont fait à Sedan ; mais des *partisans* ne sauront jamais qu'inquiéter l'ennemi, que ramasser des traînards, des vivres et du matériel, que couper les communications de l'envahisseur, partant, le forcer presque certainement à la retraite ou préparer sa ruine. En d'au-

(1) *La Gazette de France*, n° du 26 avril 1889.
(2) Voir, à ce sujet, *La Routine militaire*, par Émile Chevalet, au chapitre : La Guerre de partisans, pp. 49 à 74.

tres termes, les armées régulières sont bonnes pour la conquête, les *partisans* sont excellents pour la défense. Il n'est guère besoin d'ajouter que le danger qu'ils font courir à l'ennemi augmente encore quand ils appuient une armée de ligne qui dispute le terrain, soit en rase campagne, soit derrière des fortifications. Seulement, il ne faut pas oublier que le mot *partisans* ne veut pas dire, nécessairement, hommes indisciplinés, hommes ne faisant pas partie de l'armée régulière : loin de là, les meilleures compagnies de *partisans* seraient celles que l'on aurait formées en puisant dans des régiments bien dressés, possédant jusqu'aux moelles l'esprit militaire. **Le franc-tireur libre fera rarement de bonne besogne et très souvent de la mauvaise.** On l'a assez vu, lors de la dernière guerre, et le Bourget et Paris n'infirment pas ce que nous venons de soutenir.

A Paris, donc, « ces corps de francs-tireurs s'équipaient eux-mêmes, à leur guise; quant à leur rôle militaire, ils se l'assignaient en prenant uniquement conseil de leur bon plaisir (1). »

Il y eut environ 33 corps francs d'infanterie. Ce

(1) *La Guerre franco-allemande*, 2e partie, p. 44. — « Les corps francs se composaient de quelques corps bien recrutés et très dévoués, mais surtout de maraudeurs. » (Dussieux, t. I, p. 180.) — « Quelques-uns ont bien fait leur devoir, d'autres ne l'ont pas fait et ont pris l'habitude, dans des excursions lointaines, du désordre, quelquefois du pillage. » (*Une Page d'histoire contemporaine*, par le général Trochu, pp. 83 et 84.) — « Les déprédations, commises par les francs-tireurs autour de Paris, sont signalées. » (*Enq. parlem. déf. nationale*, rapport de M. Chaper sur les procès-verbaux des séances du Gouvernement de la Défense nationale, p. 22.) — « L'oisiveté et le déclassement ne les poussaient que trop à marauder et à se débander. » (*Appel d'un volontaire aux patriotes*, par M. Quesnay de Beaurepaire. *La Gazette de France*, n° du 26 avril 1889.) — « Ces hommes de désordre faisaient beaucoup de mal au milieu de nos troupes et donnaient les plus fâcheux exemples d'indiscipline. » (*Enq. parlem. déf. nationale*, déposition du général Ducrot, p. 85.) — Colonel Lecomte, t. III, p. 44. — A. Niemann, p. 146.

sont eux qui donnèrent lieu à toutes les plaintes.
La cavalerie et l'artillerie, au contraire, se condui-
sirent bien, comme nous allons le voir.

On compta quatre escadrons de cavalerie volontaires qui firent un bon service pendant le siège,
surtout les *Eclaireurs à cheval de la Seine*, commandés par M. Franchetti, dont on ne saurait dire
trop de bien (1).

Les corps francs d'artillerie s'organisèrent également et, sans rendre les services qu'ils auraient
rendus dans l'armée régulière, on doit reconnaître
cependant qu'ils ne furent pas inutiles. On cite,
notamment, le *Corps d'artillerie des mitrailleuses*,
commandant Pothier, qui « se signala par son importance et le secours efficace qu'il apporta à la
défense (2) ».

Quant au *Corps auxiliaire du génie*, commandé
par MM. Alphand et Viollet-le-Duc, il apporta une
aide précieuse au génie militaire, de même que les
Ouvriers auxiliaires du génie, placés sous les
ordres du colonel Ducros, ingénieur en chef des
Ponts et Chaussées (3). On sait comment la politique s'est emparée de ce vaillant, l'a affolé et l'a tué!
Bien rares sont les hommes qui peuvent lui résister;
les plus braves au feu sont souvent ceux qui manquent de courage civil.

L'initiative de la création de ces corps du génie
auxiliaire revient à M. Dorian, qui, dans la séance du
conseil du 15 septembre, où tous les membres du

(1) « Les éclaireurs à cheval du commandant Franchetti rendirent de grands services. » (Commandant Bonnet, t. II, p. 21.)

(2) Général Ducrot, t. I, p. 114. — « Les corps d'artillerie rendirent de grands services, notamment le corps des mitrailleuses
du commandant Pothier, qui organisa les batteries de mitrailleuses et celles de 7. » (Commandant Bonnet, t. II, p. 21.)

(3) « Solidité au feu, dévouement à l'épreuve de toutes les fatigues, initiative résolue, habileté à se tirer des tâches les plus
imprévues et les plus difficiles, furent le caractère permanent de
ces deux troupes. » (*Ibid.*) — Major de Sarrepont, p. 128.

Gouvernement étaient présents, sauf le général Trochu, ne craignit pas de dire « que les ingénieurs civils, seuls, sauraient mettre de côté la routine et les préjugés des officiers du génie militaire. Et le conseil reconnut, à l'unanimité, la force d'inertie qu'opposait l'administration de la Guerre, au sein de laquelle rien n'avait été changé, malgré les désastres qu'elle avait produits (1) ».

Nous terminerons cet exposé de la garnison de Paris en rapportant ce mot fort juste du commandant Canonge : « Au mois de septembre, le général Trochu avait beaucoup d'hommes, mais *peu de soldats* (2), » ce qui ne veut pas dire qu'il a su employer ce *peu de soldats* comme un général ordinaire n'aurait pas manqué de le faire. « Les forces de la capitale, dont le général Trochu disposait, sans conteste, a écrit le colonel Lecomte, se montaient, le 16 septembre, à un total d'environ 500,000 hommes, avec 3,000 bouches à feu, dont 400 de campagne, munies de leurs accessoires, ce qui est toujours chose sérieuse (3). » Le Gouverneur de Paris ne sut pas ou ne voulut pas s'en servir (4) !

ARMEMENT

L'enceinte et les forts existaient bien, mais, au lendemain de nos premiers revers, les canons nécessaires à leur défense ne les garnissaient pas. Après

---

(1) *Enq. parlem. déf. nationale*, rapport de M. Chaper sur les procès-verbaux des séances du Gouvernement de la Défense nationale, p. 21.

(2) Commandant Canonge, t. II, p. 347. — Moritz Busch, p. 129.

(3) Colonel Lecomte, t. III, p. 42.

(4) Henri Martin, t. VII, p. 171. — Jules Favre, *Gouvernement de la Défense nationale du 30 juin au 31 octobre* 1870, p. 220. — Borrego, p. 61.

la défaite de Frœschwiller, quand la troisième armée allemande marcha sur Paris, on se hâta, pour réparer la négligence de l'administration de la Guerre, de diriger, vers la capitale, des pièces prises de tous les côtés. « Plus de 200 bouches à feu de gros calibre avaient été tirées des établissements de la Marine; les autres arsenaux avaient fourni les pièces qu'ils détenaient (1). »

Grâce à ces envois, l'enceinte put être armée de 805 bouches à feu, et les forts de 1,389. Les ouvrages avancés reçurent plusieurs centaines de pièces de gros calibre, soit, au moment de l'investissement, 2,627 bouches à feu de place et de siège (2).

Les mitrailleuses, les canons de campagne se chargeant par la culasse n'existaient pas au commencement du siège. L'industrie privée ne craignit pas de les créer, et elle y parvint avec une rapidité qui devrait bien passer dans les habitudes de nos grands établissements de la Guerre et de la Marine (3). Une artillerie formidable fut ainsi improvisée en moins de deux mois : que ne l'a-t-on mieux utilisée !

(1) *La Guerre franco-allemande*, 2ᵉ partie, p. 41. — « Le fond de l'armement à grande portée a été formé par 200 bouches à feu de marine que l'amiral Rigault de Genouilly, antérieurement au 4 septembre, avait fait venir à Paris avec un personnel, qui est devenu le personnel d'élite du siège, et qui en a été l'honneur. » (*Une Page d'histoire contemporaine*, par le général Trochu, p. 79.)— « C'est grâce à la prodigieuse activité de l'amiral Rigault de Genouilly, parfaitement secondé par l'administration de la Marine, que cet immense matériel put arriver en temps utile dans la capitale. » (Amiral de La Roncière-le Noury, pp. 14 et 15.) — Charles de Mazade, *La guerre de France*, t. II, p. 72.

(2) Général Ducrot, t. I, p. 130. — *La Guerre franco-allemande*, 2ᵉ partie, p. 42.

(3) A l'heure où nous écrivons, bien que la mise en train ait eu lieu il y a plus de deux ans, tous les soldats de l'armée active n'ont pas encore le fusil Lebel ! Quant aux bâtiments mis sur chantier par le génie maritime, on sait combien d'années s'écoulent avant qu'ils soient lancés.

Une flottille fluviale devait concourir à la défense. Cette flottille comprenait cinq batteries flottantes cuirassées, six chaloupes à vapeur pontées, un yacht et neuf canonnières (1).

Elle « avait pour mission de protéger les quais de la Seine contre les brûlots, torpilles, etc., et de prêter son concours à la défense active. La destruction irréfléchie des ponts de la Seine situés sous le feu immédiat des ouvrages, et dont les débris encombrèrent le chenal, limita les opérations des canonnières et batteries flottantes, dont le tirant d'eau variait de 1^m,10 à 1^m,50. La plupart de ces bâtiments furent désarmés dans le courant du siège, lorsque les glaces eurent rendu la navigation impossible (2) ».

Les autres engins de guerre ne furent pas négligés et l'on fabriqua force locomotives et wagons blindés qui ne donnèrent, du reste, aucun bon résultat. Les affûts, les caissons, les voitures, furent construits avec la même activité, dans les ateliers des chemins de fer, des compagnies des Omnibus et des Petites-Voitures.

Enfin, les cartouches, les gargousses, furent pareillement confectionnées et jamais les soldats n'en manquèrent.

M. Dorian, ministre des Travaux publics, dirigea habilement cet effort de l'industrie privée qui coula notamment 230 canons de 7 et 230,000 obus et autres projectiles (3). « Tandis que les comités *compétents* discutaient, Dorian s'était préparé à agir. «« Il faut trois mois pour faire un affût, »»

(1) *La Guerre franco-allemande*, 2ᵉ partie, p. 42.
(2) Capitaine Gœtze, t. II, p. 16.
(3) Dussieux, t. I, pp. 180 et 181. — « Le siège de Paris a fourni des exemples prodigieux de la facilité avec laquelle l'industrie de la capitale sait produire vite. » (Jules Richard, *Annuaire de la guerre de* 1870-1871, *Siège de Paris*, p. 15.)

avait prétendu un spécialiste. Dorian en fait fabriquer un en quinze jours. «« Vous n'aurez jamais raison contre la routine, »» lui avait dit un de ses collègues. «« Tant pis pour la routine; je lui brûlerai la politesse, »» avait répondu Dorian (1). » Et il avait fait exécuter par l'industrie privée ce que les militaires déclaraient ne pouvoir être fait.

Tous ces travaux ne laissaient rien à désirer ni comme perfection, ni comme durée, étant donnée la situation où l'on se trouvait (2), et, encore une fois, il serait à souhaiter que l'Administration militaire prît modèle sur les ingénieurs de 1870, quand elle a à exécuter semblable tâche.

« Plus on constate les ressources et l'activité du Paris industriel, plus on est affligé de l'avoir vu tomber dans les mains débiles et ineptes qui le dirigeaient après le 4 septembre (3), » car M. Dorian ne peut, à lui tout seul, racheter les Trochu, les Favre, les Simon et les Ferry.

« Mais à quoi sert d'accumuler des munitions pour une défense d'un an, si l'on n'a de subsistances que pour trois ou quatre mois (4)? »

Hélas! c'était le cas de Paris. Vaincu par la famine, il devait se rendre avec son enceinte et ses forts intacts!

APPROVISIONNEMENTS

Dès qu'il ne fut plus possible de douter de l'imminence d'un siège, M. Clément Duvernois, ministre du Commerce du cabinet Palikao, institua,

---

(1) A.-J. Dalsème, p. 80.
(2) *Une Page d'histoire contemporaine*, par le général Trochu, p. 80.
(3) Dussieux, t. I, p. 181.
(4) Général Thoumas, *Les Capitulations*, p. 70.

le jour même de sa nomination, une commission supérieure des approvisionnements. Mais, au lieu de se laisser diriger par cette commission, au lieu de se résigner aux lenteurs de l'Administration, le jeune ministre, qui allait bientôt si mal finir, prit vigoureusement en main la direction de ce grand travail et passa par-dessus toutes les formalités qui eussent retardé l'approvisionnement de la capitale.

« C'était une entreprise colossale que de réunir tout ce qui est nécessaire à une agglomération de plus de deux millions d'hommes. Le ministère de Palikao, sur ce point comme sur tous les autres, montra une activité infatigable, une fermeté dans les vues et une sûreté dans l'exécution qu'on ne peut trop admirer. L'opération était d'autant plus difficile qu'il fallait écarter les spéculateurs, ne traiter qu'avec des négociants sérieux et de gré à gré, sans aucune des garanties données par les adjudications (1). »

Des marchés furent passés, par M. le sous-intendant Perrier, avec les commerçants de tous les pays : blés, farines, salaisons, vins, eaux-de-vie, sucres, cafés, bestiaux, bois, affluèrent vers Paris (2).

(1) Commandant Bonnet, t. II, pp. 23 et 24. — « Des approvisionnements considérables furent rassemblés « *d'une manière vraiment surprenante* », dit un officier prussien, par les soins de M. Clément Duvernois et de l'administration de la Guerre, dirigée par M. le sous-intendant Perrier, qui avait acheté, en France et en Angleterre, pour 150 millions de vivres de toutes sortes. » (Dussieux, t. I, p. 176.) — « Les deux seules mesures bonnes et utiles, qui ont permis de faire quelque résistance, ont été prises par Palikao : d'une part, le transport des canons de la Marine dans les forts ; d'autre part, l'emmagasinement, dans Paris, des blés et farines des départements voisins. » (Gustave Flourens, p. 62.) — Général Ambert, *Récits militaires, le Siège de Paris*, pp. 9 et 10. — Général Ambert, *Histoire de la guerre de* 1870-1871, p. 312. — A. Wachter, p. 540.

(2) « Le Gouvernement avait assuré l'approvisionnement de Paris pour soixante jours par l'action directe de l'Etat, sans compter les réserves de la boulangrie, les approvisionnements du

Les commerçants et les cultivateurs des départements voisins (Seine-et-Oise, Seine-et-Marne, Eure-et-Loir), en se réfugiant derrière les forts, lors de l'approche des Allemands, y apportèrent avec eux des farines, des grains, des animaux, surtout du vin, dans des proportions considérables.

Pour donner une idée des transports qui ont été effectués à cette époque, nous allons fournir les chiffres du seul chemin de fer de l'Ouest. « Dans l'espace de trente-cinq jours, du 15 août au 19 septembre 1870, date de la cessation du service des lignes de Bretagne et de Normandie, la compagnie de l'Ouest a fait entrer dans Paris 14,982 wagons, chargés de 72,442 tonnes de farines, grains, fourrages, denrées coloniales, et 67,716 têtes de bétail (1). »

Sans l'octroi, dont la visite retardait l'entrée en ville, sans l'insuffisance du camionnage, les quantités amenées à Paris eussent été encore plus prodigieuses. En effet, les barrières et les gares étaient encombrées et ne permettaient que bien lentement l'écoulement des denrées (2).

On sait déjà que, grâce aux réserves de farines et de vins, grâce aussi à la viande de cheval, qui remplaça bientôt les bœufs et les moutons, trop rapidement consommés ou malades, le siège put durer jusqu'à la fin de janvier, c'est-à-dire près de deux mois de plus qu'on ne le pensait, et nous sommes persuadé qu'avec des mesures de prévoyance, prises au début de l'investissement, la résistance aurait pu se prolonger un mois encore.

Et l'on n'avait pas fait tout ce que l'on pouvait

commerce et des particuliers. » (Charles de Mazade, *La guerre de France*, t. II, p. 72.) — Commandant Bonnet, t. II, p. 24. — Hermann Robolski, pp. 44 à 49.

(1) F. Jacqmin, p. 155.

(2) J. Clamageran, p. 4.

faire. Trop occupés de la politique, les gouvernants d'alors avaient négligé les questions militaires. Ainsi, des quantités immenses de denrées avaient été abandonnées aux Prussiens. Deux exemples seulement : « On avait oublié à Versailles, à Rambouillet, les réserves de fourrages de l'Intendance militaire (1) ; » — « les granges d'Aulnay-lès-Bondy ne furent pas brûlées, et les Prussiens purent faire, dans ce village, des réquisitions pour 378,113 francs (2) ! »

De plus, le comité des subsistances du Gouvernement de la Défense nationale fut d'une incapacité rare. Ainsi, le 10 septembre, les ingénieurs ayant demandé des paires de meules, le comité réduisit le chiffre à 100 (3). Or, on n'ignore pas que les gares de chemins de fer, l'usine Cail (qui fabriquait déjà des canons), avaient été transformées en moulins. C'est grâce à ces 100 paires de meules que l'on arriva à faire de la farine. « Leur achat, à la Ferté-sous-Jouarre, mérite d'être signalé comme un des plus grands services qui furent rendus à la Ville de Paris. Nous regrettons de ne pas savoir à qui en attribuer l'honneur (4). » Malheureusement, ce chiffre de 100 paires de meules était insuffisant et le comité commit une grosse faute en l'adoptant.

Quant à l'habillement, à l'équipement des troupes et des recrues qui s'étaient échouées à Paris, il y fut pourvu avec la même habileté et la même célérité que pour l'armement, Paris ayant, à cet égard, tant comme ouvriers, ouvrières, que comme matières premières, des ressources inépuisables.

(1) Gustave Desjardins, p. 7.
(2) *Ibid.*, en note.
(3) F. Jacqmin, p. 162.
(4) *Ibid.*, p. 157.

AMBULANCES

Nous ne dirons qu'un mot des ambulances.

Paris possédait, pour ce service, des moyens d'action inestimables.

Au point de vue du personnel, d'abord, il y avait surabondance de médecins. Les infirmiers, les sœurs, les infirmières volontaires, se présentèrent en tel nombre que jamais il n'y eut un hôpital ou une ambulance en détresse.

Quant aux bâtiments, outre les hospices ordinaires, des centaines d'ambulances furent installées : dans les monuments de l'Etat et de la Ville, dans les administrations, théâtres, couvents et dans les maisons particulières.

Comme nous l'avons exposé plus haut, le feu ne fit pas beaucoup de victimes, mais la maladie frappa, cruellement et sans relâche, les soldats et la population civile. Ce fut contre elle qu'il fallut surtout lutter et l'on parvint à disposer de 37,000 lits, ainsi répartis :

Hôpitaux militaires.	9.500
Assistance publique.	3.000
Presse et Société de secours . .	2.000
Ambulances municipales	2.000
Corporations religieuses	4.000
Ambulances privées	16.500

Les ambulances de la Presse, sous la direction des docteurs Ricord et Demarquay, et celles de la Société internationale de secours aux blessés militaires, sous la direction de MM. de Flavigny, Sérurier et Chenu, furent de la plus grande utilité, et l'on apprécia beaucoup leur matériel de transport (1).

En somme, on ne peut critiquer, dans cette émulation de dévouements, que le désordre causé par un manque de direction générale.

PERSONNEL

Pour instruire, pour diriger, pour faire marcher au feu cette masse d'hommes enrégimentés, quels chefs, quels états-majors Paris contenait-il?

Nous savons que le généralissime était le général Trochu, Gouverneur de Paris, président du Gouvernement de la Défense nationale.

Le général de brigade Schmitz, d'abord chef d'état-major du Gouverneur, eut, le 2 décembre, le rang et les prérogatives d'un major-général. Le général Foy était son sous-chef.

Le général de division Guiod réunissait, sous son commandement supérieur, l'artillerie dont Paris disposait; le général de Chabaud-Latour commandait en chef le génie militaire et civil. L'intendance se trouvait sous les ordres de l'intendant général Wolff; M. l'intendant Danlion était le chef des services de la place.

Le vice-amiral de La Roncière-le Noury dirigeait toutes les troupes de marine appelées à Paris.

Les forts étaient divisés en quatre commandements :

1° *Saint-Denis*, sous les ordres directs de l'amiral de La Roncière-le Noury, comprenant : la redoute de la Double-Couronne, commandant Zeler, chef de bataillon ; le fort de la Briche ou de l'Est.

(1) « La Société de secours aux blessés militaires n'était composée que de gens honnêtes qui rendaient plus de services réels que la plupart des gardes nationaux et des volontaires des corps francs. » Major de Sarrepont, p. 111.)

commandant Taffanel, lieutenant-colonel; le fort d'Aubervilliers, commandant de Tryon, colonel.

2° *Les forts de l'Est*, sous le commandement supérieur du contre-amiral Saisset, comprenant : le fort de Romainville, commandant Zédé, capitaine de vaisseau; le fort de Noisy, commandant Massion, capitaine de frégate, puis Trève, également capitaine de frégate; le fort de Rosny, commandant Mallet, capitaine de vaisseau.

3° *Vincennes*, sous le commandement supérieur du général de brigade Ribourt, comprenant : le fort de Nogent, commandant Pistouley, colonel; le château de Vincennes, commandant Morel, lieutenant-colonel; le fort de Charenton, commandant Gourraël-Duraniou, capitaine.

4° *Les forts du Sud*, sous le commandement supérieur du contre-amiral Pothuau, comprenant : le fort d'Ivry, commandant Krantz, capitaine de vaisseau; le fort de Bicêtre, commandant Fournier, capitaine de frégate; le fort de Montrouge, commandant Amet, capitaine de frégate; le fort de Vanves, commandant Cretin, colonel; le fort d'Issy, commandant Guichard, colonel; les batteries en avant de Vanves et d'Issy, commandant Dumas, chef d'escadron d'artillerie; le Mont-Valérien, commandant Porion, colonel, puis Noël, général de brigade.

La flottille de la Seine était sous le commandement du capitaine de Thomasset (1).

Quant à donner les noms des officiers qui composaient les états-majors du Gouverneur, des généraux d'armée, des généraux de corps, des forts, des secteurs et surtout de la Garde nationale, il n'y faut pas songer. Sans doute, il y avait parmi eux de rudes marins et d'excellents militaires, mais ils dis-

____

(1) Jules Richard, *Annuaire de la guerre de 1870-1871, Siège de Paris*, pp. 28 à 31.

paraissaient dans la foule des aides de camp improvisés, dont le seul titre était la faveur, et dont le nombre était si peu en proportion avec les besoins que l'on peut dire que ces amateurs paralysèrent les vrais militaires, bien loin de servir à la défense.

Quand on pense que le général Vinoy exécuta sa belle retraite de Mézières avec 8 officiers seulement, attachés à sa personne, et que le général Ducrot en comptait 27, et le général Clément Thomas, commandant de la Garde nationale, 51, on demeure confondu : les chiffres croissaient en raison inverse de la besogne à accomplir (1). Mais cet étonnement ne va pas sans tristesse quand on s'aperçoit de la quantité d'officiers de la Garde mobile qui ont laissé là leurs corps pour se mettre à la suite d'un général ou d'un commandant de secteur, et l'on ne saurait trop déplorer la faiblesse des généraux qui ont, de la sorte, causé de pareils vides dans les bataillons de combat.

Aussi bien, cet abus reparaîtra, plus grand encore, dans les armées de province, ce qui a fait dire à un officier prussien : « Pendant la seconde moitié de la guerre, les Français comptaient, dans leurs rangs, plus d'officiers d'état-major que de soldats ! » Boutade, assurément, mais boutade justifiée par la multitude de combattants qui avaient envahi les états-majors et les bureaux.

Il va de soi que les réflexions que nous venons de faire ne s'appliquent pas à tous les officiers de la Garde mobile et de la Garde nationale attachés aux différents commandements : nous n'avons envisagé la question qu'en bloc et non en détail, car nous connaissons, parmi lesdits officiers *civils*, des hommes qui ont rempli leurs fonctions

---

(1) Général Vinoy, pp. 3 et 4. — Jules Richard, *Annuaire de la guerre de 1870-1871, Siège de Paris*, pp. 13 à 33, et pp. 38 et 39.

d'aides de camp avec autant de courage que d'intelligence.

RÉSUMÉ

Telle était la situation de la capitale aux points de vue du terrain, des fortifications, des soldats, des armes, des vivres, du personnel et des ressources de toutes sortes.

Le terrain était des plus favorables à la défense et à l'attaque, les ouvrages étaient imprenables sans un siège en règle, les hommes se comptaient par centaines de mille, les armes pouvaient être et ont été fabriquées aussi facilement que rapidement, les denrées avaient été accumulées par les soins du Gouvernement et des particuliers, enfin, toutes les ressources imaginables se trouvaient dans cette immense ville qui renfermait l'élite de l'intelligence française (1).

Paris était donc considéré par les Allemands comme une place de guerre de premier ordre, et jamais l'idée ne leur est venue de l'enlever par la force. Non, leur espoir était que les divisions intestines, l'émeute, le manque de vivres, le feraient tomber de lui-même (2). Ils comptaient sur les démagogues et sur la faim, pour assurer leur succès final, et non sur la puissance de leurs moyens militaires, qu'ils savaient insuffisants (3).

---

(1) Viollet-le-Duc, p. **xxix**.

(2) « Il pouvait arriver que cette population, qui se chiffrait presque par millions, violemment jetée en dehors de toutes ses habitudes par son isolement absolu de l'extérieur, en vînt bientôt à demander impérieusement la capitulation. » (*La Guerre francoallemande*, 2e partie, p. 48.) — « Les Prussiens paraissent avoir compté principalement sur l'appui que les rouges ne manqueraient pas de leur donner. » (Dussieux, t. I, p. 189.) — *Ibid.*, p. 190.

(3) « Ces considérations déterminaient l'état-major allemand à se borner, provisoirement, à un blocus rigoureux de Paris. » (*La Guerre franco-allemande*, 2e partie, p. 48.)

En résumé, le siège de Paris, malgré les exagérations maladroites, les critiques passionnées, la faiblesse des chefs de l'armée, les fautes du Gouvernement, les crimes des révolutionnaires quand même, la capitulation finale, restera l'une des plus grandes choses de l'Histoire ; on y trouve matière à observations pour le philosophe aussi bien que pour le militaire, pour le savant aussi bien que pour l'homme de lettres. Comme l'a écrit un historien allemand : « Le siège de Paris forme l'événement le plus important de toute la guerre. La prise de cette gigantesque forteresse est, sans contredit, le spectacle militaire le plus grandiose que la térre ait jamais vu (1) ! »

(1) A. Niemann, p. 194.

PIÈCES JUSTIFICATIVES

I

13e Corps d'armée.

VINOY, général de division, commandant en chef.

Aide de camp.	Officier d'ordonnance.
DE SESMAISONS, capitaine d'état-major.	CASTELNAU , sous-lieutenant aux cuirassiers de la Garde.

HORIX DE VALDAN, général de brigade, chef d'état-major général.

FILIPPI, lieutenant-colonel, sous-chef.

LANIER, chef d'escadron d'état-major.	GONSE, capitaine d'état-major.
MASSON, capitaine d'état-ma-jor.	LE MOUTON DE BOISDEFFRE, capitaine d'état-major.

RENAULT D'UBEXI, général de brigade, commandant l'artillerie.

DE CONTENCIN, capitaine aide de camp.

LUCET, lieutenant-colonel, chef d'état-major.

VAUDREY, chef d'escadron.	GRAS, capitaine.

DUPOUET, colonel, commandant le génie.

LEBESCOND DE COATPONT, chef de bataillon, chef d'état-major.

LASVIGNES, capitaine.	BLANCHARD, capitaine.
ATTELAYN, capitaine.	MARCILLE, capitaine.

VIGUIER, intendant militaire; LAURENT-CHIRLONCHON, sous-intendant.

GUILLEMARD, chef d'escadron de gendarmerie, grand prévôt.

1ʳᵉ **Division d'infanterie**.

D'EXÉA, général de division.

Louis, capitaine, aide de camp.

Belgaric, colonel, chef d'état-major.

Pinoteau, capitaine d'état-major.
Rouvière, capitaine d'état-major.

Atlmayer, lieutenant d'état-major.

Charpentier de Cossigny, chef d'escadron, commandant l'artillerie.

Guyot, chef de bataillon, commandant le génie.

Desbuttes, sous-intendant.

1ʳᵉ *Brigade.*	2° *Brigade.*
MATTAT, général de brigade.	**DAUDEL**, général de brigade.
7° *compagnie du* 5° *bataillon et* 7° *compagnie du* 7° *bataillon de chasseurs à pied.*	
5° *régiment d'infant. de marche* (2°, 9°, 11°):	7° *régiment d'infant. de marche* (20°, 23°, 25°):
Hanrion, colonel.	Tarayre, lieutenant-colonel.
6° *régiment d'infant. de marche* (12°, 15°, 19°):	8° *régiment d'infant. de marche* (29°, 41°, 43°):
De Guiny, lieutenant-colonel.	Drouet, lieutenant-colonel.

3° *et* 4° *batteries du* 10° *régiment d'artillerie;* 3° *batterie du* 11° *régiment d'artillerie.*

1ʳᵉ *compagnie de sapeurs du* 2° *régiment de génie.*

Coville, capitaine.

2ᵉ Division d'infanterie.

DE MAUD'HUY, général de division.

CRÉPY, colonel, chef d'état-major.

DUROSTU, capitaine d'état-major.
DE MALGLAIVE, capitaine d'état-major.

DESHORTIES DE BEAULIEU, lieutenant d'état-major.

BERTHAULT, chef d'escadron, commandant l'artillerie.

MENGIN, chef de bataillon, commandant le génie.

DE KERVANOEL, sous-intendant.

2ᵉ Brigade.	2ᵉ Brigade.
GUÉRIN, général de brigade.	BLAISE, général de brigade.
9ᵉ régiment d'infant. de marche (51ᵉ, 54ᵉ, 59ᵉ) :	11ᵉ régiment d'infant. de marche (75ᵉ, 81ᵉ, 86ᵉ) :
MIQUEL DE RIU, lieutenant-colonel.	NÉE-DEVAUX, lieutenant-colonel.
10ᵉ régiment d'infant. de marche (69ᵉ, 70ᵉ, 71ᵉ) :	12ᵉ régiment d'infant. de marche (90ᵉ, 93ᵉ, 95ᵉ) :
DAMEDOR DE MOLANS, lieutenant-colonel.	DE LABAUME, lieutenant-colonel.

3ᵉ et 4ᵉ batteries du 2ᵉ régiment ; 4ᵉ batterie du 9ᵉ régiment.

15ᵉ compagnie de sapeurs du 2ᵉ régiment.

PIGNAT, capitaine.

3e Division d'infanterie.

BLANCHARD, général de division.

DELCAMBRE, capitaine d'état-major, aide de camp.

BOUDET, chef d'escadron, chef d'état-major.

DOCTEUR, capitaine d'état-major.

CROISSANDEAU, capitaine d'état-major (a reçu une autre destination).

MAGDELEINE, chef d'escadron, commandant l'artillerie.

DE BUSSY, chef de bataillon, commandant le génie.

BLANCHARD, sous-intendant.

1re *Brigade.*	2e *Brigade.*
DE SUSBIELLE, général de brigade.	GUILHEM, général de brigade.
7e compagnie du 1er bataillon, et 7e compagnie du 2e bataillon de chasseurs à pied.	*35e régiment d'infanterie :* DE LA MARIOUSE, colonel.
13e régiment d'infant. de marche (28e, 32e, 49e) : MORIN, lieutenant-colonel.	*42e régiment d'infanterie :* AVRIL DE LENGLOS, colonel.
14e régiment d'infant. de marche (55e, 67e, 100e) : VANCHE, lieutenant-colonel.	

3e batterie du 9e régiment ; 3e et 4e batteries du 15e régiment.

15e compagnie de sapeurs du 3e régiment.

CASTAY, capitaine.

Réserve d'artillerie.

HENNET, colonel, commandant.

1re *Section.* — LEFEBURE, chef d'escadron.

3e et 4e batteries du 14e régiment.

2e *Section.* — DELCROS, chef d'escadron.

3e et 4e batteries du 6e régiment.

3e *Section.* — DORAT, chef d'escadron.

3e et 4e batteries du 12e régiment.

Parc.

HUGON, colonel, directeur.

GALLE, chef d'escadron, sous-directeur.

ZICKEL, capitaine adjoint (1).

(1) Jules Richard, *Annuaire de la guerre de 1870-1871, Siège de Paris*, pp. 4 à 7. — Général Vinoy, pp. 3 à 10. — Général Ducrot, t. I, pp. 427 et 428.

II

« A L'ARMÉE,

« Quand un général a compromis son commandement, on le lui enlève.

« Quand un gouvernement a mis en péril, par ses fautes, le salut de la patrie, on le destitue.

« C'est ce que la France vient de faire.

« En abolissant la dynastie qui est responsable de nos malheurs, elle a accompli d'abord, à la face du monde, un grand acte de justice.

« Elle a exécuté l'arrêt que toutes vos consciences avaient rendu.

« Elle a fait, en même temps, un acte de salut.

« Pour se sauver, la Nation avait besoin de ne plus relever que d'elle-même et de ne compter désormais que sur deux choses : sa résolution, qui est invincible, votre héroïsme qui n'a pas d'égal, et qui, au milieu de revers immérités, fait l'étonnement du monde.

« Soldats! en acceptant le pouvoir de la crise formidable que nous traversons, nous n'avons pas fait œuvre de parti.

« Nous ne sommes pas au pouvoir, mais au combat.

« Nous ne sommes pas le gouvernement d'un parti, nous sommes le Gouvernement de la Défense nationale.

« Nous n'avons qu'un but, qu'une volonté : le salut de la Patrie, par l'Armée et la Nation, groupées autour du glorieux symbole qui fit reculer l'Europe, il y a quatre-vingts ans.

« Aujourd'hui, comme alors, le nom de République veut dire :

« Union intime de l'Armée et du Peuple pour la défense de la Patrie :

« Général TROCHU, Emmanuel ARAGO, CRÉMIEUX, Jules FAVRE, Jules FERRY, GAMBETTA, GARNIER-PAGÈS, GLAIS-BIZOIN, PELLETAN, E. PICARD, ROCHE-FORT, Jules SIMON. »

(*Journal officiel*, n° du 6 septembre 1870.)

III

« Les gardes mobiles de la Seine ont été appelés à un poste d'honneur : celui de la défense des forts de Paris.

« Un certain nombre d'entre eux n'ont pas rejoint leurs détachements.

« Le Gouverneur de Paris leur donne l'ordre de se rendre à ces postes avancés.

« Ceux qui n'auraient pas déféré à cet ordre dans le délai de quarante-huit heures seraient poursuivis, conformément à la loi militaire, pour abandon de leur poste devant l'ennemi, et leurs noms seraient livrés à la publicité.

« Paris, le 8 septembre 1870.

« *Le Président du Gouvernement de la Défense nationale,*
Gouverneur de Paris,

« Général Trochu. »

(*Journal officiel*, n° du 9 septembre 1870.)

IV

14ᵉ Corps d'armée.

Baron RENAULT, général de division.

Bourcart, capitaine d'état-major, aide de camp.

APPERT, général de brigade, chef d'état-major général.

Warnet, lieutenant-colonel, sous-chef.

Salneuve, chef d'escadron d'état-major.

de Batz, capitaine d'état-major.

de Lenferna, capitaine d'état-major.

de Fayet, capitaine d'état-major.

Delamarre, lieutenant d'état-major.

BOISSONNET, général de brigade, commandant l'artillerie.

Weiss, capitaine, aide de camp.

Fèvre, lieutenant-colonel, chef d'état-major.

Corbin, colonel, commandant le génie.

Perrin, chef de bataillon, chef d'état-major.

Caffarel, capitaine du génie. — Lafosse, capitaine du génie.

Baillod, intendant.

Parmentier, Vuillaume, sous-intendants.

Fages, adjoint.

Lamarche, chef d'escadron de gendarmerie, grand prévôt.

Lafond, payeur.

1re Division d'infanterie.

BÉCHON DE CAUSSADE, général de division.

POUPART, lieutenant au 16e de marche, officier d'ordonnance.

SAUTEREAU, colonel, chef d'état-major.

WALTER, capitaine d'état-major.

TITEUX, capitaine d'état-major.

DE MONTARBY, capitaine d'état-major.

MATHIEU, chef d'escadron, commandant l'artillerie.

HOUBIGANT, chef de bataillon, commandant le génie.

BEAUMETZ, sous-intendant.

HURSTEL, capitaine de gendarmerie, prévôt.

1re Brigade.

LADREIT DE LA CHARRIÈRE, général.

7e compagnie du 3e bataillon et 7e compagnie du 4e bataillon de chasseurs à pied.

15e régiment de marche (10e, 14e, 26e) :

BONNET, lieutenant-colonel.

16e régiment de marche (35e, 38e, 39e) :

GADUEL, lieutenant-colonel.

2e Brigade.

LECOMTE, général.

17e régiment de marche (42e, 46e, 48e) :

SERMENSAN, lieutenant-colonel.

18e régiment de marche (8e, 88e, 97e) :

BEAUFORT, lieutenant-colonel.

17e batt. du 6e régiment; 17e batt. du 7e régiment d'artillerie.

1re section de la 16e compagnie du 2e régiment du génie.

ROTHMANN, capitaine.

2ᵉ Division d'infanterie.

D'HUGUES, général de division.

Montels, chef d'escadron, chef d'état-major.

Ségerand, capitaine d'état-major.

de Reinach-Werth, capitaine d'état-major.

Viguier, chef d'escadron, commandant l'artillerie.

Bardonnant, capitaine, commandant le génie.

Dumoulin, sous-intendant.

Lepetit-Didier, lieutenant de gendarmerie, prévôt.

1ʳᵉ *Brigade.*
BOCHER, général.

7ᵉ *compagnie du* 6ᵉ *bataillon et* 7ᵉ *compagnie du* 9ᵉ *bataillon de chasseurs à pied.*

19ᵉ *régiment de marche* (16ᵉ, 27ᵉ, 58ᵉ) :

de Colasseau, lieutenant-colonel.

20ᵉ *régiment de marche* (72ᵉ, 83ᵉ, 87ᵉ) :

Niel, lieutenant-colonel.

2ᵉ *Brigade.*
PATUREL, général.

21ᵉ *régiment de marche* (5ᵉ, 27ᵉ, 56ᵉ) :

Maupoint de Vandeuil, lieutenant-colonel.

22ᵉ *régiment de marche* (7ᵉ, 77ᵉ, 99ᵉ) :

Barbe, lieutenant-colonel.

17ᵉ *batt. du* 8ᵉ *régiment ;* 17ᵉ *batt. du* 13ᵉ *régiment d'artillerie.*
2ᵉ *section de la* 16ᵉ *compagnie du* 2ᵉ *régiment du génie.*

Regneau, capitaine.

3e Division d'infanterie.

DE MAUSSION, général de brigade.

Doé de Maindreville, capitaine, aide de camp.

Carré, chef d'escadron, chef d'état-major.

Chambert, capitaine d'état-major.

Rangot, lieutenant d'état-major.

De Miribel, chef d'escadron, commandant l'artillerie.

Michon, capitaine, commandant le génie.

Renault, sous-intendant.

Thomas, lieutenant de gendarmerie, prévôt.

1re *Brigade.*	2e *Brigade.*
BENOIT, général de brigade.	COURTY, général de brigade.
7e compagnie du 12e et 7e compagnie du 14e bataillon de chasseurs à pied.	
23e régiment de marche (3e, 13e, 21e) :	*25e régiment de marche (47e, 48e 61e) :*
Dupuy de Podio, lieutenant-colonel.	Jourdain, lieutenant-colonel.
24e régiment de marche (24e, 30e, 31e) :	*26e régiment de marche (66e, 89e, 98e) :*
Sanguinetti, lieutenant-colonel.	Lecerf, lieutenant-colonel.

17e batt. du 9e régiment ; 16e batt. du 12e régiment d'artillerie.

1re section de la 17e compagnie de sapeurs du 3e régiment du génie.

Dorp, capitaine.

Réserve d'artillerie.

DE VILLIERS, lieutenant-colonel, commandant.

1re *Section.* — CAVALIER, chef d'escadron.
17e *batterie du* 4e *régiment et* 17e *batterie du* 11e *régiment.*

2e *Section.* — WARNESSON, chef d'escadron.
8e *et* 17e *batteries mixtes du* 3e *régiment.*

3e *Section.* — VILLATE, chef d'escadron.
13e *batt. mixtes du* 13e *régiment et* 13e *batt. mixte du* 19e *régiment.*

Parc.

ASTRUC, lieutenant-colonel, directeur.

Détachement à pied de la 2e *batterie* (bis) *du* 14e *régiment.*
Détachement de la 2e *compagnie d'ouvriers.*
Compagnie 5 (bis) *et* 14 (bis) *du* 1er *régiment du train d'artillerie.*

Réserve du génie.

2e *section de la* 16e *compagnie du* 3e *régiment.*
SANCERY, capitaine (1).

(1) Jules Richard, *Annuaire de la guerre de* 1870-1871, *Siège de Paris*, pp. 8 à 10. — Général Ducrot, t. I, pp. 429 à 431.

AUTEURS & DOCUMENTS CITÉS & CONSULTÉS

A

Abrantès (le duc d'). *Essai sur la régence de 1870*; Paris, Guérard, 1879.

Adam (Mme Edmond), Juliette Lamber. *Le Siège de Paris, journal d'une Parisienne*; Paris, Michel Lévy frères, 1873.

Ambert (général baron). *Histoire de la guerre de 1870-1871*; Paris, Plon, 1873.

Ambert (général baron). *Gaulois et Germains, Récits militaires; Après Sedan*; Paris, Bloud et Barral.

Ambert (général baron). *Gaulois et Germains, Récits militaires; Le Siège de Paris*; Paris, Bloud et Barral.

A Paris pendant le siège, par un Anglais, membre de l'Université d'Oxford; traduction, notes et documents par Félix Sangnier; Paris, Ollendorff, 1888.

Arago (Étienne), ancien maire de Paris. *L'Hôtel-de-Ville de Paris au Quatre-Septembre et pendant le siège*; Paris, Hetzel et Cie.

Ardant du Picq (colonel). *Études sur le combat*; Paris, Hachette, Dumaine, 1880.

Armée de Chalons (L'). Son mouvement vers Metz, 1870, par A. G., ancien élève de l'Ecole polytechnique; Paris, Baudoin et Cie, 1885.

Arsac (J. d'). *Mémorial du siège de Paris*; Paris, Curot, 1871.

B

BALLUE (A.), rédacteur du *Progrès de Lyon* (député du Rhône, président de la Commission de la réorganisation de l'armée). *Les Zouaves à Paris pendant le siège, souvenirs d'un zouave;* Paris, Lechevalier, 1872.

BEESLEY (E.-S.). — Voir Duret (Théodore).

BELLIER DE VILLIERS (A.-C.-E.), capitaine à l'état-major général des Gardes nationales de la Seine, attaché au 5e secteur. *Le 5e Secteur ou Rempart des Ternes,* notes sur son organisation, son armement, etc.; Paris, Bachelin-Deflorenne, 1871.

BESSON (Charles), commandant du 3e bataillon de la Seine-Inférieure, 1870-1871, *Histoire d'un bataillon de mobiles, Siège de Paris;* Paris, Lachaud, 1872.

BLOCUS DE PARIS (LE) *et la Première armée de la Loire,* 1re partie, par A. G., ancien élève de l'École polytechnique; première partie depuis la capitulation de Sedan jusqu'à la capitulation de Metz; Paris, Baudoin et Cie, 1889.

BLUME (W.), major au grand état-major prussien. *Opérations des armées allemandes depuis la bataille de Sedan jusqu'à la fin de la guerre,* d'après les documents officiels du grand quartier général; traduit de l'allemand par E. Costa de Serda, capitaine d'état-major; Paris, Dumaine, 1872.

BODENHORST (G.). — Voir Mollik.

BONNET (Félix), chef d'escadron d'artillerie. *Guerre franco-allemande, Résumé et commentaires de l'ouvrage du grand état-major prussien:* Paris, Dumaine, 1882.

BORREGO (Andrés). *Le général Trochu devant l'histoire;* extrait du *Diario del sitio de Paris;* traduit de l'espagnol par Louis Gerdebat; Paris, Librairie générale.

BOUCASTEL (Édouard). *L'Impératrice et le Quatre-Septembre;* Paris, Amyot, 1872.

BUSCH (D. Moritz), secrétaire particulier de M. de Bismarck. *Le comte de Bismarck et sa suite pendant la guerre de France 1870-1871;* traduit de l'allemand avec l'autorisation spéciale de l'auteur; Paris, Dentu, 1880.

C

CAILLÉ (D.), conseiller général. *Le Quatre-Septembre aux Tuileries;* Niort, 1871. — Voir *Le Figaro.*

CANONGE (Frédéric), commandant au 52ᵉ de ligne. *Histoire militaire contemporaine* (1854-1871); Paris, Charpentier, 1882.

CARO (E.), membre de l'Institut. *Les Jours d'épreuve* 1870-1871; Paris, Hachette, 1872.

CASSE (baron A. DU). *La Guerre au jour le jour, 1870-1871*; Paris, Dumaine, 1875.

CASTELLANE (marquis DE). *Essais de psychologie politique :* Monsieur Thiers. *Nouvelle Revue*, nᵒ du 1ᵉʳ juillet 1888.

CASTELLANE (marquis DE). *Essais de psychologie politique :* Gambetta. *Nouvelle Revue*, nᵒ du 1ᵉʳ novembre 1888.

CHAPER. — Voir Enquête parlementaire sur les actes du Gouvernement de la Défense nationale.

CHEVALET (Émile). *Mon journal pendant le Siège et la Commune, par un bourgeois de Paris;* 2ᵉ édition, Paris, librairie des Contemporains, 1871.

CHEVALET (Émile). *La Routine militaire;* Paris, Ollendorff, 1880.

CLAMAGERAN (J.-J.), ancien adjoint au maire de Paris. *Cinq mois à l'Hôtel-de-Ville;* Paris, Guillaumin, 1872.

CLARETIE (Jules). *Histoire de la Révolution de 1870-1871;* Paris, Librairie illustrée.

CLAUSEWITZ (général DE). *Théorie de la grande guerre.* Traduction du lieutenant-colonel de Vatry; Paris, Baudoin et Cⁱᵉ, 1886.

COQUEREL (fils, Athanase). *Libres paroles d'un assiégé;* Paris, Cherbuliez, 1871.

CONSEIL D'ENQUÊTE sur les capitulations. Procès-verbal de la séance du 6 novembre 1871.

COSTA DE SERDA (E.). — Voir Blume.

COSTA DE SERDA (E.). — Voir *Guerre franco-allemande de 1870-1871.*

CORNUDET (Michel). *Journal du Siège de Paris;* Paris, Douniol, 1872.

D

DAILY-NEWS.

DAINE (général). — Voir Ardant du Picq (colonel).

DALSÈME (A.-J.). *Paris sous les obus;* Paris, Georges Chamerol, 1883.

DARIMON (Alfred). *Notes pour servir à l'histoire de la guerre de* 1870; Paris, Ollendorff, 1888.

DARU. — Voir Enquête parlementaire sur les actes du Gouvernement de la Défense nationale.

DAUDET (Alphonse). *Lettres à un absent, Paris,* 1870-1871; Paris, Lemerre, 1872.

DAVID (baron Jérôme). *Actualités et souvenirs politiques;* Paris, Amyot, 1874.

DÉBATS (JOURNAL DES', n°* des 6, 11, 20 et 23 septembre 1870.

DELAFOSSE (Jules). *Le Procès du Quatre-Septembre;* Paris, Lachaud.

DELEROT (E.). *Versailles pendant l'occupation;* Paris, Plon, 1873.

DELORD (Taxile). *Histoire du Second Empire;* Paris, Germer-Baillère et Ciᵉ, 1876.

DERRÉCAGAIX (général). *Histoire de la guerre de* 1870, par V. D***, officier d'état-major; Paris, Dumaine, 1871.

DESJARDINS (Gustave), architecte du département de Seine-et-Oise, ancien élève de l'école des Chartes. *Tableau de la guerre des Allemands dans le département de Seine-et-Oise,* 1870-1871; Paris, Cerf et Ciᵉ, 1882.

DICKENS (Charles). *L'Inimitable Boz.* Étude historique et anecdotique sur la vie et l'œuvre de Charles Dickens, par Robert du Pontavice de Heussey; Paris, maison Quantin, 1889.

DRÉOLLE (Ernest). *La Journée du Quatre-Septembre;* Paris, Amyot, 1871.

DRÉOLLE (Ernest). — Voir *Public.*

DUCROT (général). *La Défense de Paris,* 1870-1871; Paris, Dentu, 1877.

DUPONT (Gustave), conseiller à la Cour d'appel de Caen. *L'Explosion de la citadelle de Laon;* Caen, Le Blanc-Hardel, 1877.

DUQUET (Alfred). *La Guerre d'Italie,* 1859; Paris, Charpentier, 1882.

DUQUET (Alfred). *Frœschwiller, Châlons, Sedan;* Paris, Charpentier, 1881; 3ᵉ édition.

DUQUET (Alfred). *Les Derniers jours de l'armée du Rhin;* Paris, Charpentier, 1888.

DURET (Théodore). *Histoire de quatre ans, 1870-1873* ; Paris, Charpentier, 1876.

DUSOLIER (Alcide). *Ce que j'ai vu;* Paris, Ernest Leroux, 1874.

DUSSIEUX (L.), professeur honoraire à l'École militaire de Saint-Cyr ; *Histoire générale de la guerre de 1870-1871* ; Paris, Victor Lecoffre, 1881.

E

ÉLECTEUR LIBRE (L'), n° du 19 septembre 1870.

EMPIRE ET LA DÉFENSE DE PARIS DEVANT LE JURY DE LA SEINE (L'), introduction et conclusion, par le général Trochu; Paris, J. Hetzel et Cⁱᵒ, 1872.

ENQUÊTE PARLEMENTAIRE SUR LES ACTES DU GOUVERNEMENT DE LA DÉFENSE NATIONALE ; Versailles, imprimerie Cerf et fils, 1873.

— Rapport de M. Chaper sur les procès-verbaux des séances du Gouvernement de la Défense nationale.

— Dépositions des témoins.

— Rapport de M. Daru.

— Rapport de M. de Sugny.

— Rapport de M. de Rainneville.

— Rapport de M. Chaper sur le Gouvernement de la Défense à Paris au point de vue militaire.

— Dépêches télégraphiques officielles.

ENQUÊTE PARLEMENTAIRE SUR L'INSURRECTION DU DIX-HUIT MARS, 1871 ; Versailles, Cerf, 1872. — Dépositions des témoins.

ERNOUF (baron). *Histoire des chemins de fer français pendant la guerre franco-prussienne;* Paris, Librairie générale, 1874.

F

FABRE (colonel). *Précis de la guerre franco-allemande;* Paris, Plon, 1875.

Farcy (Camille). *Histoire de la guerre de 1870-1871* ; Paris, Dumaine, 1872.

Faure (Amédée Le). — Voir Le Faure.

Favé (général). *Deux combats d'artillerie sous les forts de Paris, Champigny-Ville-Evrard;* Paris, Dumaine, 1874.

Favre (Jules), de l'Académie française. *Gouvernement de la Défense nationale du 30 juin au 31 octobre 1870* ; Paris, Plon, 1871.

Fidus (Journal de). *La Révolution du Quatre-Septembre, Paris assiégé;* Paris, Albert Savine, 1889.

Figaro (Le), nos des 13 septembre et 24 novembre 1870.

Filippi (W.). — Voir Robolski.

Flourens (Gustave). *Paris livré;* Paris, Lacroix, Verbœckhoven et Cie, 1871.

Fouquier (Henry). — Voir *XIXe Siècle.*

Frédéric III (*Le Tagebuch, Mémoires authentiques de*) rassemblés et complétés. Traduction exacte de la *Deutsche-Rundschau.* Paris, imprimerie Faustin Gaudois, 11, rue Condorcet, 1888.

Fritsch (capitaine). — Voir Gœlze.

Fuzier-Herman (Ed.), lieutenant au régiment. *La Province au siège de Paris, Garde mobile du Tarn;* Paris, Dumaine, 1871.

G

Gandil (général). — Voir Pierron (général), qui le cite.

Gautier (Théophile). *Tableau de siège, Paris, 1870-1871* ; Paris, Charpentier, 1886.

Gazette de France (La), nos des 6 et 24 septembre 1870, 19 et 26 avril 1889.

Gerdebat (Louis). — Voir Borrego.

Giraux aîné, officier volontaire. *Siège de Paris;* Dijon, F. Carré.

Glais-Bizoin (Al.). *Dictature de cinq mois;* Paris, Dentu, 1873.

Godefroy (Arsène). *Notes d'un volontaire au siège de Paris, 1870-1871* ; Tours, imprimerie Ribaudeau et Chevallier, 1875.

Gœtze (Adolphe), capitaine du génie prussien, attaché au comité du génie et professeur à l'Académie de guerre. *Opérations du corps du génie allemand*, travail rédigé par ordre supérieur et d'après les documents officiels; traduit de l'allemand par MM. Grillon et Fritsch, capitaines du génie au dépôt des fortifications; Paris, Dumaine, 1873.

Goltz (baron Colmar von der). *Gambetta et ses armées;* 3e édition; Paris, Sandoz et Fischbacher, 1877.

Grandeffe (Arthur de). *Mobiles et volontaires de la Seine pendant la guerre et les deux sièges;* Paris, Dentu, 1871.

Grand État-major prussien. — Voir *Guerre franco-allemande de 1870-1871.*

Grenville-Murray (E.-C.). *Les Hommes de la troisième République*, ouvrage traduit de l'anglais, avec l'autorisation de l'auteur, par Henri Testard; Paris, Sandoz et Fischbacher, 1873.

Grillon (capitaine). — Voir Gœtze.

Guerre franco-allemande de 1870-1871 (La), rédigée par la section historique du grand état-major prussien; traduction de M. le commandant E. Costa de Serda; Paris, Dumaine, 1878.

Guerre de 1870-1871 (La). *Résumé historique;* traduit de l'allemand; Paris, Berger-Levrault, 1888.

Guizot. *Mémoire pour servir à l'histoire de mon temps;* Paris, Michel Lévy frères, 1864.

H

Hennebert (colonel). *Les Armées modernes;* Paris, Librairie illustrée.

Hérisson (Comte d'). *Journal d'un officier d'ordonnance;* Paris, Ollendorff, 1885.

Hervé (Éd.). *Journal de Paris*, n° du 6 septembre 1870.

Heylli (Georges d'). *Journal du siège de Paris;* Paris, Librairie générale.

Histoire critique du siège de Paris, par un officier de marine ayant pris part au siège; Paris, Dentu, 1871.

Hoche (général). Voir Chevalet (Émile). *La Routine militaire.*

Hugo (Victor). *L'Année terrible;* Paris, Lemerre, 1875.

I

Indy (Vincent d'). *Histoire du 105ᵉ bataillon de la Garde nationale de Paris en l'année* 1870-1871, par un engagé volontaire dudit bataillon, âgé de dix-neuf ans ; Paris, Charles Douniol et Cⁱᵉ, 1872.

J

Jacqmin (F.), ingénieur en chef des Ponts et Chaussées, directeur de l'exploitation des chemins de fer de l'Est, professeur à l'Ecole des Ponts et Chaussées. *Les Chemins de fer pendant la guerre de* 1870-1871, leçons faites, en 1872, à l'Ecole des Ponts et Chaussées ; Paris, Hachette, 1872.

Janicot. — Voir *Gazette de France.*

Jouaust (D.), rédacteur. *Tablettes quotidiennes du siège de Paris, raconté par lettre-journal ;* Paris, Librairie des Bibliophiles, 1871.

Journal du Siège, par un bourgeois de Paris, 1870-1871 ; Paris, Dentu, 1872.

Journal officiel de la Commune, n° du 21 mars 1871.

Journal officiel, nᵒˢ des 4, 5, 6, 7, 9, 11, 12, 13, 15, 17, 19, 21, 26 septembre et 18 octobre 1870.

Journal de Paris, n° du 6 septembre 1870.

Journal de Fidus. — Voir *Fidus.*

Journal des Débats. — Voir *Débats.*

K

Kolb-Bernard, député du Nord. *Une page de l'histoire du Quatre-Septembre ;* Paris, Leclère, 1873.

L

Larocque (Jean). 1871, *Souvenirs révolutionnaires ;* Paris, Albert Savine, 1888.

La Roncière-le Noury (vice-amiral de). *La Marine au siège de Paris ;* Paris, Plon, 1874.

Lavisse (Ernest). *L'Invasion dans le département de l'Aisne;* Laon, de Coquet et Cie, 1872.

Lecomte (Ferdinand), colonel fédéral suisse. *Relation historique et critique de la guerre franco-allemande en 1870-1871;* Paris, Tanera, 1874.

Lecture (La). *Magazine littéraire*, Paris, n° du 10 septembre 1889.

Le Faure (Amédée). *Histoire de la guerre franco-allemande,* 1870-1871; Paris, Garnier frères, 1875.

Le Goff (F.). — Voir Steenackers et Le Goff.

Liégeard (Stéphen). *Trois ans à la Chambre;* Paris, Dentu, 1873.

M

Malon (B.), de l'Internationale. *La troisième défaite du prolétariat français;* Neuchâtel, G. Guillaume fils, 1871.

Martin (Henri). *Histoire de France depuis 1789 jusqu'à nos jours;* Paris, Furne-Jouvet et Cie, 1885.

Marthold (Jules de). *Mémorandum du siège de Paris, 1870-1871;* Paris, Charavay, 1884.

Mazade (Charles de). *La guerre de France, 1870-1871;* Paris, Plon, 1875.

Mazade (Charles de), de l'Académie française. *Monsieur Thiers, Cinquante années d'histoire contemporaine;* Paris, Plon, 1884.

Meckel (J.), officier supérieur d'état-major. *Les Éléments de la tactique;* traduit de l'allemand par H. Monet, lieutenant breveté au 129e régiment d'infanterie; 2e édition; Paris, Louis Westhausser, 1887.

Meffray (colonel comte de). *Les Fautes de la Défense de Paris;* Paris, Lacroix, Verbœckhoven et Cie, 1871.

Melleville. *Le dernier chapitre de l'histoire de Laon;* Paris, Dumoulin, 1871.

Mesnil (A. du). *Paris et les Allemands, Journal d'un témoin;* Paris, Garnier frères, 1872.

Milliard, notaire à la Ferté-Alais. *Souvenirs de l'Invasion; Les Allemands à la Ferté-Alais;* Paris, Pougin, 1871.

Mitchell (Gaston). *Journal des Deux-Mondes pendant le siège de Paris;* Paris, A. Lacroix, Verbœckhoven et Cie, 1871.

MOLAND (Louis). *Par ballon monté, Lettres envoyées de Paris pendant le siège;* Paris, Garnier frères, 1872.

MOLINARI (G. DE). *Les clubs rouges pendant le siège de Paris;* Paris, Garnier frères, 1871.

MOLLIK (H.), capitaine à l'état-major de l'artillerie autrichienne. *Supplément, La Guerre de siège en 1870, par G. Bodenhorst, capitaine au 5e régiment d'artillerie belge ; Paris, Dumaine, 1881.

MONET (H.). — Voir Meckel.

MONITEUR UNIVERSEL, septembre 1870.

MOULLÉ (Ernest). — Voir Ulloa.

MUN (marquis DE). *Un Château en Seine-et-Marne en 1870 ;* Paris, Dentu, 1875.

N

NEUCASTEL (Émile). *Gambetta;* Paris, Cerf, 1885.

NEUKOMM (Edmond). *Les Prussiens devant Paris, d'après les documents allemands;* Paris, Librairie de la Société des gens de lettres.

NEW-YORK-HERALD, septembre 1870.

NIEMANN (A.). *La Campagne de France, 1870-1871 ;* traduction de M. Stiedel, lieutenant de vaisseau; manuscrit de la bibliothèque du Cercle militaire de Paris; A, II, d, 120.

NOUVELLE REVUE. — Voir Castellane.

P

PALIKAO (général COUSIN DE MONTAUBAN, comte DE). *Un Ministère de la Guerre de vingt-quatre jours;* Paris, Plon, 1871.

PATRY (Léonce), capitaine adjudant-major au 67e d'infanterie. *Campagne de France de 1870-1871;* étude d'ensemble; Soissons, L. Couturier, 1879.

PELLETAN (Eugène). *Le Quatre-Septembre devant l'enquête;* Paris, Pagnerre, 1874.

PEUPLE FRANÇAIS (LE), n° du 6 septembre 1870.

PIERRON (général). *Les Méthodes de guerre actuelles et vers la fin du XIXe siècle;* 2e édition; Paris, L. Baudoin et Cie, 1886.

Pointu (Jules). *Histoire de la chute de l'Empire;* Paris, Le Chevalier, 1874.

Pontavice de Heussey (Robert du). — Voir Dickens.

Prévost (F.), lieutenant-colonel du génie. *Les Forteresses françaises pendant la guerre de* 1870-1871; Paris, Dumaine, 1872.

Public (Le), n° du 6 septembre 1870.

Q

Quesnay de Beaurepaire. — Voir *La Gazette de France.*

Quinet (Mme Edgar). *Paris, Journal du siège;* Paris, Dentu, 1873.

R

Rainneville (de). — Voir Enquête parlementaire sur les actes du Gouvernement de la Défense nationale.

Rapport militaire (Français) du 19 septembre.

Rendu (Ambroise), ancien officier de mobiles. *Campagne de Paris, Souvenirs de la Mobile* (6e, 7e et 8e bataillons de la Seine); Paris, Didier, 1872.

Revue du Cercle militaire des Armées de terre et de mer; Paris, n^os des 9 et 16 décembre 1888.

Richard (Jules). *Annuaire de la guerre de* 1870-1871; *Siège de Paris;* Paris, Dentu, 1889.

Robinet de Cléry. *Les Avant-postes pendant le siège de Paris;* Paris, Palmé, 1887.

Robolski (Hermann). *Le Siège de Paris raconté par un Prussien;* traduction de W. Filippi, inspecteur principal aux chemins de fer de l'Est; Paris, Lachaud, 1871.

Rogat (Albert). *Les Hommes du Quatre-Septembre;* Paris, Lachaud, 1874.

Rousse (Edmond) ancien bâtonnier de l'Ordre des Avocats, membre de l'Académie française. *Discours, Plaidoyers et Œuvres diverses,* recueillies par Fernand Worms, avocat à la Cour de Paris; Paris, Larose et Forcel, 1884.

S

Sangnier (Félix). — Voir *A Paris pendant le Siège*.

Sarcey (Francisque). *Le Siège de Paris, Impressions et Souvenirs;* Paris, Lachaud, 1871.

Sardou (Victorien). — Voir *La Lecture*.

Sarrepont (major H. de). *Histoire de la Défense de Paris en 1870-1871;* Paris, Dumaine, 1872.

Sebran (Marie). *Journal d'une mère pendant le siège de Paris;* Paris, Didier, 1872.

Senevas (de). *Le Siège de Paris, Souvenirs personnels d'un volontaire;* Evreux, Hérissey, 1871.

Siècle (Le), n° du 4 septembre 1870.

Siècle (XIX°), n° du 17 août 1889.

Siège de Paris (Le), journal d'un officier de marine (Francis Garnier) ; Paris, Delagrave, 1885.

Simon (Jules). *La Politique radicale;* Paris, A. Lacroix, Verbœckhoven et C°, 1868.

Simon (Jules). *Souvenirs du Quatre-Septembre, Origine de la chute du Second Empire;* Paris, Calmann Lévy, 1876.

Simon (Jules). *Souvenirs du Quatre-Septembre, Le Gouvernement de la Défense nationale;* Paris, Calmann Lévy, 1876.

Situation (La), septembre 1870.

Sorel (Albert). *Histoire diplomatique de la guerre franco-allemande;* Paris, Plon, 1875.

Sorin (Élie). *Les Martyrs du siège de Paris:* Paris, Lacroix, Verbœckhoven et C°, 1872.

Steenackers (F.-F.), ancien député, ancien directeur général des Télégraphes et des Postes. *Les Télégraphes et les Postes pendant la guerre de 1870-1871;* Paris, Charpentier, 1883.

Steenackers (F.-F.) et F. Le Goff. *Histoire du Gouvernement de la Défense nationale en province;* Paris, Charpentier, 1884.

Stiedel (lieutenant de vaisseau). — Voir Niemann.

Sugny (de). — Voir Enquête parlementaire sur les actes du Gouvernement de la Défense nationale.

T

Targes (Georges de). — Voir Villiers (Léon de).

Temps (Le), nᵒˢ des 20 et 25 août, 10, 11, 12, 14, 23 et 24 septembre 1870.

Testard (Henri). — Voir Grenville-Murray.

Thoumas (Ch.), général de division en retraite. *Les Capitulations;* Paris, Berger-Levrault et Cⁱᵉ, 1886.

Thoumas (général). *Les Transformations de l'Armée française;* Paris, Berger-Levrault et Cⁱᵉ, 1887.

Trochu (général). — Voir *L'Empire et la Défense de Paris.*

Trochu (général). *La Politique et le Siège de Paris;* Paris, Hetzel.

Trochu (général). *Une Page d'histoire contemporaine devant l'Assemblée nationale;* Paris, Dumaine, 1871.

Trochu (général). *Pour la vérité et pour la justice;* Paris, Hetzel.

U

Ulloa (général Jérôme), défenseur de Venise. *Du caractère belliqueux des Français et des causes de leurs derniers désastres;* traduit de l'italien par Ernest Moullé; Paris, Sandoz et Fischbacher, 1872.

Univers (L'), septembre 1870.

V

Valfrey (J.). *Histoire de la diplomatie du Gouvernement de la Défense nationale;* Paris, Amyot, 1871; 1ʳᵉ partie.

Vandevelde (colonel). *Description des fortifications de Paris;* Bruxelles, Imprimerie Guyot, 1870.

Vandevelde (colonel). *Commentaires sur la guerre de 1870-1871;* Bruxelles, Muquardt, 1872.

Vatry (colonel de). — Voir Clausewitz.

Veuillot (Louis). *Paris pendant les deux sièges;* Paris, Palmé, 1880.

Villiers (Léon de) et Georges de Targes. *Tablettes d'un

mobile; journal historique et anecdotique du siège de Paris, du 18 septembre 1870 au 28 janvier 1871 ; Paris, Mollie, 1871.

Vinoy (général). *Siège de Paris, Opérations du 13ᵉ corps et de la 3ᵉ armée;* Paris, Plon, 1874.

Viollet-le-Duc (E.), ex-lieutenant-colonel de la légion auxiliaire du génie. *Mémoire sur la Défense de Paris;* Paris, veuve A. Morel et Cⁱᵉ, 1871.

Vitet (L.), de l'Académie française. *Première lettre sur le siège de Paris,* adressée à M. le directeur de la *Revue des Deux-Mondes;* 2ᵉ édition, Paris, Sauton, 1871.

Vitet (L.), de l'Académie française. *Deuxième lettre sur le siège de Paris,* adressée à M. le directeur de la *Revue des Deux-Mondes,* le 15 novembre 1870 ; Paris, Sauton, 1870.

Vitet (L.), de l'Académie française. *Troisième lettre sur le siège de Paris,* adressée à M. le directeur de la *Revue des Deux-Mondes,* le 1ᵉʳ décembre 1870; Paris, Sauton, 1870.

Vitet (L.), de l'Académie française. *Dernières lettres (5ᵉ, 6ᵒ et 7ᵉ) sur le siège de Paris,* adressées à M. le directeur de la *Revue des Deux-Mondes;* Paris, Sauton, 1871.

Vitu (Auguste). — Voir *Peuple français.*

W

Wachter (A.). *La Guerre de 1870-1871;* Paris, Lachaud, 1873.

Watari, japonais. *Petite histoire de la guerre entre la France et la Prusse;* Paris, Typographie Lahure.

Wey (Francis). *Chronique du siège de Paris,* 1870-1871 ; Paris, Hachette, 1871.

Wimpffen (général de). *Sedan;* 4ᵉ édition; Paris, A. Lacroix, Verbœckhoven et Cⁱᵉ, 1872.

Worms (Fernand). — Voir Rousse (Edmond).

Y

Yriarte (Charles). *La Retraite de Mézières;* Paris, Plon, 1871.

TABLE

1580. — Paris. Typographie Gaston Nès, rue Cassette, 1.